Mechtild Gomolla/Frank-Olaf Radtke
Institutionelle Diskriminierung

Mechtild Gomolla/Frank-Olaf Radtke

Institutionelle Diskriminierung

Die Herstellung ethnischer Differenz in der Schule

Leske + Budrich, Opladen 2002

CIP-Titelaufnahme der Deutschen Bibliothek
Ein Titeldatensatz für diese Publikation ist bei der Deutschen Biblithek erhältlich.

Gedruckt auf säurefreiem und alterungsbeständigem Papier.

ISBN 3-8100-1987-9

Satz: Leske + Budrich
Druck: Druck Partner Rübelmann, Hemsbach
Printed in Germany

Inhaltsverzeichnis

Vorwort

Die Beschäftigung mit institutioneller Diskriminierung hat in Deutschland, anders als im anglo-amerikanischen Raum, keine Tradition. Das hat politische und methodologische Gründe. Die bloße Verwendung des Begriffs wird in den Organisationen des Sozialstaates, die mit Distributionsaufgaben betraut sind, als Vorwurf aufgefaßt und reflexhaft abgewehrt. Auch in der Öffentlichkeit hat das Thema wenig Resonanz, solange es Mehrheiten nicht betrifft. Zudem eignet sich diese Form der Ungerechtigkeit offenbar nicht zu medialer Skandalisierung. Institutionelle Diskriminierung ist unsichtbar, nur an ihren Effekten abzulesen und auf der Entscheidungsebene schwer nachweisbar. Daraus resultiert Ratlosigkeit über mögliche Gegenmaßnahmen.

Aber institutionelle Diskriminierung ist ein weit verbreitetes Phänomen. Zögernd nur hat sich die Einsicht durchgesetzt, daß die nachhaltige Ungleichheit von Frauen und Männern bezogen auf Bezahlung, Führungspositionen in großen Unternehmen, in politischen Parteien, im Parlament, an Universitäten usf. nicht nur den Benachteiligten, sondern auch den benachteiligenden Organisationen zugerechnet werden kann. Darauf ist in den Bereichen, die mit dem Hebel ‚politischer Korrektheit' moralisch unter Druck gesetzt werden konnten, mit dem zweischneidigen Schwert der Frauenförderung oder auch der Quotierung geantwortet worden – mit wenig Erfolg.

Noch weniger Aufmerksamkeit erreicht die Behauptung, Immigranten und ihre Kinder würden durch die Organisationen des Sozialstaates, beginnend im Kindergarten bis zum Arbeitsamt, Schulen, Betriebe, Krankenhäuser und Polizeidienststellen eingeschlossen, diskriminiert. Statistisch gemessene Ungleichheit beim Schulerfolg, der Beschäftigung und Bezahlung wird hingenommen oder einvernehmlich ‚weg-erklärt'. Wo nicht individuelles Versagen der Migranten konstatiert wird, mangelnde Integrationsbereitschaft gar, wird ihre soziale Lage oder aber ‚kulturelle Fremdheit' als Ursache benannt, oder bestenfalls darauf gesetzt, daß sich das Problem nach drei, vier Generationen wie von selbst auswachsen werde.

Die hier vorgelegte Untersuchung stellt die gewohnte Beobachtungsperspektive um. Sie analysiert nicht den Anteil des ‚subjektiven Faktors' auf beiden Seiten des Diskriminierungsgeschehens, auch nicht den vermeintlich determinierenden Einfluß von ‚Kultur' auf die sozialen Interaktionen zwischen Einheimischen und Zugewanderten, sondern sie richtet den Blick auf die Rolle der Organisation Schule bei Verteilung des öffentlichen Gutes ‚Bildung'. Unser Interesse gilt der vielbeschworenen institutionellen ‚Mitte' der Gesellschaft. Am Beispiel des Schulsystems einer Großstadt wird modellhaft analysiert, wie man den Mechanismen der Diskriminierung in einer staatlichen Organisationen auf die Spur kommen kann.

Die Untersuchung hat den Anspruch, einen Beitrag zur Theorie der institutionellen Diskriminierung zu leisten. Sie will damit zugleich das theoretische und untersuchungspraktische Instrumentarium zur Verfügung stellen, mit dem vergleichbare Untersuchungen in praktisch-politischer Absicht in anderen Städten oder Kreisen durchgeführt werden könnten. Die Hoffnung, die wir mit der Studie verbinden, ist die einer soziologischen Aufklärung der Selektionspraktiken der Schule. Wir wollen Wissen darüber bereitstellen, *wie* ‚es' gemacht wird und auch darüber, *wie* es den Mitgliedern in einer Organisation gelingt, die Diskriminierung nach außen darstellbar zu halten und nach innen vor sich selbst zu verdunkeln. Wir setzen auf Irritation von Gewißheiten durch Verfremdung gewohnter Sichtweisen, auf die argumentative Nötigung zur Re-Deskription von scheinbaren Selbstverständlichkeiten und auf die korrigierende Wirkung von Transparenz über die Folgen des eigenen Handelns. Und wir sehen die Chance, solche Einsichten in der Ausbildung von künftigen Lehrerinnen, aber auch bei der Schulentwicklung und der Schulentwicklungsplanung als Zielvorgaben einer lokalen Bildungspolitik und eines gezielten Integrationsmanagements zu nutzen.

Die Studie wurde von der Deutschen Forschungsgemeinschaft (DFG) im Rahmen eines Schwerpunktprogramms zu den „Folgen der Arbeitsmigration für Bildung und Erziehung (FABER)" gefördert und am Zentrum für Lehrerbildung der Universität Bielefeld durchgeführt. Neben den Autoren haben an der Studie in den verschiedenen Phasen Jens Bastian, Helen Knauf, Astrid Lentz, Astrid Libuda-Köster und Siavash Miandashti, Brigitte Schaffranietz, Carla Zoogbaum mit unterschiedlicher Intensität mitgearbeitet.

Mechtild Gomolla, die an dem Projekt beinahe von Anfang an, zuerst als studentische Hilfskraft, dann als wissenschaftliche Mitarbeiterin beteiligt war, hat durch ihr weit über den eigentlichen Förderzeitraum hinaus anhaltendes Engagement in einer großen Energieleistung die Auswertung der Untersuchung und die Fertigstellung des Berichtes wesentlich vorangetrieben. Hierfür gehört ihr all mein Dank. Neben einer Vielzahl von Aufsätzen und Vorträgen zum Thema hat sie den nun vorliegenden Text maßgeblich mitgestaltet. Auf ihre Entwürfe gehen die Kapitel 1, 2 und 7-9 zurück. Alle Kapitel haben wir intensiv diskutiert, wo wir uns nicht einig waren, etwa über Anleihen bei der Luhmann'schen Systemtheorie, trage ich die Verantwortung. Irrtümer wird sie in ihrer Dissertation zurecht rücken.

Ein solches Buch kommt nicht ohne die Hilfe von guten Freunden zustande. Wichtige Anregungen verdanke ich Michael Bommes, mit dem ich das Projekt ausgedacht hatte, und Hans-Erich Webers, der neben theoretischem Scharfsinn über ausgezeichnete bildungspolitische Lokalkenntnisse verfügte. Danken möchte ich weiter Birgit Fischer, die in bewährter Weise und mit viel Geduld für die Einrichtung des Textes gesorgt hat.

Frankfurt am Main, im September 2001 F.O.R.

Einleitung

Unterscheiden und Bewerten

Diskriminieren heißt Unterscheidungen treffen und sie bewerten. Jede Unterscheidung, wie die zwischen ‚oben' und ‚unten', ‚innen' und ‚außen' oder ‚aktiv' und ‚passiv', führt eine leichte Asymmetrie mit sich, weil – kontextabhängig und kontingent – eine Seite der Unterscheidung gegenüber der anderen bevorzugt wird. In der Philosophie und der Erkenntnistheorie werden ‚Unterscheiden' und ‚Bezeichnen' als Grundoperationen behandelt, die bei der Beobachtung der ‚Welt' unverzichtbar sind. Ein Beobachter muß mit der Unterscheidung beginnen, *was* er beobachten will und was nicht. Die Asymmetrie in den Unterscheidungen rührt logisch daher, daß in der Anfangsunterscheidung von ‚A' und ‚Nicht-A' der positive Wert bezeichnet wird, die andere Seite der Unterscheidung aber als Reflexionswert fungiert und als Negation vorläufig unbezeichnet bleibt[1]. Festgestellt wird eine Differenz, wobei der positive Wert den Maßstab für die Abweichung liefert.

Von den analytischen Operationen des Unterscheidens sind Handlungen abzusetzen, die das Unterschiedene bewerten. Sie können zwar auf solchen Denkoperationen und Unterscheidungstraditionen beruhen, sind aber *sozial* diskriminierend gemeint oder wirken doch so, werden so wahrgenommen und erlebt. Es werden Unterscheidungen getroffen, die soziale Folgen haben (sollen). Wenn Unterschiede zwischen Menschen(-gruppen) absichtsvoll gemacht werden *und* explizit oder implizit eine soziale Bewertung der Unterschiedenen mitkommuniziert wird, geschieht dies mit dem Ziel, eigene Vorrechte oder Vorteile zu behaupten, und meist mit der Folge, Rechte zu verweigern und Hierarchien zu begründen. Dafür werden Rechtfertigungen gebraucht.

Zwischen den Asymmetrien in analytischen Unterscheidungen und der sozialen Diskriminierung besteht ein enger Zusammenhang. In einer strukturalistischen Perspektive (Foucault 1971) ist jede wahrgenommene Asymmetrie, z. B. zwischen ‚Mann' und ‚Frau', ‚wir' und ‚sie', ‚Einheimischen' und ‚Fremden', Anlaß, die grundlegenden analytischen Unterscheidungsoperationen – gerade, wenn sie sich auf soziale Beziehungen oder Verhaltensweisen richten – auf unterlegte Über- und Unterordnungsverhältnisse und Ausgrenzungsabsichten und -traditionen zu befragen. Die genaue Analyse der Redeweisen und der dabei verwendeten Unterscheidungen kann zur Ordnung der Dinge und der sozialen Verhältnisse vorstoßen, die ihren symbolischen Niederschlag in der Sprache und ihren Begriffsbildungen gefunden haben.

1 Zur Frage der Asymmetrie von Unterscheidungen vgl. Luhmann 1996a.

Formen böswilliger Diskriminierung

In der politischen Diskussion fallen unter die Rubrik „soziale Diskriminierung“ ganz unterschiedliche Ereignisse. Sie reichen von unbedachten Handlungen oder Äußerungen, die kränken, über bösartige, auch körperliche Übergriffe auf einzelne Individuen, deren Integrität mißachtet wird, bis zur offenen oder latenten Ungleichbehandlung ganzer Bevölkerungsgruppen durch staatliche Stellen. Wenn in solchen Fällen von Diskriminierung gesprochen wird, ist die Ungleichbehandlung von Menschen gemeint. Als Rechtfertigung der Diskriminierung kommen Vorurteile und stereotype Denkweisen einzelner, aber auch Traditionen, Gewohnheiten und Gesetze in Betracht, die das soziale Handeln von Kollektiven strukturieren. Akteure können Einzelne, kleine Gruppen oder auch Organisationen sein, in denen bestimmte Unterscheidungen bzw. Unterscheidungspraxen bereits institutionalisiert sind. Sie müssen Gelegenheit haben und über Definitionsmacht verfügen. Die Objekte/Opfer müssen Merkmale haben, die sie diskriminierbar machen und eine sozial folgenreiche Ungleichbehandlung ermöglichen. Insofern setzt Diskriminierung eine asymmetrisch angelegte Interaktionssituation voraus, in der soziale Ordnungen hergestellt und fortgeschrieben werden.

Diskriminierung in all ihren Erscheinungsformen kann das tägliche Leben der davon Betroffenen nachhaltig vergiften, erschweren und einschränken. Zielscheibe diskriminierender Handlungen sind vor allem Minderheiten, die entlang unterschiedlicher Merkmale gebildet werden. Aktuell betroffen sind in allen europäischen Staaten Zuwanderer, die nach Nationalität, Hautfarbe, Sprache und Religion unterschieden werden. Ersichtlich kann es unter den normativ festgeschriebenen Freiheits- und Gleichheitsmaximen moderner Demokratien nicht darum gehen, die Merkmale, die Menschen diskriminierbar machen, durch Assimilation zum Verschwinden zu bringen. Eher wohl darum, die Kontexte zu beschränken und die Gelegenheiten zu vermindern, in denen (unverlierbare) Merkmale sozial bedeutsam, Diskriminierung ermöglicht und Über- und Unterordnung begründet werden.

Fälle offensichtlicher ungerechtfertigter Ungleichbehandlung und zusätzlicher Schikane, gerade bezogen auf das Verhalten von Behörden und besonders der Polizei gegenüber „Fremden“, sammelten Anti-Diskriminierungsbüros auf lokaler Ebene und z. B. *amnesty international (a. i.)* weltweit in ihren Jahresberichten zur Situation der Menschenrechte (vgl. Bielefelder Anti-Diskriminierungsbüro 1998, ai 1995).

Wann immer die betroffenen Opfer solcher Übergriffe versuchen, sich gegen Willkür zu wehren, haben sie schlechte Chancen: Der Nachweis der Diskriminierung im Einzelfall ist nur ganz selten möglich, weil die Definitionsmacht häufig allein auf der Seite der Diskriminierer liegt: die Umstände werden verschieden dargestellt und bewertet, eine diskriminierende Absicht ist schwer nachzuweisen und sie kann von den Diskriminierern kaschiert werden. Selten kommt es zu einer gerichtlichen Klärung oder gar zur Verurteilung der Täter.

Daß die Thematisierung von Diskriminierung durch Behörden von Bürgerinitiativen oder von einer eigens innerhalb der Verwaltung eingerichteten Beobachtungsinstanz (‚Ausländerbeauftragte') ausgeht, hat einen systematischen Grund, der in der Beschaffenheit moderner, funktional differenzierter Gesellschaften zu suchen ist. Zwar werden generalisierte Werte wie Gleichheit und Gerechtigkeit als Legitimations- und Integrationsmuster der Gesellschaft regelmäßig in politischen Appellen kommuniziert, allerdings lassen sich die Teilsysteme der Gesellschaft, etwa die Wirtschaft oder das Gesundheitswesen, die je eigene Zwecke in einer je eigenen Logik verfolgen, *nicht* von außen oder von einer Zentralinstanz auf die Einhaltung dieser Werte festlegen. Das gilt ganz besonders und vor allem aber für den Wohlfahrtsstaat selbst, der Unterschiede zwischen Anspruchsberechtigten und Nicht-Berechtigten macht, um seine Zuständigkeit zu begrenzen. Die spezialisierten Teilsysteme lösen in erster Linie ihre eigenen Probleme. Ihre Entscheidungen haben Folgen und Nebenfolgen, die für verschiedene, beteiligte und unbeteiligte Gruppen, Beitragszahler/Klienten, Kunden/Arbeitnehmer, Bürger/ Polizisten oder Patienten/Ärzte positiv oder negativ sein können.

Weil die Teilsysteme nicht auf allgemein verbindliche Werte festzulegen sind, bedarf es Beobachtungsinstanzen, die – gleichsam von außerhalb der Gesellschaft – auf (unbeabsichtigte) Nebenfolgen aufmerksam machen. Sie thematisieren gegen die Tendenz zur Verselbständigung der Teilsysteme für die ganze Gesellschaft deren sonst nicht mehr repräsentierte Einheit und reklamieren deren moralische Grundlagen. Für diese Aufgabe in Frage kommen Einrichtungen, die ihre Forderungen auf Ethik gründen und *Moral* ins Feld führen können. Das sind in modernen Gesellschaften die Kirchen bzw. Religionsgemeinschaften und als neue soziale Form Protestbewegungen (Luhmann 1966). Sie machen allgemeine moralische Normen und Werte, vor allem *Gleichheit und Gerechtigkeit*, gegen die partikularen Rationalitäten geltend und protestieren durch Appelle an die Öffentlichkeit gegen die unerwünschten Nebenfolgen systemischer Operationen. Beispiele waren bzw. sind vor allem die Umweltzerstörung als Folge ungebremsten ökonomischen Wachstums, oder das „Dritte Welt-Problem" als Folge ungerechter Handelsbeziehungen und neuerdings die „Globalisierung". Wenn wissenschaftliche Beobachtung und moralischer Protest sich verbinden, wird von Kritischer Theorie gesprochen, die mit dem Anspruch vorgetragen wird, der Gesellschaft ihre eigenen uneingelösten Versprechungen vorzuhalten.

„Anti-Diskriminierungsbüros", ai oder andere Initiativen gegen Rassismus und Fremdenfeindlichkeit („SOS-Rassismus") können nur bedingt in die Reihe solcher Protestbewegungen eingeordnet werden. Ebenso wie den „Ausländerbeauftragten" auf allen Ebenen der Verwaltung fehlt ihnen die Mobilisierungs- und Skandalisierungskraft, die zeitweise die Frauenbewegung, die Friedensbewegung oder den Umwelt- und „Dritte Welt“-Initiativen mit Appellen an die öffentliche Moral entfalten konnten. Weil auf seiten der Mehrheit als Protestmotiv weder Eigennutz oder Selbstbetroffenheit gegeben sind, sondern altruistischer Einsatz für Minderheiten angemahnt wird, bleiben die von Diskriminierung Betroffenen mit ihrem Problem mehr oder minder allein. Es gelingt ihnen nur selten (wie vielleicht in den Kampagnen zum „Multikulturalismus“), ethnische Ungerechtigkeit als Teil der sozialen Ordnung erst zum Problem zu erheben und dann zum Gegenstand öffentlicher Diskussion zu machen.

Institutionelle Diskriminierung

In der modernen „verwalteten Welt“ (Adorno), in der wir alle einen wachsenden Teil unseres Lebens in komplementär angelegten Funktions- bzw. Publikumsrollen als Mitglieder oder Klienten von Organisationen verbringen, sei es als Arbeitgeber oder -nehmer, als Arzt oder Patient, Lehrer oder Schüler/Student, Verkäufer oder Kunde etc., sind es nicht nur Einzelpersonen und kleine Gruppen, die sich aus Rancune auf der Straße verbale Gemeinheiten oder körperliche Gewalttätigkeiten leisten können. Es sind auch nicht nur einzelne Organisationsmitglieder wie Polizeibeamte oder Ordnungskräfte, die, wenn sie bei „Übergriffen“ ertappt werden und nichts mehr zu beschönigen ist, regelmäßig von der Behördenleitung als „Einzelfälle“ oder „schwarze Schafe“ abgetan werden (vgl. Proske 1998). Die allermeisten Möglichkeiten der Diskriminierung von Migranten sind als formale Rechte, etablierte Strukturen, eingeschliffene Gewohnheiten, etablierte Wertvorstellungen und bewährte Handlungsmaximen „in der Mitte der Gesellschaft“ institutionalisiert, wobei solche Institutionen zumeist in Organisationen (Behörden, Betrieben, Anstalten) ihren Platz finden. Organisationen unterscheiden und entscheiden in ihrer eigenen Logik mit Blick auf ihre eigenen Ziele nach ihren eigenen Kriterien. Erst von außen, aus der Position des moralischen Protests betrachtet, können solche Unterscheidungs- und Entscheidungspraxen, gemessen an generalisierten Gleichheits- und Gerechtigkeitsgrundsätzen, als Diskriminierung erscheinen.

Es ist zu vermuten, daß das Gros der Diskriminierung von rechtlichen Regelungen und etablierten Praktiken in den wohlfahrtsstaatlichen Organisationen der Gesellschaft (vgl. Bommes/Halfmann 1994) ausgeht, die ihre Leistungen begrenzen wollen, und von öffentlich eingeübten und anerkannten Redeweisen (Diskursen) gestützt wird, die diskriminierende Handlungen legitimieren sollen. Die Organisation verfolgt ihre Zwecke und die Bediensteten erfüllen ihre Aufgaben. Die (Neben-)Folgen ihrer Handlungen außerhalb der eigenen Zuständigkeit beobachten sie nur dann, wenn sie Rückwirkungen auf ihre künftigen Handlungsoptionen antizipieren.

Genauer erfassen lassen sich solche Formen der Diskriminierung aufgrund ethnischer, nationaler und religiöser Zugehörigkeit, des Geschlechts, sexueller Orientierungen, Behinderungen oder des Alters, die als *Effekt* aus den „normalen" Strukturen und Praktiken einer Vielzahl sozialer Institutionen und Organisationen hervorgehen, mit dem aus den angelsächsischen Ländern stammenden Begriff der *institutionellen* Diskriminierung. Dieser Ansatz wurde in der deutschen Diskussion bislang kaum rezipiert, was mit dem vorliegendem Buch nachgeholt werden soll.

Institutionelle Diskriminierung von Migranten und Minderheiten geschieht demzufolge in zweifacher Weise. Es können *erstens* gesetzliche Vorschriften sein, wie sie z. B. im Aufenthaltsrecht, im Arbeitserlaubnisrecht, dem Steuerrecht, dem Sozialversicherungsrecht, den Bestimmungen über das Kindergeld oder die Sozialhilfe, dem Niederlassungsrecht usw. institutionalisiert sind, die im bundesdeutschen Sozialstaat nicht nur Deutsche von Ausländern unterscheiden, sondern auch Ausländer je nach ihrem aufenthaltsrechtlichen Status als EU-Angehörigen, Gastarbeiter, Flüchtling, Asylbewerber oder -berechtigten ganz legal unterschiedlich behandeln (vgl. eine umfassende Zusammenstellung diskriminierender rechtlicher Bestimmungen bei Franz 1989). Rechtliche Differenzierungen sind für unterschiedlichen Inklusionsmodi in Funktionssysteme, z. B. das politische System oder den Wohlfahrtsstaat durch das Staatsbürger- und das Wahlrecht, und u. U. für die folgenreiche Marginalisierung und Ausgrenzung ganzer Bevölkerungsgruppen in den westlichen Demokratien verantwortlich, die ansonsten Gleichheitsgrundsätze, hoch halten. Solche Regelungen stellen zwischen verschiedenen Bevölkerungsgruppen eine hierarchische Ordnung her, in der die Zugewanderten zwar von den verschiedenen sozialen Systemen/Organisationen beansprucht, aber auf Dauer durch rechtliche Ungleichstellung direkt und legal benachteiligt werden.

Hinzu kommt *zweitens* das große Dunkelfeld der alltäglichen Diskriminierung in Organisationen, auf die nur rückgeschlossen werden kann, weil sich ihre Effekte statistisch beschreiben lassen. Als zu Tage liegendes Modell für die Analyse solcher Effekte des Organisationshandelns wird in der öffentlichen Diskussion die Ungleichverteilung von begehrten Berufspositionen entlang der Unterscheidung nach Geschlecht in privaten Betrieben, öffentlichen Verwaltungen, Universitäten oder Parteien thematisiert. Solche Diskriminierung von Frauen in Führungspositionen in Wirtschaft und Verwaltung, als Professorinnen oder Abgeordnete, erfolgt indirekt durch Anwendung „ungeschriebener Gesetze" und Regeln der Personalrekrutierung, der Beförderung, Berufung oder Kandidatenaufstellung, in deren Folge die Benachteiligungen auftreten und tradierte Privilegien aufrechterhalten werden. Die Entscheidungsfindung ist nicht beobachtbar, nachträglich vorgetragene Begründungen dienen der Legitimation der Entscheidung.

Wenn die Betroffenen sich institutionell diskriminiert fühlen und sich wehren, Gleichheit anmahnen und die Ungerechtigkeit öffentlich skandalisiert wird, wie dies den Frauen mit der weltweiten feministischen (Protest-) Bewegung in Ansätzen gelungen ist, kann die Politik mit Gesetzen, können die angeprangerten Organisationen, sofern sie Nachteile befürchten, auf solche Vorwürfe programmatisch mit Gleichstellungspolitiken reagieren, z. B. Quotierung oder anderen Formen von *affirmative action*, etwa der Einstellung von Frauenbeauftragten. Diese sollen, als Beobachtungsinstanz gleichsam in das System hinein kopiert, in der Organisation den Gleichheitsnormen Geltung verschaffen.

Wirksam werden sollen solche Strategien, indem sie vom Einzelfall absehen und den individuellen Nachweis gar nicht erst zu führen versuchen, sondern die Organisation und die statistisch meßbaren Effekte ihres Handelns in den Blick nehmen. Dann wird von außen der Versuch gemacht, einzelnen Teilsystemen, etwa Universitäten oder Parteien, Gleichverteilung oder Gerechtigkeit als Ziel und Ergebnis von Organisationshandeln vorzuschreiben, die Erfüllung zu kontrollieren und nötigenfalls zu sanktionieren. Aber auch hier sind die Erfolge nur mühsam errungen.

Diskriminiert auch die Schule als Institution?

Diesem letzten Feld der scheinbar „unsichtbaren" und in der Tat empirisch schwer zugänglichen und nachzuweisenden indirekten Diskriminierung in Organisationen wendet sich dieses Buch zu. In den Fokus des Interesses wird die Organisation Schule und ihr Umgang mit Migrantenkindern gerückt. Behauptet wird, daß auch die Schule eine Organisation sei, die den Zugang zu ihren Leistungen, das meint die Zuerkennung von Schulabschlüssen, entlang ethnischer Unterscheidungen im Ergebnis ungleich regelt. Bei der Verteilung der begehrten Bildungszertifikate werden ausweislich der Statistiken über die Bildungsbeteiligung und den Schulerfolg verschiedene Bevölkerungsgruppen offenbar direkt oder indirekt diskriminiert. Die These lautet: Die *Institution* Schule erzieht nicht nur, wie Siegfried Bernfeld festhielt, sie diskriminiert auch *als* Institution. Das klingt für Unbeteiligte zunächst trivial, ist doch das Wissen über die Schichtabhängigkeit von Schulerfolgen in der Rede von der ‚Schule als Mittelschichteinrichtung' Allgemeingut. Aber der Hinweis auf die Institution hat bislang kaum praktischen Konsequenzen. In allen Kompensationsprogrammen zur Förderung der Chancengleichheit bezogen auf verschiedene Bevölkerungsgruppen wurden und werden die Ursachen für mangelnden Erfolg nicht oder nur selten in der Schule gesucht, regelmäßig aber auf Kollektivmerkmale der Kinder und ihrer Eltern zugerechnet.

In der hier zu präsentierenden Untersuchung soll die Betrachtungsperspektive gewechselt werden: Ein nicht unbedeutender Teil der Ungleichheit in der Bildungsbeteiligung von deutschen im Vergleich mit nicht-deutschen Schülern läßt sich – so lautet die These – *nicht* auf die Eigenschaften der Kinder und ihre migrationsbedingten Startnachteile zurechnen, sondern wird in der Organisation Schule selbst erzeugt. Die geläufige Unterstellung einer Milieu- bzw. Umweltabhängigkeit des Schulerfolgs, den die Schule mit Verweis auf die Familie und ihr soziales Umfeld als Erklärung bevorzugt, wird auf Unterscheidungen der Schule zurückgeführt und als Herstellungsvorgang von Differenz reformuliert. Damit wird auf System- und Organisationsabhängigkeit umgestellt. Die Frage lautet nun: Wie wird die statistisch gemessene Ungleichheit prozedural hergestellt? Danach wären es die geläufigen Wahrnehmungsmuster, Normen, Gewohnheiten und Routinen der Schule, die an die in der Schule allfälligen Selektionsentscheidungen angelagert sind, die immer aufs Neue eine stabile Ungleichverteilung der Bildungsabschlüsse entlang ethnischer Merkmale hervorbringen. Es wäre ein in der Organisation Schule institutionalisiertes und geteiltes *Wissen*, das zur Begründung der Selektionsentscheidung benutzt wird und ethnische Unterscheidungen legitimiert und darstellbar macht. Individuelle Einstellungen in bezug auf die Migrantenkinder und ihre Familien auf seiten des Personals, also der Lehrerinnen und Schulleiter, ob positiv oder negativ, können dabei relativ belanglos sein, liegen jedenfalls nicht im Fokus der Untersuchung.

Die These provoziert Widerspruch, nicht nur, weil sie den geläufigen Erklärungen für den mangelnden Erfolg der Migrantenkinder widerspricht. Sie scheint auch deshalb nicht akzeptabel, weil doch gerade die Schule in ihren Selbstbeschreibungen wie in der öffentlichen Rhetorik auf Leistung und deren *gerechte* Beurteilung verpflichtet ist. Die Schule ist der Ort in der Gesellschaft, an dem moralische Werte und Normen als Inhalte der Erziehung ihren Platz haben. Sie gilt als bevorzugtes sozialpolitisches Instrument der Herstellung von Chancengleichheit und ihre Entscheidungen über Bildungskarrieren beziehen aus ihrer Verpflichtung auf Gerechtigkeit erst ihre Legitimation. Wenn nun nicht mehr allein die individuelle Leistung zählte, sondern system- und organisationsabhängige Einflüsse auf den Schulerfolg behauptet werden, stünde die Legitimität der Statuszuweisung durch die Schule insgesamt zu Debatte.

Die Frage nach den Anteilen der Organisation Schule an der Produktion von sozialer Ungleichheit ist für einen gesellschaftlich bedeutenden historischen Fall bereits schlüssig beantwortet worden. Es ist der Fall der Bildungsbeteiligung von Jungen und Mädchen, die bis in die sechziger Jahre des letzten Jahrhunderts in der alten Bundesrepublik Deutschland noch gravierende Unterschiede aufwies. In der Reformdiskussion der siebziger Jahre spielte eine bildungspolitische Kunstfigur eine große Rolle: das „katholische Arbeitermädchen vom Lande“. Die Figur wurde von den Bildungsreformern benutzt, um auf die ungleiche Verteilung von Bildungschancen entlang der Kollektivmerkmale Konfession, soziale Schicht, Geschlecht und Wohnort hinzuweisen. Die statistisch gemessene Ungleichheit widersprach auch in diesem Fall dem Versprechen der modernen Gesellschaft, daß allein die individuelle *Leistung* (und nicht der Zufall der Geburt) zählt. Sie konnte plausibel nicht länger auf das Geschlecht zugerechnet werden, sondern wurde mit der Bildungsreform auf Strukturprobleme des Bildungsangebots und auf Zulassungs- und Selektionsmechanismen innerhalb des Bildungssystems zurückgeführt.

Von heute aus betrachtet wird man sich schnell einig sein darüber, daß die Ungleichbehandlung von Jungen und Mädchen im Bildungssystem, die bis in die sechziger Jahre noch ein Verhältnis der Geschlechter von zwei zu eins auf den Gymnasien hervorbrachte, nicht dadurch behoben worden ist, daß Defizite diagnostiziert und die Mädchen individuell gefördert und in Sonderkursen und durch intensive nachmittägliche Betreuung und Hausaufgabenhilfe kompensatorisch auf ihren heutigen Schulerfolg vorbereitet worden wären. Erreicht wurde die Veränderung der Verhältnisse nicht mit Pädagogik, sondern durch eine Politisierung der Diskussion über Ungleichheit und Ungleichbehandlung, in deren Folge es zu einer Reorganisation der Struktur des Bildungsangebots für Mädchen, einer Änderung der Selektionspraktiken in den Schulen und einer Delegitimation von Begründungshaushalten kam, die bis dahin die Entscheidungen gültig machten. Bestehende Gymnasien für Jungen wurden auch für Mädchen geöffnet, zusätzliche Gymnasien, Mittelpunkt- und Gesamtschulen wurden „in der Fläche" der kleinen Gemeinden und Landkreise eingerichtet. Wesentlich war, daß der Begründungsdiskurs, den Männer unter sich führten, in dem bis dahin die ungleiche Bildungsbeteiligung der Geschlechter für eine Selbstverständlichkeit gehalten werden konnte, öffentlich an Legitimations- und Überzeugungskraft verlor.

Die Umstellung war möglich, weil sie mit gesamtgesellschaftlichen Veränderungen einher ging. Angesichts des Wandels der Industriegesellschaft und ihrer Arbeitsmarkterfordernisse mochte es nicht mehr als „quasi natürlich" erscheinen, daß die Hälfte der Bevölkerung vom Zugang zu höherer Bildung und qualifizierten Berufspositionen ausgeschlossen blieb. Seither gibt es quantitativ und qualitativ das gleiche Bildungsangebot für beide Geschlechter und auch eine definitive Angleichung des Bildungsverhaltens.

Ungleiche Bildungsbeteiligung von Migranten

Nach den Mädchen, deren direkt institutionalisierte Ungleichbehandlung durch das Schulsystem mittlerweile aufgehoben werden konnte, kommen seit den achtziger Jahren die Migrantenkinder in den Blick. Sie nehmen heute als ganze Bevölkerungsgruppe die schlechten Chancen des dreigliedrigen deutschen Schulsystems wahr. Das durchschnittliche Niveau der Schulabschlüsse von Migrantenkindern in Deutschland hat sich in den vergangenen Jahren zwar kontinuierlich erhöht, der Abstand zu den gleichzeitig verbesserten Schulerfolgen ihrer deutschen Mitschülerinnen konnte jedoch kaum verringert werden. Man kann weiterhin nicht nur große Unterschiede in der Bildungsbeteiligung zwischen nationalen Gruppen beobachten, sondern auch erstaunliche Disparitäten zwischen den Bundesländern, zwischen Städten und Kreisen, aber sogar auch innerhalb der Städte von Stadtteil zu Stadtteil.

Spektakulärer Beleg ist die große Differenz aller wichtigen Abschlußquoten für die deutschen und die nicht-deutschen Schülergruppen: 1996 verließen immer noch 23 v. H. der männlichen ausländischen Schulabgänger die Schule ohne Hauptschulabschluß gegenüber weniger als 10 v. H. ihrer deutschen Altersgenossen. Auch bei Mädchen ist das Verhältnis zwischen deutschen und ausländischen Schulabgängerinnen ohne Hauptschulabschluß eins zu drei. Ein ähnliches Verhältnis zeigt sich in den beruflichen Schulen. Und während bei deutschen Schulabgängern aus allgemeinbildenden Schulen fast drei Viertel der Zeugnisse auf einen mittleren Abschluß und die Hochschulreife entfallen, liegt der Anteil mittlerer und höherer Abschlüsse bei den ausländischen Schülern bei nur einem Drittel (vgl. DIW 1999). Besonders auffällig ist der Anteil der ausländischen Schüler auf Sonderschulen für Lernbehinderte, der bundesweit zwischen 1992 und 1996 weiter angestiegen ist und bei 14,4 v. H. lag (gegenüber einem Anteil an den Schülern auf allgemeinbildenden Schulen von 9,2 v. H.). 1996 besuchten 3,8 v. H. der deutschen, aber 6,2 v. H. der ausländischen Schüler eine Sonderschule. Auffällig sind die lokalen Differenzen. So variieren die Zahlen ausländischer Sonderschüler in den alten Bundesländern um beinahe das Zweieinhalbfache, im Vergleich der alten mit den neuen Ländern sogar um beinahe das Dreieinhalbfache (Kornmann u. a.1997, S. 203ff).

Die Erklärung der Ungleichverteilung von Bildungschancen und -abschlüssen kann die Ursachen entweder in den Eigenschaften der Kinder oder in den Entscheidungsprozeduren der Organisation Schule suchen, oder beide Ursachenkomplexe kombinieren. Wenn Pädagogen selbst ihre Tätigkeit beschreiben, wird die Schule als Organisation präsentiert, die mit dem Ziel arbeitet, die Schüler bestmöglich zu fördern. Dazu kommt es darauf an, ausgehend von einer zuverlässigen Diagnose der besonderen Begabungen, jedem Kind das bestmögliche Bildungsangebot zu machen, das seinen Fähigkeiten und Bedürfnissen gerecht wird. Auf dieser Basis werden Leistungen bewertet und Promotionsentscheidungen getroffen. Die Grundschule als Zubringer für die weiterführenden Schulen sieht ihre Aufgabe darin, nach vier (oder sechs Schuljahren) für jedes Kind den richtigen Platz im mehrgliedrigen Schulsystem der Bundesrepublik Deutschland zu finden.

Diese pädagogische Deutung hat den Vorzug, daß sie die Selektionsentscheidungen der Schule, die einen jeweils folgenreichen Eingriff in das Leben von Kindern bedeuten, mit dem Begriff des Förderns in mildem Licht weichzeichnet und als positive Dienstleistung an den Kindern und ihren

Eltern erscheinen läßt. Wenn dennoch festzustellen ist, daß über Jahrzehnte hinweg ein Zustand der Ungleichverteilung von Bildungschancen entlang nationaler Differenzen zu beobachten ist, der mit der Bildungsbeteiligung in der Vorschule beginnt und bis zu den Übergängen in die Berufspraxis reicht, liegt es nahe, auch in der Schule nach Mechanismen der strukturellen oder institutionellen Diskriminierung zu suchen.

Der pädagogischen (Selbst-)Beschreibung der Schule steht in der Bildungsforschung eine soziologische Beschreibung ihrer gesellschaftlichen Funktionen und Aufgaben gegenüber, mit der ihre Rolle als Organisation im modernen Sozialstaat etwas anders akzentuiert wird. Danach wäre die Schule eine Verteilungsinstanz, die Bildungsansprüche der Bürger bzw. ihrer Kinder[2] verwaltet und das begehrte Gut Schulerfolg durch Selektion in Form von Versetzungen, Übergangsempfehlungen und schließlich Schulabschlüssen zu verteilen hat.

Schulabschlüsse und die damit bescheinigten Qualifikationen sind so begehrt, weil sie in funktional differenzierten Gesellschaften die Voraussetzung sind, um unter Bedingungen der Konkurrenz Zugang zu finden zu anderen wichtigen Teilsystemen der Gesellschaft, vor allem dem Beschäftigungssystem und davon abhängig vielen anderen Teilsystemen: dem Wohnungsmarkt, dem Gesundheitssystem, dem Kulturbetrieb usw. Die Organisation Schule bietet Bildung und Erziehung als soziale Leistung des Wohlfahrtsstaates an; sie ist darauf eingestellt, verwertbare Qualifikationen zu erzeugen und die Verteilungsaufgabe durch Selektion und Allokation regelmäßig zu erfüllen. Sie hat dazu geeignete Praktiken entwickelt, ermöglicht damit großen Teilen ihrer Klientel den Zugang zu den verschiedenen Teilsystemen und erhöht die Chancen auf attraktive Formen der Teilnahme.

Bei der Distribution der Güter machen die Schulen – wie andere Verteilungsorganisationen auch – Unterschiede. Sie entscheiden selbst, welches Verhalten der Schüler sie als Problem wahrnehmen, welches sie belohnen und welches sie sanktionieren. Sie orientieren sich dabei am Wohl des Kindes, aber auch – wie zu zeigen ist – am Fortbestand der Organisation und ihrer Funktionsfähigkeit. Auch sie lösen nicht zuletzt ihre eigenen Probleme im Kontext der ihr Entscheidungshandeln spezifizierenden rechtlichen, materiellen und diskursiven Rahmenbedingungen.

Die Tatsache, daß Diskriminierung in allen modernen Gesellschaften vorkommt und sich gegen ganz verschiedene Gruppen richten kann, macht darauf aufmerksam, daß es nicht ausreicht, an mehr Toleranz zu appellieren und nur diskriminierende Einzelhandlungen zu verfolgen, so existentiell bedrohlich sie für die Opfer von Übergriffen sind. Die Ubiquität des Phänomens muß mit der funktionalen Differenzierung der Gesellschaft und der

---

2 Sinnfällig wird diese Sichtweise des Bildungssystems in der Diskussion um Bildungsgutscheine (Voucher), die zuerst in Kalifornien/USA geführt wurde, aber trotz mehrfacher Anläufe in Referenden bislang nicht realisiert wurde (vgl. Weiß 2000, S. 45).

weitgehenden Autonomie ihrer Teilsysteme in Verbindung gebracht werden, die nach ihrer je eigenen Rationalität operieren. Diskriminierung kann vor diesem Hintergrund als Problem von modernen Wohlfahrtsstaaten gedeutet werden, die mit generalisierten Gleichheits- und Gerechtigkeitsansprüchen umgehen, selbst aber Unterschiede machen und auf die einzelnen spezialisierten Funktionssysteme kaum Einfluß nehmen können.

Daß die Wirtschaft nicht an Gleichheit und Gerechtigkeit, sondern an Gewinn und Effizienz orientiert ist und um den Preis des Untergangs sein muß, wird leicht nachvollzogen, stellt aber die Gesellschaft vor immer neue Probleme der Integration. Wie aber verhält es sich in der Schule? Woran orientiert die Schule ihre Entscheidungen, wenn nicht an Gerechtigkeit und (Chancen-)Gleichheit? Es gilt, die Eigenrationalität der Schule und ihrer Operationen zu bestimmen.

Eine Analogie aus dem Bereich der körperlichen Behinderung, in dem das Bewußtsein über und die Sensibilität für unbeabsichtigte Diskriminierung in den letzten Jahre weit entwickelt worden ist, macht die Aufgabe deutlich, vor der die Diskriminierungsforschung bezogen auf die Schule steht. Wie es wichtig war, eine Treppe nicht nur als objektives Hindernis, sondern als soziale Diskriminierung von Rollstuhlfahrern zu begreifen, wird es wichtig, die nicht direkt sichtbaren Strukturen und die normalen Praktiken in Organisationen zu analysieren, die für alle Klienten gleichermaßen gelten, aber für zu bestimmende Gruppen diskriminierende Wirkungen haben, ohne daß dies so gemeint wäre oder in der Organisation bemerkt würde. Untersucht werden müssen die Formen und Folgen der Gleichbehandlung von Ungleichen in Organisationen. Dazu gehören neben den Entscheidungs-Routinen zentral die Wissensbestände, die zur nachträglichen Legitimation von Entscheidungen verwendet werden, die wiederkehrend Ungleichheit herstellen, begründen und als hinnehmbar erscheinen lassen – sei es im Bereich des Arbeitsmarktes, des Wohnungsmarktes, des Gesundheitssystems oder eben der Schule.

Es kommt darauf an, gerade die Form der institutionellen Diskriminierung zu untersuchen, die nicht, oder nicht entscheidend auf Böswilligkeit und abweichendes Verhalten bei den Organisationsmitgliedern zurückzuführen ist. Das Problem der Diskriminierung entsteht in dieser Perspektive erst, wenn Organisationen, die bemüht sind, ihre eigenen Probleme zu lösen, von außen mit Forderungen konfrontiert werden, die sie in ihrer eigenen Operationslogik nicht ohne weiteres unterbringen können. Was tun, so lautet die Frage, Organisationen wie Firmen oder Banken, aber auch die Schulen, wenn sie Forderungen nach Gleichheit und Gerechtigkeit mit ihrem Interesse an Komplexitätsverminderung und Komplikationsvermeidung in ihren Arbeitsabläufen vereinbaren müssen? Wie werden die Anforderungen von außen in die Organisation und ihre Entscheidungsprozesse eingebaut? Entsteht auch in der Schule, wie in der Organisationstheorie geläufig, ein Bereich der

„brauchbaren Illegalität“ (Diskriminierung), in dem das Organisationsgeschehen, das zuerst seiner eigenen Logik verpflichtet und verhaftet bleibt, nach außen auch unter den von dort geforderten Kriterien darstellbar gemacht wird?

Erklärungsansätze für Schulmißerfolg

Wie läßt sich das Konzept der *institutionellen* Diskriminierung auf die Schule und die Situation von Migranten anwenden? Gerade im Bereich der Erziehung und Bildung, wo vermutet werden darf, daß Pädagogen, getragen von pädagogischem Eros und einer professionellen Ethik, sich dem Wohl der ihnen anvertrauten Kinder auf der Basis egalitärer, emanzipatorischer und partizipativer Wertorientierungen verpflichtet fühlen, kann – anders als vielleicht in der Polizei oder anderen, wenig professionalisierten Behörden, nicht systematisch mit individuellem Fehlverhalten oder einem gehäuften Vorkommen von „schwarzen Schafen“ gerechnet werden. So weisen Lehrerinnen die Unterstellung diskriminierender Praktiken auch empört zurück.

Mit der pädagogischen, an den Eigenschaften der Kinder interessierten, auf „Fördern“ abhebenden Beschreibung einerseits, und der soziologischen, auf die Prozeduren der Organisation gerichteten, die Selektion betonenden Beschreibungsweise der Schule korrespondieren zwei theoretische Konzepte, mit denen die Ungleichheit in der Bildungsbeteiligung einzelner Schüler, aber auch verschiedener Schülergruppen erklärt werden soll. Je nach dem, welcher Ansatz der Erklärung gewählt wird, ergeben sich in der Tat ganz unterschiedliche praktische Konsequenzen.

Pädagogisch bevorzugt wird eine ätiologische Perspektive, die versucht, die Gesamtheit der Ursachen für das Schulversagen einzelner oder auch ganzer Gruppen wie bei einer Krankheit/Abweichung zu ermitteln. Beginnend mit eher biologistischen Vorstellung einer Ungleichverteilung von Begabung in der Bevölkerung, gemessen über z. B. Intelligenz-Tests, die bis in die Mitte des 20. Jahrhunderts galten, führt diese Erklärungsstrategie seither über Sozialisationstheorien, die das sozialisatorische Umfeld der Familie, das soziale Milieu, auch die nationale Kultur auf Determinanten des Schulerfolgs oder -mißerfolgs absuchen. In makro-soziologisch angelegten Studien wurden Korrelationen zwischen verschiedenen unabhängigen und abhängigen Variablen gebildet und lang anhaltende Ungleichheiten festgestellt (vgl. Mayer 1991, Müller/Haun 1994).

Die Theorien zur Erklärung der statistisch ermittelten Zusammenhänge zwischen Sozialisationsdeterminanten und Erfolgs- bzw. Mißerfolgsquoten sind mehr oder minder komplex. Als elaboriertes Beispiel aller folgenden Erklärungsmodelle kann die linguistisch inspirierte Sozialisationstheorie von Basil Bernstein 1971/72 (vgl. auch Oevermann 1972) gelten. Mit ihr wurden Passungsprobleme von kindlicher Sozialisation und schulischen Erwartungen zum Erklärungsgrund für Schulversagen erhoben. Zwischen den Charakteristika der Sozialisation von Kindern der sozialen Unterschicht, die durch den Gebrauch eines schichtspezifisch ‚restringierten' Sprachcodes gekennzeichnet wurden, und den Anforderungen der Mittelschicht dominierten Organisation Schule an die Schüler, die die Beherrschung eines ‚elaborierten' Codes voraussetzt, entsteht eine unüberbrückbare Diskrepanz. Bourdieu/Passeron (1979) haben die These mit dem Konzept des „kulturellen Kapitals", seiner klassenspezifischen Verfügbarkeit und seiner Reproduktionszyklen verallgemeinert. Weiter kann man dieser Erklärungslinie die breit rezipierte sozial-ökologische Theorie Uri Bronfenbrenners (1976) zurechnen, der in einem Modell der Schichtung der verschiedenen Mikro-, Meso-, und Makro-Umwelten des Kindes versucht, die Ursachen für Schulerfolg oder Mißerfolg in einem komplexen Wirkungsgeschehen zu lokalisieren. Eine Vielzahl der Studien, die sich mit dem Zusammenhang von Schulerfolg und den sozialen Indikatoren der Schichtzugehörigkeit, des Wohnumfeldes, des Bildungsstandes der Eltern etc. beschäftigen, lassen sich in diese Linie einordnen (vgl. beispielhaft Hurrelmann/Wolf 1986, bezogen auf Migrantenkinder Glumpler 1985).

Auf der anderen Seite stehen Theorien zur Erklärung ungleicher Bildungsbeteiligung, die entweder – in systemtheoretischer Perspektive – der Eigenlogik und *Eigenrationalität von* Organisationen, oder – in der Tradition sozial-konstruktivistischen Denkens – den *Entscheidern in* Organisationen eine große Bedeutung bei der Herstellung von Differenz zumessen. Der Fokus der Analyse liegt jetzt auf der Schule als Organisation und nicht auf Faktoren, die in der Umwelt der Schule, bei den Lebensverhältnissen der Kindern und ihrer Eltern liegen. Gefragt wird nach den schulischen Bedingungsfaktoren von Schulerfolg und Schulversagen und den Mechanismen in den Entscheidungsprozeduren, die solche Ergebnisse hervorbringen.

Empirisch ist der Frage nach dem Einfluß der Eigenrationalität von Organisationen auf das Bildungsverhalten bislang nur selten nachgegangen worden. Mader (1989) und Mader/Roßbach/Tietze (1991) haben mit Hilfe einer Analyse verfügbarer Schulstatistiken des Landes Nordrhein-Westfalen am Beispiel der Grundschule untersucht, ob verbesserte *in-put*-Bedingungen (Kindergartenbesuch, Ausstattung der Kindergärten, Kooperation mit der Grundschule) und Prozeßbedingungen (Klassenfrequenz, Unterrichtsversorgung, Fördermaßnahmen, Lehrerwochenstunden) das Ergebnis an den wichtigsten Entscheidungsstellen (Zurückstellung in die Vorklasse, Sitzenbleiben, Sonderschulüberweisung und Übergänge in die Sekundarschule) verbessern. Sie konnten den Nachweis führen, daß die Selektivität der Grundschule bestehen blieb und trotz einer „nachhaltigen Verbesserung von Input- und Prozeßindikatoren (sich) die Werte der hier berücksichtigten Produktindikatoren nur bedingt verändert haben" (ebd. S. 23). Den paradoxen Befund einer Steigerung der Zurückstellungen bei der Einschulungen trotz erhöhten Kindergartenbesuchs erklären die Autoren mit einer Veränderung des Bildungsangebotes. Sie beobachten einen Sogeffekt der neu ausgebauten Schulkindergärten und Vorklassen, die Klienten suchen. Die Konstanz der Übergangsquoten in die weiterführenden Schulen ergebe sich aus dem unveränderten Selektionszwang, der von dem gegliederten Sekundarschulsystem und dem dort gegebenen Bildungsangebot ausgehe. Die Grundschulen richteten ihre Übergangsempfehlungen trotz verbesserter Arbeitsbedingungen an dem bestehenden Platzangebot der weiterführenden Schulen aus.

Die Bedeutung der Struktur und des relativen Umfangs des Bildungsangebotes für den Schulerfolg von Schülerkohorten haben Baker/Lenhardt (1988) ebenfalls mit Hilfe vorliegender Statistiken zur Bildungsbeteiligung im Bundesgebiet zwischen 1976 und 1982 untersucht. Sie können nachweisen, daß ein direkter Zusammenhang zwischen demographischen Faktoren (Schülerrückgang, ethnische Zusammensetzung der Schülerpopulation) und dem Schulerfolg der verschiedenen Gruppen besteht. Sie gehen von der Annahme aus, daß die im Schulsystem zu vergebenden guten und schlechten Chancen relativ konstant gehalten werden, und können zeigen, daß der Ausländeranteil auf Hauptschulen zunimmt, sobald der Anteil deutscher Schüler demographisch bedingt abnimmt. Gleiches gilt aber auch für die Realschule und das Gymnasium: der Anteil der ausländischen Schüler, denen ein Aufstieg in die Realschule oder das Gymnasium gelingt, nimmt zu, wenn die absolute Zahl der deutschen Schüler abnimmt. Wo der Rückgang deutscher Schüler besonders gravierend ist, fällt auch die Zunahme ausländischer Schüler deutlicher aus (ebd. S. 57). Baker/Lenhardt schließen aus diesen Befunden, „daß die Menge aller Bildungschancen von der Beschaffenheit des Schülerpublikums unabhängig ist und sich aus institutionellen Festlegungen ergibt“ (ebd. S. 58).

Die Einsichten der beiden Untersuchungen in die Unabhängigkeit von Schülereigenschaften und Schulerfolg dirigieren den Blick auf die Untersuchung der *Distributionsmechanik* des Schulsystems, das die von ihm zu vergebenden Chancen offenbar nach im System selbst festgelegten Regeln vergibt. Auch zu dieser Frage, wie die Schule ihre Selektionen vornimmt, liegen bisher nur wenige Untersuchungen vor. Ditton weist in einem Überblicksartikel zum Stand der Ungleichheitsforschung im Bildungsbereich darauf hin, daß die vorherrschenden makrosoziologischen Studien zur Bildungsbeteiligung „zwar notwendige und wichtige Informationen zum Stand und zur Entwicklung von Ungleichheit“ böten, „sie leisten aber keine Überprüfung der relevanten (Mikro-)Bedingungen und Prozesse im Verlauf der Schulzeit“ (1995, S. 98). Es komme, so schreibt er mit Blick auf eine Reihe amerikanischer Untersuchungen, darauf an, „die *Schule nicht länger als ‚black box' zu behandeln*“ (Herv. i. O.), sondern auch hier nach dem Einwirken, nach institutionellen Praktiken, den konstitutiven Handlungen und kulturellen Konventionen zu fragen und neben expliziten auch implizit geltende Regelungen zu beachten (ebd. S. 111).

Daß Organisationen wie die Schule (oder die Jugendgerichtsbarkeit) nicht länger als „black box" zu behandeln sind, sondern hinsichtlich ihrer Wirkungen, ihrer institutionellen Praktiken, konstitutiven Handlungen und Konventionen, ihrer explizierten und implizit geltenden Regelungen in Frage stehen, machten erstmals Forschungsarbeiten in den USA in den sechziger Jahren deutlich, die unter der Bezeichnung *labeling-approach*, zu Deutsch ‚Etikettierungsansatz', entwickelt wurden. In der Bundesrepublik ist dieser Zugang zu einer Erklärung von Ungleichheit vor allem in der Kriminologie in der Kritik an ätiologischen Theorien abweichenden Verhaltens rezipiert worden (vgl. Lamnek 1994), für den Bereich der Schule ist der Ansatz aber weitgehend unbeachtete liegen geblieben (vgl. die Ausnahme bei Bühler-Niederberger 1991).

In dem sozial-konstruktivistischen Konzept, das auf einer Handlungs- und Interaktionstheorie aufruht, sind es die Entscheider, die Verhalten von Jugendlichen als abweichend bzw. die Leistungen von Schülern als gut oder schlecht bewerten und erst damit zu einem für die Organisation bedeutsamen Problem erheben (vgl. Cicourel/Kitsuse 1963). Sie interpretieren, definieren und setzen nach der Problemdefinition eine entsprechende und verfügbare Problemlösung in Gang oder schalten entsprechende Institutionen ein, die den Fall weiter behandeln sollen. Daraus können sich kriminelle Karrieren, bzw. positive oder negative Schullaufbahnen entwickeln.

Die Gesichtspunkte, unter denen die Organisationen Probleme wahrnehmen und ihre Entscheidungen treffen, sind nicht unabhängig von dem, wie die Jugendlichen sich verhalten oder was die jeweiligen Schüler leisten oder nicht leisten, aber stark abhängig von den organisatorischen Möglichkeiten und Ressourcen. Sie stehen in einem engen Verhältnis zu den Optionen und Gewohnheiten der Organisationen, die ein Problem wahrnehmen, definieren und schließlich eine Entscheidungen treffen.

Welchen Anteil hat die Schule an der Herstellung der ethnischen Ordnung?

Zwischen einer ätiologischen und einer sozial-konstruktivistischen Perspektive ist nicht zu vermitteln. Sie beginnen mit je unterschiedlichen basalen Anfangsprämissen über die Zugänglichkeit der Wirklichkeit bzw. über die Rolle des Beobachters und seiner Beobachtungskategorien bei der Beschreibung der Wirklichkeit. Über derartige erkenntnistheoretische Differenzen ist nicht durch Empirie zu entscheiden. Weder kann man die Einsicht in die Beobachterabhängigkeit von Erkenntnissen über die Wirklichkeit übergehen, noch sich damit abfinden. Man muß lernen, damit umzugehen.

Die Entscheidung, den Blick auf die Entscheidungsprozesse in der Schule zu richten, hängt mit dem hier verfolgten Erkenntnisinteresse zusammen. Es geht darum, die Anteile der Organisation an der Produktion und Reproduktion von gesellschaftlicher Ungleichheit erneut zu thematisieren. Damit wird nicht gesagt, daß es nicht auch in den besonderen Merkmalen der Schüler, ihrer Familien und ihrer sozialen Milieus Ungleichheit gäbe, die sich in ihrer Lern- und Leistungsfähigkeit zeigen. Das ist vielfach behauptet und belegt worden. Wir interessieren uns in der hier vorgelegten Studie für den Einfluß der schulischen Faktoren auf Schulerfolg oder Mißerfolg. Dieses Interesse ist disziplinär wie politisch begründet. Die Studie reagiert auf ein Desiderat bisheriger Bildungsforschung, aber auch auf die Wirkungslosigkeit bisheriger Anti-Diskriminierungsstrategien. Wenn sich zeigen ließe, daß Ursachen für die Ungleichheit auch in der Organisation der Schule zu finden sind, wären die Interventionsstrategien zur Behebung der Ungleichheit zu überdenken.

Es ist so gesehen eine *normative* Entscheidung, die Organisationen des Erziehungssystems, die nach ihrer eigenen Logik operieren, durch die Beobachtung auf institutionelle Diskriminierung mit einer Gerechtigkeitsvorstellung zu konfrontieren. Diese Beobachtungsweise dient der Möglichkeit, bisherige Anti-Diskriminierungsstrategien auf ihre Wirksamkeit zu befragen und alternative Korrekturmöglichkeiten zu bestimmen. Es scheint geboten zu sein, bei der Bekämpfung von Rassismus und Fremdenfeindlichkeit und allen damit verbundenen Formen der Diskriminierung nicht länger nur auf Moral zu pochen und bei den Individuen und ihren Vorurteilen anzusetzen.

Der Zusammenhang von Einstellung und Handlung ist locker. Er setzt Gelegenheiten voraus. Wenn aber Diskriminierung als Strukturproblem moderner funktional differenzierter Gesellschaft beschrieben wird, folgt eine andere Praxis der Anti-Diskriminierungspolitik. Nicht mehr der einzelne Akteur und sein Bewußtsein, auch nicht der Diskriminierungsnachweis im Einzelfall steht im Mittelpunkt der Bemühungen. Belehrt durch die Erfolge bei der Gleichstellung von Mädchen im Bildungssystem gilt es vielmehr, einen Interventionspunkt zu suchen, der bei Strukturen und organisierten Praxen direkt eingreift. Das bedeutet aber zugleich, daß den Organisationen von außen zusätzliche Aufgaben gestellt werden, die ihre Arbeits- und Leistungsfähigkeit insgesamt beeinträchtigen können. Es handelt sich bei der Forderung nach Gerechtigkeit und Chancengleichheit um ein organisationsfremdes Kriterium, das nur dann wirksam wird, wenn die Anforderung von der Organisation nicht nur als Rauschen oder als Irritation wahrgenommen wird, sondern direkt in das eigene Handeln eingebaut werden können. Wege zu finden, auf denen Formen der institutionellen Diskriminierung von Migrantenkindern in der Schule, die schwer zu sehen und noch schwerer nachzuweisen sind, im Ergebnis unterbunden werden können, ist das Ziel des hier vorgelegten Buches.

Gliederung der Studie

Die Untersuchung der Mechanismen institutioneller Diskriminierung in der Schule will an zwei Diskussionsstränge der Bildungs- und Schulforschung anschließen. Sie läßt sich *erstens* lesen als ein Beitrag zur allgemeinen Bildungsforschung bzw. Bildungsbeteiligungsforschung. Dabei werden die Desiderata der bisherigen Ungleichheitsforschung insofern aufgenommen, als mit der Fragestellung „*Wie* wird die Ungleichheit in der Schule hergestellt?" der Versuch gemacht wurde, in den Bereich des Entscheidungshandelns in den Erziehungsorganisationen vorzustoßen. Dazu wurde der Prozeß des Organisierens von Erziehung untersucht. Dies geschah auf zwei Ebenen. Zum ersten: auf der Ebene der *Schulorganisation einer Stadt* und der dabei vorgenommen Schulentwicklungsplanung, die dem Versuch gilt, Schülerströme zu lenken und das lokale Angebot von Bildungschancen in Form von Plätzen in den verschiedenen Schulformen auf die verschiedenen Bevölkerungsgruppen zu verteilen. Gleichzeitig wurde die Ebene der *Entscheidung in einzelnen Schulen* betrachtet, hier besonders die in der Grundschule konzentrierten Entscheidungsstellen bei der Einschulung, beim Verweis an eine Sonderschule und beim Übergang in weiterführende Schulen.

Insofern ist die Studie *zweitens* auch als ein spezieller Beitrag zur Grundschulforschung gemeint, die der empirischen Aufklärung einer Schulstufe gilt, in der alle wichtigen und folgenreichen Entscheidungen über die Bildungskarriere von Kindern getroffen werden. Anders als die allgemeine Schulforschung hat die Grundschule die empirische Wendung zu einer Forschung, die sich jenseits normativer Vorgaben oder „kritisch-konstruktiver" Konzepte zu deskriptiv-analytischen Aussagen über die Erziehungswirklichkeit in dieser Schulstufe kommt, noch vor sich (eine bemerkenswerte Ausnahme bildet die Studie von Gogolin/Neumann 1997; zur Situation in der Grundschulforschung vgl. Valtin 2000, S. 557 ff). Abgesehen davon, daß die empirische Grundschulforschung sehr häufig eher als Grundschülerforschung einzustufen ist, die bevorzugt von Vertretern der Pädagogischen Psychologie betrieben wird (vgl. z. B. Weinert/Helmke 1997), steht zu befürchten, daß sie trotz gegenläufiger Anstrengungen (vgl. Roßbach 1996 oder Glumpler/ Luchtenberg 1997) im Zuge der neoliberalen Deregulierung in den Sog von Evaluationsmessungen geraten wird. Mit der Betonung von Effizienz gerät nach aller internationaler Erfahrung auch das Thema der Chancengleichheit, das bislang noch Teil des Programms war, aus dem Blick (vgl. Radtke/Weiß 2000).

Der Versuch, zur Erklärung von Ungleichheit im Bildungsbereich Theorien zur Institutionellen Diskriminierung mit Theorien zum Organisationshandeln zu verknüpfen, rückt die Grundschule als Organisation in den Focus der Aufmerksamkeit. Gezeigt werden soll in den Fallstudien, wie die Ungleichbehandlung und die Produktion und Re-Produktion von sozialen Ordnungen entlang der Unterscheidungen nach ethnischer Herkunft in der Grundschule institutionalisiert ist. Dieser Befund verstört, weil gerade die Grundschule im Konzert der verschiedenen Schulformen die Schulstufe repräsentiert, deren Vertreterinnen sich selbst eher normativ auf die reformpädagogische Idee der Kindorientierung als Kern ihres Selbstverständnisses berufen. In welchem Maße jedoch die Entscheidungen in der Grundschule an den Eigeninteressen der Organisation ausgerichtet werden, soll die Analyse der Entscheidungsprozesse in der Grundschule empirisch aufklären.

Die Studie gliedert sich in drei Hauptteile mit zusammen zehn Kapiteln. Im *ersten Teil* wird der Gegenstand ,Institutionelle Diskriminierung', der mit unserer Ausgangshypothese behauptet wird, mit Hilfe der verfügbaren Theorieangebote für die Schule neu modelliert, um ein Untersuchungsdesign entwerfen zu können. Im *ersten Kapitel* wird zur theoretischen Einordnung und zur Bestimmung des Untersuchungsgegenstandes der auf die vierziger Jahre des ausgehenden 20. Jahrhunderts zurückgehende Diskussion über institutionellen, strukturellen Rassismus und institutionelle Diskriminierung, wie sie in den USA und in den siebziger Jahren in Großbritannien geführt worden ist, in den Grundzügen rekonstruiert. Diesen Diskussionen fehlte eine Unterscheidung von Institution und Organisation, aber auch ein entwikkeltes Konzept von Organisationen bzw. von Organisationshandeln. Um diese Lücke zu schließen, greifen wir im *zweiten Kapitel* auf neuere Organisationstheorien zu. Sie dienen dazu, den Gegenstand ,Institutionelle Diskriminierung' soweit theoretisch zu bestimmen, daß empirische Forschung mit Unterscheidungen ausgestattet werden kann und weiß, wonach sie sucht. Die geschieht im *dritten Kapitel*, wo der Untersuchungsgegenstand auf der Grundlage der vorliegenden Theorieangebote neu modelliert wird. Es wird ein Untersuchungsdesign entworfen, mit dessen Hilfe das schwer zugängliche Geschehen institutioneller Diskriminierung, das im Moment des Geschehens nur ausnahmsweise direkt beobachtet werden kann, dennoch rekonstruiert werden soll.

Im *zweiten Teil* werden die empirischen Befunde einer Fallstudie eines lokalen Schulsystems zur Bildungsbeteiligung von deutschen und ausländischen Schülern präsentiert. Die ungleiche Bildungsbeteiligung wird als Effekt des Organisationshandelns betrachtet. In den *Kapiteln vier und fünf* wird am Beispiel einer mittleren Großstadt von den Effekten der Diskriminierung ausgegangen, die statistisch als Verteilungsunterschiede und Ungleichheiten in der Bildungsbeteiligung beobachtet werden können. Beschrieben werden die Anpassungsbemühungen des Schulsystems an veränderte Umweltbedingungen, die in einer demographisch bedingten Verschiebung der Zusammensetzung der Schülerschaft gesehen werden. Das Beobachtungsfeld reicht von der Schulentwicklungsplanung, den begleitenden kommunalpolitischen Debatten bis zu den Mikroentscheidungen an den wichtigsten Selektionsstellen in den einzelnen Grundschulen, die durch Befragungen erkundet wurden.

Damit soll auf allen Ebenen des Organisationshandelns rekonstruiert werden, wie sich Entscheidungen auf die unterschiedenen Bevölkerungsgruppen auswirken und welches Wissen an den Entscheidungen beteiligt ist.

Im *dritten Teil* werden die organisationsinternen Mechanismen untersucht, die solche Verteilungen hervorbringen, und die Wissenshaushalte rekonstruiert, mit denen die Selektionsentscheidungen begründet werden. Das Wissen der Entscheider, also vor allem der Lehrerinnen und der Rektoren der Grundschulen, wird mit Hilfe eines Verfahrens der Argumentationsanalyse erschlossen, über dessen methodologische Begründung ein kurzes *Zwischenkapitel sechs* Auskunft gibt. Dort wird das Analyseinstrument exemplarisch vorgeführt. In den anschließenden *Kapiteln sieben, acht, neun* und *zehn* wird der wissenschaftliche Ertrag der Studie präsentiert. Herausgearbeitet werden die Mechanismen der Diskriminierung unter der Fragestellung „Wie wird es gemacht? Welche Strukturen und Praktiken in der „*black box*“ Schule sind an den aufgefundenen diskriminierenden Effekten beteiligt?“ Das Erkenntnisinteresse der qualitativen Analysen richtet sich auf zwei Ebenen: Zum einen sind die institutionellen Wissenshaushalte zu beschreiben, die das Handeln in Organisationen, von der Wahrnehmung des Problems bis zur Begründung seiner Lösung, begleiten. Dieses Wissen steht im Zentrum des empirischen Interesses, weil hier Selbstverständlichkeiten angesiedelt sind, die es für die Beteiligten selbst oft unmöglich machen, die diskriminierenden Effekte ihrer Handlungen und die daraus resultierende Ungleichheit wahrzunehmen. Zum anderen ist die Einbettung diskriminierender Praktiken bzw. von Praktiken mit diskriminierenden Wirkungen in den spezifischen organisatorischen und institutionellen Handlungskontexten sichtbar zu machen. Indirekte Diskriminierung geschieht – so werden im *zehnten Kapitel* die Ergebnisse zusammengefaßt – insbesondere im Zusammenwirken von institutionellen Erwartungen an die Organisationsmitglieder, politischen, sozialen und professionellen Diskursen und den gegebenen organisatorischen Handlungsstrukturen und Lösungsoptionen. Abschließend wird versucht, praktische Hinweise zu geben, an welchen Stellen in modernen Gesellschaften angesetzt werden könnte, wenn es darum ginge, Diskriminierung zu unterbinden und schulische Gerechtigkeit für alle Bevölkerungsgruppen herzustellen.

Teil I

Kapitel 1

Institutionelle Diskriminierung

Die Untersuchung *institutioneller Diskriminierung* in der Schule kann zunächst an ein Erklärungsmodell anknüpfen, das auf Konzepten zum *institutionellen Rassismus* beruht, die in den sechziger Jahren in den USA entwikkelt worden sind. In dem nun folgenden Kapitel werden die historischen Ursprünge und Hintergründe dieses Konzepts skizziert, dessen Anfänge in die vierziger Jahre bis auf die einflußreiche Studie von Gunnar Myrdal „An American Dilemma" zurückgehen. Dort wurden in politischer Absicht erstmals rassistische Vorurteile und Diskriminierung als Strukturproblem der amerikanischen Gesellschaft thematisiert. Neben der nordamerikanischen Diskussion gehen wir auf die Rezeption des Ansatzes zur *institutionellen Diskriminierung* in Großbritannien ein, die dort in den späten siebziger und frühen achtziger Jahren untrennbar mit dem Aufkommen der Anti-Diskriminierungsgesetzgebung verknüpft war und als sogenannte „Antirassistische Erziehung" vor allem auf die Schule gewendet wurde. Nach diesem historischen Abriß werden Theorieangebote dargestellt, die den Begriff der *institutionellen Diskriminierung* für die Analyse von Organisationshandeln reservieren und zugleich über „Rasse" hinaus eine Erweiterung des Konzepts auf andere Formen der Ungleichheit, hauptsächlich Geschlecht, anstreben. Anschließend werden einige zentrale theoretische Kurzschlüsse und Forschungsprobleme im Zusammenhang mit dem Ansatz des institutionellen Rassismus bzw. der *institutionellen Diskriminierung* diskutiert, die insbesondere auf das Desiderat einer der Fragestellung angemessenen Organisationstheorie betreffen.

Sozialpsychologische Erklärungsansätze des Rassismus

Die Hinwendung zu Phänomenen *institutioneller Diskriminierung* vollzog sich in den USA Anfang der sechziger Jahre vor dem Hintergrund ethnischer Politisierungs- und Mobilisierungsprozesse (vgl. die Übersichten bei Feagin/Booher Feagin 1986, Dittrich 1991, Terkessidis 1998) – eine Entwicklung, die sich unter vergleichbaren sozial- und einwanderungspolitischen Bedingungen etwa zwanzig Jahre später in Großbritannien wiederholen sollte (vgl.

die Übersicht bei Williams 1985). Die Theoriebildung zur institutionellen Diskriminierung kann als stufenweise Annäherung an das Phänomen dargestellt werden, die unter Bezug auf wechselnde Leittheorien, aber immer auch als Teil gesellschaftspolitischer Debatten stattfand.

In den USA standen populär- und sozialwissenschaftliche Analysen von Rassismus und Diskriminierung ebenso wie die Berichterstattung in den Medien bis in die späten sechziger Jahre unter der Dominanz des Behaviorismus, der Sozialpsychologie und der Vorurteilsforschung. Frühe Definitionen von Rassismus fokussierten das Individuum und basierten auf Einstellungsmessungen. Sie waren wesentlich durch den Aufstieg des Faschismus und den nazistischen Völkermord an den Juden ausgelöst. Erst ab Mitte der sechziger Jahre wurden sie um marxistische und strukturfunktionalistische Erklärungsmuster ergänzt, die zunächst sozial-strukturelle und historische Bedingungsfaktoren von institutioneller Macht und Herrschaft in die Analyse mit einbezogen und besonders vor dem Hintergrund des Kampfes um Gleichberechtigung rezipiert wurden, den die Afro-Amerikaner in den Vereinigten Staaten führten (Miles 1991, S. 69 ff).

Diskriminierende Handlungen wurden im Kontext der Anti-Semitismus-Forschung als Ergebnis von individuellen, sozialisationsbedingten Vorurteilen und daraus resultierend intolerantem Verhalten betrachtet. Innerhalb dieser Denk-Tradition betonten einige Autoren eher soziale Konflikte zwischen Gruppen als Ursache von individuellem Rassismus. Für andere verband sich der Blick auf individuelle Vorurteile mit der Sorge um Formen der Segregation von nicht-weißen Minderheiten und rassistische Praktiken der Segregation, die besonders im Süden der USA das öffentliche Leben bestimmten. In der Bevölkerung fest verankerte individuelle Vorurteile wurden sowohl als Ursache wie auch als Grund für die Institutionalisierung dieser Strukturen betrachtet (Feagin/Booher Feagin 1986).

Bahnbrechend für Betrachtungen von Rassismus als soziologisch relevantem Phänomen war die erwähnte monumentale Arbeit von Gunnar Myrdal ‚An American Dilemma – The Negro Problem and Modern Democracy' (1944/1962), die erstmalig die politische und soziale Ungleichbehandlung sozialer Gruppen, insbesondere der schwarzen Amerikaner, skandalisierte. Auch Myrdal band rassische Diskriminierung eng an rassische Vorurteile. Letztere definierte er als den gesamten Komplex von Werten und Überzeugungen, die auf Seiten der Mehrheitsgesellschaft hinter diskriminierendem Verhalten stehen. Er betrachtete sowohl diskriminierende Handlungen von einzelnen Individuen als auch die Muster der Segregation, die sozial etabliert und von einer Vielzahl von Individuen täglich aufrecht erhalten wurden, als Ausdruck solcher Vorurteile. Da nach Myrdals Ansicht Vorurteile und daraus resultierende Diskriminierung von Bevölkerungsgruppen in einem fundamentalen Widerspruch zu den egalitären Ideen der us-amerikanischen Verfassung, dem *„american creed"*, stehen, sprach er von einem grundlegenden moralischen Konflikt oder Dilemma der amerikanischen Gesellschaft. Ausgehend von Modellen der Assimilation europäischer Immigranten nahm Myrdal an, daß Veränderungen dieser Situation nur zu erwarten seien, wenn die um ein Jahrhundert hinter den politischen Ansprüchen zurück gebliebene öffentliche Moral überwunden werde. Vom Grundsatz her sei das „Neger-Problem" vor langer Zeit mit der Entwicklung der Basisinstitutionen der us-amerikanischen Gesellschaft, die Myrdal als Garanten der Freiheits- und Gleichheitsgrundsätze der Verfassung betrachtete, gelöst worden (Myrdal 1962, S. 1)[1].

Myrdal, der in seinem Buch eine Fülle von Belegen für die fundamentale Ungleichbehandlung der schwarzen und die moralischen Einstellungen der Mehrheitsbevölkerung lieferte, faßte mit seinem Buch das Denken einer kleinen Gruppe von Sozialwissenschaftlern zusammen, die sich in den vierziger Jahren mit den Rassismus- und Diskriminierungsproblemen beschäftigte und neue Denkansätze zu entwickeln begann.

Im Anschluß an Myrdal brachte R. K. Merton in den späten Vierzigern die Diskussion über das Auseinanderklaffen zwischen dem *„american creed"* und den vielfältigen Erscheinungsformen von Rassismus und Diskriminierung weiter voran, indem er erstmals den kausalen Zusammenhang zwischen Vorurteilen und daraus resultierenden diskriminierenden Handlungen in Zweifel zog. In einer Vier-Felder-Typologie schlug er vor, vorurteilsbehaftete Diskriminierer von Nicht-Diskriminierern, sowie vorurteilsfreie Diskriminierer von Nicht-Diskriminierern zu unterschieden. Mit dieser den Behaviorismus überwindenden analytischen Trennung von Einstellung und Verhalten wurde dem Typ des „vorurteilsfreien Diskriminierers" die größte theoretische Relevanz für die Erklärung von alltäglicher Diskriminierung beigemessen. In den Mittelpunkt des Interesses rückt damit die soziale Situation, in der diskriminiert wird.

Die für nachfolgende Forschungsarbeiten sehr einflußreiche Erörterung dieses Typus fiel bei Merton noch sehr kurz aus. Er betrachtete solche Diskriminierung als zwar intentional, aber eher motiviert durch sozialen Druck vorurteilsbehafteter Familienmitglieder, Freunde, Kolleginnen, Kundinnen etc. Bei dieser Betrachtung sind also eher *kontextabhängige Opportunitätsgesichtspunkte* als persönliche Vorurteile, die zu Diskriminierungen führen (vgl. Merton 1970), später wird man sagen: Gelegenheiten. In der Folge beschäftigten sich zahlreiche Studien mit den Inkonsistenzen zwischen Einstellungen (Vorurteilen) und Verhalten (Diskriminierung), die Mertons apodiktische Typisierung weitgehend bestätigten (vgl. Dittrich 1991, S. 42).

Mit der Umstellung auf Theorieangebote aus dem Umfeld des symbolischen Interaktionismus rückte in den fünfziger Jahren die *peer-group* als Mediator der Beziehung zwischen Vorurteilen und diskriminierendem Handeln in den Mittelpunkt des Forschungsinteresses. M. L. DeFleur und F. R.

1 vgl. auch Omi/Winant 1994, S. 16-18

Westie (1958) stellten die These auf, daß sich Diskrepanzen zwischen Einstellungen und Verhalten für die meisten Menschen aus dem Versuch erklären, zu tun oder zu sagen, was ihre soziale Bezugsgruppe von ihnen erwartet. Rückblickend stellen Feagin/Booher Feagin (1986, S. 4) fest, daß die naheliegende Untersuchung des Einflusses, der von den *peers* in der organisationellen oder institutionellen Umgebung ausgeht, die in der Soziologie als „Sekundärgruppe" bezeichnet werden und denen ebenfalls verhaltensprägende Kraft zugeschrieben wird, in dieser Herangehensweise jedoch noch gänzlich unberücksichtigt blieb. Es deutete sich zwar eine Verlagerung auf Erklärungen von Rassismus als (Inter-) Gruppenproblem an. Dabei wurde aber im *mainstream* der Forschung die argumentative Grundfigur beibehalten, daß letztlich vorurteilsbehaftete Handlungen die Ursache für Diskriminierungen seien.

Neben einer Fülle empirischer Literatur, in der die Messung von rassistischen Einstellungen und die Frage der Prognostizierbarkeit von diskriminierendem Verhalten im Vordergrund stand, gab es in den fünfziger Jahren auch eine Reihe stärker theoretisch ausgerichteter sozialpsychologischer Analysen sozialer Konflikte und ihrer Ursachen. Auch sie betrachten weiterhin individuelle Vorurteile als zentrale Determinante von Diskriminierung. So argumentiert z. B. G. Allport (1954), daß Rassismus sowohl aus psychologischen Spannungen und Ängsten resultiere als auch aus Fehlurteilen über Andere. Rassistische Vorurteile gingen daraus hervor, daß Menschen auf „Fremde" entweder irrational reagierten oder von irrtümlichen Annahmen und falschen Urteilen geleitet würden. Hier sei Aufklärung und Information geboten. Allports Ansatz folgt einer im Kern pädagogischen Grundidee: Unerwünschte Zustände in der Gesellschaft können durch erziehende Einwirkungen auf Individuen behoben werden. Er basiert auf dem starken Glauben, daß die Lösung von Konflikten mit Hilfe wissenschaftlichen Wissens möglich sei. Ausgehend vom Ideal des rationalen Subjekts wird das Individuum als Instanz betrachtet, das sich im Regelfall rational verhält, dessen Rationalität aber zusammenbrechen könnte[2]. Damit wird Rassismus als pathologische Ausnahme vom Normalfall aufgefaßt, wie einige „verdorbene Äpfel" in einem Korb, der im wesentlichen in Ordnung ist (Henriques 1984, S. 62). Auch die berühmt gewordenen Arbeiten Adornos und seiner Mitarbeiter (1950) zur autoritären Persönlichkeit, in denen sozialstrukturelle und individuelle Merkmale/Einstellungen über Sozialisationsverläufe kombiniert wurden, lassen sich in ihrer praktischen Absicht diesem Erklärungsstrang der Indivi-

---

2 M. Terkessidis (1998) hebt den Gestus der Aufklärung hervor, mit dem die Vorurteilsforschung nach dem 2. Weltkrieg aufgetreten sei: „So wie die ‚idéologistes' des 18. Jahrhunderts die Metaphysik mit rationalen Mitteln bekämpfen wollten, um schließlich deren Irrtümer im hellen Lichte der Vernunft aufzulösen, so versuchte die frühe Vorurteilsforschung mit moralischem Pathos die Ursachen für individuelle Feindseligkeiten gegenüber Anderen zu berichtigen" (Terkessidis 1998, S.18).

dualisierung und Pädagogisierung des Problems zuordnen (vgl. Albrecht u. a. 1999).

Die an die psychologischen Konzepte des Rassismus und der Xenophobie gebundene gesellschaftspolitische Annahme, daß es sich, anders als Myrdal u. a. behauptet hatten, beim Rassismus eher um individuelle Abirrung als um ein fundamentales Prinzip der US-Gesellschaft handelt, wurde in den von wirtschaftlichem Wachstum bestimmten Nachkriegsjahrzehnten auch in us-amerikanischen Wirtschaftkreisen gerne geteilt. Allenfalls wurden Modernisierungsrückstände in Teilen der Bevölkerung konzediert. Beispielsweise sprach der Ökonom G. S. Becker (1971) von einen irrationalen „taste“ (Vorliebe) für Diskriminierungen, der durch die stärkere Durchdringung der Gesellschaft mit marktrationalen Prinzipien verschwinden dürfte (vgl. Dittrich 1991, S. 42f).

In der Tradition des in dieser Zeit gültigen Assimilationsparadigmas stehend wurde das Diskriminierungsproblem mit vergleichbarem Optimismus auch von Theoretikern wie R. E. Park (1950), M. Gordon (1964), T. Parsons (1965) und N. Glazer (1975) betrachtet. Mit zunehmender Industrialisierung und Urbanisierung und der damit verbundenen Umstellung der herrschenden Muster der Integration in die Gesellschaft sehen diese Autoren rassistische Diskriminierung verschwinden. Konstruiert wird eine Abfolge von Stufen oder Phasen in einem (über Generationen sich vollziehenden) Assimilations- oder Integrationsprozeß, den jede Außenseitergruppe, Weiße und Nicht-Weiße, zu durchlaufen und in dem sie in einem gewissem Ausmaß Diskriminierung zu rechnen habe. Auch viele dieser Autoren nahmen an, daß die Abnahme von Vorurteilen zu signifikanten Verbesserungen der Lebenssituation der Minoritäten führen werde, mit großer Wahrscheinlichkeit zu voller Assimilation und Integration.

Die Frage der Diskriminierung blieb lange Zeit allein auf rassistische Vorurteile gegenüber Minderheiten begrenzt. Feagin/Booher Feagin (1986) verweisen darauf hin, daß in den Sozialwissenschaften in Bezug auf Vorurteile und Diskriminierung gegenüber Frauen, vor allem aus sichtbaren Minderheiten, bis Ende der sechziger Jahre Stille herrschte. Bis dahin beschäftigten sich nur vereinzelte Arbeiten mit dieser Thematik, die ebenfalls im Vorurteils-Diskriminierungsparadigma verhaftet blieben (vgl. Hacker 1951, S. 66; Allport 1954, S. 32 und wiederum Myrdal 1962, S. 1077). Ähnlich wie in den traditionellen Modellen des Rassismus wurde auch in bezug auf Frauen zunächst nach Vorurteilen und gruppendynamischen Motiven gesucht. Bezogen auf die Hälfte der Menschheit hatte dieses Konzept aber wenig Plausibilität. Angesichts der unbestreitbaren Ungleichbehandlung, Ausbeutung und Ausgrenzung von Frauen, drängte sich die systematische Auseinandersetzung mit Institutionen, Organisationen und Bürokratien auf, von denen kontinuierlich verdeckte und subtilen Formen von Diskriminierung ausgehen.

Institution als Ursache von Diskriminierung

Erst in den sechziger Jahren, als die US-Gesellschaft durch massive Rassenunruhen erschüttert wurde und die Analysen von Rassebeziehungen einen breiteren Raum in den Sozialwissenschaften gewann, entwickelten sich neben den Vorurteilsansätzen auch andere bedeutsame Zugänge, die stärker gesellschaftstheoretisch orientiert waren. Nun wurde die Annahme der allmählichen Integration der unterdrückten und marginalisierten Gruppen in die dominante Gesellschaft ebenso bezweifelt wie die These von den auf Freiheit und Gleichheit ausgerichteten Basisinstitutionen der US-Gesellschaft (Dittrich 1991, S. 43). Damit sind zunächst die staatlichen Institutionen im Bereich des Rechts, der Wohlfahrt, Gesundheit und Erziehung gemeint. Die von ihnen ausgehende Ungleichheit bei der Vergabe von sozial begehrten Gütern wurde nun zum Gegenstand der theoretischen und empirischen Forschung.

Ein Auslöser des Perspektivenwechsels in der sozialwissenschaftlichen Diskussion war die ökonomische und politische Polarisation von großen Teilen der Bevölkerung entlang der *color-line* in den fünfziger und sechziger Jahren. Zur selben Zeit, in der sich eine schwarze Unterschicht konsolidierte, die abhängig von der öffentlichen Wohlfahrt oder von schlecht bezahlten, unqualifizierten Arbeiten war, konnten weiße Einwanderer und Teile der weißen Arbeiterklasse eine erhöhte vertikale Mobilität erreichen. Während sich schwarze Ghettos ausdehnten, verschaffte sich eine kleine schwarze Mittelklasse mit ihren politischen Forderungen Gehör. Die sich Mitte der sechziger Jahre radikalisierenden Bürgerrechtskampagnen, Black Power- und Black Consciousness Bewegungen, vor allem hunderte von Riots in den grossen nordamerikanischen Städten, drückten die Unzufriedenheit und Enttäuschung von Teilen der schwarzen *communities* und engagierter Bürgerrechtsaktivistinnen mit der andauernden rassischen Unterdrückung aus. Weißer Rassismus, der sich z. B. in fundamentaler Opposition zur Desegregation der Schulen[3] manifestierte oder in Polizeieinsätzen, um die Organisation politischer schwarzer Gruppierungen zu unterbinden, konnte nicht mehr ignoriert werden (Williams 1985, S. 327; vgl. auch Omi/Winant 1994).

Vor diesem Hintergrund politischen Protests kamen in den sechziger Jahren drei wesentliche neue Erklärungslinien auf, die für ein systematisches Neu-Denken von Diskriminierung entscheidend waren. Alle drei deuten auf die Wichtigkeit der sozialen und organisationellen Umgebung hin. Es handelt sich um die *Interessentheorie*, den Ansatz des *internen Kolonialismus* und den Ansatz des *institutionellen Rassismus*.

---

3 In den USA verordnete das Oberste Gericht erst 1971 die faktische Desegregation von weißen und schwarzen Schülerinnen und beendete damit die Apartheitspolitik in den Schulen (vgl. Steiner-Khamsi 1992, S. 157ff; zu dieser Thematik s. auch den 1957 erstmals veröffentlichten Beitrag von H. Arendt „Little Rock"; Arendt 1986).

Die Grundidee der *Interessentheorie* ist, daß die hinter Diskriminierung liegende Motivation *nicht* auf Vor*ur*teilen basiert, sondern in dem rational nachvollziehbaren Wunsch zu suchen ist, eigene Privilegien und Macht zu schützen, also Vorteile zu behaupten. Das gilt konkret für die *WASPs („White Anglo-Saxon Protestants"),* wie für die weißen Zuwanderer in Facharbeiterpositionen, die sogenannten *PIGS („Polish, Italians, Greeks and Slowaks"),* die durch das *equal rights movement* um ihre Stellungen bangen mußten. „*Vested interests*" als Ursache von Diskriminierung und Feindlichkeit rückten in den Mittelpunkt des Forschungsinteresses. Rassismus wurde jetzt als Ausdruck einer bestimmten Herrschaftsform und als das Bemühen betrachtet, sie zu erhalten (Dittrich 1991, S. 43f). Wichtige Vertreter dieser Richtung waren Autoren wie H. Blumer, R. Williams und D. Wellman.

Der aus der Schule des symbolischen Interaktionismus kommende Blumer wies die Annahmen der Vorurteilsforscher strikt zurück, daß rassistische Vorurteile als Ausdruck feindlicher Gefühle gegenüber einer Außenseitergruppe zu bestimmen seien. ‚Rasse' sei eine soziale Konstruktion und Vorurteile seien nicht die Ursache für rassistisches Verhalten, sie stellten vielmehr eine nachträgliche Rationalisierung rassistischer Taten und Verhaltensweisen dar, sie seien eine Maskierung und dienten dem Schutz der Interessen der dominanten Gruppe. Blumer verortet die Ursachen von Rassismus konsequent im gesellschaftlichen Kontext. Er hebt hervor, daß eine Untersuchung von Rassismus sich vom Individuum abwenden müsse, um den kollektiven Definitionsprozeß zu erfassen, in dem sich „rassische" Gruppen wechselseitig konstituieren. Um überhaupt rassistisch sein zu können, sind Blumer zufolge Menschen zuerst gezwungen, sich und andere als Mitglieder von rassischen Gruppen zu identifizieren. Diese Identifikationen sind jedoch keineswegs spontan oder unvermeidlich, sondern konstituiert durch historische Erfahrungen zwischen Gruppen und damit auch variabel (vgl. Terkessidis 1998). Abgrenzungen entlang rassischer oder ethnischer Merkmale erfüllten also eine doppelte Aufgabe. Die *„colour-line"* der US-Gesellschaft, so schreibt er,

> „expresses and sustains the social positions of two groups along two fundamental dimensions – an axis of dominance and subordination, and an axis of inclusion and exclusion" (Blumer 1965, S. 322).

Austragungsort dieser Konflikte ist die öffentliche Arena, die sich für Blumer aus verschiedenen institutionellen Arrangements zusammensetzt. Dazu gehören der Gesetzgeber, öffentlichen Versammlungen, Parteitage und die Presse.

Eine historische Fundierung erfuhr diese sozial-konstruktivistische Denkweise durch Williams (1966). Er betrachtete die koloniale Expansion des merkantilistischen Europas als Grund für die Herstellung der rassischen Ungleichheit in den USA. In seiner Analyse bestehen die im Zuge der Kolonialisierung in das System eingebauten rassistischen Perspektiven bis heute fort. Rassistische Ideologien dienen zur Verteidigung der historisch tradierten Privilegien der weißen Mehrheit.

Ähnlich bestimmte D. Wellman (1977) Rassismus als rationales Instrument im Kampf um knappe Ressourcen. Wellman beschreibt rassische Stratifizierung als wesentliches Organisationsprinzip der amerikanischen Gesellschaft, deren dynamischen Charakter er betont. Diskriminierung sei mehr als eine Zugangsbarriere zu einem bestimmten Zeitpunkt, sondern ein Prozeß permanenter Verteidigung der Interessen bestimmter Gruppen auf Kosten anderer:

„without the notion of privilege, the concept of discrimination is static; it just refers to blocked access. When you introduce the idea of privilege you have a much more dynamic relationship involved: one group is ‚fat' because the other is ‚scinny'" (Wellman in persönlicher Korrespondenz mit J. R. Feagin, zit. in Feagin/Booher Feagin 1978, S. 9).

Neben aktiv-diskriminierendes Verhalten stellt Wellman defensive Strategien zur Verteidigung der eigenen Interessen. Er spricht von einem sozialen Gesetz der Trägheit *(„law of inertia"* bzw. *„law of inertia of privilege"*), das sich z. B. im Verhalten von Weißen ausdrücke, die ohne die mindesten Vorurteile gegenüber Schwarzen zu hegen, einen bestimmten Status quo aufrechterhalten möchten, von dem sie Vorteile haben, und deswegen einen von Schwarzen geforderten institutionellen Wandel blockieren.

Theorien des *internen Kolonialismus* argumentieren teilweise ganz ähnlich. Rassische Minderheiten werden als interne Kolonien des US-Kapitalismus (Blauner 1970) betrachtet. Auch in diesem Konzept werden ungleiche Lebenschancen entlang rassischer Trennlinien auf den Prozeß der europäischen Kolonisation zurückgeführt. Betont wird die historisch zurückliegende Institutionalisierung der ungleichen Verteilung und Kontrolle von ökonomischen und politischen Ressourcen in den kolonisierten Gesellschaften. Sie wurde ursprünglich durch Gewalt etabliert (u. a. Sklaverei, Genozid und Zwangsenteignung des Landes, beispielsweise für die US-Indianer) und wird nun durch das Gesetz und eher informelle Mechanismen aufrechterhalten. So betrachtet kann rassische Stratifizierung fortexistieren, auch wenn nur wenige vorurteilsbehaftete Menschen auszumachen wären, weil

„the processes that maintain domination – control of whites over nonwhites – are built into the major social institutions" (Blauner 1970, zit. n. Feagin/Booher Feagin 1986, S. 11).

Rassismus wird damit zu einer strukturellen Eigenschaft des Systems und, so Blauner, sie ist nicht ein subjektives, an Individuen gebundenes, sondern ein „objektives Phänomen", das sich in Herrschaftsstrukturen und sozialen Hierarchien manifestiert. Später haben feministische Autorinnen wie z. B. Kate Millett mit ihrem Buch *„Sexual Politics"* (1969) das Konzept des internen Kolonialismus aufgegriffen und verorten, wie auch Feagin und Booher Feagin (1986), die Ausbeutung und Unterdrückung von Frauen in diesem Erklärungsrahmen.

Institutioneller Rassismus

Der Ansatz der *institutionellen Diskriminierung* versucht, von der Analyse der Wirkungsweisen rassisch differenzierter Gesellschaften ausgehend, das Untersuchungsfeld auch auf weitere Formen der Ungleichheit und Diskriminierung auszudehnen. Zur Erklärung von Ungleichheitsphänomenen wird der Blick weggelenkt von den betroffenen oder beteiligten Individuen und neu ausgerichtet auf die soziale Strukturierung diskriminierender Handlungen und ihre Einbettung in institutionelle und organisatorische Kontexte.

Der Begriff der Institution bezieht sich bei Feagin und Booher Feagin (1986) mehrdeutig und unscharf sowohl auf konkrete Organisationen (z. B. ein Unternehmen, eine Schule, eine Klinik usw.) wie auch auf größere Einheiten oder Kombinationen von Organisationen, z. B. „die Wirtschaft" oder unorganisierte Institutionen wie „die Familie" (ebd., S. 12).

Gesellschaftliche Institutionen – so die vereinfachte Kernaussage dieser Ansätze – können diskriminierende Annahmen inkorporieren und diskriminierende Konsequenzen haben. Grundlegend ist auch für dieses Konzept die Annahme der Institutionalisierung von Privilegien in historischen Prozessen der Monopolisierung basaler Ressourcen einer Gesellschaft entlang rassischer und/oder geschlechtsspezifischer Trennlinien. Die Ursachen von Ungleichheit sind eingebettet in die Strukturen, Normen, reguläre und informelle Regeln und Rollen, sie sind sedimentiert in sozialen Positionen und den damit verbundenen Rechten und Pflichten. Das gilt für eine Vielzahl sozialer, ökonomischer und politischer Institutionen in modernen Gesellschaften (Feagin/Booher Feagin 1986, S. 12).

Dabei hebt der Begriff der *institutionellen Diskriminierung* primär auf *anonyme* Operationen in Organisationen, Berufsgruppen/-kulturen oder sogar ganzen Gesellschaften ab, die diskriminierende Wirkungen hervorbringen können. *Institutionelle Diskriminierung* funktioniert insofern anonym, als die beteiligten Individuen das Vorhandensein von Rassismus/Sexismus in ihren Handlungen abstreiten und sich selbst von Verantwortlichkeit für deren Folgen lossprechen können. Wenn Muster der Ungleichbehandlung und Ausschließung offensichtlich überdauern, sind – so lautet die zentrale Annahme – die Ursachen dafür in den Institutionen zu suchen, als deren Elemente sie angesehen werden. Zu betrachten sind die unausgesprochenen Annahmen, auf die diese Organisationen ihre Praktiken gründen, und die unhinterfragten Prinzipien, die in ihnen zur Anwendung gelangen, will man ihre diskriminierende Wirkung ermitteln (Cashmore 1996, S. 169).

Die Begriffskombination *institutioneller* Rassismus war bereits in den sechziger Jahren zuerst von S. Carmichael und C. V. Hamilton verwendet worden, zwei einflußreichen Theoretikern der Black Power-Bewegung (Williams 1985). Bei der Begriffsbildung „institutioneller Rassismus" in ihrer Studie *„Black Power"* (Carmichael/Hamilton 1967) handelte es sich um die

Transformation scharfer soziologischer Analysen zu einem politischen Kampfbegriff. Als Einleitung ihres Buches, das sich mit dem Entwurf politischer Strategien gegen rassistische Unterdrückung und Ausgrenzung beschäftigt, entwickelten sie – parallel zu der Kolonialismusthese – eine Analyse der rassischen Ungleichheit und der Aufrechterhaltung der schwarzen Ghettos in den USA. Sie unterschieden offenen und individuellen Rassismus auf der einen Seite von verdecktem und institutionellen Rassismus auf der anderen. Dem ersteren ordnen sie direktes Handeln von Individuen zu (z. B. Bombenattentate einer kleinen Gruppe weißer Terroristen auf „schwarze" Kirchen). Unter letzterem verstanden sie jene Handlungen und Unterlassungen, durch die „Schwarze" in einer Situation der Benachteiligung gehalten würden, für deren Zustandekommen und Aufrechterhaltung jedoch nicht individuelle Einstellungen oder Handlungen, sondern die etablierten gesellschaftlichen Kräfteverhältnisse ausschlaggebend seien. Gerade dadurch seien diese Formen der Diskriminierung weitaus schwieriger zu identifizieren. Carmichael/Hamilton definierten institutionellen Rassismus als

„less overt, far more subtle, less identifiable in terms of *specific* individuals committing the acts. (... it) originates in the operation of established forces in the society, and thus receives far less public condemnation" (Carmichael/Hamilton 1967, S. 20, Hervorh. i. O.).

Die Analyse ist bei dieser Problembeschreibung auf indirekte Schlüsse angewiesen. Zum Beispiel lassen sich hinter dem statistisch meßbaren Phänomen der im Vergleich mit Weißen erhöhten Säuglingssterblichkeit unter Schwarzen als Ursache strukturelle Armut, fehlende Nahrung, mangelnde medizinischer Versorgung und die Entstehung von „schwarzen" Ghettos und Slums aufzeigen. Hier eröffnet sich ein weites Feld der Erforschung der Mechanismen, die solche Korrelationen hervorbringen.

Aber das „wie" der Diskriminierung bleibt zunächst unbearbeitet. Carmichael/Hamiltons politisch motivierte Analyse ist vor allem an den Konsequenzen von institutionalisiertem Rassismus interessiert und weniger an den Operationen, die zu diesen Effekten führen. In Folge der von ihnen angeregten Diskussion wurde *institutioneller Rassismus* in den USA jedoch rasch als brauchbares sowohl deskriptives als auch erklärendes Konzept akzeptiert und von einer Gruppe z. T. schon genannter Autoren weiterentwickelt (u. a. Knowles und Prewitt 1969, Blauner 1970, Jones 1972, Benokraitis/Feagin 1974, Wellman 1977). Zentral für die neue Argumentationslinie ist die erstmals von Knowles und Prewitt (1969) getroffene Feststellung, daß individuelle rassistische Handlungen und rassistische Politiken *ohne bewußte* Bigotterie, also *absichtslos* entstehen können und von den Akteuren nach der „Tat" sowohl *absichtsvoll* als auch unwillentlich maskiert werden können. Rassismus operiert demzufolge durch Schlüsselinstitutionen, verstanden als organisierte soziale Arrangements, durch die soziale Güter und Dienste verteilt werden (Pettmann/Chambers 1986, S. 7). Der Begriff des institutionellen Rassismus wurde jetzt systematisch auf den Arbeits- und Wohnungsmarkt, die Gesundheitsversorgung, den Bildungs- und Ausbildungsbereich, die Gerichtsbarkeit, politische Partizipation, (Re-)Präsentation in den Medien usw. bezogen. Von den vorfindbaren Ungleichheitsmustern ausgehend wurden die etablierten Gesetze, Sitten und Praktiken in den spezifischen Institutionen als Ursache rassischer Ungleichheit ins Blickfeld gerückt.

Auch für diese Ansätze war das Interesse charakteristisch, die *Effekte* von institutionellem Rassismus aufzuzeigen, während die Analyse der ursächlichen Mechanismen weitgehend vernachlässigt wurde. Der Begriff des institutionellen Rassismus wurde weiterhin als Element allgemeiner marxistischer Gesellschaftsanalyse verwendet, die sich auf die Struktur von Ausbeutungsverhältnissen richtete und/oder kolonialistische Theorieansätze verwendete. Vielfach wurde ein „System von Diskriminierung" behauptet, in dem sich ethnische Ausgrenzung und sozialer Unterklassenstatus in einem „Teufelskreis" zirkulär verstärken (vgl. Carmichael/Hamilton 1967, Knowles/Prewitt 1969, Blauner 1972, Benokraitis/Feagin 1974):

> „I go to the employer and ask him to employ Negroes, and he says, ‚It's a matter of education. I would hire your people if they were educated.' Then I go to the educators and they say, ‚If Negro people lived in good neighbourhoods and had more intelligent dialogue in their families, more encyclopaedias in their homes, more opportunity to travel, and a stronger family life, then we could do a better job of educating them.' And when I go to the builder he says, ‚If they had the money, I would sell them the houses' – and I'm back at the employer's door again, where I started to begin with" (W. Young, zit. n. Wieviorka 1995, S. 62f).

Folgt man Williams (1985), wiesen diese frühen Konzepte von institutionellem Rassismus einige charakteristische Gemeinsamkeiten auf. Behauptet wurde:

- die Produktion rassischer Ungleichheit in einem breiten Spektrum von Institutionen durch deren normale Operationen;
- die Irrelevanz der Absichten der beteiligten Akteure;
- die historische Begründung rassischer Ausgrenzung und Unterdrückung;
- eine Beziehungen zwischen den Institutionen, von denen Diskriminierung ausgeht, die zur Kumulation von diskriminierenden Wirkungen in einzelnen institutionellen Sektoren führt.

Williams stellt fest, daß die aufgelisteten Dimensionen zwar nicht neu, jedoch erstmalig in ein deskriptiv-erklärendes Konstrukt integriert worden waren. Trotz begrifflicher und theoretischer Unklarheiten führten sie zu fruchtbaren neuen Perspektiven und Fragestellungen, mit denen ein völlig neuartiger Rassismus-Begriff angestrebt wurde. Wurde Rassismus bis dahin ausschließlich als Ideologie, das meint falsches Bewußtsein, definiert, zielte der Begriff nun umfassender auf den gesellschaftlichen *Diskurs* und die soziale *Praxis* (Miles 1991, S. 74), also auf die Frage, *wie* über Rassismus geredet und wie gehandelt wird. Rassistischen Ideologien wurden zwar immer noch als Medium angesehen, dem für die Aufrechterhaltung der Unterdrückung von Schwarzen zentrale Bedeutung beigemessen wurde. Der Begriff des institutionellen Rassismus wurde nun jedoch auf ein breites Spektrum sozialer Prozesse bezogen, die auf Diskriminierung und ihre Rechtfertigung beobachtet wurden. In den Fokus rücken thematische Diskurse, politische Strategien und organisatorische Strukturen, wobei das Zusammenwirken von politischen Maßnahmen mit öffentlichen Diskursen und organisatorischen Routinen und Praktiken von besonderem Interesse ist. In den Blick gerät die Macht der Institutionen bei der Definition sozialer Probleme. Kritisiert wurde in dieser Perspektive der Beitrag eines ethnisierenden und kulturalisierenden wissenschaftlichen Expertenwissens in bezug auf ethnische Minderheiten und deren Probleme, das vorwiegend die Interessen der Mehrheitsgesellschaft widerspiegele:

„White institutions defined black riots, crime, truancy and indiscipline in schools as problems which whites had to understand and cope with. Explanations of social problems in terms of immigration from the rural South, cultural shocks apparently soluble with the passage of time and notions of the melting pot producing harmony, were not longer tenable. One alternative explanation offered was the study of those institutional processes which created and perpetuated the ghetto; a vivid example of black oppression. institutional racism, internal colonialism and dual labour markets were concepts used to provide this alternative explanation“ (Williams 1985, S. 328).

Dittrich (1991, S. 47f) hebt hervor, daß das Konzept des institutionellen Rassismus in den USA nicht nur ein Produkt universitären Nachdenkens war, sondern wesentlich von Regierungsorganen, wie der *„Equal Employment Opportunity Commission“* und Gerichten in z. T. spektakulären Urteilen mit entwickelt wurde, die in den sechziger und siebziger Jahren gezwungen waren, Regulierungsmechanismen für die gewaltförmigen sozialen Konflikte zwischen den sich als „Rassen“ gegenüberstehenden Gruppen zu finden und in konkrete Politiken umzusetzen.

Im Kontext eines Modells kulturellen Pluralismus („Multikulturalismus“) und verstärkter Anstrengungen zur Gleichstellung von Frauen wurde das Konzept in den achtziger Jahren endgültig begrifflich und politisch geöffnet und zu einem allgemeinen Konzept institutioneller Diskriminierung weiterentwickelt, das alle relevanten Diskriminierungsmuster nach Geschlecht, sozialer Schicht, Alter oder sexueller Orientierung einzuschließen sucht. Das geschah in enger Verknüpfung mit neuen sozialpolitischen Interventionsstrategien zur Umsetzung rechtlicher und politischer Gleichheit und zum Abbau von Diskriminierung. Erst die Vorstellung institutioneller Diskriminierung macht Programme der *affirmative action*, Quotierungen oder des *ethnic-* oder *gender-monitoring* im politischen, ökonomischen und sozialen Bereich möglich. Der Interventionspunkt ist nicht länger das Individuum und sein Vorurteil, sondern die Organisation, die diskriminiert. Ihr werden bezogen auf die Ergebnisse des Organisationshandelns Ziele gesetzt in bezug auf die Verteilungsgerechtigkeit der von ihnen zu vergebenden sozialen Güter (Quoten), die regelmäßig überprüft werden können.

Im folgenden werden zwei Aspekte dieser Diskussion zur Bestimmung institutioneller Diskriminierung ausführlicher dargestellt, deren Potential für die empirische Erforschung von Ungleichheitsphänomenen bis heute nicht ausgeschöpft wurde. Es handelt sich zum einen um die konsequente Ausrichtung der Untersuchung auf die Ebene organisatorischer Strukturen und Praktiken, wie sie von R. Alvarez schon Ende der siebziger Jahre vorgeschlagen wurde. Zum anderen um eine Spezifizierung des Konstruktes der indirekten institutionellen Diskriminierung, die Feagin/Booher Feagin (1986) ausgearbeitet haben.

Distributionale Ungerechtigkeit

R. Alvarez (1979) zufolge läßt sich die Analyse institutionalisierter Diskriminierung ausschließlich mit Organisationsvariablen durchführen. Zu erbringen wäre (1) der statistische Nachweis von *Effekten* der Ungleichbehandlung spezifischer Gruppen in sozialen Institutionen; (2) gelte es die *Mechanismen* (Strukturen, Regeln und Praktiken) sichtbar zu machen, die diese Effekte hervorbringen. Alvarez definiert institutionelle Diskriminierung als

> „Institutional discrimination is a set of social processes through which organizational decision making, either implicitly or explicitly, results in a clearly identifiable population receiving fewer psychic, social, or material reward per quantitative and/or qualitative unit of performance than a clearly identifiable comparison population within the same organizational constraints" (Alvarez 1979, S. 2).

Damit rückt er die *Distributionsaktivitäten* sozialer Institutionen in den Mittelpunkt der Analyse. Ihm geht es dabei nicht um eine Kritik institutioneller Verteilungsaktivitäten und sozialer Ungleichheit an sich. Zur Analyse der Wirkungsweisen institutionalisierter Diskriminierung sei vielmehr sichtbar zu machen, *wie* Verteilungsprozesse, in denen bestimmte Gruppen weniger bekommen, als ihnen normativ zustünde, in bestimmten institutionellen Arrangements so mit Sinn ausgestattet werden, daß sie von den beteiligten – Entscheidern *und* Betroffenen – durchaus als stimmig und gerecht empfunden werden könnten. Als abhängige Variable in organisationalen Verteilungsprozessen ist die *Legitimierbarkeit* organisatorischer Entscheidungen durch Leistungsmerkmale, Sponsorenschaft und Askription zu untersuchen:

> „the variable to be explained is justifiability; that is, on what basis can a particular distribution pattern be justified. [...] The central and exciting part of the analysis takes place in the identification and articulation of antecendent and intervening variables by which to characterize normatively the process as eventually justifiable or not" (Alvarez 1979, S. 7f.).

Dieser Ansatz lenkt den Blick auf die informellen Übereinkünfte, impliziten Verständigungen und Praktiken, mit denen die Akteure bei einem weitgehenden Verbot rassischer Diskriminierung Quasi-Übereinstimmung mit den legalen Verboten herzustellen versuchen (vgl. Dittrich 1991, S. 48f). Für die Analyse der Verteilungspraktiken von Institutionen und Organisationen ist es notwendig, daß nicht nur Leistungscharakteristiken (z. B. Schulnoten), sondern gerade auch askriptive Merkmale, wie z. B. Rasse, statistisch beobachtet werden, sofern anzunehmen ist, daß solche Unterscheidungen für die Aufgabenerfüllung von Organisationen funktional sind. Das weitgehende Ausblenden von askriptiven Merkmalen (*colour blindness*) aus den „*achievement*"-orientierten Organisationsanalysen kann nicht akzeptiert werden, soll eine Analyse von Rassismus auf institutioneller Ebene und in systematischer Absicht überhaupt möglich sein.

Entscheidend für die Rekonstruktion von Mechanismen der Diskriminierung ist die Analyse der engen Verknüpfung von Belohnungsdistribution und Organisationszwecken. Für die Aufgabenerfüllung und die Bestandsinteressen von Organisationen können askriptive Merkmale der Klientinnen ebenso funktional sein, wie Leistungskriterien, die Ansprüche begründen. Askriptionen erhöhen die Entscheidungsoptionen. Die positiven Gewinne und der Nutzen für die Organisationen selbst, z. B. Flexibilität, Komplexitätsreduktion oder Problemdelegation, sind ein wesentlicher Faktor, der das Auftreten und die Wirkungsweisen institutionalisierter Diskriminierung erklärt. Die Allokation qua Askription als gesamtgesellschaftlicher Mechanismus setzte allerdings Machtarrangements innerhalb und außerhalb der Organisation voraus, die sich mit ihm in Übereinstimmung befinden (ebd., S. 49).

Direkte und indirekte institutionelle Diskriminierung

Für die empirische Rekonstruktion von Mechanismen institutioneller Diskriminierung läßt sich die Unterscheidung zwischen *direkter* und *indirekter institutionalisierter Diskriminierung* heranziehen, die von Feagin und Booher Feagin (1986) in folgender Matrix entwickelt wird. Feagin und Booher Feagin (1986) unterscheiden – „*for the sake of the argument*" – vier idealtypische Basisformen von Diskriminierung. Dazu werden systematisch der *Grad der Intentionalität* diskriminierender Praktiken mit dem *Grad der Einbettung in Organisationen* zueinander in Beziehung gesetzt. Als Eckfälle von Diskriminierung gelten die isolierte Einzelhandlung außerhalb von Organisationen mit voller Absicht (Typ A) und der Fall der vollständig in bürokratischen Organisationen eingebetteten indirekten institutionalisierten Diskriminierung ohne erkennbare Absicht (Typ D).

Typen diskriminierenden Verhaltens

		Grad der Einbettung in Organisationen – ⟵⟶ +		
	+	(TypA)	(TypB)	(Typ C)
Grad der Intentionalität	↑ ↓ –	Diskriminierung als isolierte Einzelhandlung	Diskriminierung durch kleine Gruppen	Direkt institutionalisierte Diskriminierung Indirekt institutionalisierte Diskriminierung (Typ D)

(nach Feagin/Booher Feagin 1978, S. 28)

Beispiele für Diskriminierung als *intentionale Einzelhandlung* (Typ A) sind rassistisch oder sexistisch motivierte Übergriffe einzelner in privaten oder öffentlichen face-to-face Kommunikationen aufgrund von Vorurteilen oder der Absicht zu schaden. Als vergrößerte Version der diskriminierenden Einzelhandlung gilt der Basistyp B, der sich auf *absichtsvolle Diskriminierung durch kleine informelle oder formalisierte Gruppen* bezieht, die jedoch nicht in großflächige soziale Organisationen eingebunden sind (z. B. von mehreren Personen ausgeübte rassistisch/fremdenfeindlich motivierte Brandanschläge auf Asylantenunterkünfte oder Überfälle auf Ausländerinnen oder Obdachlose).

Der Typ C, *direkte institutionalisierte Diskriminierung*, bezieht sich auf Handlungen, die im organisatorischen oder lokalen Handlungskontext möglich oder vorgeschrieben sind und negative Wirkung für Mitglieder bestimmter Gruppen haben sollen (Feagin/Booher Feagin 1986, S. 30-31). Diese Handlungen sind typischerweise nicht episodisch oder sporadisch, sondern sie erfolgen regelmäßig (in Deutschland z. B. die Anwendung des „Inländerprivilegs" bei der Arbeitsvermittlung). Sie werden gestützt durch entweder hochformalisierte gesetzlich-administrative Regelungen oder auch durch informelle organisatorische Praktiken („ungeschriebene Gesetze"), die in der Organisationskultur als Routinen abgesichert sind.

Dem gegenüber bezieht sich der Typ D, *indirekte institutionalisierte Diskriminierung*, auf Praktiken, die negative und differenzierende Wirkungen für ethnische Minderheiten und Frauen haben, obwohl die organisatorisch vorgeschriebenen Normen oder Verfahren ohne unmittelbare Vorurteile oder Schadensabsichten eingerichtet und ausgeführt wurden. Oberflächlich betrachtet und von ihrer Intention her erscheinen diese Praktiken angemessen, gerecht oder zumindest neutral (1986, S. 31-33). Dieser letzte Typ greift die Argumentation von Knowles/Prewitt auf und wird vertiefend diskutiert.

Feagin/Booher Feagin unterscheiden verschiedene Ursachen indirekter Diskriminierung. *Erstens* können Praktiken diskriminierende Wirkungen haben, weil sie mit Strategien direkter Diskriminierung in einem anderen organisationalen Sektor verknüpft sind (z. B. Nachteile bei Wohnungssuche aufgrund von Diskriminierungen bei der Bezahlung/Beförderungen im Betrieb). Der Begriff der *„Seiteneffekt"-Diskriminierung* betont die Vernetzung unterschiedlicher sozialer Sphären und den inter-institutionellen Charakter von Diskriminierung.

Zweitens können Benachteiligungen in der Gegenwart aus den Nachwirkungen von Diskriminierung in der Vergangenheit resultieren. Der Begriff der *„past-in-present-discrimination"* hebt darauf ab, daß Diskriminierung in der Vergangenheit (z. B. in der Ausbildung) zu Nachteilen bei der Beförderung/Bezahlung in der gleichen Organisation führt. Neutrale Normen und Praktiken (z. B. bei Senioritätsregeln bei der Festanstellung, die nicht absichtsvoll auf die Diskriminierung von Frauen oder Minderheiten abzielen) können systematisch die Effekte absichtsvoller Diskriminierung in der gleichen Organisation in der Vergangenheit reflektieren und aufrechterhalten. Derartige Regeln, die in Zeiten intentionaler geschlechtlicher oder ethnischer Segregation in der Vergangenheit etabliert worden sein mögen, können auch lange nach ihrer Abschaffung noch dafür sorgen, daß Frauen und Minderheiten-Angehörige z. B. nicht die Beschäftigungszeiten akkumulieren können, die nötig sind, um Krisenzeiten zu überstehen. Praktiken mit diskriminierender Wirkung können so fortgesetzt werden, nachdem ihre rassistische/ sexistische Rechtfertigung längst abgestellt wurde.

Zum anderen können Minoritäten oder Frauen zwar über die erforderlichen Fähigkeiten und Qualifikationen verfügen, institutionell inkorporierte Kriterien aber nicht erfüllen, die z. B. *physischen Merkmale* derjenigen Gruppen reflektieren, die in der Vergangenheit immer routinemäßig die Positionen in der Organisation ausgefüllt haben (z. B. Körpergröße und Gewicht und bei der Polizei oder der Feuerwehr – Positionen, die traditionellerweise von Männern ausgefüllt wurden).

Bei den dargestellten Basistypen von Diskriminierung handelt es sich um analytische Trennungen, die der Entwicklung theoretischer Erklärungen und praktischer Interventionsstrategien dienen sollen. Feagin und Booher Feagin heben hervor, daß rassische oder geschlechtsspezifische Ungleichheitsmuster vor allem im Blick auf die Wechselwirkungen von direkter und indirekter Diskriminierung zu erklären sind (z. B. die Beseitigung formaler Zugangsbarrieren für Migrantinnen, bei gleichzeitigem Einsatz von Screening-Verfahren, um ethnische Minderheiten fernzuhalten, oder der Etablierung neuer Anforderungen, um die Einstellung von Frauen zu entmutigen).

Institutionelle Diskriminierung in der Schule

In Großbritannien wurde der Begriff des *institutionellen Rassismus* in den siebziger Jahren populär (vgl. Überblick bei Williams 1985, Troyna/Williams 1986). Sowohl der Verlauf der Theorierezeption als auch die daraus abgeleiteten politischen Maßnahmen weisen viele Parallelen zur Geschichte der Diskussion dieses Ansatzes in den USA auf. Im britischen Kontext ist das Aufkommen der Erklärungsperspektive des institutionellen Rassismus mit der Verbesserung von Gesetzen zum Abbau von Rassismus und Diskriminierung verknüpft, sowie mit der Entwicklung von Antidiskriminierungs- und Chancengleichheits-Politiken in verschiedenen konkreten Handlungsfeldern wie dem Arbeits- und Wohnungsmarkt, dem Gesundheits- und Erziehungswesen.

Einen besonderen Meilenstein stellt der *Race Relations Act* aus dem Jahre 1976 dar. In diesem Gesetz werden erstmalig *direkte und indirekte Diskriminierung* aufgrund von Rasse, Farbe, Nationalität, Staatsangehörigkeit oder ethnischer oder nationaler Herkunft benannt, definiert und verboten. Angeregt und finanziert wurde eine Vielzahl von Studien in den kritischen Bereichen der Gesellschaft.

Das Konzept des institutionellen Rassismus wurde besonders von Kritikerinnen des Programms der multikulturellen Erziehung aufgegriffen. Angesichts des anhaltenden Schulversagens von bestimmten Minderheitengruppen gemessen in qualifizierten Schulabschlüssen und der vielfältigen Ausdrucksformen von Rassismus, die auch in England die Öffentlichkeit beunruhigten, forderten besorgte Eltern und Vertreter der Minderheiten-Communities, Vertreterinnen politischer Parteien und Gruppierungen sowie andere engagierte Akteure in Schulen und Behörden radikalere Maßnahmen. Die begrenzten Programme multikultureller Erziehung, die sich darauf beschränkten, die kulturelle Vielfalt der Zuwanderer zu zelebrierten, seien nicht geeignet, um kulturelle Toleranz und interkulturelles Verständnis zu fördern, solange die strukturellen Ursachen rassischer Ungleichheit ausgeblendet blieben. Der Multikulturalismus überschätze auch die Möglichkeiten der Schule, Gesellschaft zu verändern. Wenn Rassismus ein Produkt breiterer institutioneller Bedingungen sei, zu denen auch die Schule als ein zentrales Element gerechnet werden müsse, könne man nicht erwarten, Rassismus abzubauen, indem im Klassenzimmer zu kultureller Toleranz ermutigt werde, die Institutionen jedoch, in denen Rassismus praktiziert werde, unverändert blieben (Rizvi 1993).

Aus der Perspektive des institutionellen Rassismus wurde eine Vielzahl von schulischen Problemen thematisiert (vgl. Williams 1985; Troyna/ Williams 1986), die den Blick weg von den Defiziten der Kindern und ihrer Familien auf die Praktiken der Institution Schule im Umgang mit ihnen lenkte. Hierzu zählen z. B. Verteilungs- und Zuweisungspraktiken im Fall von Immigranten-Kindern; untersucht wurde der heimliche Lehrplan rassistischer Werte oder der rassistischer Bias in Schulbüchern und Lehrmaterialien; aufgedeckt wurde der latente Rassismus in der Zuteilung von Kindern in Lern- und Leistungsgruppen in den Gesamtschulen; beschrieben wurden diskriminierende Kontrolltechniken, ethnozentristische Test-Verfahren und Verfahren der Leistungsmessung und -beurteilung; hingewiesen wurde auf die geringe Zahl schwarzer Lehrkräfte und ihre Konzentration in den unteren Statusgruppen der Schulhierarchie; nachgewiesen wurde die Vernachlässigung der Förderung im muttersprachlichen Unterricht oder die Weigerung von Lehrkräften, die staatlichen Gesetze in Bezug auf Minderheiten ernst zu nehmen; schließlich wurde das Fehlen eines Curriculums beklagt, das alle Schülerinnen mit einem Verständnis von Rassismus ausstattete.

Eng verknüpft mit diesen Analysen entstand Anfang der achtziger Jahre die sogenannte *antirassistische Erziehung*, deren Interventionen vor allem auf strukturelle Veränderungen im Bildungssystem und Schulen abzielten[4]. Zum Abbau von institutionellem Rassismus wurden Anfang der achtziger Jahren von lokalen Schulbehörden (LEAs) und einzelnen Schulen antirassistische Programme ausgearbeitet. Schulen und Behörden waren gehalten, jährlich Bericht zu erstatten über die Umsetzung antirassistischer Kriterien in der Gestaltung von Lehrplänen, hinsichtlich ihrer Anstellungsbedingungen und in bezug auf die Schulorganisation. Lehrmittel mit rassistischen Inhalten sollten aus dem Verkehr gezogen und durch Unterrichtsmaterialien ersetzt werden, welche die multikulturelle Vielfalt in Großbritannien reflektierten. Minderheitensprachen sollten in der Sekundarstufe als Wahlfach belegt werden können. Von einzelnen LEAs wurde die Einhaltung islamischer Essensvorschriften in den Schulküchen und die freie Wahl der Schülerbekleidung garantiert (z. B. Kopftücher, Turban). Jeder separate Unterricht für ethnische Minderheiten wurde als Form institutionalisierter Diskriminierung abgelehnt, zweitsprachige Schülerinnen sollten jedoch ein Recht auf Zusatzförderung im Klassenzimmer und in der regulären Unterrichtszeit haben (Steiner-Khamsi 1992). Monitoring- und Evaluationsstrategien sollten überprüfen, ob in den Schulen faire Praktiken eingehalten werden und die Schulen Anstrengungen machen, das Ziel der Chancengleichheit voranzubringen. Von besonderem

4 Steiner-Khamsi (1992) grenzt den britischen Antirassismus der achtziger Jahre vor allem in vier Punkten von der multikulturellen Bildungskonzeption ab: (1) Antirassistische Bildungskonzepte intervenieren auf struktureller Ebene und nicht mehr nur ausschließlich auf interpersonaler; (2) ersetzen das multikulturelle Harmonie- durch ein Konfliktmodell; (3) sind an weiße/nicht schwarze oder an alle Schülerinnen bzw. Gesellschaft und Schule adressiert und schließlich (4) implizieren die soziale Konstruktion von Rasse und gehen nicht mehr von einem kulturellen Bereicherungs- bzw. Differenzmodell aus.

Gewicht war die Forderung, die Schulen sollten sich gegenüber Eltern und Minderheiten öffnen (*community education*)[5].

Troyna und Williams (1986) ziehen die Bilanz, daß die Umsetzung des weitreichenden Programms anti-rassistischer Erziehung die Erwartungen nur teilweise einlösen konnte. Zu eng seien die Interventionen auf einzelne Erscheinungen, z. B. auf die geringe Zahl von Minderheiten-Lehrerinnen, auf rassistische Gewalt in der Schule sowie auf die Frage des Niveaus des muttersprachlichen Unterrichts zentriert gewesen. Zu sehr im Vordergrund gestanden habe die Sensibilisierung der Lehrkräfte gegenüber Rassismus. Auch im Rahmen der antirassistischen Erziehung seien die Haltungen und Überzeugungen der Lehrkräfte der zentrale Ansatzpunkt für Veränderungen geblieben, wofür auch die große Verbreitung des umstrittenen Racism Awareness Trainings (Katz 1978) spricht (vgl. auch Steiner-Khamsi 1992).

Theoretische Differenzierungserfordernisse

Der kraftvolle theoretische und politische Appell, der von der Idee des institutionellen Rassismus ausging, ist offensichtlich. Die Existenz von latenten Formen des Rassismus wurde durch einen großen Korpus von Datenmaterial belegt, der auf klare Muster der Benachteiligung entlang rassischer, ethnischer oder geschlechtlicher Trennlinien verwies. So konnte z. B. für den britischen Kontext die Tatsache aufgedeckt werden, daß die afro-karibische Bevölkerung das schlechteste Gesundheitsprofil und die niedrigsten Bildungsresultate aufwies. Derartige Proportional-Daten werden als Folgen der strukturellen Operationen einer Gesellschaft bzw. ihrer Teilsysteme interpretiert, in der individuelle Lebenschancen durch die rassische, ethnische oder geschlechtliche Herkunft bestimmt sind (Rizvi 1993, S. 10).

Unter dem Druck schnelle, einfache und handhabbare Lösungen für die Praxis zu liefern, wurde der Begriff *institutioneller Rassismus* jedoch rasch zur inhaltsleeren Phrase. Er gehört auch zu jenen Begriffen in der Wissenschaft, die verwendet werden, bevor noch ihre theoretische Ausarbeitung rezipiert worden ist. Troyna und Williams kritisieren in mehreren Arbeiten (z. B. Williams 1985; Troyna/Williams 1986), der Begriff sei im britischen Kontext zu schnell mit viel zu vielen Ansätzen und politischen Maßnahmen in Verbindung gebracht worden. Dabei sei von dem historischen Entstehungskontext abstrahiert worden. Daraus resultierten zahlreiche Mißverständnisse und theoretische Kurzschlüsse, weil die Betonung der antirassistischen Praxis die kritischer Überprüfung der theoretischen Grundlagen überdeckte. Das führt zu mangelnder Klarheit bei der Unterscheidung verschiedener Formen

5 Diese Programme sind im Zuge des Education Reform Act 1988 und der nachfolgenden einschneidenden Strukturreformen im Bildungswesen in England und Wales weitgehend von der schulpolitischen Agenda abgesetzt worden (vgl. z. B. Figueroa 1998).

von Ungleichheit; zu ungenügend präzise definierte statistische Vergleichsmaßen; zur Abhängigkeit von impliziten ethnozentristischen Annahmen; zur mangelnden Konzeptualisierung einer institutionellen („mittleren“) Erklärungsebene und schließlich zur Fokussierung auf einzelne politische Strategien, statt auf das weitere Politikfeld als dem Kontext, in dem sie ihre Wirkung entfalten.

In den vergangenen fünfzehn Jahren ist der Begriff des institutionellen Rassismus sowohl in den USA als auch in Großbritannien mit differenzierteren und dynamischeren Modellen weiterentwickelt worden, die – inspiriert durch u. a. dekonstruktivistische und wissenssoziologische Denkansätze -, darauf abzielen, die Schwächen der frühen Entwürfe zu überwinden (vgl. Troyna/Williams schon 1986, McCarthy 1990, Troyna 1993). In dem Buch „Racism, Education and the State“ (1986) schlagen Troyna und Williams eine Agenda zur theoretischen Klärung des Begriffs des institutionellen Rassismus vor. Demzufolge müsse die Diskussion zumindest auf drei Punkten basieren:

- eine klare theoretische Ausformulierung der Beziehungen zwischen den (diskriminierenden) Institutionen
- ein Verständnis der internen Operationen und Arbeitsweisen der Institutionen
- ein Verständnis der Beziehung zwischen den Individuen, die Teil der Institution sind, und den Strukturen, innerhalb derer sie arbeiten.

An diesen Überlegungen läßt sich anknüpfen, wenn es darum geht, das Konzept weiter zu operationalisieren, um empirischen Forschungen anschließen zu können.

Dem Begriff des institutionellen Rassismus haftet seine Herkunft aus den USA an. Das Schwergewicht der anfänglichen Diskussion zum institutionellen Rassismus lag auf der *historischen Institutionalisierung rassischer Ungleichheit* und deren Fortschreibung in urbanen Settings der modernen Industriegesellschaft durch das komplexe *Zusammenwirken* ganz verschiedener Institutionen auf verschiedenen Ebenen der politischen, sozialen und kulturellen Praxis der Organisationen des modernen Wohlfahrtsstaates.

In der Folge wurde der Begriff dann jedoch in stark vereinfachter Form aufgegriffen. Troyna und Williams kritisieren, daß er zu allgemein zur Beschreibung der Funktionen und Mechanismen von *einzelnen* Institutionen und deren innerer Dynamik verwendet worden (z. B. die einzelne Schule oder die Fabrik) und das Zusammenwirken verschiedener Institutionen aus dem Blick geraten sei. In dieser simplifizierenden Lesart würden in der Literatur vielfach *direkte und kausale Beziehungen* zwischen einer Form der Ungleichheit (z. B. „*underachievement*“[6] von afro-karibischen Schülerinnen) und den Ent-

---

6 „Underachievement“ bezieht sich auf den Vergleich der durchschnittlichen Leistungen in verschiedenen Gruppen als wichtiges Maß zum Monitoring von Ungleichheit. Der Begriff

scheidungen einer Schule unterstellt. Mit einfachen Kausalzuschreibungen werde die Komplexität des Diskriminierungsgeschehens jedoch nicht erfaßt.

Diese theoretischen Mängel und Mehrdeutigkeiten, so kritisieren Troyna und Williams, hätten wichtige Implikationen für die Anwendung des Konzepts auf die Untersuchung der Schulpraxis. Ein derart unscharfer Begriff institutionellen Rassismus tauge zudem wenig zur Legitimierung antirassistischer Maßnahmen in der Schule. Williams (1985) plädiert dafür, den Untersuchungsgegenstand genau zu bestimmen und eine theoretische Klärung unterschiedlicher Ungleichheitsformen vorzunehmen und die Beziehungen zwischen diesen zu beleuchten:

> „differential catchment areas, stereotyping by teachers, monocultural curricula, narrow and particular standards of assessment, white monopoly of positions of authority, differential expectations by teachers of achievement, racist textbooks and the underevaluation of black experience and history, have all been used to illustrate normal institutional procedures which explain differential educational achievement [...] They are all examples of injustices and clearly should be removed from educational practices; but their exact relationship to racial inequality can only be theorised, not demonstrated at the moment" (Williams 1985, p. 335).

In bezug auf das Handeln der Lehrerinnen stellt sich beispielsweise die Frage, ob nicht Faktoren, die mit Rassismus auf den ersten Blick gar nichts zu tun haben (z. B. Formen der Zusammenarbeit der Lehrkräfte in der Schule und allgemeine Merkmale des Lehrerberufs) eine wichtige Rolle für das Zustandekommen oder Aufrechterhalten von Praktiken haben können, die bestimmte Gruppen ausgrenzen oder benachteiligen, oder die Innovationen in der Schule blockieren, die auf den Abbau von Diskriminierung zielen. Diese konkreten Ansatzpunkte werden jedoch verfehlt, wenn alle Strukturen und Praktiken in der Schule pauschal als institutioneller Rassismus definiert werden. Troyna und Williams (1986) verweisen darauf, daß im Schulalltag die Beziehungen zwischen rassistischen Absichten, rassialisierten Praktiken und diskriminierenden Effekten (in Form von Ungleichheiten) sehr komplex und vielschichtig seien. Um realistische und effektive Maßnahmen zu entwickeln, könnten diese Beziehungen zwar theoretisch postuliert, sie könnten letztendlich jedoch nur empirisch geklärt werden. Zu unterscheiden seien beispielsweise:

- Aktivitäten, die rassialisiert sind und durch rassistische Rechtfertigungen begründet werden (z. B. Rasseschranken).
- Aktivitäten (z. B. Bildung von Lern- und Leistungsgruppen), die ursprünglich nicht rassialisiert sind und durch nicht-rassistische Ideologien gerechtfertigt werden

---

sagt nichts über spezifische Potentiale oder Leistungen einzelner Schülerinnen (Gillborn/Gipps 1996).

- Aktivitäten, die ursprünglich nicht rassialisiert sind (z. B. monokulturelle Lerninhalte, Kleiderordnungen etc.), aber durch uneingestandene rassistische Überzeugungen aufrechterhalten werden können.

Die hier ins Auge gefaßten Aktivitäten decken sich mit der von Feagin/Feagin vorgeschlagenen Unterscheidung von direkt und indirekt institutionalisierter Diskriminierung, die ebenfalls die Interaktionseffekte verschiedener Institutionen betonen und auf die Zeitdimension des Diskriminierungsgeschehens mit der Figur der *past-in-present-discrimination* verweisen.

Troyna und Williams kritisieren, daß bei der Beschreibung des institutionellen Rassismus und der daran anschließenden Praxis immer wieder historisch-soziologische oder psychologische Erklärungen vermischt werden. Bezogen auf die Schule werden beispielsweise immer wieder Einstellungen, Erwartungen und Stereotype der Lehrerinnen als zentrale Mechanismen betrachtet, die rassische Ungleichheiten aufrechterhielten. Strategien zum Abbau von Diskriminierung zielten dementsprechend fälschlicherweise letztendlich auf den Abbau rassistischer Vorurteile der Akteure, statt auf Veränderung der Schule als Institution.

Was bislang in der Forschung fehle, sei eine trennscharfe Konzeptualisierung der institutionellen Ebene, d. h. der involvierten institutionellen und organisatorischen Strukturen und Arbeitsweisen, die Ungleichheitsmuster schafften und aufrechterhielten. Studien zum institutionellen Rassismus hätten beim institutionellen Setting und den organisatorischen Arrangements anzusetzen, statt Diskriminierung immer wieder auf individuelles Verhalten zu reduzieren. Sichtbar gemacht werden solle, daß die Ursprünge von Ungleichheit nicht auf der individuellen Ebene liegen, sondern auf der Ebene der institutionellen Strukturen und Arbeitsweisen. Diese seien jedoch durchdrungen vom Entscheiden und Handeln von Individuen, die z. B. ihre „ethnisch-neutralen" Annahmen und Handlungskriterien (z. B. in der Schule: allgemein für alle Kinder geltenden Kriterien) nicht hinterfragten:

> „If institutions are defined as sets of structures and practices which are not reducible to the individuals who staff them, then it is reasonable that these structures and practices should be the object of study. [...] An alternative interpretation is that even if the origins of inequality and institutional procedures are not reducible to individual behaviour, they are nevertheless perpetuated by individuals who do not challenge their basis, for example in the colour blind assumptions of some teachers" (Williams 1985, S. 331).

Es bleibt eine Aufgabe der weiteren Theoriebildung zur institutionellen Diskriminierung, das Verhältnis von Struktur und Handeln auch für diesen Forschungsgegenstand zu bestimmen. Die Akteursproblematik im Zusammenhang mit institutionellem Rassismus ist von dem französischen Rassismustheoretiker M. Wieviorka (1995) aufgegriffen worden. Auch er schätzt insgesamt die in der Idee des institutionellen Rassismus angelegte Trennung von Akteur und System, Ideen und Praktiken, Vorurteil und diskriminierendem Verhalten als Erkenntnisgewinn ein. Ähnlich wie Troyna und Williams hebt er jedoch darauf ab, daß die Verortung von Diskriminierung auf institutioneller Ebene nicht bedeute, daß man pauschal jede Intentionalität ausschließen und jedes Bewußtsein über die Diskriminierung verneinen müsse. Im Gegenteil: institutionelle Diskriminierung sei in der Praxis nie vollkommen unsichtbar und maskiert für diejenigen, die davon profitieren. Es zeichne den Ansatz der institutionalisierten Diskriminierung geradezu aus, daß durch die Debatten, die er auslöse, Untersuchungen über den Umgang mit ethnischer Differenz in Organisationen entstünden; daß das gemeinsame Handeln derer, die institutionellen Rassismus bekämpfen, gefördert werde; daß eine Thematisierung rassistischer Praktiken in den Medien erfolge. Rassismus werde mit dem Konzept der Institutionalisierung auf einer Ebene lokalisiert, auf der politischer Druck und Widerstand der Betroffenen potentiell ankommen und wirksam werden kann. Dies sei einer der interessantesten Aspekte der britischen Antirassismus-Gesetzgebung, die in dem Gesetz von 1976 den Begriff der „indirekten Diskriminierung" anerkannt und die Kommission für Rassische Gleichheit (*Commission for Racial Equality*) mit Mitteln ausgestattet habe, diese spezielle Form von Rassismus zu erforschen und zu bekämpfen.

In ihren logischen Schlußfolgerungen, so Wieviorka, führe die Idee eines institutionellen Rassismus, der vom Bewußtsein der Akteure abgespalten sei, jedoch zu einem unakzeptablen Paradox. Das Konzept impliziere, daß die dominierende Gruppe als Ganzes *beides*, total unschuldig und total schuldig sei. Damit sei jeder oder jede entschuldigt, da das „System" schuldig sei. Zugleich stehen alle unter der Anschuldigung des Rassismus, da alle – als „weiße Mehrheitsgesellschaft" – davon profitierten. Wieviorka zieht angesichts dieses Paradoxes einen Vergleich zur Täterschaft und Schuld im Nationalsozialismus:

> „Would it have been possible, for example, at the end of the Second World War, when the high dignitaries of the Nazi regime were arrested and brought before the tribunals, to accept their protestations that they had not been responsible for what had happened? Can we beleive that all those in Poland who say they were merely passive witnesses to the destruction of the Jews in Europe were merely indifferent bystanders? Do we not, rather, have to make a distinction between those who were, to varying degrees, revolted but impotent and those who, more or less confusedly, found that destruction a source of satisfaction – a phenomenon strikingly illustrated in Claude Lanzmann's film Shoah?" (Wieviorka 1995, p. 65).

Der dramatische Vergleich kann insofern nicht überzeugen, als der Gegenstand der Untersuchung Organisationen in demokratisch verfaßten Gesellschaften sind, deren normative Selbstbindung an Gerechtigkeit durch ihre eigenen Operationen offenbar unterlaufen wird. Von den Akteuren in Organisationen, die blind solche Effekte der Diskriminierung in Übereinstimmung mit den gültigen Regeln produzieren, ohne dies in böswilliger Absicht zu tun, werden also nicht heroische Einzelleistungen als Widerstand erwartet, sondern ein Maß an Reflexivität der eigenen Praxis, das ausreicht, die Folgen der eigenen Entscheidungen zu erkennen. Es wäre Teil einer entfalteten Professionalität gerade im Bereich der Erziehung (vgl. Dewe/Ferchhoff/Radtke 1992, Combe/Helsper 1996), wo dauernd Selektions- und Promotionsentscheidungen zu treffen sind, die eigene Naivität über die Operationsweisen der Organisation abzulegen. Professionelle hätten zu lernen, daß man in einer Position, in der man als Organisationsmitglied folgenreiche Eingriffe in das Leben von Kindern vornehmen kann und muß, eben nicht unschuldig ist an dem, was man tut. Man muß wissen, was man tut, und das eigene Tun verantworten (können). Auch zu dieser Einsicht kann das Konzept der institutionellen Diskriminierung verhelfen.

Auch Wieviorka hält trotz seiner Bedenken an dem Begriff der institutionalisierten Diskriminierung fest. Gerade weil es in großem Ausmaß eine Institutionalisierung von Rassismus gebe, funktioniere Diskriminierung auf einer Ebene, die nicht die gleiche sei wie die, auf der das Phänomen produziert werde. Institutionelle Diskriminierung sei keine direkte und unmittelbare Übersetzung von Repräsentationen und Wahrnehmungen des Anderen in Vorurteilen und Entscheidungen, sondern eher ein Ausdruck, der auf ein Set von Praktiken ziele, die eine gewisse Autonomie und Eigendynamik erreicht haben. Dies sei aber eine Dynamik, die von widersprüchlichen Gefühlen und Interessen der einzelnen Akteure geformt sei, die aus der Geschichte resultieren und der Selbstreproduktion der Gesellschaft dienten.

Kapitel 2

Schule als organisierte Institution

Schul(miß)erfolg als Resultat organisatorischer Aktivitäten

Die organisatorische Wende in der Diskussion um die institutionelle Diskriminierung begann mit frühen sozial-konstruktivistischen Konzepten, die sich auch direkt mit der Schule als Organisation beschäftigten. Erste empirische Belege für den Einfluß organisatorischer Faktoren auf den Verlauf individueller Karrieren in Schulen und anderen Einrichtungen finden sich in Untersuchungen, die unter dem Namen *labeling-approach* bekannt wurden[1]. Cicourel und Kitsuse zeigten in ihren beiden Studien ‚The Educational Decision-Makers' (1963) und ‚The Social Organization of Juvenile Justice' (1968), wie ‚Leistungskarrieren' und ‚klinische Karrieren' in der Schule, als auch ‚delinquente Karrieren' im Jugend-Gerichtwesen als Resultat einer Abfolge von konzertierten Handlungen in Organisationen des Bildungs- bzw. Kriminal-Justizsystems zustande kommen. Ihre zentrale These lautet, daß sowohl die erfolgreiche Schülerin bzw. der erfolglose Schüler, wie auch jugendliche Kriminelle, zu einem entscheidenden Anteil Konstrukt und Produkt der Organisation, ihrer Unterscheidungen und der darauf folgenden Entscheidungen seien. Schul- und Kriminalitätsstatistiken sind aus sozial-konstruktivistischer Sicht weniger als Abbild von Wirklichkeit, also ‚tatsächlicher' guter oder schlechter Leistungen oder krimineller Abweichungen der Jugendlichen zu begreifen, sondern sie reflektieren in erster Linie *sozial organisierte klassifikatorische Tätigkeiten* der zuständigen Entscheider. Institutionelle Karrieren werden organisiert in einer Sequenz von zahlreichen Interaktionen zwischen den Kindern/Jugendlichen und den Entscheidern, ihren darauf folgenden Berichten, Vorhersagen und Rückschauen, die bestimmt sind durch die Gegebenheiten, unter denen der Alltag der zuständigen Agentur zu bewältigen ist. Sie sind es, die Unterschiede machen und sie bewerten.

Cicourel und Kitsuse entwickelten ihre These, daß jugendliche Karrieren ein Produkt organisatorischer Tätigkeiten seien, bezogen auf *Entscheidungen*, die den Übergang des Schülers oder der Schülerin von einem schulischen Status zu einem anderen Status innerhalb des Systems zur Folge haben. Für das deutsche Schulsystem ist hier an Versetzungen von einer Klasse zur nächsten zu denken, aber auch an die Feststellung eines besonderen Förder-

1 Zur Theorieentwicklung des Etikettierungsansatzes in den vergangenen Jahrzehnten vgl. Hurrelmann 1974 und den Überblick bei Bühler-Niederberger (1991, S. 32 ff).

bedarfs, der Eingruppierung in Leistungskurse oder der Übergangsempfehlung auf weiterführende Schulen.

Die Autoren bestreiten mit ihrer These nicht, daß ein den Organisationsaktivitäten unterworfenes Kind gute oder schlechte schulische Leistungen erbringt bzw. bestimmte Probleme abweichenden Verhaltens aufweisen kann. Diese werden jedoch lediglich als *ein* Element in der Entscheidungs- findung betrachtet, von dem nicht abzuleiten ist, wie das, was das Kind in die Situation ‚mitbringt', letztlich als Problem *interpretiert* wird, für das die Organisation zuständig ist und für das sie eine Lösung hat. Sie könnte die Leistungs- bzw. Verhaltensmerkmale der Kinder auch ignorieren oder eben anders interpretieren. Welche Merkmale beobachtet und welche Entscheidungen von den Lehrerinnen getroffen, welche Chancen dem Kind zugeteilt werden und wie sich die weitere institutionelle Karriere des Kindes oder Jugendlichen gestaltet, ist nach den Befunden von Cicourel und Kitsuse nicht nur vom Verhalten des Kindes abhängig, sondern auch von den Möglichkeiten der Organisation. Die Autoren formulieren ein Verständnis von abweichendem Verhalten, demzufolge

„die motivationalen Prozesse, die mutmaßlich zu abweichendem Verhalten führen, konzeptionell unabhängig [sind, d. V.] von den sozialen Prozessen, durch die die Mitglieder einer sozialen Organisationen gemäß ihrer Auffassung vom Devianten, Motive zuschreiben und Regelmäßigkeiten wahrnehmen, unabhängig auch von den Gründen für solche Entscheidungen und der nachfolgenden Behandlung der so definierten Personen" (Cicourel/Kitsuse 1974, S. 364).

Analoges gilt für ‚Schulversagen'. Die Ursachen und Motive für ‚schlechte Leistungen' und ihre Wahrnehmung, Interpretation und Behandlung durch die Organisation sind voneinander unabhängige Prozesse, d. h. es besteht keine *kausale* Kopplung zwischen Ereignis/Leistung und Entscheidung, eine Einsicht, die von neueren Organisationstheorien in den Mittelpunkt der Überlegungen gerückt wird (s. u.). Wichtig zum Verständnis der Labeling-Theorie, wie sie von Cicourel und Kitsuse skizziert wurde, ist der Hinweis, daß im Fall der Schule die klassifizierenden Handlungen (z. B. die Bewertung von Leistungen und die Zuordnung zu bestimmten Fördermaßnahmen) zukünftige Entwicklungsmöglichkeiten des Schülers sowohl eröffnen als auch verschließen können:

„Die Bedeutung der Erforschung der Folgen des Beratungssystems für die soziale Typisierung der Schüler, die ihre Laufbahn verändern kann, muß in den Vorstellungen der Berater und Lehrer über das gesehen werden, was ‚Verbesserung', ‚befriedigende Entwicklung', ‚vorhersehbares Versagen' usw. ausmacht. Diese Vorstellungen sind Datenquellen für die Untersuchung der Frage, wie die Quoten der Hochschulübergänger, der Leistungsversager, der Schulabbrecher usw. organisatorisch produziert werden" (Cicourel/Kitsuse 1974, S. 370).

Cicourel und Kitsuse lenken den Blick auf zwei Dimensionen der Organisation Schule, die für die Untersuchung der Wirkungsweisen institutionalisierter

Diskriminierung im Rahmen schulischer Selektionsentscheidungen relevant werden: Erstens benennen die Autoren *formale und funktionale Merkmale der Organisation Schule*, die Entscheidungsprozesse maßgeblich beeinflussen können. In ihren Untersuchungen von Etikettierungsprozessen in sozialen Organisationen finden sich Hinweise darauf, wie die organisatorische Eigenrationalität der Schule, d. h. ihre Bestands- und Funktionsinteressen, das Alltagshandeln und die Routinen der beteiligten Akteure durchdringen. Individuelle Problemwahrnehmungen und Handlungen/Entscheidungen der sozialen Akteure/Organisationsmitglieder erscheinen als wesentlich bestimmt von den Zwecken, Zielen und der Rationalität der gesamten Organisation. Zu den Organisationsfaktoren, die einen Einfluß auf schulische Entscheidungen haben, zählen beispielsweise:

- die organisatorischen Funktionen und Rollen der Entscheiderinnen (z. B. ändert sich die Problemwahrnehmung, ob sie als Anwalt oder als Anklägerin eines Jugendlichen auftreten),
- organisatorische Randbedingungen (z. B. gesetzliche Rahmenvorgaben, kommunalpolitische Gegebenheiten),
- organisatorische Ausstattungen mit personalen und materiellen Ressourcen (z. B. Überfüllung oder Unterauslastung von Klassen),
- Selbstverständnis und Profil der Organisation (z. B. spezielle Förderprogramme),
- organisatorisch akkumuliertes Wissen über die Kinder und Jugendlichen (Vorwissen in Form von ‚Akten'),
- Aushandlungsprozesse (zwischen verschiedenen Organisationen, zwischen Schule und Eltern)

Die zweite Dimension der Organisation Schule, auf die Cicourel und Kitsuse verweisen und die für eine organisationstheoretische Erklärung institutionalisierter Diskriminierung besonders relevant wird, ist der Fundus der *Wissens- und Deutungsbestände*, die das organisationale Handeln strukturieren. Das von den Entscheidern benutzte Wissen stammt aus der Wissenschaft, speziell aus der Sozialisationsforschung. Die Autoren zeigen sowohl in Bezug auf die Problemwahrnehmungen und -bearbeitungen in der Schule als auch im Kriminal-Justizsystem, daß von den Entscheidern sozialökologische und milieutheoretische Erklärungsmuster bevorzugt werden, die deterministisch als Prädiktoren schlechter oder guter Leistungen oder abweichenden Verhaltens benutzt werden. Schulprobleme und auffälliges Verhalten werden als Ausdruck tieferliegender externer Störungen bestimmt, die entweder unmittelbar in der Person, oder aber in seiner familiären Situation und seinem sozialen Milieu zu verorten sind. Die internen Aktivitäten der Entscheiderinnen und ihr Anteil an der Problemdefinition werden in den Entscheidungen prinzipiell nicht mitreflektiert.

Der allerdings eher implizit bleibende Organisationsbezug der Studien von Cicourel und Kitsuse bietet wichtige Anhaltspunkte für die Operationalisierung von institutionalisierter Diskriminierung im organisationalen Handeln der Schule: Auch die hier interessierende Herstellung von Ethnizität als Prädiktor von Erfolg oder Mißerfolg in der Schule läßt sich nun begreifen als ein Prozeß, in dem der Unterscheidung von Herkunftskulturen soziale Bedeutung im Kontext der Organisation und der von ihr zu treffenden Entscheidungen zugemessen wird. Das dazu verfügbare Deutungswissen läßt sich als Repertoire der Interpretations- und Handlungsmuster konzeptualisieren, mit denen im Fall von ausländischen Kindern in Schulen und Schulbehörden Probleme vorausgesehen und festgestellt werden, spezifische Lösungswege eingeschlagen oder verworfen werden, auf ‚Rezepte' zurückgegriffen wird und schließlich Forderungen an die Eltern oder andere Organisationen gestellt werden. Zu untersuchen wäre also in Anlehnung an die Studien von Cicourel/Kitsuse der Prozeß, in dem die Mitglieder der Organisation Schule entsprechend ihrer Auffassungen von sprachlicher und kultureller Differenz zu Beginn der Schulpflicht ‚Reife', später Leistungen und Fähigkeiten feststellen, wie sie Kausalitäten wahrnehmen, Ursachen für Lernschwierigkeiten und Leistungsversagen diagnostizieren, Motive zuschreiben etc. Die darin liegenden Regelmäßigkeiten und die möglicherweise benachteiligenden Wirkungen des Rückgriffs auf die Deutungsressourcen ‚Ethnizität' und/oder ‚Kultur' in der Bildungskarriere ausländischer Schülerinnen, sowohl in einzelnen Entscheidungen als auch als kumulative Effekte, bilden den Gegenstand der Analyse, die auch auf institutionalisierte Diskriminierung ausgedehnt werden kann. In dieser Perspektive rückt die Konstruktion von Ethnizität als interaktive Leistung in den Blick – als sozial ausgehandelte Interpretation, an der eine Vielzahl unterschiedlicher Organisations-, Professions- und politischer Faktoren beteiligt ist (vgl. Bühler-Niederberger 1991, S. 36ff).

Ergänzungs- und präzisierungsbedürftig ist der Ansatz von Cicourel und Kitsuse um weitergehende organisationstheoretische Überlegungen, um den inhärenten Zusammenhang sichtbar machen zu können, den der selektive Rückgriff auf Wissens- und Deutungsangebote (Typisierungen und Problemkonstruktionen) im Rahmen von Selektions- und Allokationsaktivitäten mit den strukturellen und funktionalen Organisationsmerkmalen der Schule aufweist. In ihrer auf die Interaktionen und die sozialen Typisierungen gerichteten Forschungsperspektive legten die beiden Autoren den Schwerpunkt auf die interpretatorischen Prozesse der Situationsdefinition durch die individuellen Akteure. Die Organisation wird lediglich als Randbedingung sozialer Handlungen und Handlungskalküle betrachtet. Mit Blick auf die hier zu untersuchende Frage der institutionellen Diskriminierung rücken Aspekte der spezifischen *Eigenlogik* der jeweiligen Organisationen noch stärker in den Vordergrund. Es geht um deren Niederschlag in der Art und Weise, wie die sozialen Akteure im Kontext der Organisation Interpretationen vornehmen und Entscheidungen treffen. Eine nur auf die Wissensbestände (Deutungsmuster, Alltagstheorien) und Normalitätserwartungen der individuellen Akteure konzentrierte Behandlung der Entscheidungsfindung könnte die soziale Institutionalisierung von Mechanismen ethnischer Diskriminierung nicht hinreichend erklären und müßte Ethnisierung und Diskriminierung wiederum einseitig als Konsequenz von Vorurteilen und Wissensdefiziten der Entscheider konzipieren. Um den ‚blinden Fleck' der Schultheorien aufzulösen, sollen neuere Organisationstheorien herangezogen werden, die nicht zuletzt auch am Beispiel der Organisation von Erziehung entwickelt worden sind.

Die Organisation Schule als ‚lose gekoppeltes System'

Die Beschäftigung mit der Schule als Organisation hat sich zwar jüngst im Zuge der aktuellen Schulautonomiedebatte verstärkt[2], sie war und ist jedoch im Kontext der Erklärung von Unterschieden in der Bildungsbeteiligung noch immer eine ungewohnte Perspektive (Ditton 1995, vgl. den Überblick bei Niederberger 1984). In den Organisationswissenschaften war die Schule als formell organisierter Bereich sozialen Verhaltens schon früh mitgedacht worden, jedoch, wie Niederberger feststellt, lange Zeit ein weitgehend unerforschtes Terrain geblieben. In der deutschsprachigen Schulforschung fanden sich auf dem Hintergrund eines geisteswissenschaftlichen und personalistischen Erziehungsverständnisses bis in die siebziger Jahre hinein kaum organisationswissenschaftliche Zugänge zum Schulgeschehen[3].

Im Zuge der Bildungsreformen in den siebziger Jahren wurden die organisatorischen Seiten der Schule aus gesellschaftskritischem Blickwinkel als repressive, bürokratische verregelte schulische Lernumwelt thematisiert (vgl. den Überblick bei Hopf/Nevermann/Richter 1980, S. 387ff). Prozesse der Rationalisierung und Formalisierung in Schulen und Schulverwaltung wurden mit idealen Bedingungen vermeintlich repressionsfreier Erziehung kontrastiert (vgl. Fend 1981, S. 232ff). Auf dem Hintergrund eines von Max Weber geprägten bürokratietheoretischen Organisationsverständnisses entstand die Auffassung von einem ‚wesensmäßigen Antagonismus' zwischen organisatorischen und pädagogischen Aspekten des Schulgeschehens. Daß dieser Ansatz die Erkenntnis des inneren Zusammenhangs von Bürokratisierung und Pädagogisierung des Schulwesens bzw. den Zusammenhang von Organisation und Erziehung versperrte, wurde in der Folge vielfach kritisiert (z. B. Hopf/Nevermann/Richter 1980, S. 387ff; Terhart 1987).

2 Das aktuelle Interesse an der Organisation Schule ist um die Evaluations- und Organisationsentwicklungsdebatte im Schulsektor zentriert (z. B. Rolff 1995).

3 Ausnahmen bilden die Aufsätze von Fürstenau (1967, 1968) und Feldhoff (1970), sowie Peter (1973).

Schon Niederberger (1984) hielt die mikro- und makrotheoretischen Zugänge in der Schulforschung der siebziger Jahre allein für unzureichend, um der partiellen Eigenständigkeit und Eigendynamik des Bildungssystems in Bezug auf die Bildungsbeteiligung Rechnung zu tragen. Dieses Desiderat werde erst mit der Konzeptualisierung einer ‚mittleren Ebene' in der Schulforschung behoben. In diesen Kontext stellt Niederberger Arbeiten von Hurrelmann (1974, 1975) und Fend (1977, 1981). Bei Luhmann und Schorr (1982, 1990) wird ein organisationstheoretischer Zugang zur Schule angemahnt, der im Rückgriff auf Elemente der neueren amerikanischen Organisationsforschung die Technologie-Diskussion und später das Anpassungsverhalten von Erziehungsorganisationen an veränderte Umweltbedingungen (1996) in den Mittelpunkt rückt.

Zur Theoretisierung der Wirkungsweisen institutionalisierter Diskriminierung in der Schule greifen wir im folgenden auf Konzepte zurück, die (Erziehungs-)Organisationen als *‚lose gekoppelte Systeme'* auffassen (Weick 1976; March/Olsen 1976; J. W. Meyer/Rowan 1977, 1978). Diese Ansätze fokussieren die *formalen Organisationsstrukturen* (Regeln und Handlungsstrukturen), die den Organisationsmitgliedern zugemutet werden und als Verhaltenserwartungen an sie gerichtet sind. Die Akteure/Entscheider lassen sich in dieser Perspektive als ‚Umwelt' der Organisation Schule begreifen, die ja mit wechselndem Personal fortbestehen muß und kann. Die Kontinuität der Organisation wird ermöglicht, weil die Akteure von der Organisation in ihrer Mitgliedschaftrolle in Anspruch genommen und ausgetauscht werden können. In einem solchen Organisationsverständnis lassen sich *konstruktivistische Einsichten* der Organisationsforschung berücksichtigen: Handeln in Organisationen entsteht nicht durch die Übernahme und Ausführung extern von der Organisationsspitze oder der Politik vorgegebener Ziele und Normen, sondern durch den eigenlogischen und selbstreferentiellen Umgang mit vielfältigen und widersprüchlichen Umwelterwartungen, die von der Organisation wahrgenommen und in der Organisation verarbeitet werden. Die Prozesse der Wirklichkeitskonstituierung im organisationalen Handelns lassen sich als wissensbasierte Verfahren in den Blick nehmen, die Legitimität aus sozialen Erwartungsstrukturen beziehen, die über die Organisation hinausreichen.

Eine Besonderheit der Organisation Schule sehen Meyer und Rowan darin, daß die Organisationsstrukturen in der Schule aufgrund ihrer übergeordneten distributionalen Zwecke (der Selektion und Statuszuweisung) weniger den Belangen ihrer Arbeitsaktivitäten entsprechen (z. B. bestimmte Unterrichtsziele zu erreichen oder Arbeiten im Unterricht zu koordinieren), sondern in erster Linie der Aufrechterhaltung und Begründung der leistungsgerechten Bewertung und Allokation dienen. In den Schulen geht es vor allem um die Legitimation der permanent produzierten und reproduzierten Klassifikationen von Schülerinnen, Lehrerinnen und Unterrichtsinhalten. Meyer und Rowan sprechen, um die Trennung zwischen der operativen Ebene des Unterrichts und der Ebene der Klassifikation und Selektion ganz deutlich zu machen, von „gesellschaftlicher Mythenbildung". Bei den Regeln und Klassifikationen, die auf Denk- und Handlungskonventionen beruhen, die in der Umwelt der Organisation institutionalisiert sind, handelt es sich um *soziale* Typisierungs- und Klassifikationsschemata, die als integraler Bestandteil gesellschaftlicher Sprach- und Kommunikationssysteme gelten, mit einem Verweisungshorizont auf unterstellte Effizienz und Richtigkeit (Isomorphismus):

„Institutionalized rules are classifications built into society as reciprocated typifications or interpretations [...] Such rules may be simply taken for granted or may be supported by public opinion or the force of law [...]. Institutions inevitably involve normative obligations but often enter into social life primarily as facts which must be taken into account by actors. Institutionalization involves the processes by which social processes, obligations, or actualities come to take on a rulelike status in social thought and action" (Meyer/Rowan 1977, S. 341).

Wichtig zum Verständnis von Organisationsaktivitäten ist, daß Organisationen prinzipiell in einem zweifachen Kontext agieren (vgl. Türk 1989, S. 36 ff): Sie bewegen sich zugleich auf einer *institutionellen*, symbolischen Ebene und in *relationalen* Kontexten (materiell-reale Produktions-, Austausch- und Interaktionsprozesse, sowohl organisationsintern, als auch mit anderen Organisationen, z. B. auf Märkten). Während auf der institutionellen Ebene Legitimationsaspekte gegenüber der Umwelt im Vordergrund stehen, unterliegt die relationale Ebene organisationalen Handelns eher materiellen Effizienzkriterien (z. B. ökonomischer Umgang mit Organisationsressourcen, Kriterien der Abnehmermärkte etc.). Beide Ebenen unterliegen divergierenden Handlungslogiken und stellen widersprüchliche Anforderungen, für die es keine partiellen und individuellen, sondern nur gesamtorganisatorische Lösungen gibt.

Die organisationalen Lösungsstrategien, mit denen dieses Inkonsistenzen bewältigt werden, sind *Entkopplung („decoupling")* von institutionellen und relationalen Kontexten und *Strategien der Vertrauensbildung* (*„logic of confidence"*). Bei der Entkopplung bzw. ‚losen Kopplung' und der ‚Vertrauenslogik' handelt es sich Meyer und Rowan (1978) zufolge um zwei zentrale Kontrollformen der Organisation Schule, mit der sie ihr Handeln steuert. Hinter der Denkfigur der *‚losen Kopplung'* steht die Sichtweise, daß Unterrichtsaktivitäten und deren Resultate in der Schule, also das Verhältnis von pädagogischer Absicht und Wirkung, konsistent unkontrolliert gelassen werden, sowohl im bürokratischen, als auch im kollegialen Sinne (vgl. March/Olsen 1976; Weick 1976). Ganz dezidiert heißt das,

„that structure is disconnected from technical (work) activity, and activity is disconnected from it's effects" (Meyer/Rowan 1978, S. 79).

In der Schule wird konsequent vermieden, den kausalen Zusammenhang von pädagogischen Absichten und den tatsächlichen Effekten pädagogischer

Handlungen und Entscheidungen zu kontrollieren. Im Kontrast zur marginalen Kontrolle von Unterrichtsaktivitäten und deren Ergebnissen[4] steht die enge und rigide soziale Kontrolle der rituellen Klassifikationen, mit denen die Schule ihr Handeln nach außen hin legitimiert und darstellt (z. B. Zensurensysteme, Versetzungsbestimmungen, die hierarchische Gliederung der Schulformen etc.) und die Zuweisung von Ressourcen sicherstellt. So sind z. B. die Regeln, die für die Klassifikation von Schülerinnen relevant sind, in Erlassen und Richtlinien viel weitgehender expliziert, als die Art und Weise, wie Schülerinnen im Unterricht behandelt werden sollen.

Der komplementäre Begriff der *Vertrauenslogik* bezieht sich auf die Aufrechterhaltung einer generellen Aura des guten Glaubens, daß alle Beteiligten angesichts folgenreicher Eingriffe in das Leben von Kindern kompetent und nach bestem Wissen und Können handeln. Die Bildungsklassifikationen gelten als Sakrileg und verleihen dem ganzen Unternehmen nach innen und nach außen hin seinen Sinn:

> „Higher levels of the system organize on the assumption that what is going on at lower levels makes sense and conforms to rules, but they avoid inspecting it to discover or assume responsibility for inconsistencies and ineffectiveness. In this fashion, educational organizations work more smoothly than is commonly supposed, obtain high levels of external support from divergent community and state sources, and maximize the meaning and prestige of the ritual categories of people they employ and produce" (Meyer/Rowan 1977, S. 341).

Zentrale Elemente der Vertrauenslogik sind nicht nur individuelle, sondern auch organisatorische Strategien der Vermeidung, des Übersehens und der Diskretion bezogen auf den tatsächlichen Unterricht. Die Klassentür bleibt für Beobachter verschlossen, die Lehrerin in der Klasse allein. Die Organisation bedient sich der Delegation von Aktivitäten an Professionalisierte, der Vermeidung von Inspektion und Bewertung und der Zeremonialisierung von Kontrollverfahren (‚Vorführstunden'), wo Delegation und Vermeidung nicht möglich sind.

Organisation und Entscheidung: Modelle begrenzter Rationalität

Wie kann man sich, ausgehend von einem Verständnis von Organisationen als ‚lose gekoppelter Systeme', Entscheidungsprozesse in der Schule vorstellen? Zur Beantwortung der Frage, wie Individuen in Organisationen Entscheidungen treffen und welche Rolle die Organisation dabei spielt, läßt sich die verhaltenswissenschaftliche Entscheidungstheorie (z. B. March 1990, Olsen 1991) heranziehen, die in den dreißiger und vierziger Jahren entstand

---

4 Das hat sich erst mit der jüngsten Debatte um die Evaluation des Unterrichts und der Überprüfung seiner Resultate geändert, in den Schulen aber auch zu großer Irritation geführt (vgl. TIMSS 1997) und die damit einhergehende Debatte (vgl. von Saldern 1999).

(Barnard 1938; March/Simon 1958) und Entscheidungsaktivitäten zum Ansatzpunkt der Organisationsanalyse nahm[5]. Programmatischer Ausgangspunkt war die Frage, wie Organisationen ihre Bestandssicherung durch Anpassung an komplexe und sich verändernde Umwelten bewerkstelligen. Das Bestands- und Anpassungsproblem von Organisationen wird dabei als Problem menschlichen Entscheidungsverhaltens formuliert (daher die Bezeichnung ‚verhaltenswissenschaftlich', vgl. Berger/Bernhard-Mehlich 1993, S. 127).

Die an sich paradoxe Kombination von ‚Verhalten' und ‚Entscheiden' erklärt sich daraus, daß Organisationen zwar einerseits als Handlungssysteme konzipiert sind. Jedoch anders als in der Tradition des Human Relations-Ansatzes (Mayo 1933), bei dem die individuellen Motive und informelle Beziehungen der Organisationsmitglieder im Vordergrund standen, werden Organisationen als *unpersönliche* Handlungssysteme aufgefaßt, die eher von Überlebensinteressen und Zielen der Organisation (oder organisatorischer Segmente), als von den Motiven ihrer Agenten gesteuert sind. In der Schule realisiert sich das Interesse an der Fortsetzbarkeit der eigenen Operationen in der Maxime: Hauptsache, der Unterricht findet statt und fällt nicht aus!

Die verhaltenswissenschaftliche Entscheidungstheorie versteht Organisationen als zugleich *offene* und *geschlossene Systeme*: Einerseits werden Organisationen als mit ihren Umwelten interdependente Systeme aufgefaßt. Organisationsumwelten üben als Quelle von Ressourcen Anpassungsdruck aus, der die Handlungsmöglichkeiten der Organisation einschränkt. Andererseits sind Organisationen in ihren Entscheidungs- und Gestaltungsmöglichkeiten der Umwelt nicht passiv ausgeliefert. Sie errichten und verändern selbstständig bzw. ‚autonom' ihre Grenzen gegenüber der Umwelt. Zum Verhältnis von Organisation und Umwelt formuliert die verhaltenswissenschaftliche Entscheidungstheorie zwei zentrale Prämissen:

- Die Entscheider/Mitglieder werden als Systemumwelt von Organisationsentscheidungen aufgefaßt. Organisationale Aktivitäten gelten als begrenzt durch die Motivation der Mitglieder (Prämisse der begrenzten Motivation);
- Organisationsstrukturen reduzieren die Komplexität und Veränderlichkeit der Umwelt und versetzen die Entscheiderinnen in vereinfachte ‚Entscheidungsumwelten'. Sie grenzen den Horizont und die Handlungsmöglichkeiten der Entscheiderinnen ein und erlauben ihnen dadurch, innerhalb dieser Grenzen ‚rationale' Entscheidungen zu treffen (Prämisse der begrenzten Rationalität).

---

5 Für zusammenfassende Darstellungen in der deutschsprachigen Literatur: Berger/Bernhard-Mehlich (1993). In der Organisationssoziologie Luhmanns (z. B. Kieserling 1999, Luhmann 2000) sind wesentliche Aspekte der verhaltenswissenschaftlichen Entscheidungstheorie in einen systemtheoretischen Rahmen integriert.

In diesem Verständnis wird individuelle Handlungsrationalität (motivational, kognitiv) in organisatorischer Systemrationalität quasi ‚aufgehoben'. Individuelle Gesichtspunkte und Beziehungen (z. B. persönliche Wert- und Sachprämissen, auch Vorurteile) werden als Organisationsvariablen aufgefaßt und bleiben damit als unvermeidliches Charakteristikum von Organisationen, die ihren Bestand unter den Bedingungen von begrenzter Rationalität und Motivation sichern müssen, weiterhin relevant.

Die verhaltenswissenschaftliche Entscheidungstheorie zielt auf die Kritik von *Theorien rationaler Wahl*, die Organisationen als Instrument für individuelle Wahlentscheidungen begreifen. Entscheidungsprozesse würden dort als intentional, folgerichtig und optimierend aufgefaßt, als Resultat von Wahlen durch rationale, gut informierte, einheitlich handelnde und wertmaximierende individuelle Entscheiderinnen (Olsen 1991, S.89). Diese Vorstellung wird in verhaltenstheoretischer Perspektive umgekehrt. Jetzt werden die individuellen Präferenzen (Wünsche, Bedürfnisse, Werte, Ziele, Interessen subjektiver Nutzen), Erwartungen und Wahlen der Entscheider als unabhängige Variablen in organisationalen Entscheidungen konzipiert, die von der Organisation bei der Entscheidungsfindung berücksichtigt werden (March 1990, S. 2). Auch dieses Organisationskonzept geht von der Frage aus, *wie* Individuen in Organisationen Entscheidungen treffen. In Abgrenzung zu Theorien rationaler Wahl wird jedoch nicht die Handlung/Entscheidung betrachtet, sondern die *Rationalität der Organisationen* in den Mittelpunkt gerückt, die Entscheidungen ermöglicht und beschränkt.

Ein wesentlicher Teil der Theorie der Organisationsentscheidungen besteht in der Analyse der organisatorischen *Mechanismen*, die für die Entscheiderinnen die Komplexität und Veränderlichkeit der Umwelt reduzieren und sie in eine vereinfachte Entscheidungssituation versetzen. Berücksichtigt werden substantielle Aspekte der Entscheidungsunsicherheit, Mehrdeutigkeit und Konflikthaftigkeit von Entscheidungen, die in Organisationen getroffen werden:

> „Die Antizipation zukünftiger Konsequenzen gegenwärtiger Entscheidungen unterliegt in vielen Fällen substantiellen Fehlern. Die Antizipation zukünftiger Präferenzen ist oft verwirrend. [...] Wahlverhaltenstheorien unter Unsicherheit betonen die Komplikationen bei der Schätzung zukünftiger Konsequenzen. Wahlverhaltenstheorien unter Konflikt oder Mehrdeutigkeit betonen die Komplikationen bei der Schätzung zukünftiger Präferenzen" (March 1990, S. 300 f).

Organisationsentscheidungen sind bei March gerade dadurch bestimmt, daß die Entscheider *nicht vollständig* und *nicht permanent* informiert sind. Entscheider verfügen nur über begrenzte Zeit und Aufmerksamkeit und können nicht alle Alternativen, Ziele und Konsequenzen im Blick behalten. Der Verlauf des Entscheidungs*prozesses*, der von Kontingenz bestimmt wird, beeinflußt die Entscheidungsresultate. Die *Organisationen* (z. B. Strukturen, Programme, unterschiedliche Mitglieder, Entscheidungs- und Steuerungsprobleme etc.) rücken als Entscheidungsdeterminanten und unabhängige Variable in das Zentrum der Analyse. Organisationen funktionieren nicht wie einheitliche Akteure, sondern Entscheidungsprozesse vollziehen sich in der Regel über Konflikte, Spannungen und Aushandlungsprozesse. Am Ende des Prozesses des Organisierens steht nicht die lineare Realisierung des Organisationszieles, sondern eine Entscheidung durch Kompromißbildung, die niemand geplant, vielleicht auch nicht gewollt hat – und die grundsätzlich auch anders ausfallen könnte.

Zur rekonstruktiven Erfassung von Entscheidungsprozessen in der Schule, die gleichzeitig die Frage berücksichtigt, welchen Stellenwert der Organisation in schulischen Entscheidungsaktivitäten zukommt, eignet sich besonders das Modell der *‚Garbage-Can-Entscheidung'*. So postuliert die verhaltenswissenschaftliche Entscheidungstheorie, daß gerade Organisationen im Erziehungs- und Bildungsbereich auf die dort typischen Phänomene der begrenzten Rationalität, von Konflikten und Ambiguitäten durch die Entwicklung von *Routinen* reagieren. Routinen dienen der Koordination vieler Individuen, um konzertierte Aufgaben effektiv ausführen zu können und verkörpern organisationale Identitäten, Interessen, Werte und Kausaltheorien. Sie dienen zur Vermeidung destruktiver Konflikte und beinhalten Codes und Deutungsmuster, die helfen sollen, die uneindeutige Welt zu interpretieren.

Nicht alles Organisationsverhalten ist jedoch durch Routinen bestimmt. Relativ offene Entscheidungsstrukturen, die sich durch komplexe Ökologien von Teilnehmerinnen, Problemen und Lösungen auszeichnen, tendieren zu einer Verknüpfung der Dinge durch *zeitliche Simultanität*, statt durch eine kausal-instrumentelle Ordnung. Gehandelt wird nach Maßgabe dessen, was gerade zur Hand ist. Cohen, March und Olsen (1990, S. 330) prägten für derartige Organisationsstrukturen, die sich durch problematische Präferenzen, unklare Technologien und fluktuierende Partizipation auszeichnen und die besonders für Schulen und Universitäten charakteristisch sind, den Begriff der *organisierten Anarchie*:

„Von diesem Standpunkt aus ist eine Organisation eine Ansammlung von Entscheidungen, die nach Problemen Ausschau halten, eine Ansammlung von Sachverhalten und Gefühlen, die nach Entscheidungssituationen Ausschau halten, in denen sie zutage treten könnten, als eine Ansammlung von Lösungen, die nach Sachverhalten Ausschau halten, zu deren Beantwortung sie dienen könnten, und als eine Ansammlung von Entscheidungsträgern, die nach Arbeit Ausschau halten" (Cohen/March/Olsen 1990, S. 332).

Für Entscheidungsprozesse in organisierten Anarchien wurde die Metapher der *Garbage Can* entwickelt. Wahlmöglichkeiten werden als Papierkorb vorgestellt, in den von Teilnehmern verschiedene Arten von Problemen und Lösungen geworfen werden, wann und wie sie geschaffen wurden. Die Mischung von Entscheidungselementen in einem bestimmten ‚Korb' hängt von der Zahl und Mischung der verfügbaren Körbe ab und von deren Etiketten, davon welche Inhalte im Augenblick gerade produziert werden und von der

Geschwindigkeit, in der Inhalte in ‚Körben' gesammelt, durch Entscheidungen wieder ‚geleert' und von der Bildfläche entfernt werden.

Die Garbage Can-Metapher zielt auf eine Präzisierung der von Meyer und Rowan eingeführten Entkopplungsthese. Dem soll die empirische Beschreibung der eher zufälligen, aber doch nicht regellosen ‚losen Kopplung' von Entscheidungselementen in spezifischen Entscheidungskontexten innerhalb und außerhalb der Organisation dienen. Entscheidungen werden als Ergebnis oder Interpretation von vier, voneinander relativ unabhängigen, exogenen Strömungen in einer Organisation betrachtet, die in einem spezifischen Kontext durch zeitliche Simultanität zusammentreffen (Cohen, March und Olsen 1990, S. 333f):

- *Probleme,* die von Menschen innerhalb und außerhalb der Organisation an die Organisation herangetragen werden (z. B. Schülerinnen mit Lernschwierigkeiten, aber auch die Forderung nach ‚Chancengleichheit'),
- *Lösungen,* die vor allem als Antworten oder Angebote aufgefaßt werden, die nach Nachfrage und Problemen suchen und u. U. vor den Problemen in der Organisation vorhanden sind (z. B. Schulkindergarten, Vorbereitungsklassen, zusätzliche Förderstunden),
- *Teilnehmer*, abhängig von Fluktuation und Zeit, die für Entscheidungen aufgebracht werden können (z. B. Schulleiterin, Klassenlehrer, Eltern, Psychologe aus der Erziehungsberatungsstelle),
- *Entscheidungsgelegenheiten,* regelmäßige Anlässe für Entscheidungen (z. B. feste Termine für die Einleitung eines Sonderschulaufnahmeverfahrens, Versetzungen etc.)

Entscheidend ist die Annahme, daß *Garbage Can-Prozesse* eben nicht völlig regellos und zufällig verlaufen, aber aufgrund der Vielzahl von Kombinationsmöglichkeiten in unterschiedlichen Konstellationen auch nicht vorhersehbar sind. Die vier Ströme (Probleme, Lösungen, Teilnehmer und Entscheidungsgelegenheiten), die im organisationalen Handeln zusammenfließen, werden sowohl durch die Strukturen der spezifischen Organisation, als auch durch die allgemeinen sozialen und politischen Strukturen kanalisiert (z. B. die allgemeine lokale Schulentwicklungsplanung oder die Aushandlung spezieller Maßnahmen für Minderheitenkinder in der Kommune, repressives Klima gegenüber Ausländerinnen, bildungspolitische Sparmaßnahmen etc.). Von diesen Strukturen hängt es ab, wann bestimmte Entscheidungsgelegenheiten, Teilnehmer, Probleme und Lösungen ‚auftauchen' und wieviel Energie mögliche Teilnehmer einer Entscheidung widmen. Diese Strukturen legen z. B. fest, welche Teilnehmerinnen an welchen Entscheidungen partizipieren und welche Probleme zu welchen Entscheidungsgelegenheiten Zugang haben. Hinter der scheinbaren Anarchie der Entscheidungsprozesse verbergen sich Muster und Gesetzmäßigkeiten, die jedoch vielfältiger, komplexer und weniger offensichtlich sind, als die Ordnung, wie sie in einfacheren Entscheidungsmodellen konzipiert wird (Berger/Bernhard-Mehlich 1993, S. 147).

Eine institutionelle Sichtweise von Organisationen

Organisationen müßten, fordert Göhler (1994), „spezifisch auch als Institutionen erfaßt werden, um ihre *Mechanismen* (Herv. d. d. Verf.), ihre Wirkungsweise zu begreifen“ (S. 10). Andere Autoren beobachten umgekehrt, daß Institutionen wie z. B. Forschungsinstitute, auch in den Geistes- und Sozialwissenschaften *betriebsförmig organisiert* werden, und fragen sich, ob man diese Entwicklung anerkennen müsse (Mikat/Schelsky 1966). Schon bei Meyer und Rowen ist die Unterscheidung von Institution und Organisation angelegt. Ihre institutionalistische Organisationstheorie machte den Versuch, eine (äußere) institutionelle Rahmung organisatorischen Handelns zu beschreiben oder aber einen institutionellen Kern in einer Organisation auszumachen, der das Handeln strukturierte. Die in Kapitel 1 referierten Theorieangebote zum Institutionellen Rassismus bzw. zur institutionellen Diskriminierung allgemein nehmen den Begriff der Institution in Anspruch, ohne ihn näher zu klären, noch auch das Verhältnis von Institution und Organisation ausdrücklich zu thematisieren. Der Untersuchung dieser Frage ist das Forschungsprogramm des Neo-Institutionalismus[6] gewidmet. Dessen Vorschläge sollen hier unter der Fragestellung gesichtet werden, was sie zum Thema „institutionelle Diskriminierung“ beitragen können.

Göhler beruft sich auf einen Begriff der sozialen Institution, der in Abgrenzung von politischen Institutionen, aber auch gegen „System“ und „Ordnung“, die „spezifischen Normen und Verhaltensmuster“ betrachtet, „die einen auf eine bestimmte Dauer gestellten Handlungsrahmen und damit für das Verhalten der Akteure und die Reaktion der Adressaten auch eine bestimmte Handlungsorientierung ergeben“ (ebd. S. 9). Eine institutionelle Analyse von Organisationen könnte „jenen bekannten, häufig zu beobachtenden Sachverhalt begreiflich und analysierbar machen, der intuitiv als ‚Eigenlogik‘ oder ‚Eigengesetzlichkeit‘ der Institutionen bezeichnet wird“, und in der „Theorie der Institution“ von Hauriou (1965) auch als „Leitidee“ behandelt worden sei, die sich im Handeln der Organisation immer wieder durchsetze (ebd. S. 10).

Rehberg (1994) betont gerade diese Ordnungsleistungen von Institutionen. Der Begriff „Institution“ solle das Verständnis „einer besonderen Form

---

6 Der wiederentdeckte Institutionenbegriff bildet den Kristallisationspunkt eines Schwerpunktprogramms der DFG (vgl. Göhler 1994), das wiederum von einem Konzept der amerikanischen Politikwissenschaft der achtziger Jahre angeregt wurde, das unter dem Begriff „Neo-Institutionalismus“ firmiert (Powell/DiMaggio 1991) und vor allem in der Organisationstheorie rezipiert wurde (vgl. den Überblicksartikel von H. Vollmer 1997).

der Stabilisierung sozialer Ordnungen" erleichtern, wobei Ordnung in seinem Verständnis nicht etwas „Vorgegebenes, metaphysisch zu Entschlüsselndes" meint, sondern „*jede* (Herv. i. O.) relativ dauerhafte Strukturierungsleistung in sozialen Beziehungen" (ebd. S. 47). Dazu wäre unter der hier interessierenden Fragestellung nach Mechanismen der Diskriminierung auch die Geschlechterordnung (Goffman 1977/1994) und die ethnische Ordnung einer Gesellschaft zu rechnen. Institutionell werden solche in Interaktionen hervorgebrachte Ordnungen genannt, wenn „Ordnungsprämissen und -prinzi pien symbolisch zur Darstellung gebracht und dadurch stabilisiert werden" und wenn „deren durchgesetzte und anerkannte Geltungsansprüche für Handlungsorientierungen und Sanktionen bestimmend werden können" (ebd).

Wie aber kommen solche Institutionen, wenn sie nicht außergesellschaftlich durch Verweis auf Religion, Metaphysik oder Natur begründet werden sollen, zustande und wie entfalten sie ihre Kraft und Legitimation? Alle neueren Konzepte des Institutionenbegriffs knüpfen an das von P. L. Berger/Th. Luckmann (1966) entwickelte wissenssoziologische Verständnis von Institutionen[7] an. Die Autoren haben in ihrem berühmt gewordenen Buch: „Die gesellschaftliche Konstruktion der Wirklichkeit" ein weit gefaßtes Institutionalisierungkonzept benutzt, mit dem sie die Frage zu beantworten suchen, wie in komplexen Situationen im Prozeß der sozialen Interaktion die wissensbasierte Koordinierung sozialen Handelns erfolgt. Eine „Institutionalisierung findet statt", so heißt es bei Berger/Luckmann in Anlehnung an die Institutionenlehre A. Gehlens, aber vor allem auch an die Interaktions- theorie G. H. Meads und die Wissenssoziologie Mannheims und Schütz', „sobald habitualisierte Handlungen durch Typen von Handelnden reziprok typisiert werden. Jede Typisierung, die auf diese Weise vorgenommen wird, ist eine Institution", die ihrerseits „aus individuellen Akteuren und individuellen Akten Typen (macht)" (S. 58). Obwohl Objektivierungen, die sich in sozialen Rollen, der Sprache und dem symbolisch verfügbaren Wissen institutionalisieren, Hervorbringungen menschlichen Handelns sind, üben sie zugleich auf den Einzelnen Zwang aus. Die gesellschaftliche Wirklichkeit wird vom Einzelnen durch Erfahrung, Handeln und Kommunizieren in Besitz genommen, sie ergreift ihn aber auch und strukturiert seine Aktivitäten.

Das Verhältnis von Institution und Organisation wird zu einem Angelpunkt neo-institutionalistischer Theoriebildung. Der Institutionenbegriff wird dort in zwei grundlegenden Varianten angewandt: in der einen Variante wird die Institution in die Umwelt von Organisationen verlegt. Betont wird die Einbettung von Organisationen (man kann hier immer auch an Schulen denken) in die Werte und die kulturellen Wirklichkeitskonstruktionen der Gesellschaft, wozu eben neben dem positiven Recht nicht zuletzt die Ordnungen der

7 Man könnte Institutionen auch strukturfunktionalistisch als Einrichtungen/Instanzen behandeln, die zur Lösung gesellschaftlicher Probleme geschaffen wurden wie Recht, Ehe oder Wirtschaft etc.

Geschlechter oder die der ethnischen Gruppen in einer Gesellschaft zu rechnen sind. Diese Institutionen wirken dann als institutionelle Umwelt von *außen* auf das Organisationshandeln strukturierend und normierend ein und prägen sich deren Operationen auf. Insofern wirken die Organisationen an der Reproduktion der Ordnungen mit.

Aber man kann sich ihren Einfluß auch als Korrekturmechanismus denken. Gesellschaftliche Institutionen werden etwa bei Offe (1989) als moralische Instanzen gedacht, die unerwünschte Fehlentwicklungen (Ungleichheit, Umweltzerstörungen etc.) einzelner Teilsysteme der Gesellschaft durch eine „intelligente Selbstbeschränkung" der Organisationen eindämmen sollen. Dann würden z. B. moralische Programme in die Organisationen hinein kopiert. Organisationen würden *als* Institutionen betrachtet (Vollmer 1996, S. 317) und es wird mit Meyer/Rowen behauptet, „daß Organisationen selbst institutionelle Elemente ihrer Umwelt in ihre eigene institutionalisierte Struktur aufnehmen" (Vollmer 1996, S. 317). Beide Konzepte betonen, daß „Erfolg und Überleben von Organisationen ... an die organisationsinterne Berücksichtigung von Institutionen in der Organisationsumwelt gebunden (seien)" (ebd.). Dabei handelt es sich (auch im Fall von Schulen) um rechtlichen Bestimmungen und administrativen Regelungen, moralische Sensibilität, Realitätssinn, Wissensbestände, Zugang zu Ressourcen etc. Die Grundthese des Neo-Institutionalismus lautet: Gesellschaftliche Institutionen, wozu wir auch wissenschaftliche Denkweisen, Semantiken[8] oder öffentliche Diskurse rechnen können, also institutionell geregelte Redeweisen[9], stellen den entscheidenden Bezugspunkt für organisationsinterne Institutionalisierungen dar,

> „...gesellschaftlich vorstrukturierte Wissenselemente werden von Organisationen übernommen. Die institutionelle Umwelt einer Organisation mit ihren objektivierten Wissensbeständen wie Rationalitätsmythen, Rechts- oder Geldwertsystemen stellt eine wichtige Quelle organisierter Wissensstrukturen dar" (ebd. S. 318).

Im Fall konfligierender institutioneller Logiken oder sich widersprechender Wissensangebote stehen die Organisationen vor der Aufgabe, solche Inkonsistenzen in Eigenleistung intern zu bearbeiten. Organisationen müssen unter dieser Annahme

> „...einerseits institutionalisiertes Wissen aus der Organisationsumwelt (Rationalitätsannahmen, Technologie etc.) für sich nutzbar machen, andererseits auf ihre institutionelle Umwelt mit eigenen Wissensstrukturen reagieren, anhand derer sie den Durchblick angesichts widersprüchlicher institutioneller Logiken in ihrer Umwelt bewahren. Dann aber geht es nicht mehr um die institutionelle Umwelt der Organisation, sondern vor allem um die institutionalisierte Wissensstruktur der Organisation selbst" (ebd.).

---

8 vgl. Luhmann (1993b), der in historischer Perspektive die Verschiebung von Sinnhorizonten beim Übergang in die Moderne beschreibt

9 Foucault (1974) bestimmt „Die Ordnung des Diskurses", in der festgelegt ist, was bei welcher Gelegenheit gesagt werden darf und was nicht – wenn man nicht Gefahr laufen will, von der Diskurspolizei überrascht und sanktioniert zu werden.

Die Vorstellung institutionalisierter Strukturen *in* der Organisation hebt darauf ab zu verstehen, wie die Selbstverständlichkeit der Konstruktion sozialer Wirklichkeit (im Fall der Schule z. B. über die Lebenswelt ihrer Schüler) mit der Routinisierung von Handlungsabläufen (in der Schule etwa Selektionsentscheidungen) verknüpft wird. Die Erwartung an eine in der Organisation institutionalisierte Wissensstruktur wäre, daß sie

„einen stabilen Bezugspunkt zur Schöpfung von Wissen aus der Organisationsumwelt und eine Quelle weiterer Wissensmöglichkeiten und Wissensbeschränkungen" bietet" (ebd. S. 319).

Institutionalisierte Organisationsstrukturen lassen sich als Regeln und als in Verhaltenserwartungen gefaßte Handlungsstrukturen betrachten, die den Organisationsmitgliedern (Lehrern wie Schülern, aber auch Eltern) zugemutet werden (Luhmann 2000, bes. Kap. 3). In diesem Sinne läßt sich *Mitgliedschaft* als die zentrale Institution von Organisationen begreifen. Dabei geht es v. a. um die Institutionalisierung von Mitgliedschaft als *Rolle*. Die Institutionalisierung der Mitgliedschaftsrolle (Lehrer, Schüler) bedeutet, daß die Unterscheidung von Organisationsmitgliedern und Nicht-Mitgliedern in der Organisation als selbstverständliches Wissen um objektive Wirklichkeitsverhältnisse behandelt wird. „Mit der Institutionalisierung von Mitgliedschaft verfügen Organisationen über eine produktive Vorstrukturiertheit von Wissensmöglichkeiten" (Vollmer 1996, S. 319), mit der andere Formen der Institutionalisierung einhergehen, wie z. B. die Institutionalisierung von Ämtern (Klassenlehrerin, Rektor) mit bestimmten Kompetenzen und Handlungsanforderungen. Von besonderem Stellenwert für die Funktionsfähigkeit einer Organisation ist die Institutionalisierung von Entscheidungsproblemen (Versetzung, Übergänge), die nicht festlegen *wie*, aber *daß* entschieden werden muß (vgl. Vollmer 1997, S. 320).

Aufgegriffen wird in den neo-institutionalistischen Theorien vor allem der Einfluß von Institutionen auf die soziale Kognition. Institutionen könnten Handlungschancen nicht nur vorgeben und eingrenzen und dadurch die Individuen entlasten, sondern bereits die Wahrnehmung von Handlungsoptionen steuern. „Ihr Einfluß", resümiert Vollmer (1996, S. 316), „liegt dabei weniger in irgendeiner Form von Zwang oder Sanktionsandrohung, statt dessen steuern sie Kognition über die Konstruktion sozialer Wirklichkeiten: Institutionalisierte Strukturen sozialen Sinns erscheinen als selbstverständlicher Aspekt einer vorgegebenen Realität (...)".

Die kollektive Konstruktion der sozialen Wirklichkeit und ihre Institutionalisierung in Wissenshaushalten in Organisationen ließe sich demnach als ein komplexes Ineinandergreifen ganz alltäglicher Interaktionen beschreiben. „Man beginnt mit ungefestigten Handlungen und gelangt über Wiederholung, Routinisierung, Internalisierung von Erwartungen, sprachlichen Kategorisierungen, Übertragung auf die nächste Generation etc., zu festen und als fest erfahrenen sozialen Arrangements" (Knorr-Cetina 1989, S. 88).

Ein Merkmal von Institutionen ist – jedenfalls für die Dauer ihrer Gültigkeit[10] – ihre Selbstverständlichkeit, die für die Mitglieder/Teilnehmer an sozialen Interaktionen die strukturierende Wirkung, die von ihnen auf das Wahrnehmen und Handeln ausgeht, nur schwer beobachtbar macht. „Der Institutionalisierungsgrad sozialer Wirklichkeit bestimmt sich demnach als *Ausmaß der Selbstverständlichkeit*, mit der diese Wirklichkeit vorausgesetzt werden kann, also als *Grad der Objektivierung* sozialer Sinnstrukturen. (...) Der Prozeß der Institutionalisierung bezeichnet damit einen *Prozeß der Objektivierung* sozialen Wissens. Institutionen objektivieren Wissenselemente und strukturieren damit weitere Wissensmöglichkeiten, denn solches Wissen dient als Filter für spätere Wissensaufnahme" (Herv. i. O.) (Vollmer 1997, S. 316).

Diese Grundidee institutionalisierten Wissens findet sich bei verschiedenen Autoren: L. Fleck (1935/1980, S. 54 ff.) spricht von „Denkkollektiven", M. Douglas (1987) prägte den Begriff des „institutionellen Denkstils", die subjektive Seite der Objektivierung des Wissens wird von Bourdieu (1979) als ‚Einverleibung' mit dem Konzept des „Habitus" beschrieben. Man kann bei dieser Betrachtungsweise offenbar „von einer besonderen Wissensstruktur jeder Institution" sprechen (Vollmer 1996, S. 317), die in unterschiedlicher Form, z. B. als Rolle bzw. Rollenerwartung und in unterschiedlichen Institutionalisierungsgraden etabliert oder auch habitualisiert sein kann. Bezogen auf Organisationen interessiert besonders der Institutionalisierungsprozeß der je besonderen Form der Rationalität, die das Handeln bestimmt. „Die Institutionen-Kategorie soll also einen Aspekt sozialer Ordnungsleistungen begrifflich aufschließen, nämlich die durch Selbstsymbolisierung erreichte Durchsetzung von Ordnungsansprüchen und -behauptungen und die damit verbundenen Stabilisierungsleistungen" (Rehberg 1994, S. 56). In den schon angesprochenen „Leitideen" einer institutionellen Ordnung wird die Kontinuität einer Institution ausgedrückt. Leitideen „symbolisieren jeweils durchgesetzte (wenn zuweilen auch auf lange Traditionen zurückgreifen könnende) Ordnungsarrangements" (ebd. S. 67). Sie wären für die hier zu untersuchende Organisation der Schule detailliert zu bestimmen und auf ihre Wirkungen auf verschiedene Klientengruppen zu untersuchen. Rehberg weist darauf hin, daß es sich dabei um fiktionale Größen handelt, „um Geltungsansprüche und deren symbolische (auch ideologische) Selbstauslegung" (ebd. S. 68). Die sind nicht determiniert durch die „Wirklichkeit", sie determinieren das Handeln der Entscheider auch nicht, aber sie bilden „die Realität sozialer Kämpfe" zwischen verschiedenen Akteuren als Kompromißbildung ab.

---

10 Institutionen können ihre Legitimation und damit ihre Durchsetzungs- und Strukturierungsmacht einbüßen. Das würde von allen beteiligten Akteuren als Krise und u. U. als der Beginn einer neuen Strukturbildung durch Institutionalisierung erlebt werden (vgl. zum Verhältnis von Institutionen und Macht Rehberg 1994, S. 70ff).

Die ausdrückliche Berufung des Neo-Institutionalismus auf einen prozeduralen Begriff der Institutionalisierung soll eine Kritik am Begriff der Institution abwenden, die das normativ-apologetische an der älteren Institutionenlehre bemerken und deren Ordnungsfixiertheit und Konservatismus bemängeln könnte. Luhmann hat nicht nur die Unschärfe des Begriffs Institution beklagt, sondern auch den Verdacht gehegt, „daß etwas Höheres, Sinnreicheres, vielleicht auch Geheimnisvolleres im Spiel sei" (Luhmann 1992, S. 55). Seine Theorie der funktionalen Differenzierung moderner Gesellschaft läßt keinen Platz mehr für Einheit stiftende Ideen, allgemein verbindliche Prinzipien oder einen übergreifenden Konsens: „Offenbar ist unsere Gesellschaft nicht mehr die, die im Begriff der Institution vorausgesetzt war" (ebd. S. 59). Das gilt positiv wie negativ für allgemein anerkannte Normen und Werte wie für überkommene Gewohnheiten und Traditionen. Sie werden nur kontextabhängig anerkannt oder abgelehnt und suchen sich deshalb eigene Institutionen wie Parteien, Kirchen oder Protestbewegungen. Weder das Prinzip der Gerechtigkeit oder das der allgemeinen Menschenrechte, aber genauso wenig deren Umkehrung in der Form von Sexismus, Rassismus oder Fremdenfeindlichkeit können als Institutionen die spezialisierten Organisationen daran hindern, in ihrer eigenen Logik zu operieren.

In einem empirischen Forschungsvorhaben müßte es darum gehen, das Kräfteverhältnis zwischen solchen institutionellen (Leit-)Ideen wie Gerechtigkeit oder Rassismus und der Logik von Organisationen (etwa der Wirtschaft oder eben Schulen) empirisch zu bestimmen[11]. Luhmanns Erwartung ist, daß sich die Logik der Organisation durchsetzen wird, und zwar „als Typus von Formen, deren sich jeder bedienen muß, der etwas erreichen will" (ebd. S. 56). Das kann, je nach Gelegenheit aber gerade die Aufkündigung des institutionellen Konsenses bedeuten, aber auch den Zugriff auf traditionelle, institutionell anerkannte Begründungen von getroffenen Entscheidungen.

Luhmann will nicht nur den Begriff der Institution wegen seiner Starrheit und seiner Einheitsillusion abweisen, er hält in systemtheoretischer Perspektive auch noch den Begriff der Institutionalisierung für ungeeignet, die Autonomie und Eigenrationalität von Organisationen zu beschreiben. Indem er an die Stelle der Institutionalisierung als Grundlage der Strukturbildung den Begriff der Autopoiesis setzt, betont er die Abgrenzung, die die Organisation mit der Unterscheidung von System und Umwelt vornehmen muß, um sich auf die eigene Umwelt beziehen zu können. Autopoietische Systeme zeichnen sich dadurch aus, daß sie alle Elemente, die sie zu ihrer Reproduktion benötigen, selbst produzieren.

11 Mit einer empirischen Untersuchung kann allerdings nicht die Hoffnung verbunden sein, die theoretischen Kontroversen innerhalb der Organisationstheorie oder zwischen Neo-Institutionalismus und Systemtheorie zu entscheiden, wohl aber facettenreichere Beschreibungen zu ermöglichen, die die Theoriebildung anregen sollen.

„Angewandt auf soziale Systeme im Allgemeinen und Organisationen im Besonderen besagt Systemtheorie, daß die Differenz von System und Umwelt im System selbst produziert und reproduziert werden muß und daß genau dies die Systeme dazu zwingt, ihre Umwelt zu beachten" (Luhmann 2000, S. 36).

Die Umwelt kommt also in der Organisation vor, aber die jeweilige Organisation transformiert von außen kommende Irritation in für die Organisation relevante Information und sie tut dies nach eigenen Motiven und nur in ihrer eigenen Logik. Dies geschieht nicht als Abgleich verschiedener (mächtiger) Interessen zu einem Kompromiß, sondern unter dem Gesichtspunkt der Fortsetzbarkeit der eigenen Operationen, der Darstellbarkeit und des Erhalts von Legitimität der Entscheidungen. Sie handelt grundsätzlich selbstreferentiell und ist auf die Lösung ihrer eigenen Probleme bedacht. Da sie es aber nicht nur mit *einer* (institutionellen) Umwelt, sondern mit verschiedenen Umwelt*en* zu tun hat (z. B. mit anderen Funktionssystemen, aber auch mit den persönlichen Motiven der Mitglieder und ihrer Arbeitsbereitschaft etc.), müßten starre, zumal von außen herangetragene oder implementierte Institutionalisierungen von Leitideen ihre Operationsfähigkeit einschränken und am Ende zum Erliegen bringen. Das als Illustration viel zitierte Beispiel ist der Sozialismus, der die Wirtschaft nicht nach ökonomischen Effizienzkriterien sondern nach politisch-moralischen Grundsätzen steuern wollte. Schon deshalb können sich allgemeine Leitideen nicht durchsetzen, es sei denn, sie dienen der Bestätigung der eigenen „Organisationskultur". Man kann, resümiert Luhmann „deshalb nicht davon ausgehen, daß das System die institutionellen Muster seiner Umwelt richtig kopiert. Es geht nicht um Übernahme, es geht um Imagination" (ebd. S. 78). Das ist deswegen so, weil die ‚Eigenlogik' bzw. die ‚Eigengesetzlichkeit' der Institutionen, von der Göhler sprach, nicht dieselbe ist wie die Eigenrationalität der Organisationen, die institutionelle Anforderungen nur intern interpretieren können. Mit der Unterscheidung von Institution und Organisation und dem Versuch, ihr Verhältnis empirisch zu klären, erweitern sich die Möglichkeiten, die Mechanismen institutioneller Diskriminierung besser zu verstehen.

Vom ‚decision making' zum ‚sense making'

Wie schon beim Durchgang durch das Theorieangebot zum Institutionellen Rassismus verschiebt sich auch bei der Sichtung der neueren Organisationstheorien der Fokus von der Bedeutung individueller Akteure und ihres Bewußtseins zu Kommunikations- und Handlungslogiken in Organisationen, die relativ unabhängig von den jeweils handelnden Personen bestehen bleiben. Diese Theoriebewegung trägt der Einsicht Rechnung, daß es Organisationen gibt, die im Kern[12] unverändert bleiben, auch wenn ihr Personal, nicht aber die Bedingungen für die Mitgliedschaft wechseln. Dazu gehören offenbar Schulen. Solche Organisationen, in denen die administrative und die operative Ebene nur lose verkoppelt sind, zeichnen sich gerade durch eine besonders leistungsfähige Form der Problembewältigung aus, als sie über die doppelte Fähigkeit verfügen, Kontinuität bei vollständigem Austausch der Mitglieder zu gewährleisten *und* sich an Veränderungen in der Umwelt anzupassen.

Der klassische „labeling approach" betonte noch die Problemwahrnehmungs- und Definitionsleistung der einzelnen Entscheider in einer Organisation – wobei die Organisation bei dieser akteurszentrierten Betrachtung die Umwelt/den Kontext der Entscheidungen bildete; die verhaltenswissenschaftliche Organisationstheorie rückte im Prozeß des Organisierens die Eigenlogik der Organisation und das Problem der Anpassung an die Umwelt in den Mittelpunkt der Aufmerksamkeit, wobei die Akteure, ihr Wissen und ihr Bewußtsein (Vorurteile, Rassismus, Angst vor dem Fremden) schon in die Umwelt der Organisation versetzt werden; die neo-institutionalistischen Theorien fokussieren die Bedeutung von Institutionen und des institutionellen Wissens bei der Problemwahrnehmung, wobei Kognition und Handeln in der Organisation institutionell vorstrukturiert werden.

Weick (1995) radikalisiert diese Perspektive noch einmal und hebt die Eigengesetzlichkeit von Handlungsabläufen in Organisationen auch noch gegenüber ihrer Interpretation hervor. Die Umwelt der Organisation nimmt nicht direkt Einfluß auf das Geschehen in der Organisation, sondern sie sei selbst das Resultat einer Gestaltung durch die Organisationsmitglieder, die der Logik der Organisation folge. Auch die Umwelt sei – ganz in der konstruktivistischen Logik gedacht – nichts unabhängig von der Organisation Gegebenes, nichts zu Entdeckendes, sondern etwas Erfundenes (vgl. auch Luhmann 2000, S. 35).

Pointiert formuliert heißt das bei Weick: erst wird gehandelt in den von der Organisation vorgegebenen, von Kontingenz und Kompromiß gekennzeichneten Mustern/Lösungen, danach wird das zugehörige Problem definiert, interpretiert und dargestellt. Erst an dieser Stelle der nachträglichen Begründung wird das institutionelle Wissen zur Erzeugung von Sinn gebraucht. Sinn ist das Gegenteil von Kontingenz. Sofern Organisationshandeln nicht als lineare Realisierung von Absichten, sondern als Ergebnis von komplexen und unübersichtlichen Aushandlungsprozessen zu begreifen ist, ergibt sich der grundsätzlich nachträglichen Charakter der Wissensanwendung als Begründung abgelaufener Handlungen bzw. eingetretener (vielleicht überraschender, auch ungewollter) Ereignisse, die niemand beabsichtigt hat, denen

12 Dieser „Kern" wird in der Systemtheorie als binärer Code identifiziert, der die Operationen in einem jeweils für die Organisation charakteristischen Medium nach u. U. wechselnden Programmen steuert (vgl. Luhmann 1987).

aber dennoch Sinn zugemessen werden muß, will die Organisation ihren Rationalitätsanspruch nicht aufgeben.

Handeln könne, betont Weick, grundsätzlich nur retrospektiv beobachtet werden – auch und gerade das eigene. Organisationen geben strukturierte Gelegenheiten zum Handeln vor, in die die einzelnen Organisationsmitglieder in verschiedenen Rollen, etwa als Lehrer und Schüler, eintreten. Die Betonung der Bedeutung der Organisation vor den Einstellungen und Haltungen des Akteurs stellt die Frage: ‚Was geschieht in Organisationen?' neu und eröffnet eine neue Perspektive, in dem Handeln als ein organisatorisch ermöglichter, institutionell abgesicherter Ablauf beschrieben wird. Das eher noch auf Individuen bezogenen Handlungsmodell *knowledge informs action*, das in der Wissens- und der Kognitionspsychologie dominiert und das auch in der Interaktionstheorie geteilt wird, wird nun ersetzt durch ein Konzept sozialen Handelns in Organisationen, das die Eigenlogik der Handlungsmuster betont. An die Stelle des *decision-making* ist das *sense-making* getreten. Stand im Zentrum des Konzepts ‚handlungsleitenden Wissens' die Vorstellung eines rationalen Ablaufs von Wahrnehmung, Einordnung und Bewertung des Wahrgenommenen, Entscheidung/Handlung und schließlich Evaluation/Bewertung der Handlung usw., so gilt für das Konzept der ‚Sinnzuweisung', daß das Wissen in expliziter Form nicht an der Stelle des Entscheidens, sondern erst an der Stelle der nachträglichen Begründung von abgelaufenen Handlungen auftritt. *Sensemaking* unterscheidet sich von der im ursprünglichen *labeling-approach* vorgesehenen Leistung der Interpretation der Wirklichkeit.

„The key distinction is that sensemaking is about the ways people generate what they interpret" (Weick 1995, S. 13).

In der sozialkonstruktivistischen Tradition betont Weick mit dem Konzept des *sensemaking* die Bedeutung der Erfindung der Wirklichkeit/der Umwelt, die der Interpretation vorausgehe.

„To talk about sensemaking is to talk about reality as an ongoing accomplishment that takes form when people make retrospective sense of the situations in which they find themselves and their creations. There is a strong reflexive quality to this process. People make sense of things by seeing a world on which they already imposed what they believe. People discover their own inventions, which is why sensemaking understood as invention, and interpretation understood as discovery, can be complementary ideas" (ebd. S. 15).

Mit der von Weick vorgenommenen theoretischen Umstellung tritt an die Stelle der Autonomie des Subjekts eine Autonomie der Organisation, von der gesagt wird, daß sie sich dadurch von ihrer Umwelt unterscheidet, daß sie nach eigenen Gesichtspunkten in ihrer eigenen Logik operiert und Irritationen von außen zwar wahrnimmt, aber eben nur in ihrer eigenen Logik mit den ihr verfügbaren Mitteln verarbeiten kann. Dabei ist auch das institutionelle Wissen selbst nicht mehr an das Individuum gebunden, sondern von der Organisation vorselegiert in die Situation selbst hinein verlegt.

(Pädagogisches) Handeln in einer als Organisation aufgefaßten Schule wäre dann nicht allein die Fähigkeit zu unterrichten, sondern bestünde darin, die institutionellen Erwartungen und organisatorischen Spezifikationen pädagogischen Handelns zu bewältigen und die getroffenen Entscheidungen zu begründen. Das führt in Widersprüche und Inkonsistenzen. Insbesondere die Arbeiten von W. Helsper (1996) zu den Antinomien und Dilemmata pädagogischen Handels weisen in diese Richtung. Pädagogisches Handeln wird aber durch Organisation nicht, wie eine ältere Debatte behauptete, nur bürokratisch eingeschränkt, sondern auch organisatorisch überhaupt erst ermöglicht.

Auch Weick geht davon aus, daß institutionelles Wissen vorliegt, das die Handlungsschemata der Organisationsmitglieder bestimmt und es ihnen ermöglicht, ihre Entscheidungen mit Sinn auszustatten, der sie nach innen und außen darstellbar macht. Es handelt sich dabei um kollektiv erwirtschaftete, routinisierte Formen der Bewältigung der Praxis, in die Erfahrung unter Umständen von Generationen von Organisationsmitgliedern eingewandert sind. Diese Handlungsschemata enthalten implizites Wissen, das den Handelnden, die sich der Schemata und Muster bedienen, durchaus nicht verfügbar sein muß. Die Analogie, die hier benutzt worden ist, ist die Metapher vom Handeln als Sprechen, wobei zu unterstellen ist, daß der Sprecher einer Sprache die Regeln der Grammatik nicht zu kennen braucht, um richtige Sätze bilden zu können (vgl. Radtke 1996).

Organisationen bestehen also aus *Handlungsschemata*, aber zugleich auch aus *institutionell approbierten Redeweisen/Semantiken* über die Handlung, die sich selektiv aus den Wissenschaften bedienen. Die Praxis etwa der Erziehung kann vor dem Hintergrund dieser Annahmen beschrieben werden als Eintritt in die von der Organisation vorgegebenen Handlungsmuster und pädagogischen Redeweisen. Der wissenschaftlich gebildete Absolvent nimmt an der Organisation einer bereits organisierten Praxis teil. Die Organisation bedient sich bewährter Lösungen durch Retention, die in Routinen umgearbeitet und dann begründet werden. Die Organisation, besteht im Wesentlichen aus Kommunikation. Sie wird als ein „Netzwerk von intersubjektiv geteilten Bedeutungen“ beschrieben, dessen Leistungsfähigkeit „durch die Entwicklung und Gebrauch einer gemeinsamen Sprache in der täglichen Interaktion“ unterstützt wird (Walsh/Ungson 1991). Andere sprechen gerade in bezug auf Erziehungseinrichtungen von „talk as the work“ (Gronn 1983) oder auch von einem „set of procedures of argumentation and interpretation“ (March/Olsen 1976), die auf die einmal getroffene Entscheidung folgen. Solche Argumentationsmuster, die den Kern des *sensmaking* in Organisationen bilden, lassen sich empirisch beobachten (vgl. Radtke 1983, Bommes/Dewe/Radtke 1996).

Das Verhältnis von Wissen und Können ist also das von Begründung und abgelaufener Handlung und nicht das von Problemwahrnehmung und Entscheidung. Luhman formuliert, nicht das „was“ einer Entscheidung sei von Bedeutung, sondern die Frage, „wie“ gelingt es mit Hilfe des Wissens, organisationsspezifische Probleme *ex post* so zu deuten und zu verarbeiten, daß die Organisation weitermachen kann. Der bevorzugte Ort, an dem dies geschieht, sind Unterbrechungen von Routinen und Krisen, also Situationen, in denen Erwartungen positiv oder negativ enttäuscht worden sind. An genau diesen Stellen setzt das *sensemaking* ein, also der Versuch, ein Ereignis, das es u. U. so gar nicht hätte geben dürfen, wieder einzuordnen in die bisher gültigen Erwartungen, Regeln, Normen usw.

Forschungsperspektiven

Die in Kapitel 1 referierten Theorien des institutionellen Rassismus und der Diskriminierung beobachten eine im Widerspruch zu den demokratischen Grundüberzeugungen der Gesellschaft stehende rassistische und ethnische Ordnung der Gesellschaft. Sie legen die Vorstellung nahe, daß rassistische Praktiken und diskriminierende Denktraditionen die (wohlfahrtsstaatlichen) Organisationen der Gesellschaft, die mit der Verteilung begehrter Güter befaßt sind, institutionell durchdrungen haben und so die wiederkehrende Ungerechtigkeit bei der Verteilung produzieren.

Die in Kapitel 2 gesichteten Theorien über Erziehungsorganisationen, die nur eine lose Koppelung von Organisationszielen und den Operationen der Organisation vorsehen, betonen die Eigenrationalität der Organisation gegenüber Umwelteinflüssen. Die Umwelt wird beachtet, aber nur *im* System nach dessen eigener Logik und nach Maßgabe der eigenen Möglichkeiten. Betont wird die Kontingenz und Gelegenheitsabhängigkeit der Entscheidungen und die Differenz von Entscheidung und Begründung. Daraus ergibt sich die große Bedeutung der nachträglichen Sinngebung bereits abgelaufener, nicht kontrollierter Entscheidungsprozesse. Deren Ergebnis wird interpretiert, plausibilisiert und legitimiert.

Die Überlegungen zum institutionellen Rassismus lassen sich in Verbindung mit den organisationstheoretischen Konzepten nutzen, um einen Erklärungsansatz für das andauernd ungleiche Bildungsverhalten von Migrantenkindern und -jugendlichen in Deutschland zu entwickeln, der statt der Defizite der betroffenen Schüler und ihrer Familie oder der Vorurteile oder Ausbildungsmängel der Lehrkräfte die Schule als Organisation in den Blick rückt. Die Frage, die sich nach Sichtung des Theorieangebotes bezogen auf die Erklärung von Ungleichheit im Bildungsbereich anschließen läßt, ist die nach dem Kräfteverhältnis zwischen der Eigenlogik der Institutionen und der Eigenrationalität der Organisationen. Folgt man den neo-institutionalistischen Vorstellungen in der verhaltentheoretischen Organisationstheorie, so ist zu erwarten, daß innerhalb der Organisation institutionelles Wissen etwa über Migranten und ihre Kinder, das aus der Wissenschaft oder öffentlichen Diskursen stammen kann, dann zur Begründung und Legitimation benutzt wird, wenn es dazu dient, die abgelaufenen Prozesse etwa im Zusammenhang mit Selektionsentscheidungen mit Sinn zu versehen. Bei dem Versuch, die Anteile der verschiedenen Rationalitäten und ihre, von Gelegenheiten und Optionen abhängigen Kombination zu bestimmen, setzt unsere empirische Untersuchung von Entscheidungsprozessen in Schulen an.

Der Ansatz der institutionalisierten Diskriminierung in Organisationen bietet für die Modellierung des Forschungsgegenstandes zwei Vorteile: Zum einen stellt er mit dem doppelten Fokus auf *Effekte* und *Mechanismen* von Diskriminierung ein Instrument dar, latente Formen von Ausgrenzung und Benachteiligung zur Sprache zu bringen und sichtbar zu machen. Zum anderen werden in dieser Perspektive öffentliche und organisationsspezifische Semantiken, die die Wahrnehmung von Aufgaben und die Begründungen von Entscheidungen strukturieren, in ihrem Zusammenwirken mit der Praxis der Entscheidungen begreifbar. Während diskursanalytische Ansätze (vgl. z. B. van Dijk 1991), auf die Ebene des „Textes" begrenzt bleiben – handelt es sich bei dem Konzept der institutionalisierten Diskriminierung um ein *strukturelles* Erklärungsangebot, das den Blick auf die konkrete Entfaltung und Wirkung des institutionellen Wissens in der Praxis einer Organisation unter den jeweils gegebenen Bedingungen (Handlungsoptionen, Ressourcen, Beteiligten etc.) lenkt.

Kapitel 3

Die Untersuchung von Diskriminierung in der Schule

Die Modellierung des Untersuchungsgegenstandes

Diskriminierung ist verboten[1] und läßt sich deshalb nicht oder nur selten direkt beobachten[2]. Wo sie beabsichtigt ist und offen, direkt und böswillig erfolgt, besteht eher ein juristisches und disziplinarrechtliches[3] als ein sozialwissenschaftliches Interesse.

Im Bereich der öffentlichen Schule in Deutschland kommt direkt institutionalisierte Diskriminierung von Migrantenkindern im Sinne formaler Verwaltungsrichtlinien oder -regeln nicht (mehr) vor[4]. Gab es in der Anfangszeit der Anwerbung noch Zweifel, ob die Schulpflicht, die im modernen Wohlfahrtsstaat ein Anrecht auf Bildung geworden ist, auch für die Kinder der Gastarbeiter gelte, und wiederholte sich diese Diskussion in den späteren Jahren am Fall von Asylbewerbern oder Kriegsflüchtlingen, so war doch jedesmal das Ergebnis eine weitgehende rechtliche Gleichstellung der betroffenen Kinder (vgl. Gogolin/Neumann/Reuter 1998). Das ist insofern bedeutsam, als mit Verweis auf ein allgemeines Menschenrecht auf schulische Bildung, auch aus einer Position unsicheren Rechtsstatus' Ansprüche an den Sozialstaat auf kostenintensive (Beschulungs-)Leistungen gestellt werden

---

1 Das heißt jedoch nicht, daß das in Art. 3 GG festgeschrieben Verbot die verschiedenen Formen auch der verdeckten oder indirekten Diskriminierung rechtlich präzise definiert. Um solche Definitionen und ihre Justiziabilität geht es in der Auseinandersetzung um ein Anti-Diskriminierungsgesetz, vgl. den Überblick bei Schulte 1995.

2 Das gilt allerdings für die meisten sozial relevanten Entscheidungsprozesse. Wo sozial wichtige und folgenreiche Entscheidungen fallen, sei es in der Chefetage einer Bank, einer Partei, eines Gerichts, einer Universität, einer Ausländerbehörde etc., haben Sozialwissenschaftler keinen Zutritt. Auch wenn mit Spitzenfunktionären, Managern oder Beamten geredet wird, können die Forscher in den seltensten Fällen in den Arkanbereich der Organisationen vordringen. Deshalb werden in den Sozialwissenschaften überwiegend Menschen, die nichts zu entscheiden, allenfalls zu wählen haben, nach Meinungen/Einstellungen gefragt, z. B. Jugendliche, Wähler und Konsumenten.

3 Zu Problemen der Möglichkeiten und Grenzen der Justiziabilität von Diskriminierung vgl. Edwards 1987, Kap. 7, Mager 1992.

4 Kindergärten und Konfessionsschulen in kirchlicher Trägerschaft hingegen diskriminieren nach Religionszugehörigkeit, lebensphilosophisch geprägte Privatschulen verwenden andere Unterscheidungsmerkmale bei der Vergabe von Mitgliedschaftsrechten. Die Auswirkungen dieser Form der direkten Diskriminierung durch Einschränkung des Angebotes für bestimmte Minderheitengruppen wären eigens zu untersuchen.

können und gewährt werden. Dies geschieht nicht zuletzt auch aus Furcht vor Folgekosten im Bereich der Sozialarbeit und -hilfe, die entstehen müßten, wenn die Kinder dauerhaft von der Schule ferngehalten würden[5].

Auch ein zweiter Ansatz zur direkt institutionalisierten Diskriminierung, der Aufbau eines separaten Parallelschulsystems nur für Migrantenkinder in Form von Nationalschulen oder Nationalen Regelklassen, konnte sich in den meisten Bundesländern nicht durchsetzen. Seit Mitte der achtziger Jahre ist auch dieses Modell zugunsten von Integrationskonzepten verschwunden (vgl. unten Kap. 4).

Direkt institutionalisierte Diskriminierung kommt in staatlichen Schulen sichtbar nur noch als *positive* Diskriminierung zur Kompensation von Nachteilen und Defiziten oder zur Wiederherstellung von (Chancen-)Gerechtigkeit vor. Es gibt in allen Bundesländern Sonderregelungen für Migrantenkinder, mit denen ihrem besonderen Förderbedarf Rechnung getragen wird, oder Schutzvorkehrungen getroffen werden, damit sie nach ihren besonderen Bedürfnissen unterrichtet, nicht diskriminiert oder unzulänglich beschult werden.

Intention und Wirkung von Entscheidungen und Maßnahmen klaffen in allen Organisationen weit auseinander. Das gilt zumal für Erziehungseinrichtungen, die über keine kausalwirkende Technologie verfügen. Da positive Diskriminierung auch Diskriminierung entlang national-kultureller Differenz ist, sind auch die Formen des Umgangs mit Migrantenkindern, die in fördernder Absicht eingerichtet wurden, auf ihre Wirkungen und unbeabsichtigten Nebenwirkungen zu beobachten. Allerdings wird man die Mechanismen der Diskriminierung, *wie* es gemacht wird, nicht direkt beobachten können. Im Gegenteil ist zu erwarten, daß Entscheider unter Beobachtung alles tun, um jeden Verdacht zu zerstreuen und ihre Entscheidungen als „politisch korrekt" zu präsentieren.

Man kann nach Diskriminierung auch nicht einfach fragen – weder Betroffene noch Entscheider. Der ‚Königsweg der Sozialforschung' scheidet damit aus[6]. Potentielle Opfer neigen dazu, aus Furcht, Scham oder Angst zu schweigen, das Geschehen zu verleugnen oder aber bald jedes Mißgeschick als Diskriminierung zu interpretieren; umgekehrt wird, wer die Macht hat zu diskriminieren, eher leugnen, je in der Versuchung gewesen zu sein, es auch zu tun[7].

---

5 Die Kinder von „Illegalen" bleiben ein kaum zu lösendes Problem für zur Amtshilfe verpflichtete „Schulbehörden".

6 Ein solcher Versuch direkter Artikulation von Diskriminierungserfahrungen (vgl. Dietrich 1997) kommt eher im Kontext von politischer Mobilisierung und Sensibilisierung gegen Diskriminierung und Rassismus vor, etwa nach der Einrichtung von Anti-Diskriminierungsbüros, in der Folge einer Anti-Diskriminierungsgesetzgebung und der Einrichtung von Stellen zur Implementation und Umsetzung dieser Gesetze.

7 Der Zusammenhang wird in der verhaltenswissenschaftlichen Forschung zu Entscheidungen in Organisationen als Reliabilitätsproblem behandelt: „Die Charakteristika von Ent-

Theoretisch besonders interessant sind die Formen institutioneller Diskriminierung, von denen die diskriminierenden Organisationen selbst nichts wissen (wollen), weil sie als unbeabsichtigte (Fern-)Wirkung eines anerkannten Organisationshandelns auftreten, dessen Konsequenzen nicht mehr in der eigenen Zuständigkeit liegen. Die Frage lautet: Wie schaffen es Organisationen wie Schulen, die von außen beobachtbaren und statistisch dokumentierten diskriminierenden Effekte ihrer eigenen Praxis z. B. bei der Verteilung von Schulabschlüssen nicht wahrzunehmen und vor sich selbst im Dunkeln zu halten? Der Untersuchungsgegenstand ist also das „Ungewußte", zumindest „Unausgesprochene" einer Organisation[8], auf das erst eine distanzierte und zugleich gezielte Beobachtung aufmerksam wird, die Wirkungen von Entscheidungssequenzen unter Gesichtspunkten der Gerechtigkeit untersucht. Beobachtet werden soll gleichsam der „blinde Fleck" der Organisation[9], also das, was sie nicht sehen kann (oder will). Unter Kosten-Nutzen Gesichtspunkten wird dieses Vorgehen derzeit Organisationen als Evaluation, *controlling* oder *monitoring* angesonnen oder auferlegt. Nur selten aber steht dabei die Frage nicht-intendierter institutioneller Diskriminierung in Rede.

Man ist bei der Untersuchung von Diskriminierung also auf eine indirekte Annäherung an den Gegenstand angewiesen, der zunächst nur theoretisch bestimmt werden kann. Der von Feagin/Boother Feagin konstruierte Fall nicht-intendierter, indirekt-institutionalisierter Diskriminierung (vgl. oben Kap. 1), dessen empirischer Nachweis in Rede steht, zeichnet sich dadurch aus, daß weder die Organisation noch die in der Organisation tätigen Entscheider einen Zusammenhang zwischen ihrer Handlungspraxis und den statistisch meßbaren Effekten der Summe ihrer Entscheidungen erkennen oder – wenn sie ihnen vorgehalten werden – anerkennen.

Die Untersuchungsstrategie

Wie kann man die theoretische Behauptung einer institutionellen Diskriminierung von Migrantenkindern im Bildungssystem mit empirischen Untersuchungen plausibilisieren?[10] Es müßte gezeigt werden, daß Unterschiede im

---

scheidungen in Organisationen machen es schwierig, bestimmte Prozesse und Einflußfaktoren aufzudecken und die ermittelten Phänomene zu deuten: Ex post-Rationalität, Prozesse und Motive, die das Tageslicht scheuen, nicht-intendierte Folgen von Handlungen, Fiktionen etc. sind auch für den Forscher nur schwer zu durchschauen und nachzuzeichnen. Aus diesem Grund besteht hierbei die Gefahr subjektiv gefärbter Interpretationen in besonderem Maße" (Berger/Bernhard-Mehlich 1993, S. 152).

8 Die Formulierung wird in Abgrenzung gegen psychoanalytische Deutungen von Organisationshandeln (vgl. Mentzos 1976) gewählt.

9 Zur Metapher des „blinden Flecks" vgl. Luhmann 1990a.

10 Die hier erwartbare Formulierung „überprüfen" wird in einem konstruktivistischen Forschungsansatz durch das Postulat der internen Stringenz ersetzt. Wenn die Wirklichkeit als

Bildungsverhalten verschiedener Bevölkerungsgruppen als *Effekte* von Organisationshandeln anzusehen sind, die von außen als direkt institutionalisierte oder indirekt institutionelle Diskriminierung zu klassifizieren wären. Von Diskriminierung könnte nur dann gesprochen werden, wenn sich zeigen ließe, daß die statistisch gemessenen Unterschiede zwischen Gruppen *nicht* ursächlich auf die Beschaffenheit der jeweiligen Teilpopulation, also auf Eigenschaften der Kinder wie „kognitive Ausstattung“, „soziale Schicht“, „Geschlecht“, „kulturelle Herkunft“ oder Kombinationen solcher Merkmale zugerechnet werden können, sondern auf die Arbeitsstrukturen, Routinen und Handlungsmaximen im Zusammenhang mit Leistungsbeurteilungs- und Promotionsverfahren der Schule zurückzuführen sind.

Sollen die Anteile, die Beurteilungsverfahren in der Organisation auf ihren *„out-put“* in Form von Bildungsabschlüssen und dessen Verteilung haben, in den Blickpunkt gerückt werden, gilt es eine Untersuchungsstrategie zu entwerfen, mit der man (a) prüfen kann, ob Ungleichheit der Effekt von im Schulsystem üblichen Handlungsweisen ist, die – relativ unabhängig von Merkmalen der Schüler – Unterschiede zwischen verschiedenen Gruppen machen und (b) *wie* solche Effekte zustande kommen.

Die Aufgabe besteht also *erstens* darin, *geeignete Maße* zu definieren, mit deren Hilfe Ungleichheiten in der Distribution von Bildungsabschlüssen beobachtet werden können. Mit ihrer Hilfe müßte die quantitative Verteilung der Bildungserfolge und -mißerfolge verschiedener Bevölkerungsgruppen von deren Eigenschaften abgelöst und ursächlich auf institutionelle Strukturen und organisierte Praktiken in der Organisation Schule zugerechnet werden können.

Zweitens müßten die Strukturen des Bildungsangebotes und die Praktiken der Selektion und Allokation identifiziert und eingehend beschrieben werden, von denen im Effekt Diskriminierung ausgeht. Um die *Mechanismen* institutioneller Diskriminierung rekonstruieren zu können, mit denen die ungleichen Bildungserfolge von Migrantenkindern in der Organisation hergestellt werden, wäre zu zeigen, *wie* Diskriminierung als institutionelles Geschehen in der Organisation der Schule sich im Einzelnen vollzieht.

Statistische Vergleichsmaße als Indikatoren für Diskriminierung

Wenn es darum geht, Ungleichheit aufzuzeigen, werden in der Literatur zur Bildungsbeteiligung wie in der öffentlichen Debatte üblicherweise *Repräsentationsmaße* verwendet, also Über- oder Unterrepräsentationen in den jeweils

beobachtungsabhängige Konstruktion behandelt wird, entfällt die Möglichkeit, „daß man durch die Realität entscheiden lassen kann, was wahr und was unwahr ist“ (Luhmann 1993, S. 4).

interessierenden Kategorien festgestellt und Quoten gebildet (z. B. der Anteil von Frauen in der Gruppe der Universitätsprofessoren), so daß man historisch gewachsene Privilegien oder Nachholbedarf konstatieren kann. Unterlegt wird normativ eine Gerechtigkeitsvorstellung, die nicht nur Chancengleichheit, sondern auch eine Gleichheit der Ergebnisse, also Distributionsgerechtigkeit beansprucht (vgl. Lenzen 1998).

Die Frage nach der Aussagekraft statistischer Vergleichsmaße als Indikatoren für institutionellen Rassismus ist ein zentrales methodologische Problem. Troyna und Williams (Williams 1985; Troyna/Williams 1986) verweisen darauf, daß jedes Maß für Ungleichheit notwendigerweise relativ ist und von der Wahl der Vergleichsgruppen abhängt. In Studien zum institutionellen Rassismus werde die Problematik des Vergleichs jedoch häufig versteckt oder ignoriert, was beispielsweise dazu führe, daß im direkten Vergleich von Kinder aus der Mehrheit mit Kindern aus ethnischen Gruppen der Faktor soziale Schichtzugehörigkeit übersehen oder vernachlässigt werde. Auch durch die Auswahl der Vergleichsmaße (z. B. Durchschnittswerte der Schulleistungen oder Erfolge in einzelnen Schulfächern) könnten Ungleichheitseffekte sowohl erhellt als auch verdunkelt werden. Bei der Bestimmung der Diskriminierungsmaße ist also nicht nur größte statistische Sorgfalt geboten, sondern ihre Auswahl muß methodologischen und theoretischen Begründungen des Gegenstandes genügen.

Methodologisch stellt sich die Frage nach der Aussagefähigkeit des Vergleichs von Durchschnittsleistungen verschiedener Gruppen. Solche Vergleiche sind hoch voraussetzungsvoll. Sie basieren auf der Annahme, daß Begabung als natürliche Ressource in der Bevölkerung gleich verteilt sei, unabhängig von Klasse, Ethnizität usw. Wer diese Prämisse *nicht* teilte, müßte zu der Auffassung zurückkehren, daß die gemessenen Unterschiede mit den vorsozialen Eigenschaften der untersuchten Population zusammenhängen (Roth 1969 und die bis heute andauernden Debatten). Werden relative Gruppenleistungen als Maß für *sozial hergestellte* Ungleichheit akzeptiert, so wird unterstellt, daß intervenierende Variable das Bildungsverhalten einzelner Kinder positiv oder negativ beeinflussen. Solche Variablen, die von Persönlichkeitsvariablen der Eltern und des Kindes bis zu historischen und wirtschaftlichen Rahmenbedingungen reichen können, wären dann als abhängige oder unabhängige zu kontrollieren. Man erhält auf diese Weise Korrelationen, die mit Hilfe von Theorien, z. B. Sozialisationstheorien (vgl. Bernstein 1971, 1972) oder Theorien zur Bedeutung von „Bildungskapital und seiner Vererbung“ (vgl. Bourdieu/Passeron 1979), oder systemischen Konzepten (vgl. Fend 1996, Weinert/Helmke 1997) interpretiert werden. Andere Theorien, die wieder andere Determinanten des Erfolgs hervorheben, z. B. zum Einfluß schulischer Programme oder von Erziehungsstilen auf das Bildungsverhalten etc., ließen sich hinzufügen (vgl. die Debatten in der Folge der TIMSS-Studien).

Solche Aussagen über den Zusammenhang von Bildungsverhalten und sozialer Schicht, Ausbildungsstand der Eltern oder Beschaffenheit des Wohnumfelds, Passung von häuslichen und schulischen Erwartungen etc. verwandeln Korrelationen, also Wahrscheinlichkeiten, in Kausalitäten. Die Erfahrung, daß dieselben Datensätze mit einer anderen Theorie auch anders interpretiert werden könnten, abhängige von unabhängigen Variablen nicht unterschieden, Wechselwirkungsannahmen aber auch nicht befriedigend sind, hat diese Untersuchungsstrategie bisher nicht widerlegen können.

Sollte auf diesem Weg Diskriminierung nachgewiesen werden, wäre mit der genauen Untersuchung der ausländischen Schülerpopulation mit Blick auf ihre sozialstrukturellen und sozialkulturellen Merkmale zu beginnen. Um den Einfluß des Faktors „ethnische Herkunft" bestimmen zu können, müßten alle anderen, theoretisch für relevant gehaltenen Variablen kontrolliert werden, um dann Gleiches mit Gleichem, also z. B. die Hauptschulquote der deutschen mittleren Unterschicht mit der entsprechenden Quote der nicht-deutschen Unterschicht, deutsche Beamtenkinder mit nicht-deutschen Beamtenkindern usw. vergleichen zu können. Die Zahl der zu kontrollierenden Variablen und ihr Inhalt (z. B. Stellung in der Geschwisterreihe, Einfluß von *peer-groups*) wird nur von der jeweils gewählten Theorie begrenzt.

In jüngerer Zeit ist diese Strategie der Verknüpfung von Sozialstrukturdaten mit Schulstatistiken verschiedentlich verfolgt worden (vgl. Baker/Lenhardt 1988, Alba u. a. 1994). Ein Teil der Ungleichheit zwischen einheimischen und eingewanderten Schülern würde auf diese Weise verschwinden, weil sie auf Unterschiede des sozio-kulturellen Milieus zugerechnet werden kann etc. (vgl. z. B. Jungbluth/van Langen 1991 für die Niederlande, für die Bundesrepublik Alba u. a. 1994, Mayer 1991).

Das Vorgehen ist nicht wirklich befriedigend, weil durch Umstellung der Theorien z. B. auf natürliche Begabungsdifferenzen oder, was hier vorgeschlagen wird, auf institutionelle Diskriminierung, die gleichen Daten wieder anders interpretiert werden können. Von der Empirie weiterer Korrelationen mit noch mehr Variablen ist aber eine Entscheidung über die Triftigkeit von Prämissen nicht zu erwarten (Weinert/Helmke 1997).

Hinzu kommt, daß die Sozialstrukturdaten über die Kinder in den deutschen Schulstatistiken nicht eingearbeitet sind. Dadurch ist die Strategie, einzelne Merkmale statistisch zu isolieren, aufwendig und nur schwer zu realisieren. Entweder müßten aufwendige eigene, personenbezogene Erhebungen für echte Längsschnittuntersuchungen angestellt werden (vgl. Bofinger 1990), oder man müßte sich mit den Daten aus dem Mikrozensus behelfen und Korrelationen interpretieren, Faktoren- oder Pfadanalysen ansetzen etc. (vgl. Mayer 1991, Böttcher 1993, zuletzt Lenhardt 1997). Aber auch danach wäre ein Vergleich der hier interessierenden Gruppen über Sozialindikatoren nicht leicht möglich, weil sich Migranten nicht ohne Zwang den deutschen Sozialstrukturmerkmalen zuordnen lassen. Schulbesuch/Bildungsabschlüsse, beruflicher Status, Einkommen der Eltern bedeuten unter Migrationsbedingungen u. U. etwas anderes, als die gleichen Indikatoren über die Mehrheitsbevölkerung aussagen.

Die Schwierigkeiten, über Korrelationen zu theoretisch tragfähigen Aussagen zu kommen, ist nicht zu übersehen. Das schlägt um so stärker zu Buche, wenn solche Untersuchungen ohne eigene theoretische Bestimmung des Gegenstandes beginnen und dann bei der Interpretation der Daten auf Theorieangebote aus dem *common sense* der Wissenschaft und des Alltages angewiesen sind.

Angesichts der Schwierigkeiten bei der Interpretation statistischer Vergleichsmaße bei der Interpretation des Bildungsverhaltens schlagen Gillborn und Gipps (1996, S. 11) vorsichtigen Pragmatismus vor: In der Praxis könnten gemessene Unterschiede in den relativen Leistungen die Aufmerksamkeit auf Diskrepanzen lenken. Wo diese signifikant sind, ist es wahrscheinlich, daß die Gruppe mit den niedrigeren Leistungen nicht die gleichen Bildungschancen erhält. Sie könnten zusätzlichen Barrieren ausgesetzt sein, die verhindern, daß sie ihr volles Potential entfalten können. An diesen Stellen könnten eingehendere Untersuchungen ansetzen, die der Frage nachgehen müßten, *wie* die Unterschiede zustande kommen. Auch Ditton (1995) hält „in der gegenwärtigen Forschungslage erziehungswissenschaftliche Studien (für geboten, d. Verf.), die einen differenzierten Einblick in die Prozesse der Reproduktion von Ungleichheit geben“ (S. 90).

Der Versuch, Sozialstrukturdaten mit Bildungsbeteiligungsdaten zu verknüpfen, schied bei der hier interessierenden Frage nicht nur aus forschungsökonomischen und erhebungstechnischen Gründen aus, sondern vor allem aufgrund einer theoretischen Vorentscheidung über den Forschungsgegenstand und seine Modellierung. Umgestellt wird von der geläufigen „Kultur- bzw. Umweltabhängigkeit“ auf „Organisationsabhängigkeit“. Es stehen gerade nicht, wie im Hauptstrom der Schulerfolgsforschung, die (zugewanderten) Schüler und ihre oder ihrer Eltern „Merkmale“ im Vordergrund, wenn nach Erklärungen der Unterschiede im Bildungsverhalten gesucht wird, sondern die Operationen der Schule. Betrachtet werden sollen die *Mechanismen*, die in den schulischen Organisationen mit ihren Selektionsentscheidungen Effekte der Ungleichheit hervorbringen. Mechanismen lassen sich nicht statistisch beschreiben. Sie müssen auf der Mikroebene der einzelnen Schule in Fallstudien rekonstruiert und aufgedeckt werden, da sie als Teil des Prozesses der Organisation von Erziehung im Sinne eines sublimen Gewebes einen folgenreichen Verweisungszusammenhang bilden.

Es mußte also eine andere, dem Gegenstand angemessene Untersuchungsstrategie gefunden werden, um auf der Basis vorliegender Schulstatistiken identifizieren zu können, welcher Anteil an den gemessenen Ungleichheiten bezogen auf die Verteilung von begehrten Schulabschlüssen maßgeblich durch die Eigenschaften der ausländischen Schüler selbst determiniert ist und welcher auf die Operationen der Organisation zurückverweist. Wir haben dazu den Gegenstand des Vergleichs verschoben und nicht Repräsentationsmaße bezogen auf einzelne Bevölkerungsgruppen miteinander verglichen (z. B. „Zahl der deutschen mit der Zahl der nicht-deutschen Gymnasiasten"), sondern *Entwicklungstrends innerhalb von Organisationen* bezogen auf einzelne Merkmale der verschiedenen Gruppen als Maß benutzt (z. B. „*Entwicklung* der Zahl deutscher Sonderschüler in einem Schulbezirk im Untersuchungszeitraum mit der *Entwicklung* der Zahl nicht-deutscher Sonderschüler im gleichen Zeitraum").

Wenn die Bildungsbeteiligung ausländischer Schüler mit der deutscher Schüler nicht direkt zu vergleichen ist, besteht doch die Möglichkeit, zur Identifikation von Effekten institutionalisierter Diskriminierung, die auf die Wirkungen der Operationen der Organisation zielt, einen Vergleich der *Entwicklungsverläufe* der Bildungsbeteiligung von Teilpopulationen an signifikanten Stellen innerhalb einer Schulkarriere anzustellen. Dazu können verfügbare Zeitreihen die Bildungsbeteiligung verschiedener Bevölkerungsgruppen zu verschiedenen Zeitpunkten betrachtet werden. Dann geht es um Entwicklungsverläufe bezogen auf Veränderungen an wichtigen Entscheidungsstellen, z. B. der Rückstellung bei der Einschulung, der Sonderschulzuweisung, im Übergang in die Sekundarstufe usw. Das Vergleichsmaß sind die jeweils *innerhalb* einer Gruppe gemessenen Veränderungen – zum besseren oder schlechteren – und Differenzen im Veränderungstempo, d. h. der Steigerungs- oder Verlustraten bezogen auf definierte Merkmale, etwa qualifizierte Abschlüsse und alle vorangehenden Entscheidungen.

Erster Erklärungsbedarf entsteht, wenn die Verlaufskurven der einen Gruppe von den Verlaufskurven der Vergleichsgruppe im gleichen Zeitraum in ihrer Tendenz deutlich abweichen. Wenn die Entwicklungsrichtungen bezogen auf die jeweiligen Maße (z. B. qualifizierte Schulabschlüsse, Sonderschulüberweisungen) bei verschiedenen Teilpopulationen unterschiedlich „steil" oder gar gegenläufig wären, sich die Relationen zwischen den Gruppen also – in welche Richtung auch immer – verschieben, bestünde erster Anlaß, solche Unterschiede genauer zu betrachten. Zu erklären sind dann die Veränderungen im Bildungsverhalten verschiedener Schülergruppen im gleichen Zeitraum. Zu prüfen wäre, ob die Gründe für die Differenzen der jeweiligen Entwicklung zeitbezogen in (kollektiven) Merkmalsveränderungen der jeweils betrachteten Population zu suchen sind. Wenn dies ausgeschlossen werden kann, wäre nach anderen Ursachen zu suchen. In den Blick kommen Differenzen der Behandlung der jeweiligen Population durch die Organisation Schule. Erst von solchen Differenzen im Umgang mit den Schülern wäre auf Diskriminierung zu schließen.

Fallstudie: Effekte und Mechanismen

Das Mittel der Wahl für die Untersuchung von Effekten und Mechanismen der Diskriminierung durch und in Organisationen ist eine Fallstudie (vgl. Hildenbrand 1991). Als Fall eignet sich das *Schulsystem* einer Großstadt mit einem ausdifferenzierten Bildungsangebot, ausreichend hohem Ausländeranteil an der Bevölkerung und damit ethnisch differenzierter Schülerschaft. Die Fallstudie eines städtischen Schulsystems kann sowohl die Operationen des Gesamtsystems (Makro-Ebene) bei der Vergabe von Schulerfolg erfassen, als auch den Mikrobereich der Entscheidungen über Bildungskarrieren in mehreren kleinen Fallstudien über einzelne Schulen untersuchen.

Auf der Ebene der Kommune werden im Rahmen der Schulentwicklungsplanung bildungspolitisch motivierte Strukturentscheidungen zum Bildungsangebot im Verhältnis zur demographisch determinierten Nachfrage getroffen; auf der Ebene der einzelnen Schule fallen pädagogisch begründete Selektionsentscheidungen, die den Bildungsweg einzelner Schüler betreffen. Das Ergebnis solcher Entscheidungen ist summativ in den Schulstatistiken dokumentiert, individuell wird es als Schulkarriere erlebt. Herauszufinden ist, wie solche Entscheidungen auf den unterschiedlichen Ebenen sich gegenseitig beeinflussen und ihre Wirkungen u. U. kumulieren. Zu untersuchen ist ferner, ob und wie sie die verschiedenen Bevölkerungsgruppen betreffen.

Methodisch handelte es sich bei der so plazierten Fallstudie bzw. den Fallstudien um eine Kombination von quantitativen und qualitativen Untersuchungsschritten, wobei die gewohnte Reihenfolge: qualitative Vorstudie zur Formulierung und -schärfung von Hypothesen, quantitative Untersuchung zur Hypothesenprüfung, umgekehrt wurde (vgl. Küchler 1980). Im hier gewählten Forschungsdesign diente eine im ersten Schritt vorgenommene Re-Analyse verfügbarer statistischer Daten der ausgewählten Großstadt zur Entwicklung des Bildungsangebotes und der Bildungsbeteiligung dazu, im zweiten Schritt die weiteren Untersuchungsfragen auf der Ebene einzelner Schulen thematisch exakt bestimmen, gezielt plazieren und adressieren zu können. In die Fallstudie einbezogen wurden insgesamt 20 Schulen, davon zehn Grundschulen, eine Sonderschule für Lernbehinderte, alle drei vor Ort bestehenden Gesamtschulen und je zwei weiterführende Schulen des Sekundarbereichs.

Die Annäherung an den Untersuchungsgegenstand erfolgte mit Hilfe einfacher Formen der Dokumentenanalyse und deskriptiver Statistik, die zu einer Beschreibung der Veränderungen der Schullandschaft und damit der Struktur des Bildungsangebotes sowie der tatsächlichen Bildungsbeteiligung diente. Die statistisch meßbaren Differenzen im Bildungsverhalten von deutschen und ausländischen Schülerinnen wurden auf dem Hintergrund der jährlich zu organisierenden Verteilung der Schüler auf die vorhandenen Schulen betrachtet. Wie wird der komplizierte Prozeß des Abgleichs des

Angebots von Plätzen und Nachfrage durch schulpflichtige bzw. -berechtigte Kinder auf einem staatlich regulierten „Bildungsmarkt“ gesteuert und welche Ergebnisse sind zu beobachten? Um die Frage beantworten zu können, wurde das Ensemble der städtischen Schulen als ein System aufgefaßt, das auf Veränderungen in seiner Umwelt reagiert und diese intern durch Strukturanpassung verarbeitet.

In einer diachronen und einer synchronen Betrachtung der Veränderungen der Schullandschaft der ausgewählten Stadt wurde die *Struktur* des kommunalen Schulsystems (qualitatives und quantitative Bildungsangebot verteilt auf die Stadtteile) herausgearbeitet, von der ein Einfluß auf das organisationsinterne Handeln an einzelnen Schulen zu erwarten war. Die „kleine Geschichte“ des untersuchten Schulsystems (in Kapitel 4) zeichnet die öffentlichen Debatten nach, in die das Entscheidungsverhalten der Akteure eingebettet war. Gefragt wurde, wie sich die strukturellen Veränderungen auf die verschiedenen Teilpopulationen auswirkten.

Als *Analysegegenstand* wurde die Periode zwischen 1980 und 1990 gewählt. Die Festlegung dieses Zeitraums erfolgte aus pragmatischen Gründen der Verfügbarkeit von Daten, aber auch mit Blick auf die Möglichkeit, für diesen Untersuchungszeitraum Veränderungen in der Umwelt des Systems zu beobachten und die zu untersuchenden Variablen zu kontrollieren. Die achtziger Jahre lagen bei Untersuchungsbeginn lange genug zurück, so daß erwartet werden konnte, daß die benötigten Daten von der einzelnen Schule, der Schulbehörde bzw. den statistischen Ämtern aufgearbeitet und dokumentiert waren. Um Ursachen auszuschließen, die mit Merkmalen der jeweiligen Population zusammenhängen, mußte der statistisch dokumentierte Zeitraum so gewählt werden, daß größere kollektive Eigenschaftsverschiebungen bei den Migrantengruppen ausgeschlossen werden konnten, die eine signifikante Veränderung im Bildungsverhalten erklären könnten.

Diese Bedingungen sind für den Zeitraum von 1980 bis 1989 gegeben. Plausibel angenommen werden kann, daß die Beschaffenheit der ausländischen, aber auch der deutschen Schülerpopulation sich hinsichtlich ihrer Lernvoraussetzungen im Untersuchungszeitraum 1980 bis 1989 nicht so entscheidend geändert hat, daß die beobachtbaren Verschiebungen im Bildungsverhalten bezogen auf die einzelnen Schulformen damit erklärt werden könnten.

Wenn überhaupt von bedeutsamen Veränderungen der Eigenschaften der Schüler die Rede sein kann, dann wäre eher zu erwarten, daß gegenteilige Effekte als die tatsächlich beobachteten eingetreten wären. Für die nichtdeutsche Bevölkerung z. B. wird die Verfestigung der Aufenthalts- und Wohnsituation berichtet: der Anteil der Ausländer, der mindestens seit 10 Jahren in der BRD wohnt, hat sich von 1980 auf 1990 von 30 v. H. auf 60 v. H. verdoppelt. Bei den Einwanderern aus der Türkei, die in der ausgewählten Großstadt die zahlenmäßig bedeutendste Gruppe stellen, lag der Anteil derjenigen, die seit mindestens 10 Jahren in der Bundesrepublik leben, 1990 sogar bei 68 v. H. (vgl. Hornberg 1992, S. 230). Von den ausländischen Kindern und Jugendlichen unter 18 Jahren waren 1987 bereits 64 v. H. hier geboren (Geißler 1992, S. 155). Bei den türkischen Kindern und Jugendlichen waren 1989 drei Viertel der unter 15-Jährigen in der BRD geboren (Sen 1991).

Für eine Stabilisierung oder sogar Verbesserung der Lernvoraussetzungen ausländischer Kinder spricht auch, daß ein Wandel in der Bleibeorientierung stattgefunden hat. Wollten 1980 nur 25 v. H. der Ausländer „für länger" in der BRD bleiben, waren es 1989 nur noch lediglich 11 v. H., die in die Länder, deren Staatsangehörigkeit sie haben, zurückgehen wollten (Geißler 1992, S. 155).

Für den gewählten Beobachtungszeitraum gilt also, daß die ausländische Schülerpopulation hinsichtlich ihrer Eigenschaften als relativ stabil eingeschätzt werden kann. Es erscheint sogar begründet, eher von einer Annäherung ihrer Lebensbedingungen an die deutsche Schülerpopulation auszugehen. Darf man der neueren erziehungswissenschaftlichen Jugendforschung glauben, scheinen eher die Lebensumstände der deutschen Kinder- und Jugendlichen schwieriger zu werden[11].

Der Untersuchungszeitraum ist schließlich vor allem so gewählt, daß die sozialen Verwerfungen, die nach 1989 eingetreten sind, das hier untersuchte Bildungsverhalten nicht beeinflussen konnten. Mögliche Verzerrung der Entwicklungsverläufe durch die seit 1989 steigende Zahl von Flüchtlingskindern können für die Zeit von 1980 bis 1990 weitgehend ausgeschlossen werden. Auch hier wäre eher in der deutschen Population mit negativen Effekten zu rechnen, werden doch die vermehrt auftretenden sogenannten „Spätaussiedler" statistisch als „Deutsche" gezählt – was zusätzlich die Aussagekraft der Statistiken schmälert. Es ist daher anzunehmen, daß der Einfluß der neuen Welt(un)ordnung auf die im folgenden Abschnitt zur Diskussion stehenden Unterschiede der Entwicklungstrends bei Deutschen und Nicht-Deutschen bei der Einschulung, bei der Sonderschulüberweisung und den Übergängen auf weiterführende Schulen unerheblich ist, bzw. sich neutralisiert. In den später zu interpretierenden Interviews mit Schulleiterinnen, Lehrerinnen und Akteuren an der Schulbehörde, die zwischen 1991 und 1996 geführt worden sind, wird auf die erhöhte Zahl von Asylbewerbern und Flüchtlingen hingewiesen, die nach 1989 in die untersuchte Stadt zuwanderten. Sie beeinflussen jedoch die untersuchten quantitativen Entwicklungstrends im definierten Untersuchungszeitraum nicht.

11 Dort werden mit Blick auf die beschleunigte Modernisierung gerade der deutschen Jugend wachsende soziale Belastungen nachgesagt, vgl. die Individualisierungsdiskussion und die darin behaupteten Probleme der Desorientierung und Desintegration (Heitmeyer/Olk 1990).

Entscheidungsgelegenheiten in der Grundschule

Bei der Betrachtung des Schulsystems fällt auf, daß sich die Selektionsfunktion bzw. die Selektionsleistung, die die Schule für die Gesellschaft zu erbringen hat, im Zuge der Bildungsreformmaßnahmen der siebziger und achtziger Jahre (jedenfalls in NRW) allein – mit einer Ausnahme – auf die Grundschulen verlagert hat. Das Schulsystem ist im Zuge der verschiedenen Reformen auf Bildungsanrechte umgestellt worden, die man erwirbt, wenn man eine Schulstufe erfolgreich durchlaufen hat[12]. In dem Maße, in dem die weiterführenden Schulen (wie schon die Hochschulen) nicht mehr selbst über die Aufnahme von Schülern entscheiden bzw. Schüler durch Aufnahmeprüfungen abweisen können, sondern die Übergangsentscheidung auf eine weiterführende Schule vom Elternwillen einerseits und der Empfehlung der Grundschule andererseits abhängt (vgl. zu den schulrechtlichen Bestimmungen Kap. 9), ist es die Grundschule, die in den Blick zu nehmen ist, wenn untersucht werden soll, auf welche Weise die Schülerströme von der Organisation in die weiterführenden Schulen kanalisiert werden. Alle Untersuchungen zur Bildungsbeteiligung der jüngsten Zeit stimmen darin überein, „daß ... der Übergang auf die weiterführenden Schulen nach Beendigung der Grundschulzeit nach wie vor als die zentrale Gelenkstelle anzusehen ist. Die Festlegung einer deutschen Bildungskarriere erfolgt mit weitgehend irreversiblem Charakter zwischen der vierten und der sechsten Klassenstufe“, schreibt Ditton (1995, S. 91) und verweist u. a. auf Blossfeld (1988, 1990); Köhler (1992); Blossfeld/Shavit (1993) und Müller/Haun (1994).

Das Übergangsverhalten auf weiterführende Schulen ist bestimmt von vorangegangenen Entscheidungen in der Grundschule. Wie Schüler auf das vorhandene lokale Bildungsangebot verteilt werden, kann im Mikrobereich der einzelnen Grundschule an den Entscheidungsstellen studiert werden, an denen die Schule regelmäßig Selektionsentscheidungen treffen muß. Hier liegt das Hauptinteresse der Untersuchung. Die Analyse wurde auf die drei Entscheidungsstellen fokussiert, an denen die Weichen der Schullaufbahn gestellt werden:

- Entscheidungsstelle *Einschulung*, mit Möglichkeit der Zurückstellung wegen noch nicht erreichter „Schulfähigkeit“;
- Entscheidungsstelle *Überweisung in eine Sonderschule für Lernbehinderte*, die besonders nach der zweiten Klasse vorgenommen wird;
- Entscheidungsstelle *Übergang in die Sekundarstufe*, die im drei- bzw. viergliedrigen deutschen Schulsystem nach wie vor entscheidend für den Bildungsabschluß ist.

---

12 Genau dieses „wohlfahrtsstaatliche Anspruchsdenken“ soll mit den seit den neunziger Jahren verfolgten Deregulierungsstrategien durchkreuzt werden (vgl. Radtke/Weiß 2000).

Die Frage war, wie werden solche Entscheidungen getroffen, etwa bei Gelegenheit der *Einschulung*, wenn über die „Schulfähigkeit“, bei Gelegenheit der Versetzung bzw. Nichtversetzung, wenn erneut über die Leistungshomogenität der Lerngruppe befunden wird? Welche Überlegungen werden vorgetragen bei Gelegenheit der *Überweisung auf eine Sonderschule für Lernbehinderte (Sonderschulaufnahmeverfahren)*?[13] Wie schließlich werden die Entscheidungen am Ende der Grundschule getroffen, wenn es darum geht, Empfehlungen für den *Übergang in die Sekundarstufe* auszusprechen?

Der Schwerpunkt der Untersuchung liegt auch deshalb bei den Entscheidungen, die in Grundschulen zu treffen sind, weil nach einer Sonderschulüberweisung, spätestens aber beim Übergang auf eine weiterführende Schule die Karriere bestimmenden Selektionsentscheidungen bereits gefallen sind: von der Sonderschule gibt es keine Rückkehr, sie führt nicht zu einem anerkannten Schulabschluß; Realschulen und Gymnasien können Kinder mit einer „Empfehlung“ nach der Stärkung des Elternwillens nicht ablehnen. Die erwähnte Ausnahme bilden die (wenigen) Gesamtschulen, die angesichts einer über das Angebot hinausgehenden Nachfrage Kinder ablehnen konnten (vgl. unten Kap. 9). In diesen Fällen muß die Gesamtschule dann im weiteren Verlauf der Schullaufbahn eine entsprechende Selektion durch Zuweisung zu Niveaukursen vornehmen. Die anderen beiden weiterführenden Schulen, Realschule und Gymnasium, haben es bereits mit vorselektierten Kindern zu tun. Die Statistiken über Schulabgänger belegen die organisatorisch nicht überraschende Erwartung, daß wer einmal die Hürde auf eine solche Schule genommen hat, auch in dem entsprechenden Umfang zum Erfolg geführt werden kann. Einmal eingeschlagene Bildungswege sind kaum mehr revidierbar (Hansen/Rösner/Weißbach 1986, S. 74), wenn überhaupt, dann eher nach unten als nach oben (Klemm u. a. 1990, S. 93; Rösner 1997).

13 Die neuesten Euphemismen für diese Schulform lauten „Schule für Lernhilfe“ oder, den Aussonderungsvorgang ganz verbergend „Förderschule“.

Teil II

Kapitel 4

Ein lokales Schulsystem

Schulentwicklungsplanung

Mit jedem neuen Schuljahr steht die Schulorganisation einer Stadt vor der Aufgabe, die Bildungsnachfrage mit den verfügbaren Ressourcen in Einklang zu bringen. Dazu ist die jeweils nachkommende Kohorte schulpflichtiger Kinder auf die vorhandenen Plätze in den Schulen zu verteilen, sind bereits im System befindliche Kinder weiter zu prozessieren, „zu versetzen", und werden schließlich diejenigen, die eine Schulstufe erfolgreich durchlaufen haben, mit Bildungszertifikaten verabschiedet. Die Schulen müssen, um die Schüler unterrichten zu können, mit Räumen, Personal und Unterrichtsmaterial ausgestattet werden usw. Dafür wiederum gibt es Richtwerte, die von politischen, ökonomischen und pädagogischen Vorgaben bestimmt sind, dazu eingespielte Verfahren zu ihrer Umsetzung.

Faßt man die Organisation der Schulen einer Stadt samt der zugehörigen lokalen und regionalen Schuladministration als *System* auf, lassen sich von den Entscheidungen, die im System auszuhandeln und zu treffen sind, Ereignisse in der *Umwelt* des Systems[1] unterscheiden, die von mehr oder weniger großer Relevanz für seine Arbeit sind. Man kann aus der Fülle solcher Ereignisse im wesentlichen drei Bündel herausgreifen, die von spezifischer Bedeutung für die Organisation der Erziehung sind und im System der Organisation regelmäßig Strukturanpassungen auslösen.

- Demographische Veränderungen: Schwankungen in der Schülerzahl, ausgelöst durch das generative Verhalten in der ansässigen Bevölkerung, sowie Wanderungsgewinne oder -verluste.
- Gesellschaftspolitische Entscheidungen zur Weiterentwicklung des Bildungssystems („Reformen"), die im Rahmen schulrechtlicher Bestimmungen auf regionaler und lokaler Ebene im Schulsystem umgesetzt werden müssen.
- Pädagogische Programme, die neue Inhalte und Zielsetzungen in die Schule einführen wollen.

---

1 vgl. zum Konzept der „Umwelt des Erziehungssystems" Luhmann/Schorr 1996.

Die Reihe ließe sich erweitern um unspezifische Ereignisse wie Regierungswechsel, konjunkturelle Schwankungen mit rückläufigen Steuereinnahmen etc., die alle Teilsysteme der Gesellschaft betreffen, aber auch des Erziehungssystem und seine lokalen Untergliederungen. Auf der andere Seite wären lokalspezifische Ereignisse zu nennen, wie die Eröffnung von Privatschulen, die Einrichtung eines Modellversuchs oder die Ankündigung eines Forschungsprojektes zum Umgang mit Minderheiten.

Solche Veränderungen nimmt die Organisation zunächst nur als *Irritationen* wahr, die negiert werden können. Wenn sie aber wahrgenommen werden, worüber die Organisation selbst entscheidet, können sie erst verarbeitet werden, wenn sie in systeminterne *Informationen* verwandelt werden. Mit der Transformation von Anforderungen, die von außen an die Organisation herangetragen werden, in organisationsinterne Entscheidungsgrundlagen und daraus folgende Entscheidungen bewerkstelligt die Organisation eine ständige Anpassung an veränderte Rahmenbedingungen und sucht so ihre Arbeits-, Funktions- und Leistungsfähigkeit zu sichern.

Die Anpassung geschieht in der Schulorganisation auf verschiedenen Ebenen laufend und zu besonderen Gelegenheiten. Umfang und Struktur des Schulangebotes werden nicht nur pragmatisch und ad hoc angepaßt, sondern seit den achtziger Jahren auf lokaler Ebene im Abstand von fünf Jahren auch prognostisch in der Schulentwicklungsplanung, aus der ein Schulentwicklungsplan hervorgeht. Der Begriff ‚Planung', den die Schulorganisation zur Bezeichnung dieses Vorgangs verwendet, ist allerdings irreführend: es handelt sich präziser um einen Prozeß des Organisierens, an dessen vorläufigem Ende ein Ergebnis steht, das so niemand geplant hat. Der Anpassungs- und Planungsprozeß hat unter pluralistischen Bedingungen kein eindeutiges Telos, wenn auch durchaus Zielprojektionen („Eckwerte"), allerdings von verschiedenen Teilnehmern mit unterschiedlicher Durchsetzungsfähigkeit, formuliert werden. Er ist vielmehr selbst ein Aushandlungsprozeß, in dem die Interessen der verschiedenen Teilnehmer (Staat/Politik, Administration, Lehrer und Eltern und ihre jeweiligen Verbände, Wissenschaft) geltend gemacht, abgeglichen und gegebenenfalls in systeminterne Entscheidungen transformiert werden (vgl. Zedler 1989, 1990).

Der Prozeß des Organisierens ist nicht beschränkt auf artikulierte Interessen, die verhandelbar wären, sondern muß Ereignisse berücksichtigen, die von der Organisation argumentativ nicht zu beeinflussen sind, wie das generative Verhalten der Eltern oder Zuwanderung oder Vorgaben der Ökonomie oder öffentliche Skandalisierungen etc. Deshalb beschreibt ein Schulentwicklungsplan eher retrospektiv den evolutionär eingetretenen Zustand des Systems, als daß er sein Zustandekommen kontrolliert.

Die Auseinandersetzungen um die Schulentwicklung und damit um die Kanalisierung von Schülerströmen in einem nun viergliedrigem Schulsystem bleiben zudem nicht auf des Schulsystem begrenzt, sondern beschäftigen

Experten aus der Wissenschaft und die (kommunal-)politische Öffentlichkeit. Schulreform und Schulentwicklung sind ein bevorzugter Gegenstand des öffentlichen Disputes und wiederkehrender Anlaß für Erregung und die Inszenierung parteipolitischer Differenz, zumal vor Wahlkämpfen.

Eine wichtige Dimension des kommunalen Schulsystems, die für die Analyse institutionalisierter Diskriminierung besonders relevant ist, sind die *kommunalpolitischen Diskussionen* zu Erziehungsfragen in den lokalen Medien. Hier wird öffentlich gestritten über die Frage, wie Quantität und Qualität des Schulangebotes in Zukunft aussehen sollen, wie das Angebot über die Stadtteile verteilt sein soll, wie der Unterricht ausländischer Kinder zu organisieren sei etc. Die in solchen Diskussionen durchgesetzten Sicht- und Redeweisen bilden den Rahmen für die Konturierung der institutionellen Argumentationshaushalte, die in der Organisation Schule benutzt werden, wenn Entscheidungen über die Karriere einzelner Schüler getroffen und nachträglich begründet werden müssen. Öffentliche Diskurse im Sinne sozial gültig gemachter Redeweisen beliefern die schulinternen Entscheidungs- und Begründungsvorgänge gleichsam mit neuen Argumentationsfiguren oder bestätigen die vorhandenen.

Die Entscheidungen, die im Zuge der Schulentwicklungsplanung getroffen und begründet wurden, die Debatten und Kontroversen, die in diesem Zusammenhang geführt wurden, können als Vorstrukturierung des Distributionsvorgangs aufgefaßt werden, in dem Schüler auf das Schulsystem verteilt werden. Zugleich werden damit strukturell Chancen zugeteilt, die die Karriere eines Kindes eines bestimmten Jahrgangs nachhaltig beeinflussen. Sofern in der Schulentwicklung „Vermittlungsmechanismen von Ungleichheit" (Weishaupt 1996) zu entdecken wären, soll von institutioneller Diskriminierung gesprochen werden.

Das Exempel: Großstadt Bielefeld

Exemplarisch läßt sich dieser Vorgang der Strukturanpassung des Schulsystems an seine Umwelt und lassen sich die eintretenden Effekte am Fall einer Großstadt mit einer hinreichend ausdifferenzierten Schullandschaft studieren. Wir benutzen zur Demonstration des Anpassungsvorgangs zwischen dem Schulsystem und Ereignissen in seiner Umwelt die Daten der Stadt Bielefeld für die Jahre 1980-1989, wie sie in der laufenden Schulstatistik, im gültigen Schulentwicklungsplan und in der einzelnen Schule vorliegen. Es handelt sich um eine Modellanalyse, die in anderen Städten zu anderen Zeitpunkten wiederholt werden könnte. Dabei kommt es also nicht auf Aktualität der Daten an, vielmehr geht es um die exemplarische Rekonstruktion dessen, was wir die Mechanismen der Diskriminierung genannt haben.

Die Kommentierung der Daten durch relevante Teilnehmer aus den Schulen, die in Interviews und Gruppendiskussionen erfragt wurden, dienen dazu, exemplarisch den Zusammenhang von Organisationshandeln auf allen Ebenen, der damit einher gehenden Lenkung von Schülerströmen und der daraus resultierenden Bildungsbeteiligung verschiedener Bevölkerungsgruppen in theoretischer Absicht nachzuzeichnen. Exemplarisch untersucht werden die Praxis des Organisierens von Schule und die dabei benutzten institutionellen Begründungshaushalte.

Es hätte auch eine andere Stadt oder ein Landkreis in einem anderen Bundesland und zu einem anderen Zeitpunkt sein können. Die Wahl fiel aus zunächst ganz pragmatischen Gründen auf die Stadt Bielefeld. Das Projekt wurde am Zentrum für Lehrerbildung der Universität Bielefeld durchgeführt. Da es nicht um Repräsentativität, sondern um Strukturdeutungen von Organisationshandeln geht, waren die Kriterien für die Auswahl eines geeigneten Falles einfach zu bestimmen: es sollte in der untersuchten Stadt ein ausdifferenziertes Bildungsangebot vorhanden sein sowie eine nennenswerte Zahl „ausländischer Schüler", um Verteilungsprozesse studieren zu können. Zudem war die Untersuchung auf die Kooperationsbereitschaft der lokalen Schulbehörde und der Schulen, Schuleiter und Lehrerinnen angewiesen. All dies war „vor der eigenen Haustür" gegeben. Bielefeld kann exemplarisch genommen werden, als sich in der Bevölkerungsentwicklung und -zusammensetzung wie im Schulsystem der Stadt die für NRW geltenden demographischen und schulpolitischen Trends und Tendenzen der achtziger Jahre gut abbilden.

Für den hier verfolgten Zweck, die Mechanismen ethnischer Diskriminierung freizulegen, ist es nicht wichtig, ob Bielefeld im strengen Sinne repräsentativ ist bezogen auf die quantitative Entwicklung und Verteilung von Schülern in vergleichbaren Städten oder für NRW. Es geht nicht um das konkrete Ergebnis der schulischen Verteilung von Bildungschancen, sondern darum herauszufinden, *wie* es zustande gebracht wurde. Lokale Besonderheiten sind nur in sofern von Interesse, als sie den Umgang der Organisation mit den Migrantenkindern beeinflussen. Da es um das „Wie" der Diskriminierung geht, ist Repräsentativität nur insofern beansprucht, als Bielefeld über eine Schulorganisation verfügt, die unter den gegebenen rechtlichen Rahmenvorgaben (Gesetze, Erlasse) nicht wesentlich anders arbeitet, als alle Schulorganisationen in der Republik. Ziel der Untersuchung sind *nicht* Aussagen über die besonderen Verhältnisse in Bielefeld.

Indem die Modellanalyse die Aufmerksamkeit auf den Einfluß des Bildungssystems als ganzem, seiner lokalen Organisation und der einzelnen Schulen auf den Bildungserfolg oder -mißerfolg von Migrantenkindern lenkt, sollen Einsichten gewonnen werden, die zur theoretischen Präzisierung des Konzepts „Institutioneller Diskriminierung" beitragen. Nebeneinander betrachtet werden:

- der diesen Anpassungsprozeß begleitende kommunale Debatte über Erziehungsfragen zumal bezogen auf die Situation der Migrantenkinder[2];
- die einschneidenden demographischen Veränderungen, die im Beobachtungszeitraum zu einer Reduzierung und Umstrukturierung des Schulangebotes führten.

Dramatischer Schülerrückgang bei steigender Zuwanderung

Der Betrachtungszeitraum ist von erheblichen Verschiebungen im Umfang und der Zusammensetzung der Schülerpopulation in Bielefeld gekennzeichnet. Nachdem die siebziger Jahre durch deutlich wachsende Schülerzahlen und eine bis dahin beispiellose, auch bauliche Bildungsexpansion[3] gekennzeichnet waren, ist die Gesamtzahl der Schüler an allen Schulen in Bielefeld – der allgemeinen demographischen Entwicklung in der alten Bundesrepublik Deutschland folgend – im Untersuchungszeitraum von 66.444 auf 55.449 um ein Sechstel gesunken[4]. Drückt man den Verlust an Schülern in der Maßeinheit „Schule mittlerer Größe" mit 500 Schülern aus, so wurden – blieben alle anderen Parameter konstant – innerhalb von zehn Jahren mehr als 20 Schulen dieser Größe mit samt ihrem Personal überflüssig. Eine solche demographische Veränderung gehört zu den Ereignissen in der Umwelt des Erziehungssystems, die nur eine begrenzte Zeit durch interne Anpassung aufgefangen werden können, bevor sie Strukturveränderungen provozieren, die die Existenz einzelner Schulen betreffen und deshalb vermieden werden sollen.

Abbildung 1 macht deutlich, daß die beiden gegenläufigen Entwicklungen – Rückgang der Zahl der deutschen, Anstieg der Zahl der ausländischen Kinder – die Zusammensetzung der Gesamtschülerpopulation in einem Zeitraum von zehn Jahren erheblich verändert haben. Der relative Anteil der „ausländischen Kinder" ist deutlich von 13:1 auf weniger als 6:1 gestiegen. Da sich die Veränderungen der Relation nicht gleichmäßig über die Schulformen und das Stadtgebiet verteilen, sondern sich schulform- und stadtteilspezifisch zeigen, ist damit zu rechnen, daß sie in einzelnen Grund- oder Hauptschulen weit eindrücklicher bemerkt und als dramatische Veränderung der Arbeitsaufgabe wahrgenommen werden konnten. Das setzte wiederum voraus, daß der Unterricht von Migrantenkindern als besondere Erschwernis der regelmäßig zu erfüllenden Aufgaben der Schule betrachtet wurde, auf die

2 Die Rekonstruktion der Diskussionen über die Organisation des Unterrichts für Migrantenkinder im besonderen und die Schulentwicklungsplanung im Allgemeinen stützt sich auf eine thematische Recherche in den Archiven der beiden Bielefelder Tageszeitungen.

3 Die Bildungsexpansion wurde ausgelöst von einen deutlichen Geburtenanstieg, der Öffnung der weiterführenden Schulen für Mädchen und allgemeinen Anstrengungen zur Ausschöpfung von Bildungsreserven durch Modernisierung, Rationalisierung und Effektivierung des Schulsystems (vgl. v. Friedeburg 1992).

4 Wo nicht anders vermerkt, ist die Quelle für alle statistischen Angaben der Bielefelder Schulentwicklungsplan, erste Fortschreibung 1985, zweite Fortschreibung 1990.

die Schule nicht hinreichend eingerichtet sei. Jedenfalls waren die demographischen Veränderungen – Geburtenrückgang und Zuwanderung – von Beginn an das zentrale Thema der Schulentwicklungsplanung und der sie begleitenden öffentlichen Debatten in den lokalen Medien.

Abb.1

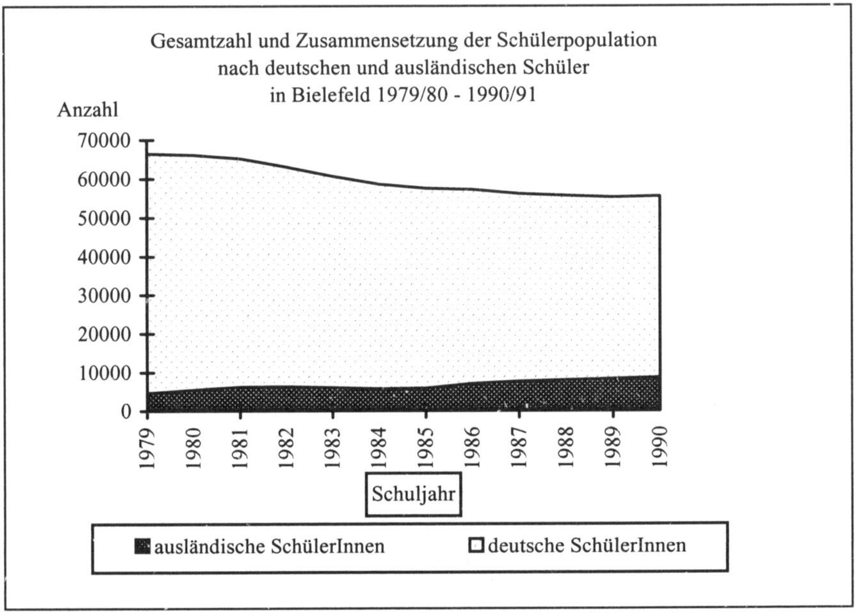

(Quelle: Schulamt der Stadt Bielefeld 1990: Schulentwicklungsplan)

Zusammensetzung der Schülerschaft nach Nationalität

Innerhalb des allgemeinen Rückgangs der Schülerzahl hat die Zahl der deutschen Schüler – genau 1980 beginnend – noch stärker um 14.935 oder fast ein Viertel abgenommen. Der Rückgang[5] wurde nur teilweise durch den Zuwachs bei den ausländischen Schülern ausgeglichen: ihre Zahl stieg im Beobachtungszeitraum von 4.762 auf 8.682, der Anteil der Migrantenkinder an der Schülerpopulation hat sich damit von 7,2 v. H. auf 14,0 v. H. beinahe verdoppelt[6]. Diese Entwicklung entspricht dem allgemeinen Entwicklungs-

5 Durch die Zuwanderung von Spätaussiedlern und ihren Kindern ist die Schulstatistik an dieser Stelle nicht mehr ganz aussagekräftig, weil viele dieser Kinder ähnliche Sprach- und Anpassungsprobleme zu bewältigen hatten, wie die gleichzeitig zuwandernden Kinder der Gastarbeiter oder der Asylbewerber.

6 Der Anteil läge noch deutlich höher, würden die Aussiedler mitgezählt

trend in der alten Bundesrepublik. Sie ist als eine paradoxe Spätfolge des 1973 erlassenen Anwerbestopps zu begreifen, der für viele der Kontraktarbeiter der Anlaß war, ihre Familien einschließlich der Kinder (Familienzusammenführung) nachzuholen.

Betrachtet man nur die allgemeinbildenden städtischen Schulen[7], auf die sich die folgende Untersuchung allein aus technischen Gründen konzentriert, so wäre ein noch deutlicherer Anstieg des relativen Anteils von Migrantenkindern an der Gesamtzahl der Schüler von 9,2 v. H. im Schuljahr 1979/80 auf 19,4 v. H. im Schuljahr 1990/91 zu beobachten – wäre da nicht die griechische Ergänzungsschule. Seit dem Schuljahr 1982/83 existiert eine solche Schule in privater Trägerschaft (s. unten ‚Griechische Nationalschule), die dem Bielefelder Schulsystem den überwiegenden Teil der griechischen Schülerinnen ‚entzogen' und so den durch den Schülerrückgang auf die Schulen ausgelösten Anpassungsdruck noch erhöht hat.

Zugleich veränderte sich die Zusammensetzung der Gruppe der „ausländischen Schüler" nach nationaler Herkunft. War die türkische Gruppe bis Ende der siebziger Jahre neben Kindern griechischer, jugoslawischer, italienischer und spanischer Herkunft eine Gruppe unter anderen, so dominiert sie ab Anfang der achtziger Jahre das statistische Bild (vgl. Abb. 2). Einer der Gründe für den überproportional hohen Anstieg der türkischen Migranten seit dem Ende der siebziger Jahre ist der Anwerbestopp. Türkische Arbeiter folgten in besonderem Maße der Strategie der Familienzusammenführung, weil sie als nicht EG-Mitglieder bei einer auch nur zeitweiligen Rückkehr keine Chance zur Wiedereinreise gehabt hätten.

Die Zusammensetzung der nicht-deutschen Schüler nach nationaler Herkunft unterliegt im Untersuchungszeitraum nur geringen Schwankungen, die auf die Anfang der achtziger Jahre einsetzenden Rückkehrförderung zuzurechnen sind; diese bundespolitische Initiative bewirkte einem zeitweiligen Rückgang der Zahl der Nicht-EU-Ausländer (türkische Staatsbürger) zwischen 1983 und 1988.

Da für die Stadt Bielefeld gilt, daß die Gruppe der „ausländischen Schüler" zu ganz erheblichen Anteilen aus Kindern türkischer Herkunft besteht, wird das „Ausländerproblem" wie in der breiten Öffentlichkeit folglich auch im Bielefelder Schulsystem als „Türkenproblem" wahrgenommen. An ihrem Fall werden aus den „Ausländern" in der Diskussion über die Grenzen der Belastbarkeit der Kindergärten und Schulen schon bald die „Fremden".

Angesichts des deutlichen Übergewichts türkischer Kinder in der statistischen Kategorie „ausländische Schüler" wie auch der Aufmerksamkeit, die ihnen in der öffentlichen Debatte gewidmet wurde, ist es für den in dieser Studie verfolgten Untersuchungszweck ausreichend, diese statistischen Gruppe als Vergleichsgruppe zu untersuchen. Wo es zur Verdeutlichung von

---

7 Ohne Abendrealschule, Abendgymnasium und Kollegschulen.

Zusammenhängen geboten scheint, kann nach Nationalität differenziert werden.

Abb. 2

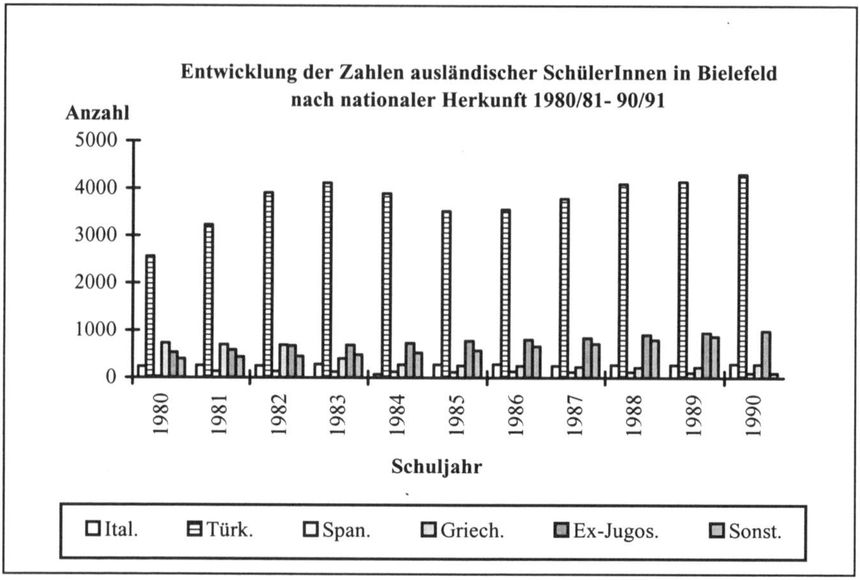

(Quelle: Schulamt der Stadt Bielefeld 1990: Schulentwicklungsplan)

Beide demographischen Veränderungen, das Anwachsen der Zahl türkischer Schüler seit der Mitte der siebziger Jahre als paradoxe Folge des Anwerbestopps von 1973, und der ab Anfang der achtziger Jahre spürbare Rückgang der einheimischen Schülerpopulation, wurden im Schulsystem der Stadt als Herausforderung wahrgenommen, die sich in heftigen Diskussionen und Konflikten um die angemessene Anpassungsstrategie niederschlug. Sie konzentrierten sich um zwei Kernthemen: (1) Die Organisation des Unterrichts für Migrantenkinder: entweder als Integration in das Regelsystem oder durch Segregation in einem Parallelschulsystem von Vorbereitungsklassen bzw. nationalen Regelklassen für die verschiedenen Zuwanderergruppen; und (2) die Anpassung des Schulsystems an den Schülerrückgang durch linearen Rückbau oder durch Umstrukturierung mit dem neuen Element einer Integrierten Gesamtschule an Stelle des dreigliedrigen Schulangebots.

„Zu Gast in Bielefelder Schulen ...“: Die Diskussion um die Unterrichtung von Migrantenkindern

Als erste große Herausforderung wurde ab Anfang der achtziger Jahre das kontinuierliche Anwachsen türkischer Schüler zum Problem erhoben und zum Gegenstand öffentlicher Kontroversen gemacht. Teilweise heftig wurde in den lokalen Zeitungen über die Herausforderung gestritten, die sich für die Stadt und ihre Schulen aus der seit Mitte der siebziger Jahre beschleunigten Zuwanderung ergab. Wir illustrieren diesen öffentlichen Diskurs, d. h. die Auseinandersetzungen darum, wie über das Problem zu reden sei, etwas ausführlicher, weil in ihm viele der Argumente anzutreffen sind, die auch in der schulinternen Kommunikation zur Begründung von Entscheidungen im Umgang mit Migrantenkindern benutzt werden. Da Diskurse und das darin institutionalisierte Wissen sich nur langsam umwälzen, greifen wir mit der Darstellung bis in die siebziger Jahre zurück. Basis sind die Lokalseiten der beiden örtlichen Tageszeitungen, Neue Westfälische (NW) und Westfalen Blatt (WB).

Belastung und Hilfe

Zu Beginn der verstärkten Zuwanderung in den siebziger Jahren wurde in den Zeitungen das Hauptproblem der Beschulung ausländischer Schülerinnen darin gesehen, daß diese Kinder nun schwerpunktmäßig in Deutsch unterrichtet würden und so den Kontakt zu ihrer Muttersprache teilweise oder ganz verlieren könnten. Die Sorge galt der Rückkehrfähigkeit der Kinder (und ihrer Eltern). So fragte, scheinbar um das Wohl der Kinder besorgt, ein Artikel des Bielefelder Westfalen Blattes schon am 28. 4. 1970 unter dem Titel „Zu Gast in Bielefelder Schulen“:

> „Reicht das jetzige Unterrichtsangebot aus? Ist es tatsächlich eine Garantie dafür, daß die Gastarbeiterkinder nach der Rückkehr ins Heimatland Anschluß an die dortigen Ausbildungsmöglichkeiten haben? Wären eigene Schulen für diese Kinder eine bessere Lösung als der Versuch, sie in unser Schulsystem zu integrieren?“ (WB, 28. 4. 1970).

Das Thema der Integration in das deutsche Schulsystem oder der Aufbau getrennter Schulen blieb bis in die achtziger Jahre ein Leitmotiv der Diskussion. Bemerkenswert sind auch die „sozio-psychologischen“ Überlegungen in dieser Anfangsphase der Unterrichtung von Migrantenkindern an Bielefelder Schulen. So wird der Rektor einer Grundschule in Brackwede 1970 in der anderen Bielefelder Tageszeitung mit den Worten zitiert: „Es bestehen keinerlei disziplinare Schwierigkeiten“ mit den „kleinen Ausländern“, und weiter: „Auch ein Begabungsgefälle müsse verneint werden“ (NW, 21. 1. 1970).

Ein anderer Rektor einer Bielefelder Grundschule urteilt ähnlich, stellt ausländische Schülerinnen jedoch als zusätzliche Belastung im Unterricht heraus:

„Unter den kleinen Schülern gibt es intelligente und schwache Kinder wie bei den deutschen auch. Doch (...) jedes ausländische Kind ist ein besonderer Fall, der individuell betreut werden muß. Für den Lehrer, der sich jedem dieser Schüler mit besonderer Sorgfalt widmen will, bedeutet das im Unterricht oft eine zusätzliche Belastung“ (WB, 28. 4. 1970).

Diese „zusätzliche Belastung“ wird zu einem Zeitpunkt öffentlich kommuniziert, als der Anteil der ausländischen Schüler noch bei ca. 3. v. H. an der Gesamtzahl der Schüler lag. Dabei wird auch berichtet,

„daß eine kleine Türkin, die erst seit September vergangenen Jahres hier in Bielefeld wohnt, so gute Leistungen zeigt, daß sie weit über den Durchschnitt hinausragt“ (NW, 10. 2. 1971).

In einem für soziale Benachteiligungen sensiblen Klima, wie es die siebziger Jahre waren, erfuhr die defizitäre Bildungssituation von Ausländerkindern in der Bielefelder Stadtpolitik in helfender Absicht zunehmend Beachtung: Mangelnde Betreuung, schlechte Wohnverhältnisse, unzureichender Sprachunterricht in der Zielsprache Deutsch, aber auch der „Muttersprache“, die hohe Zahl von Schulabgängerinnen ohne Abschluß, soziale Isolation und mangelnde Integration, Nichteinhaltung der Schulpflicht und geringe Flexibilität der Schulen wurden je nach politischem Interesse mit zunehmender Heftigkeit von Ratsfraktionen, Wohlfahrtsverbänden, Ausländerverbänden, Gewerkschaften etc. diskutiert.

Die öffentliche Diskussion Anfang bis Mitte der siebziger Jahre war vornehmlich von der Frage geprägt, wie die ausländischen Kinder (bis zu ihrer Rückkehr!) besser gefördert werden können. So wurde nach einem Informationsgespräch zwischen Vertreterinnen des Jugendamtes, der Arbeiterwohlfahrt und den bei allen Sozialverbänden angestellten Sozialbetreuern der Migrantinnen die Situation der Gastarbeiterkinder dramatisch dargestellt, für „katastrophal“ (WB, 23. 11. 1974) befunden und Lösungen vor allem im Bereich der Betreuung *vor* der Einschulung gesehen. Sie alle hatten ein eigenes Interesse an der neuen Klientel (vgl. Puskepeleit/Thränhardt 1990). Beratungsstellen sollten verstärkt, die Kindergartenöffnungszeiten überprüft, Schulaufgabenhilfe eingeführt werden, um auch Migrantenkindern Zugang und bessere Chancen zu verschaffen.

„Ideal wären Ganztagsplätze, die in Selbsthilfe, das heißt unter Regie von ausgebildeten Erziehern aus dem jeweiligen Heimatland geführt werden“ (WB, 23. 11. 1974).

Angesichts der anhaltenden Probleme der ausländischen Kinder in der Schule, wurden die Schulprobleme von Migrantenkindern auch reflexiv gewendet als gesamtgesellschaftliches Problem diskutiert. Die soziale Integrationsbereitschaft der deutschen Gesellschaft wurde hinterfragt. Nach einer Veranstaltung der Gewerkschaft für Erziehung und Wissenschaft (GEW) im Juni 1974, auf der auch Bielefelder Lehrerinnen und Sozialwissenschaftler zu Wort kommen, fragt ein Artikel in der Neuen Westfälischen: „Passen Ausländerkinder nicht in unser Gesellschaftssystem?“ (NW, 14. 6. 1974), und berichtet, der Soziologe Jürgen F. habe die Anpassungen der Lehrerausbildung („Deutsch für ausländische Kinder“) und die Einführung der Schulsozialarbeit gefordert.

Ein Jahr später, Ende 1975, fand im Rahmen einer von der GEW veranstalteten Ausländerwoche im Bielefelder Ausländerzentrum eine Aussprache über die Schulprobleme ausländischer Kinder statt. Ein Bericht in der Neuen Westfälischen gibt die Schwerpunkte und das Klima der Debatte plastisch wieder:

> „Man hielt sich nicht lange bei der Vorrede auf. Zu vieles brannte auf den Nägeln, zu wertvoll waren die Zeit und die seltene Gelegenheit, auf Unzulänglichkeiten, Isolation und strittige Sachfragen hinweisen zu können.
>
> [...] Vor allem kamen die in den sogenannten Vorbereitungsklassen unterrichtenden ausländischen und deutschen Lehrkräfte zu Wort. [...] Aussichten, dort [in den Vorbereitungsklassen, d. V.] mitzukommen, haben allenfalls bereits hier geborene Kinder oder Schüler mit einem deutschen Elternteil. Die anderen sind überfordert. Noch keines dieser Kinder hat es, so wurde mitgeteilt, geschafft, auf eine weiterführende Schule überzuwechseln, etliche erreichen auch nicht den Hauptschulabschluß. Dumm sind sie nicht – aber benachteiligt.
>
> Der formalen Eingliederung steht die menschliche Abseitsstellung gegenüber: Die Klassenräume für Ausländer sind häufig in Nebengebäuden, Keller- oder Dachgeschossen untergebracht; die ausländischen Kollegen werden nicht überall ins Kollegium der deutschen Pädagogen einbezogen; die Kinder bleiben auf dem Schulweg, auf dem Pausenhof, beim Elternabend und beim Sportfest unter sich. Es soll sogar vorgekommen sein, daß Schulleiter die staatlichen Globalzuweisungen für die Beschaffung von Lernmitteln zugunsten des deutschen Teils der Schülerschaft gekürzt haben, obwohl die Ausländer außer den deutschen auch die Unterrichtshilfsmittel in ihrer Muttersprache benötigen.
>
> Weitere Erschwernisse: Wo nur wenig Kinder einer Nationalität vorhanden sind, wie etwa bei Spaniern und Italienern, müssen mehrere Jahrgänge, Lernfanfänger und Kinder im Hauptschulalter, gemeinsam unterrichtet werden. [...]
>
> Bitter, aber verständlich waren die Schlußfolgerungen einiger ausländischer Lehrer an Bielefelder Schulen: ‚Wir kämpfen gegen das deutsche Erlaß-Dickicht’ oder ausländischer Elternteile: ‚Unsere Kinder dürfen später nur deutsche Straßen fegen, Zimmer putzen oder Müll abfahren’ und müde: ‚Seit acht Jahren erlebe ich von Deutschen: viel sagen, viel versprechen, aber nichts machen“ (NW, 22. 11. 1975).

Ausländerprobleme der Schulen – Perspektivenwechsel seit Ende der siebziger Jahre

Zu Beginn der achtziger Jahren macht sich auch in Bielefeld ein Perspektivenwechsel bemerkbar: Die Zeitungen argumentieren nun nicht mehr mit Blick auf die Probleme, die Ausländer mit der Aufnahmegesellschaft und ihren Institutionen haben, sondern umgekehrt aus der Sicht von deutschen Familien, der Lehrer und der Verwaltung, die Probleme mit den vor allem türkischen Ausländern haben. Im Zentrum stehen nun finanzielle Belastungen der Kommune, die „nachteilige Sogwirkung“ einer „innovativen“, will sagen zu integrativen Ausländerpolitik, die weitere Ausländerinnen anziehe. Mit der wachsenden Zahl der durch Familiennachzug hinzugekommenen vor allem türkischen Migrantenkinder wird ein Ausländeranteil von nahe 10 v. H. nun an der „kritischen Grenze" und als Gefährdung der Struktur des Schulsystems gesehen.[8] Als Folge der „Ausländerschwemme" wird eine „Flucht deutscher Schüler" von den Hauptschulen beschworen, was wiederum als unerwünschte Entwicklung gilt (NW, 7. 12. 1981). „Eine bundesgesetzliche Regelung" wird gefordert, wenn nicht eine „Änderung des Grundgesetzes" (NW, 14. 11. 1981) zur Begrenzung des Zuzugs von Ausländern.

Aber auch die Stimmen, die „gegenseitiges Verständnis fördern" wollen, verstummen nicht. Im Zuge der für den Multikulturalismus der achtziger Jahre kennzeichnenden Politik mit eher symbolischem Charakter wird z.B. 1985 unter dem Titel „Ausländische und deutsche Mitschüler – gemeinsam leben, einander verstehen" (NW, 12. 9. 1985) vom Bielefelder Schulamt eine Aktion zur Integration veranstaltet, die offenbar zum Abbau der mittlerweile gewachsenen beiderseitigen Vorbehalte zwischen Ausländern und Deutschen beitragen sollte.

„Die Schüler der Bielefelder Grund-, Haupt- und Sonderschulen sollen sich mit Farbe und Pinsel in selbstgeschriebenen Geschichten, in Theaterstücken, in Musik und Tanz, in Hörspielen und Filmen mit dem Thema auseinandersetzen. Ziel ist, das gegenseitige Verständnis zu fördern, weitere Anregungen zu geben und vielleicht auch Anstöße zu gegenseitiger Hilfe zu vermitteln" (NW, 12. 9. 1985).

Sonderklassen für Migrantenkinder

Für die Einschulung ausländischer Kinder bestanden seit 1976 neben den regulären Möglichkeit der Einschulung in die *deutsche Regelklasse* oder gegebenenfalls der Rückstellung in einen Schulkindergarten zwei weitere Optionen: Einschulung in eine *Vorbereitungsklasse in Normalform* und (seit 1976) Einschulung in eine *Vorbereitungsklasse in Langform*. Die Vorbereitungsklasse in Normalform sollte ausländische Kinder mit Sprachdefiziten innerhalb von 2 Jahren dazu befähigen, am Unterricht der Regelklasse teilzunehmen. Die Klassen sollten möglichst aus Schülern gleicher Muttersprache gebildet werden. Vorbereitungsklassen in Langform konnten dagegen *nur* für Schüler gleicher Muttersprache eingerichtet werden. Sie waren für die Jahrgänge 1-6 vorgesehen. Der Übergang in die Regelklasse sollte nach der vierten oder sechsten Klasse erfolgen.

Auf dem Hintergrund der seit Mitte der siebziger Jahre kräftig ansteigenden Zahl ausländischer, vor allem türkischer und kurdischer Schülerinnen wurde im Bielefelder Schulsystem verstärkt von der Option der Einrichtung von Vorbereitungsklassen in Langform Gebrauch gemacht. In der Praxis

8 Diese „kritische Grenze" wird im Laufe der jahrelangen Debatten ständig nach oben korrigiert, indem sie an die Realität angepaßt wird.

erstreckte sich die Besuchsdauer dabei vielfach über die 1.- 9. Klasse und endete dann mit Ablauf der Schulpflicht ohne die Möglichkeit eines Schulabschlusses (vgl. auch Tsiplitaris 1982, S. 130).

Die Einrichtung von Vorbereitungsklassen (in Normal- oder Langform) war laut Erlaß vorgesehen an Grundschulen, Hauptschulen, Sonderschulen und Berufsschulen, nicht aber an Realschulen und Gymnasien. Eine Begründung dafür findet sich im Erlaß nicht. Diese Beobachtung ist deshalb bemerkenswert, weil im Gegensatz dazu die Möglichkeit der Einrichtung von Förderklassen für Aussiedlerkinder an diesen Schulen im Erlaß ausdrücklich bestand. Eine spezielle Förderung ausländischer Kinder ist nach wie vor nur an den Grundschulen, den Haupt- und Sonderschulen vorgesehen. Nur Schulen dieses Schultyps erhalten zusätzliche Mittel für die Ausländerförderung. In dieser Differenzierung könnte man eine verdeckte Form direkter Diskriminierung sehen.

Am Scheitelpunkt der Entwicklung 1979/80 besuchten 2166 Schüler vor allem türkischer und griechischer Herkunft mehr als 100 Vorbereitungsklassen, davon 70 Klassen an Grundschulen. Das entspricht der Größenordnung von 9 zweizügigen Grundschulen und zwei voll ausgebauten Hauptschulen. Mit dem Instrument der Vorbereitungsklassen wurde – ohne daß dem jemals eine ausdrückliche Entscheidung vorausging – ein Parallelschulangebot speziell für Ausländer geschaffen, das Rückwirkungen auf ihre Bildungsbeteiligung im Regelschulsystem haben mußte. Vorbereitungsklassen in Langform eröffneten die Möglichkeit der Separierung ausländischer Schüler und dienten in einer Zeit hoher Schülerzahlen der Entlastung der Regelschulen. Sie führte zudem notwendig zur Konzentration ausländischer Schüler einer Nationalität an einzelnen Schulen.

Dies und der Umstand, daß der Unterricht in den Vorbereitungsklassen zu zwei Dritteln von ausländischen Lehrern gehalten wurde, führte dazu, daß türkische oder griechische (Parallel[9]-)Schulen innerhalb der einzelner Grund- und Hauptschulen entstanden und bei vielen ausländischen Eltern der Eindruck von nationalen Regelklassen bzw. sogar von „Nationalschulen" entstand. *De facto* gab es administrativ eingerichtete Ausländerschulen in Bielefeld: Segregation unter dem Vorzeichen Förderung.

---

9 Der Begriff kehrt mit umgekehrter Stoßrichtung als Vorwurf der Integrationsunwilligkeit der Zuwanderer in den neunziger Jahre als „Parallel-Gesellschaft" mit Blick auf den Islamischen Fundamentalismus wieder (vgl. Proske/Radtke 1999).

Abb. 3

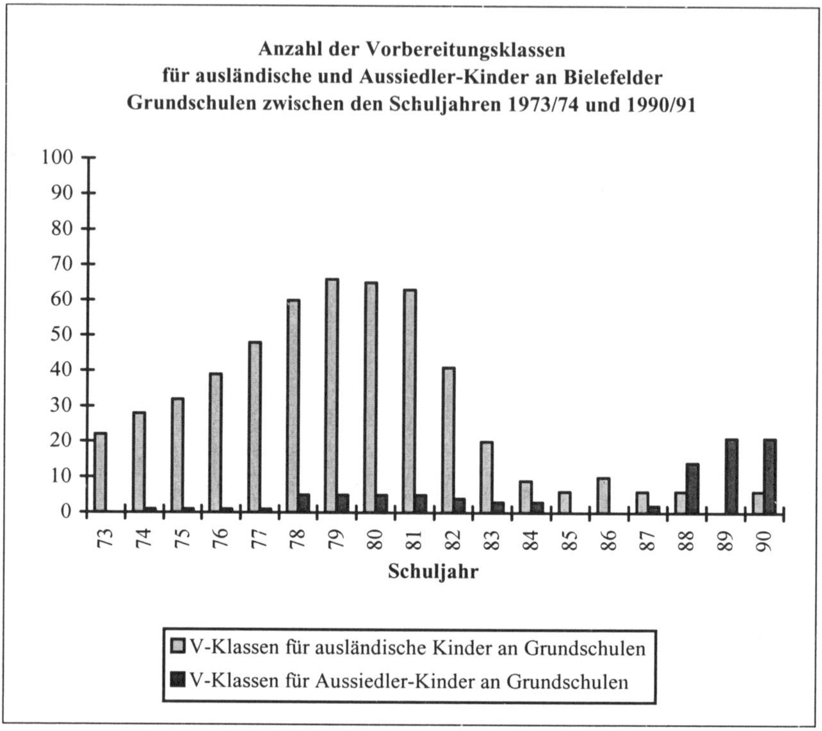

(Quelle: Schulverwaltungsamt)

Schon Ende der siebziger Jahre wurde diese Praxis als Segregation und im Effekt diskriminierend kritisiert. Unter dem Anspruch der Förderung wurde die Effektivität der Vorbereitungsklassen immer wieder angezweifelt, zumal sich die Zahlen der von Ausländerinnen erreichten Schulabschlüsse trotz aller Maßnahmen nicht verbesserten. Für 1981 mußte das Kultusministerium die Zahl der Migrantenjugendlichen, die ohne Schulabschluß von der Hauptschule abgingen, noch mit 55 v. H. angeben. Ähnliches galt für andere Bundesländer (vgl. Haller 1983 für Hessen). Das war angesichts der Tatsache, daß Vorbereitungsklassen in Langform überhand nahmen, keine Überraschung: solche Vorbereitungsklassen konnten keinen Schulabschluß vergeben.

Bemängelt wurde andererseits die altersheterogene Zusammensetzung der Übergangsklassen, in denen aus organisatorischen Gründen oft mehrere Jahrgänge gemeinsam unterrichtet wurden. Vor allem von Bildungsexperten wurde aus all diesen Gründen die Abschaffung dieser offenkundig diskriminierenden und kaum legalen Beschulungspraxis gefordert.

Im Dezember 1981 und in den Monaten Januar und Februar 1982 eskalierte die Diskussion um die „Ausländerprobleme“ an den Bielefelder Schulen. Im Zentrum der Debatte stand der schulamtliche Vorschlag, auf den hohen Ausländeranteil an den Hauptschulen zu reagieren, indem man die Vorbereitungsklassen in Langform in separate Regelklassen für ausländische Schülerinnen umdefinierte, also die bereits geübte, naturwüchsig entstandene Praxis der ‚Parallelschulen‘ legalisierte. Das von Beginn an mitlaufende Plädoyer für Trennung der Schüler nach Nationalität wurde lauter und offener. Unter der Überschrift „Schulverwaltung bricht mit Tabu: Künftig ausländische Regelklassen. Ausländeranteil an Grund- und Hauptschulen wird immer kritischer“ heißt es in der Neuen Westfälischen:

„Das bringt für Lehrer, Schüler und Eltern Probleme, die sich Außenstehende kaum vorstellen können. Eingeweihte sprechen bereits von einem ‚Pulverfaß‘ und wundern sich, daß es noch nicht hochgegangen ist. In neun von 46 Grundschulen und in sieben der 21 Bielefelder Hauptschulen hat der Ausländeranteil die als ‚kritisch‘ angesehene Grenze von 20 Prozent bereits überschritten – zum Teil ganz erheblich. (...) Für Schulrat Erich B. ist die Situation inzwischen ‚so angespannt‘, daß er gestern dem Schulausschuß des Rates vorschlug, in Bielefeld ausländische Regelklassen einzurichten. (...) Also Trennung statt Integration! B.: ‚Das ist die einzig realistische Lösung, auch wenn sie unbefriedigend ist!‘“ (NW, 14. 1. 1982).

Im gleichen Artikel wird ein Ausschußmitglied mit der Befürchtung zitiert, daß deutsche „Mehrheiten zu Minderheiten werden“ (NW, 14. 1. 1982) könnten. Da die neue Majorität zu 80 Prozent aus Türken bestehe, „stoßen dann in den Schulen auch noch zwei völlig verschiedene Kulturkreise“ aufeinander[10]. Der örtliche FDP-Landtagsabgeordnete befürwortet den Vorschlag „am klarsten“ und wies darauf hin, daß er den Wünschen der Türken entspräche, die entgegen allen Erwartungen

„auch in der zweiten Generation gar keine Deutschen werden, sondern ihre kulturelle und nationale Identität bewahren wollen“ (NW, 14. 1. 1982).

Allein der Ausländerbeirat der Stadt protestierte gegen die geplanten Maßnahmen. Unter der Überschrift „Ausländische Eltern wollen gegen gesonderte Regelklassen klagen“, heißt es.

„Es sei das Recht der Ausländer, ihre Identität wahren zu wollen. Dies dürfe aber nicht bedeuten, daß man sie unter Mißachtung des Gleichheitsgrundsatzes in Abseits stellen könne“ (NW, 27. 1. 1982).

---

10 In einer Leitglosse der Frankfurter Allgemeinen Zeitung hieß es unter der Überschrift „Fremde und Allzufremde“ im Dezember 1982: „Mit den Ost-, Süd- und Südosteuropäern)...) geht es ziemlich gut; (...) Aber, außen vor‘ sind vor allem die Turk-Völker geblieben – dazu Palästinenser, Maghrebiner und andere aus ganz und gar fremden Kulturkreisen Gekommene. Sie, und nur sie, sind das Ausländerproblem der Bundesrepublik“ (FAZ, 2. 12. 1982, S. 1)

Im März 1982 entschied schließlich das Kultusministerium in einem Runderlaß die Abschaffung der Vorbereitungsklassen in Langform. Regelklassen für ausländische Schülerinnen dürften nur noch in begründeten Sonderfällen eingerichtet werden (NW, 27. 3. 1982).

Die Auflösung der Vorbereitungsklassen in Langform führte bei Teilen der türkischen und griechischen Eltern zu wütenden Protesten. Das mit dem neuen Erlaß gesetzte Ziel, ausländischen Schülern mit Sprachdefiziten innerhalb von zwei Jahren die notwendigen Deutschkenntnisse zu vermitteln, damit sie dem Unterricht in der Regelklasse folgen könnten, sowie die Anordnung, Deutsch als Unterrichtssprache in den Vorbereitungsklassen einzuführen, wurde als ‚Germanisierung' und ‚Zwangsintegration' thematisiert.

Aber auch den deutschen Eltern schien die Entscheidung nicht recht zu sein. Unter der Überschrift „400 ausländische Kinder besuchen die ersten Grundschulklassen" schreibt die Neue Westfälische

„Seit ein paar Wochen gehen sie gemeinsam in die ersten Klassen der Grundschulen, deutsche, türkische, griechische, italienische und jugoslawische I-Männchen. Sie tragen die gleichen Schulranzen auf dem Rücken und lernen aus den gleichen Büchern. (...) Besonders die Schulen in der Innenstadt haben einen hohen Ausländeranteil (manchmal sitzen sich genau so viele Ausländerkinder wie Deutsche gegenüber) (...).Viele Eltern hegen angesichts dieser Zahlen die Angst vor einer Überfremdung oder glauben, daß durch Rücksichtnahme auf die ausländischen Kinder ihre eigenen nicht genügend gefördert würden" (NW, 20. 10. 1982).

Griechische Nationalschule

Im Fall der griechischen Minderheit in Bielefeld führten die Proteste 1982 mit der Unterstützung der Regierung in Athen zur Gründung einer griechischen Ergänzungsschule (vgl. Konstantinou 1989), die wiederum die Bielefelder Schullandschaft nicht unerheblich verändert hat. Die deutsche Öffentlichkeit verfolgte die Diskussion voller Ambivalenz, unentschlossen, ob man die Selbstabkapselung begrüßen oder als Ghettobildung verurteilen sollte. Die Ergänzungsschule, die in ein freiwerdendes Gebäude einer geschlossenen Hauptschule einziehen konnte, wurde dem griechischen Schulsystem nachgebildet und umfaßt die Volksschule, Klasse 1-6, das Gymnasium, Klasse 7-9, und das Lyzeum, Klasse 10-12.

Die Schule entzieht dem deutschen (Parallel-)Schulsystem den überwiegenden Teil der griechischen Schüler. Im Schuljahr 1990/91 besuchten von 1.286 griechischen Schülerinnen nur noch 168 eine städtische Schule des allgemeinbildenden Sektors. Dadurch werden Plätze in den staatlichen weiterführenden Schulen frei, die von anderen Gruppen eingenommen werden können oder stillgelegt werden müssen.

Vor- und außerschulische Förderung von Migrantenkindern

Kindergartenversorgung

Die Versorgung ausländischer Kinder mit Kindergarten- und Kinderhortplätzen war immer wieder Gegenstand der Berichterstattung. Die Thematisierung von Ausländerkindern im Kindergärten kreiste im Wesentlichen um folgende Schwerpunkte: Geworben wurde dafür, daß ausländische Eltern den Kindergarten als wichtige pädagogische Einrichtung akzeptieren und von dem Betreuungsangebot auch frühzeitig Gebrauch machen; gewarnt wurde aber gleichzeitig auch vor einer Überlastung der Einrichtungen. So wird in einem Zeitungsartikel von 1981 ein Mitarbeiter des Jugendamtes mit den Worten zitiert:

> „Eine wachsende Einsicht in die pädagogische Notwendigkeit des Kindergartenbesuches ist bei ausländischen Eltern festzustellen" (NW, 5. 2. 1981).

Der Besuch des Kindergartens wird seither als eine wichtige Eingangsvoraussetzung für die Grundschule betrachtet.

Auf der anderen Seite stand die Sorge von Verwaltung, Erzieherinnen und Eltern, daß der Ausländeranteil auch in den Kindergärten zu hoch und die deutschen Kinder in ihrer Entwicklung dadurch beeinträchtigt werden könnten. Unter der Frage „Folgt der Abkapselung im Stadtteil nun das Ghetto im Kindergarten?" stellt ein Zeitungsartikel 1981 die Schwierigkeiten dar, mit denen Kindergärten konfrontiert seien, „wenn der Ausländeranteil dermaßen hoch ist" (NW, 10. 2. 1981). Auch die „Grünen" befürchten zu dieser Zeit in einem Dringlichkeitsantrag zur Verlängerung einer Arbeitsbeschaffungsmaßnahme für die Betreuung ausländischer Kinder im Kindergarten, daß eine „erhebliche Verschärfung der Situation" eintreten könne[11]. Als „kritisch" wird die Situation dann angesehen, wenn mehr als ein Drittel je Gruppe keine Deutschen seien, denn dann könne „die pädagogische Arbeit ebenso wie die Integration der kleinen Ausländer nur schwer gelingen" (NW, 5. 2. 1981).

Ein dritter Argumentationsstrang betrifft die explizit von Verwaltung und Erzieherinnen wahrgenommene mangelnde sprachliche wie soziale Integration durch unzureichende Anpassungsleistungen und -bereitschaft der ausländischen Eltern. Den ausländischen Familien werden erhebliche Versäumnisse in ihrer Sozialisationsleistung für ihre Kinder vorgehalten. Die Leiterin einer Kindertagesstätte äußert sich in einem Zeitungsartikel folgendermaßen:

> „Bei deutschen Kindern können wir gewöhnlich davon ausgehen, daß die Kinder trocken sind, sprechen können, Spielsachen kennen und auch zur Hygiene erzogen worden sind. Dies alles fehlt den ausländischen Kindern oft" (NW, 10. 2. 1981).

11 Dringlichkeitsantrag der GRÜNEN zur Ratssitzung am 21. 9. 1981

Zu dem verallgemeinerten Entwicklungsrückstand kommt viertens der Verdacht, ausländische Eltern würden ihre Kinder aus eigennützigen Interessen in den Kindergarten abschieben. 1981 bemerkte der damalige Vorsitzende des Ausländerbeirates, ein ‚einheimischer' evangelischer Pfarrer (!),

> „daß auch ausländische Eltern lernen müßten, daß man nicht auf Kosten der Kinder in wenigen Jahren möglichst viel Geld beiseite legen könne, wenn kleine Kinder deshalb ihre Eltern täglich allzulange entbehren müßten" (NW, 5. 2. 1981).

Auch die bereits zitierte Kindertagesstättenleiterin schließt sich dieser Einschätzung an, denn ihrer Ansicht nach fassen

> „viele ausländische Eltern den Kindergarten mehr als Verwahranstalt, denn als Bildungsstätte auf" (NW, 10. 2. 1981).

Die Statistik zeigt, daß ausländische Kinder im Elementarbereich vor allem Ganztagseinrichtungen und Horte besucht haben und besuchen. Insgesamt ging in Bielefeld seit den frühen achtziger Jahren durchgängig ein kleinerer Prozentsatz ausländischer Kinder in Kindergärten und Kindertagesstätten als deutsche Kinder (vgl. Jugendamt der Stadt Bielefeld 1995). In die Kindergartenbedarfspläne sind ausländische Kinder allerdings erst seit 1984 mit einbezogen worden.

Außerschulische Hilfsangebote

Als zentrale Fördermaßnahmen außerhalb des Unterrichtsangebotes wird seit Anfang der siebziger Jahre über die *Hausaufgabenunterstützung* berichtet, oft in Kombination mit freizeitpädagogischer Betreuung am Nachmittag. Bereits zu Beginn der siebziger Jahre hat es sogenannte *Silentien* gegeben, konzentrierte Übungskurse, die den Anschluß an die Klasse sichern oder dem „Sitzenbleiben" vorbeugen sollten. Von der Konzeption her richteten sich Silentien an lernschwache Schüler im allgemeinen und nicht speziell am Ausländerkinder. Doch bereits ab 1971 wurden Silentien für diese Gruppe umfunktioniert, so daß sie im Laufe der Zeit immer mehr von ausländischen Kindern besucht wurden.

Auch über private Initiativen zur Verbesserung der Schulsituation von ausländischen Kindern wird schon sehr früh berichtet. Mal ist es eine „gebildete Dame", die täglich „zwei bis zweieinhalb Stunden Sprach- und Schularbeitenhilfe" mit „sieben kleinen Italienern" abhält (NW, 23. 4. 1970); mal ist es eine kirchliche Jugendgruppe, die „mit der Anleitung im Lesen und Schreiben (...) Grundvoraussetzungen für die schulische Entwicklung" schaffen und gleichzeitig zur „Integration in den neuen Lebenskreis beitragen" will (NW, 23. 5. 1970). Immer wieder appellieren die freien Träger an die Bürger, sich im Rahmen ihrer Programme zu engagieren. Einen Vorstoß machte die Arbeiterwohlfahrt 1971, als sie „Lehrer, Hausfrauen, Studenten und andere Interessierte" aufrief, bei der Betreuung von Hausaufgaben für

Ausländerinnen mitzuwirken (NW, 21. 10. 1971). Nach Gründung der Universität ist es ein Universitäts-Professor, der deutschen und ausländischen Schülerinnen „eine Stunde gezielten Sprachunterricht (...) erteilt" (NW, 6. 3. 1975). Diese kostenlosen privaten Engagements lassen offenbar seit Mitte der siebziger Jahre nach, oder finden jedenfalls weniger Resonanz in den Medien.

Die Initiativen der Wohlfahrtsverbände und der Kirchen setzten vor allem im Bereich der Einschulungshilfe an. Dazu gab es verschiedene Programme, die eine nachmittägliche Hausaufgaben- und Freizeitbetreuung umfaßten. Ziel aller Maßnahmen war in erster Linie die sprachliche Förderung, daneben stand aber auch die soziale Integration und das Vertrautmachen mit deutschen Gewohnheiten. Die spürbare Wirkung der Hausaufgabenhilfen wird auch von Lehrerinnen immer wieder betont (NW, 27. 12. 1979). Die belastende Situation für ausländische Kinder und deren Lehrerinnen sowie die Bedeutung der Hausaufgabenhilfe wird in einem Zeitungsartikel so beschrieben:

> „In den Regelklassen aber bleibt den Lehrkräften weder Zeit noch Raum, sich um diese Kinder intensiv zu kümmern. Selbst schwerwiegend leistungs- und verhaltensgestörte Kinder müssen ja mitgezogen werden, denn an den Sonderschulen, auf die sie eigentlich gehörten, gibt es keine ihrer Heimatsprache kundigen Pädagogen" (NW, 27. 12. 1978).

Seit spätestens 1979 versteht die Arbeiterwohlfahrt ihre Bemühungen als Teil einer umfassenden „Schulsozialarbeit" (NW, 28. 7. 1982; 18. 2. 1983), bei der durch kontinuierliche Betreuung mit fest(angestellt)en Bezugspersonen und innerhalb klarer Strukturen eine systematische Integration geleistet werden soll (NW, 27. 12. 1979). Seit den späten achtziger Jahren versuchte die Arbeiterwohlfahrt ihr Konzept dahingehend auszubauen, daß auch eine sogenannte „Einzelfallhilfe" angeboten wird, die sich individuell mit den Problemen einzelner Schülerinnen beschäftigt[12]. Im Zusammenspiel mit anderen Einrichtungen wollte die Arbeiterwohlfahrt mit ihren Einschulungshilfen nicht in Konkurrenz zum Kindergarten gesehen werden, den sie ausdrücklich „nie ersetzen kann und will"(NW, 18. 2. 1982). Aufgrund von Unkenntnis „oder wegen ihrer oft konfessionellen Bindung" (NW, 13. 12. 1983) würden ausländische Kinder jedoch oft nicht in den Kindergarten gebracht, so die Analyse der Arbeiterwohlfahrt. Und das obwohl „der Kindergarten aber die wichtigste Vorbereitung auf den Schulbesuch (ist), und das gilt insbesondere für ausländische Kinder. Darüber sind sich alle Experten einig", berichtet die Neue Westfälische am 18. Februar 1983, denn im Kindergarten könnten sie (die ausländischen Kinder!) „Geduld, Ausdauer, Toleranz, Umgang mit Fremden als Gleichberechtigte" lernen (NW, 18. 2. 1983). Um also diesem Defizit beizukommen, sollen die Einschulungshilfen für ausländische Kinder einsetzen, die zweimal wöchentlich an Nachmittagen stattfinden.

---

12 Ausländerzentrum der Arbeiterwohlfahrt, Konzept für die Schulsozialarbeit, 1990

Der Belastungskonsens

Anhand der kurzen Skizze der Debatten um die Anpassung des lokalen Bildungsangebotes und der Anstrengungen, eine Form für die Unterrichtung von Migrantenkindern zu finden, läßt sich feststellen, daß es schon auf dieser Analyseebene eine Reihe von Anhaltspunkten gibt, die auf direkte oder indirekt institutionalisierte Diskriminierung durch Unterscheidung und Bewertung aufmerksam werden lassen. Man kann an den Presseberichten ablesen, wie sich die Konjunkturen und Veränderungen des gesamtgesellschaftlichen politischen Diskurses über die Integration von Arbeitsmigrantinnen und ihren Familien im Bildungssektor niederschlagen, wie sie sich auf die Organisationsformen der Förderung und Unterrichtung von Migrantenkindern, auf dafür bereitgestellte finanzielle und personelle Ressourcen etc. auswirken, und wie sie auch in den legitimatorischen Kontext des Handelns an einzelnen Schulen eindringen.

In den wenigen Zitaten finden sich all jene Elemente des Ausländerdiskurses in den Massenmedien, die sich auch einer systematischen Analyse erschließen würden (vgl. Jung u. a. 1997). Daß die segregierende und diskriminierende Form der Vorbereitungsklassen in Langform nach langer Kontroverse abgeschafft wurde, geschah gegen den hinhaltenden Widerstand der regionalen Schulaufsichtsbehörde und des lokalen Schulamtes, die bis zuletzt ihre segregierende Praxis zu legitimieren und sogar zu legalisieren suchte. Das war möglich in einem diskursiven Klima, das von „Abwehr" und „Hilfe" zugleich strukturiert wurde. Mit der in fast jedem Zeitungsbericht erwähnten „ständig steigenden Zahl von Ausländerkindern" war die Rückkehrerwartung enttäuscht worden, die Anwesenheit der Zuwanderer wurde mit Begriffen wie „Überlastung, Überforderung, Überfremdung" zur allgemein geteilten Problemwahrnehmung gemacht. Die „Defizite der Kinder" werden dramatisiert, ihre Erfolglosigkeit dem nachlässigen Verhalten ihrer Eltern zugerechnet; ihr programmiertes Versagen wird zur sozialen Gefahr stilisiert („Pulverfaß"), ihre Integration in die Regelschule als Nachteil für die deutschen Kinder dargestellt.

Mit diesem öffentlichen Diskurs über „Belastung" und „Hilfe" lassen sich die Problemwahrnehmungen der beteiligten Organisationen zwanglos kombinieren. Die Schule als Organisation ist je schon auf Entlastung von zusätzlichen Problemen und Schwierigkeiten eingerichtet und sucht jede Möglichkeit, schwierige Schüler an andere Spezialeinrichtungen abzugeben und die Probleme zu delegiere. Dazu eignen sich aus der Sicht der Grundschule die Vorklasse/der Schulkindergarten ebenso wie die Vorbereitungsklassen oder die Sonderschulen. Je dramatischer die Belastung geschildert wird, um so eher können die entlastenden Einrichtungen in Anspruch genommen werden.

Auch die Helferorganisationen arbeiten mit dramatisierenden Darstellungen der Hilfsbedürftigkeit der Kinder: Sie suchen im eigenen Interesse der Organisation diskursiv den Problemdruck zu steigern, der die Belastungswahrnehmung, sei sie psychisch oder finanziell, erhöht und ihre Dienste unverzichtbar machen muß. Sie brauchen die Hilfsbedürftigkeit der Kinder für ihre Zwecke wie die Lehrerverbände die Belastung der Lehrerinnen brauchen, um die Entlastung in Form eines „Ausländerbonus" (zusätzliche Lehrerzuweisung) zu erhalten usw. Der öffentliche Belastungs- und Hilfediskurs wird in die Eigenlogik der Organisationen eingebaut, weil er ihnen entgegenkommt, wird er in den institutionellen Wissenshaushalt der Organisation übernommen.

Für die Einführung der separaten Regelklassen, also die Segregation der Ausländer sind alle Parteien, auch die Lehrer und Elternverbände. Die Problembeschreibung ist von einem breiten Konsens getragen, der weit in die GEW und die SPD hineinreicht. In Formulierungen wie „die kritische Grenze" oder „die Verschärfung der Situation" resoniert die gängige Metapher „Das Boot ist voll", die nun mit der V-Klassendiskussion auch auf die Schulsituation gewendet wird. Daß es schließlich nicht zur Legalisierung der Segregationspraxis durch den Kultusminister kommt, sondern zur Abschaffung der Vorbereitungsklassen, ist wie ein unerklärliches Ereignis von außen über die Bielefelder gekommen. Die Ursache für diese Überraschung liegt in der Tatsache, daß sich das Kultusministerium an relevanten Ereignissen in seiner Umwelt orientieren mußte. Es ist offenbar eher außenpolitischer Rücksichtnahme gegenüber der damaligen EG und einer bis dahin immer noch nicht eingelösten Direktive aus Brüssel geschuldet, in der die Gleichstellung der Kinder aus den Entsendeländern angemahnt worden war. Mit erheblicher Verspätung reagierten die Kultusministerkonferenz (KMK) und schließlich die einzelnen Ministerien auf diese Aufforderung – NRW begann neben der Abschaffung der V-Klassen mit einer flächendeckenden Lehrerfortbildung in einem fünfjährigem Sonderprogramm (vgl. Radtke 1985). Mit diesem Programm, das erstmals auch Elemente der Interkulturellen Pädagogik aufnahm, sollte offenbar auf das Bewußtsein der Lehrerschaft eingewirkt werden, die Aufgabe der ‚Beschulung' von Migrantenkindern als Regelaufgabe zu akzeptieren.

Schülerrückgang und die Anpassung der Angebotsstruktur

Das zweite große Thema der Schulentwicklung in Bielefeld war der Schülerrückgang, der das Schulamt nach der jahrelangen Expansionsphase offenbar unvorbereitet traf und ebenfalls zu heftige Kontroversen führte. Die zahlenmäßig kleineren Geburtsjahrgänge, die seit Anfang der achtziger Jahre eingeschult werden mußten, stellten das System vor Anpassungsprobleme: wo und wie sollte das absehbar wachsende Überangebot an Schulplätzen abgebaut werden?

Mit der Gemeindegebietsreform von 1972 wurden viele kleinere oder größere Randgemeinden Bielefelds dem Stadtgebiet zugeschlagen, darunter die Industriestadt Brackwede mit 35 Tsd. Einwohnern und Sennestadt mit 22 Tsd. Einwohnern. Die Gesamteinwohnerzahl Bielefelds wird seither mit ca. 320 Tsd. angegeben. Da Bielefeld besonders im Sekundarbereich auch bis dahin schon für das Umland schulische Servicefunktionen übernommen hatte, waren die Veränderungen im Verhältnis des Angebots allgemeinbildender Schulen der Stadt und der Nachfrage nach Plätzen nicht so erheblich, wie der Bevölkerungszuwachs hätte erwarten lassen.

- Ab 1979/80 gab es in Bielefeld[13] 46 Grundschulen mit 14 sogenannten Schulkindergärten, 21 Hauptschulen, 10 Realschulen, 10 Gymnasien, eine Gesamtschule, acht städtische Sonderschulen für Lernbehinderte bzw. 1 für Erziehungshilfe.
- Zehn Jahre später im Schuljahr 1989/90 hat sich die Zahl der Hauptschulen weiter auf 13, die Zahl der städtischen Sonderschulen von bisher acht auf nun sieben, davon 5 für Lernbehinderte, 1 für Erziehungshilfe und 1 für Sprachbehinderte leicht reduziert. Eine Realschule war geschlossen worden, die Gymnasien waren erhalten geblieben. 1983 und 1988 wurden zwei weitere Gesamtschulen errichtet, so daß es seither drei solcher Schulen in öffentlicher Trägerschaft gab. Alle Grundschulen und Schulkindergärten blieben bestehen.

Schulschließungen

An dem Aushandlungsprozeß, in dem über die Angebotsstruktur der lokalen Schulen entschieden wird, sind beteiligt:

- bildungsökonomische und schulrechtliche Gesichtspunkte, vertreten durch die politische/administrative Spitze der Verwaltung/Schulaufsicht
- bildungsreformerische/programmatische Interessen, vertreten durch Politiker/Experten
- Interessen der Schulen an ihrem Bestand, vertreten durch die Schulleitungen und Lehrerverbände
- Elternwille/Bildungsaspirationen, vertreten mit unterschiedlicher Durchsetzungsfähigkeit von Elternvereinen, Einzelklägern etc.

13 Betrachtet werden im Folgenden nur die städtischen Schulen. (Ergänzungs-)Schulen in privater Trägerschaft, die es in allen Schulstufen gibt, bleiben wegen der Datenlage außer Betracht, wiewohl auch von ihnen diskriminierende Wirkungen, z. B. Aufnahmebeschränkungen aus konfessionellen oder weltanschaulichen Gründen, ausgehen können.

Die verschiedenen Perspektiven müssen gegeneinander abgeglichen werden. Um die rasch sinkende Zahl der Schüler, die aus den Grundschulen in die weiterführenden Schulen übergehen, konkurrierten Jahr für Jahr die noch bestehenden Sekundarschulen mit sich steigernder Intensität.

Auch die schul- und kommunalpolitischen Auseinandersetzungen über die quantitative Anpassung des Schulangebotes an die neue Situation, die ab Mitte der achtziger Jahre begannen, werden hier zur Illustration des Prozesses der Organisation eines Schulsystems etwas ausführlicher beschrieben, um die Komplexität des Vorgang zumindest anzudeuten. Sie nahmen in der Beobachtungsphase nicht nur in Bielefeld zeitweise die Form eines Schulkampfes an, so daß sich die CDU-Fraktion im nordrhein-westfälischen Landtag aufgefordert sah, den Entwurf eines „Schulfriedensgesetzes" vorzulegen, der u. a. dazu beitragen wollte, „ein ortsnahes, vielfältig gegliedertes Schulangebot (zu) erhalten, indem neue Regelungen zur Fortführung kleiner und kleiner werdender Schulen gefunden werden" (Landtagsdrucksache 10/4. 11. 1987). Im Hintergrund dieser Debatten stand ein großes Thema: Die Überwindung oder der Erhalt der dreigliedrigen Schulstruktur. Verbindungen zu dem Thema Umgang mit den Migrantenkindern bestanden, wurden aber kaum explizit angesprochen.

Bezogen auf die *Grundschulen*, die zuerst von geringeren Schülerzahlen betroffen waren, war eine Einigung noch leicht möglich. Sie blieben durch politischen Konsens in ihrem Bestand unverändert. Der Rat der Stadt Bielefeld als Schulträger entschied sich für den Erhalt aller 46 Grundschulen im Stadtgebiet, um eine möglichst hohe Wohnortnähe und damit kurze Schulwege zu gewährleisten. Reduziert wurde die Zahl der Parallelklassen (‚Zügigkeit') und vor allem die Klassengröße. Dennoch blieb die Existenz einzelner Schulen prekär. Der Erhalt der Zweizügigkeit war auch deshalb möglich, weil mit der Abschaffung der V-Klassen eine wachsende Zahl der ausländischen Kinder in die Regelklassen eingeschult wurde und den Rückgang der deutschen Kinder teilweise ausgleichen konnte.

Auch das Angebot an *Schulkindergartenklassen*, in die schulpflichtige, aber noch nicht „schulfähige" Kinder eingeschult werden (vgl. unten Kap.7), wurde nur leicht von 19 Ende der siebziger Jahre auf 16 reduziert.

Seit in NRW der Elternwille maßgeblich wurde beim Übergang in weiterführende Schulen (vgl. unten Kap. 9), war mit dem Wunsch nach höherwertigen Abschlüssen das Übergangsverhalten starken Veränderungen unterworfen: es kam tatsächlich, wie auch sonst in der alten BRD, zu einer Flucht deutscher Schüler aus der Hauptschule, die allerdings kaum der Anwesenheit von Migrantenkindern zuzurechnen ist. Die Realisierung der elterlichen Aspirationen auf höhere Bildungsabschlüsse war möglich, weil auch die Realschulen und Gymnasien von rückläufigen Schülerzahlen betroffen und in ihrer Existenz oder Zügigkeit bedroht waren. Schon deshalb erhöhten sich rechnerisch die individuellen Chancen für Kinder aus geburtenschwächeren Jahrgängen, hier Aufnahme zu finden. Zugleich stieg im Interesse ihres Bestandserhalts die Bereitschaft der ‚höheren Schulen', auch Kinder mit unklarer Prognose aus ‚bildungsfernen Schichten' aufzunehmen, darunter auch verstärkt ausländische Schüler.

Bezogen auf die *Hauptschulen* wollte die Ratsmehrheit ähnlich verfahren. Entgegen den gültigen Bestimmungen des Schulrechts über Mindestgrößen wollte das Schulverwaltungsamt Schulschließungen vermeiden und statt dessen durch Untätigkeit eine Situation eintreten lassen, bei der nur noch jeweils eine Klasse pro Jahrgang und Schule eingerichtet wird (‚Einzügigkeit'). Erst nach einer Intervention des Regierungspräsidenten als der zuständigen mittleren Schulaufsicht, der zwischenzeitlich Ratsbeschlüsse zur Schulentwicklungsplanung aufgehoben hatte, weil er den geordneten Schulbetrieb nicht mehr gewährleistet sah und sogar einen Verfassungsverstoß feststellte, bequemte sich das Schulverwaltungsamt der Stadt zur Schließung von sieben Hauptschulen.

Als Kriterium für den Erhalt einer Hauptschule setzte der Rat nun ‚Zweizügigkeit' fest, um ein adäquat differenziertes und qualifiziertes Unterrichtsangebot gewährleisten zu können. Das Platzangebot sank noch wesentlich einschneidender von 1980, als nach den gültigen Richtwerten für die Klassengröße maximal 2170 Plätze verfügbar waren, bis 1990 auf max. 742 Plätze, so daß von einer Drittelung des Angebotes von Hauptschulplätzen innerhalb von zehn Jahren gesprochen werden kann. Nicht zuletzt deshalb verloren die Hauptschulen das Interesse an V-Klassen und schulten die Migranten beschleunigt in ihre Regelklassen ein.

Noch heftiger verlief die Auseinandersetzung um die *Realschulen*. Aufgrund der mangelnden Nachfrage war schon im Jahre 1982 damit begonnen worden, eine Realschule schrittweise aufzulösen bzw. „auslaufen" zu lassen. Das Kriterium der Zweizügigkeit ebenfalls nicht mehr erfüllen konnte ab 1988 eine weitere Realschule, die auch erst auf Druck des Regierungspräsidenten geschlossen wurde. Eine ähnliche Entwicklung zeichnete sich auch in einer dritten Realschule ab. Die SPD-Mehrheit im Rat, die an der Neugründung von Gesamtschulen orientiert war, drängte deshalb auch hier auf eine Schließung. Schulkonferenzen und Elternpflegschaften legten ein z.T. entschiedenes Veto ein und brachten Begründungen für den Erhalt gerade dieser, ihrer Schule, starteten Werbekampagnen in Grundschulen und erhoben schließlich Klage beim zuständigen Verwaltungsgericht – teilweise mit Erfolg. Einzelne Realschulen gingen dazu über, direkte „Kooperationsvereinbarungen" mit benachbarten Grundschulen zu schließen, um die nötigen Übergangsempfehlungen zu bekommen – darunter auch zunehmend ausländische Schüler.

Den mit Abstand größten Widerstand lösten jedoch die Pläne wiederum vor allem der SPD-Fraktion aus, ein innerstädtisches *Gymnasium* zum Schuljahr 1988/89 zu schließen und im selben Gebäude eine dritte Gesamtschule einzurichten. In der Beschlußvorlage der Verwaltung für die Ratssitzung am 15. 10. 1987 heißt es zur Begründung unter anderem:

„Aufgrund des bisherigen Bedarfs an Gymnasialplätzen und unter Zugrundelegung der in Zukunft zu erwartenden Schülerzahlen von 2.500 – 2.700 in einem Jahrgang ist davon auszugehen, daß nicht alle Gymnasien in Bielefeld weitergeführt werden können. Wegen der besonderen Dichte dieser Schulform in der Bielefelder Innenstadt wird das Helmholtz-Gymnasium aufgelöst“[14].

In einer Pressemitteilung der CDU-Ratsfraktion wird daraufhin der SPD vorgeworfen, sie betreibe aus „ideologischen Gründen“ die Schließung und verfolge die Absicht, „das dreigliedrige Schulsystem in Bielefeld aufzulösen, um die Gesamtschule flächendeckend einführen zu können“[15]. Die Schülermitverwaltung (!) des betroffenen Gymnasiums verteidigte als Reaktion auf die Schließungspläne ihre Schule und strich in einem offenen Brief die besonderen pädagogischen Vorzüge der Schule heraus (Silentien, Offenheit für Haupt- und Realschüler, Förderangebote für Migranten, gute Atmosphäre usw.). Für einige Wochen stand die Diskussion um die Schließung des Gymnasiums im Zentrum des öffentlichen Interesses in Bielefeld. Erst die Entscheidung des zuständigen Verwaltungsgerichtes, das von Eltern des bedrohten Gymnasiums eingeschaltet worden war, beendete im Februar 1988 die Debatte. Die Stadt wurde gerügt, weil die Schließungspläne nicht auf einem Nachfragemangel für Gymnasiumsplätze beruhten, sondern mit dem Ziel der Errichtung einer Gesamtschule verfolgt würden. Die Überschrift der Lokalzeitung lautete: „Schulopfer für Gesamtschule unzulässig“.

In aller Stille und ohne öffentliche Beachtung vollzog sich hingegen die Anpassung des Angebotes an *Sonderschulplätzen für Lernbehinderte und Erziehungshilfe*. Bemerkenswert ist die vergleichsweise geringe Reduktion des Platzangebotes. Entgegen dem Trend in der sonderpädagogischen Diskussion, der in Richtung Integration in die Regelschule wies, wurden trotz rückläufiger Schülerzahlen nur zwei Sonderschulen geschlossen bzw. umgewandelt. Zum Schuljahr 1981/82 wurde eine Sonderschule für Lernbehinderte in eine Schule für Sprachbehinderte umgewandelt. 1986 wurden zwei Sonderschulen für Lernbehinderte zu einer Schule verschmolzen. Ganz im Gegensatz zu dem Bereich der Hauptschule, wo zwei Drittel der Plätze abgebaut wurden, sank hier die Zahl der Klassen nur um ein Drittel. Kamen 1980 auf einen Sonderschüler noch 7 Hauptschüler, so hatte sich das Verhältnis 1990 auf 5,5 :1 verschoben.

---

14 Stadt Bielefeld (1987): Beschlußvorlage der Verwaltung für die Ratssitzung am 15. 10. 1987.

15 So der CDU-Fraktionsgeschäftsführer Hans-Peter Hagemann in einer Pressemitteilung vom 3. 11. 1987.

Zügigkeit und Klassengröße

Die Zahl der Schulen nach Schulformen gibt Hinweise auf die qualitative Struktur des Angebots, sagt allein aber noch nichts über das *verfügbare Platzangebot*. Eine weitere Variable, die für die quantitative Anpassung nach unten genutzt werden kann, ist die *Zügigkeit* der Schulen und die jeweilige durchschnittliche *Klassenstärke*[16]. Um eine Schließung von Schulen zu vermeiden, kann zuvor die Zahl der Klassen in einem Jahrgang oder die Klassengröße variiert werden. Dieser Wert ist traditionell Gegenstand der Auseinandersetzung zwischen Behörde einerseits, Lehrer- und Elternverbänden andererseits.

Die Zügigkeit der Bielefelder Grundschulen ist durch politische Festlegung über die Jahre hinweg relativ konstant geblieben. Sogar am Tiefpunkt der Schülerzahlen konnte an allen Bielefelder Grundschulen mindestens die Zweizügigkeit erhalten werden, indem die Anzahl der Schüler je Klasse als Regulationsinstrument eingesetzt wurde[17]. Das Platzangebot in den Schulkindergärten wurde hingegen nur geringfügig reduziert.

Auch in den anderen Schulformen wurde die Zahl der Klassen und die Klassenstärke variiert. Nur so erklärt es sich, daß die Anzahl der bestehenden Klassen an den zehn Realschulen nur geringfügig von 176 im Jahre 1974 auf 155 Klassen im Jahre 1994 (-12 v. H.), die Zahl der Schüler im Beobachtungszeitraum aber von 6.590 auf 3635 sank (-45 v. H.). An den Gymnasien, von denen keines geschlossen wurde, ist im Untersuchungszeitraum ein Schülerrückgang von 30 v. H. zu verzeichnen. Im selben Zeitraum wurde die Klassenstärke um nahezu 32 v. H. von 34,8 auf 23,6 Schüler je Klasse reduziert, die Zahl der Klassen veränderte sich von 233 auf 147.

Schulgründungen

Eine Verbesserung der Bildungschancen beabsichtigt programmatisch das Konzept der *Gesamtschule*. Wie überall in der alten Bundesrepublik war auch in Bielefeld in den siebziger und achtziger Jahren eine Dauerkontrover-

---

16 Das Schulordnungsgesetz (SchOG, §3, Abs. 1) begrenzte im Untersuchungszeitraum die maximale Klassengröße auf 28 bis 30 Schülerinnen, als Mindestgröße für die Grundschulen gelten 15, für die Sekundarstufe I 18 Schülerinnen. Als Klassenfrequenzrichtwert werden für Grund- und Hauptschulen 24 Schülerinnen angegeben, in Realschulen, Gymnasien und Gesamtschulen beträgt dieser Richtwert 28, für die gymnasiale Oberstufe 19,5. Neben diesen legislativen Grundlagen ist die Klassenstärke abhängig von den folgenden drei Faktoren: 1. Anzahl der Schüler an einer Schule und in einem Jahrgang; 2. Wahlverhalten nach der Grundschule; 3. Anzahl der in der Stadt zur Verfügung stehenden Lehrerinnen.

17 Diese Politik steht – was aus der Distanz zu sehen ist – in krassem Gegensatz zu der Anpassungsstrategie der neunziger Jahre, als wieder steigende Schülerzahlen auf knapper werdende Haushaltsmittel stießen und nicht neue Klassen oder Schulen errichtet wurden, sondern die Klassengrößen bis an die räumlichen Grenzen gesteigert wurden.

se um diese Frage entbrannt. In der Expansionsphase 1973 war die erste Gesamtschule gegründet worden, danach endeten alle weiteren Versuche in heftigen Kontroversen und/oder vor dem Verwaltungsgericht. Die Debatte geriet auch nach der Gründung einer zweiten und dritten Gesamtschule 1983 und 1988 längst noch nicht in ein ruhigeres Fahrwasser. Wo die einen pragmatisch die Notwendigkeiten sahen, bei sinkenden Schülerzahlen das Schulangebot organisatorisch zu bündeln, war für die anderen die Forderung nach Gründung zusätzlicher Gesamtschulen weiterhin eine unerwünschte Veränderung der dreigliedrigen Angebotsstruktur. Letztlich entschied der Elternwille durch jährlich steigende Anmeldeziffern, wodurch zunächst die Zügigkeit der Gesamtschulen erhöht und schließlich Neugründungen schon schulrechtlich unabweisbar wurden.

Stadtteilspezifische Differenzen

Das Schulangebot ist nach Quantität und Qualität unterschiedlich in den Stadtteilen plaziert. Das hat historische Gründe, die sich auf die jeweilige Sozialstruktur der Bevölkerung beziehen lassen. Traditionelle Arbeiterbezirke weisen eine andere Schulstruktur auf als traditionell bürgerliche Wohnviertel, auch wenn die Sozialstruktur der Bevölkerung sich längst verändert hat. Von besonderer Bedeutung im Kontext dieser Untersuchung ist die Spezifizierung der Veränderung des Schulangebotes in den drei Stadtteilen mit den höchsten Ausländeranteilen, nämlich den statistischen Bezirken Mitte, Brackwede und Sennestadt. Bi-Mitte entspricht der alten Kernstadt vor der Gemeindereform, die beiden anderen Stadtteile waren bis zur Eingemeindung selbständige Gemeinden.

In *Bielefeld Mitte* (77.778 Einwohner, davon 16,1% ohne deutschen Paß)[18] bestand und besteht ein sehr dichtes und umfassendes Schul(über)angebot, das im Sekundarbereich über den Bezirk hinaus als Angebot für die ganze Stadt dient.

- An neun Grundschulen können weit über 2.000 Schülerinnen unterrichtet werden
- Von den ursprünglich fünf hier angesiedelten Hauptschulen wurden im Untersuchungszeitraum (endgültig bis 1991) drei geschlossen bzw. nicht mehr bedient
- Von den fünf Realschulen wurde 1987 eine geschlossen
- Auch die einzige Sonderschule im Bezirk Mitte wurde 1986 geschlossen
- Alle fünf Gymnasien blieben hingegen bestehen

---

18 Die Zahlen beziehen sich auf den 31. 12. 1990 (Quelle: Schulamt der Stadt Bielefeld 1990: Schulentwicklungsplan).

- Seit dem Schuljahr 1990/91 wird das Schulplatzangebot durch eine vierte Gesamtschule in privater Trägerschaft ergänzt[19]

In *Brackwede* (38.143 Einwohner, davon 14,9% ohne deutschen Paß) hat sich das Schulangebot weniger deutlich verschoben:

- Hier bestehen sechs Grundschulen
- Eine von drei Hauptschulen wurde 1990 geschlossen
- Die einzige Realschule blieb bestehen
- Das einzige Brackweder Gymnasium blieb bestehen
- Seit dem Schuljahr 1988/89 gibt es auch hier zusätzlich das Angebot einer Gesamtschule mit Sekundarstufe II
- Zwei Sonderschulen, eine für Lernbehinderte und eine für Erziehungshilfe blieben bestehen

In *Sennestadt* (22.127 Einwohner, davon 10,1% ohne deutschen Paß) ist ein konstantes Schulplatzangebot zu beobachten.

Seit Anfang der siebziger Jahre gibt es hier drei Grundschulen, zwei Hauptschulen, eine Realschule und eine Sonderschule für Lernbehinderte. Nur ein Gymnasium in kirchlicher Trägerschaft macht hier ein Angebot der Sekundarstufe II, so daß viele Schüler auf Schulen in dem entfernten Bielefeld Mitte oder in benachbarten Kreisen verwiesen sind.

Auch wenn man eine weitgehende Mobilität der Schüler (und ein funktionierendes Schulbusangebot) unterstellt, wird schon bei dieser Betrachtung sichtbar, daß erhebliche lokale Disparitäten (Weishaupt 1996) bestehen. Die stadtteilspezifische Chance, ein Gymnasium zu besuchen bzw. einen qualifizierten Abschluß auf einer Gesamtschule zu erreichen, ist im Stadtbezirk Mitte deutlich höher ist als in den beiden anderen, vom Zentrum weit entfernten Bezirken[20].

Auch hier kann indirekte Diskriminierung als möglicher Effekt der lokalen Disparitäten als Ergebnis der Strukturanpassung des Schulangebotes vermutet werden. Die Chancen, in dem am stärksten von Migranten bewohnten Stadtteil Brackwede auf eine Realschule oder ein Gymnasium zu gehen, haben sich verschlechtert, die Gesamtschule, die in diesem Punkt Abhilfe schaffen könnte, muß gegen den hinhaltenden Widerstand der Ratsmehrheit durch Elternwillen erst ertrotzt werden. Ihre Gründung wird begünstigt durch den demographischen Druck des Schülermangels im Verein mit schulrechtlichen Rahmenvorgaben, die Hauptschulschließungen unumgänglich machen.

---

19 Die Georg-Müller-Schule wird als evangelikale Bekenntnisschule geführt. Zunächst wird hier nur in der Sekundarstufe I unterrichtet. Die Schule wendet sich vorwiegend an Spätaussiedler aus der ehemaligen Sowjetunion, die als Nachfrager in anderen Schulen ausfallen. Ausländische Schüler wurden bislang nicht eingeschult.

20 Zum Zusammenhang von Erreichbarkeit von Schulen und dem Schulwahlverhalten der Eltern vgl. Neumann 1997, S. 281ff sowie allgemeiner Weishaupt 1996

Kapitel 5

Statistische Auffälligkeiten

Die Umlenkung der Schülerströme

Elternhaus und Schule stehen bei der Planung von Bildungskarrieren vor unterschiedlichen Aufgaben. Während Eltern für ihre Kinder die optimalen Bildungschancen im Schulsystem einer Stadt suchen und dabei kalkulieren, wie sie den Hürdenlauf bis zu dem bestmöglichen Abschluß mit der Wahl der Schulen für ihre Kinder am vorteilhaftesten gestalten können, folgt das Schulsystem anderen Kalkülen. Die Schulverwaltung sieht sich umgekehrt vor der Aufgabe, Jahr um Jahr schulpflichtige Kinder auf die vorhandenen Plätze zu verteilen. Die einzelnen Schulen stehen vor der Frage, wie sie den vorhandenen ‚Schülerkuchen' unter sich aufteilen. Elternhaus und Schule folgen einer je eigenen Rationalität.

Die Verteilung der Schüler auf die Plätze geschieht (bis jetzt jedenfalls noch) nicht auf einem Markt oder Quasi-Markt (vgl. Weiss/Steinert 1996), sondern das Wahl- und Entscheidungsverhalten ist, wie die exemplarisch zu lesende Skizze der Schulentwicklung in Bielefeld (Kap. 4) zeigen soll, in hohem Maße strukturiert und eingeschränkt durch demographische Veränderungen, staatliche Regulierung, Interessengegensätze und eine mehr oder minder große Durchsetzungsfähigkeit der beteiligten Akteure. Zu untersuchen war, *wie* nach der Umstrukturierung des Schulangebotes und seiner quantitativen Anpassung an die Herausforderungen, die sich durch die Demographie (Geburtenrückgang und Zuwanderung) ergeben haben, die Verteilungsprozesse vor allem bezogen auf die weiterführenden Schulen verlaufen sind und welche Effekte und Differenzen sich aufgrund von Entscheidungen in der Organisation Schule für die einzelnen Bevölkerungsgruppen beobachten lassen.

Dazu wird im folgenden Kapitel das Übergangsverhalten von der Grundschule in die 5. Klasse der verschiedenen Schulformen mit Blick auf das Handeln der Organisation analysiert. Statistische Auffälligkeiten/Ungleichverteilungen an den Entscheidungsstellen *Einschulung*, *Übergänge* und *Sonderschulaufnahmeverfahren*, die Unterschiede im Übergangsverhalten von deutschen und nicht-deutschen Schülern markieren, sind das Ergebnis langer Entscheidungsketten der Organisation. Sie werden genauer darauf betrachtet, wie sie zustande kommen und wie sie dargestellt werden. Dabei wird von der Grundannahme ausgegangen, daß die Organisation mit ihren laufend zu treffenden Entscheidungen ihre eigenen Probleme zu lösen sucht und dabei vor allem einen ordnungsgemäßen, d. h. darstellbaren Betrieb zum Ziel hat. Schulen richten ihre Aufmerksamkeit nicht auf die kumulativen Effekte der Vielzahl ihrer Einzelentscheidungen, sondern auf ihre Aufgaben, Probleme und internen und externen Konflikte. Erst der von außen auf das Organisationshandeln gerichtet Blick macht es möglich, dessen Effekte normativ unter Gerechtigkeitsgesichtspunkten zu beobachten und zu bewerten – was die Organisation selbst nicht (oder nur ausnahmsweise) tut. Erst aus solchen organisationsfremden Bewertungen der Effekte ergibt sich u. U. Anlaß für die Vermutung der direkten oder indirekten Ungleichbehandlung durch das Schulsystem.

Übergangschancen in die Sekundarstufe

Betrachtet man die Veränderungen des Schulangebotes und der Bildungsnachfrage nach weiterführenden Schulen (ausgedrückt durch die Zahl der Übergänger in die 5. Klasse), so wird deutlich, daß mit der quantitativen Anpassung des Schulsystems an die neuen Umweltbedingungen zugleich die Struktur des Schulangebotes verändert und die Schülerströme umgelenkt worden sind. Mit der Schließung von Hauptschulen und der schließlich unabweisbaren Neugründung von zwei weiteren Gesamtschulen wurden in Bielefeld einschneidende Veränderungen ausgelöst. Dies wirkt sich, wie zu zeigen ist, direkt auf die Übergänge und damit auf individuelle Bildungschancen aus.

Die Veränderungen im Umfang und der Struktur des Schulangebotes, die das Ergebnis mühsamer Kompromißbildung zwischen mehreren Beteiligten waren, beeinflussen rein rechnerisch die Chancen, die ein Kind einer Alterskohorte hat, die eine oder andere Schulform zu durchlaufen. Wenn es in einem Zeitpunkt oder in einem Stadtteil relativ weniger Plätze an Hauptschulen, dafür relativ mehr an Realschulen oder Gymnasien gibt, erhöht sich ohne jedes Zutun des Schülers seine Chance auf einen qualifizierteren Schulabschluß – und umgekehrt.

Das Maß der rechnerischen Chancen zu einem Zeitpunkt in der Stadt oder in einem Bezirk läßt sich als Quotient aus Platzangebot und Zahl der Übergänger nach Klasse 5 berechnen (vgl. Tab.1). Es handelt sich dabei um eine Maßzahl für die Angebotsstruktur eines lokalen Schulsystems in Relation zu der Nachfrage nach Plätzen, die für jede Schülerkohorte neu berechnet werden kann. Die Maßzahl indiziert eine Grundwahrscheinlichkeit der Verteilung auf das dreigliedrige Schulsystem, die im ungünstigen Fall mit einem Extra-Aufwand an Anstrengung und Leistung korrigiert werden muß. Das setzt Information, Bereitschaft, Möglichkeiten und Ressourcen voraus, die in der Schülerpopulation entlang der sozialen Herkunft ungleich verteilt sein dürften.

Tab. 1

Übergangschancen* für alle Schüler in Bielefeld nach Schulformen				
Schuljahr	**Hauptschule**	**Realschule**	**Gymnasium**	**Gesamtschule**
80/81	0,52	0,28	0,22	0,06
89/90	0,27	0,25	0,25	0,20

*Quotient aus dem Platzangebot/Schulform und der Gesamtzahl der Übergänger in Klasse 5. Berechnet nach den jeweils gültigen Richtwerten und der Zahl der eingerichteten Klassen (vgl. Fußnote 16 in Kapitel 4); Quelle: Schulentwicklungsplan und Übergangsdaten der Grundschulen, eigene Berechnung.

Die Struktur des Bildungsangebotes hat sich im Verlauf von zehn Jahren von 1980 bis 1990 so verändert, daß – unabhängig von Leistungsmerkmalen der Grundschulabgänger – die Chance, auf eine Hauptschule „zu kommen“ in Bielefeld von 0,52 auf 0,27 gesunken, dagegen die Chance, auf eine Gesamtschule zu gehen von 0,06 auf 0,20 gestiegen ist. In diesen Zahlen drückt sich die bildungspolitisch herbeigeführte strukturelle Chance zu höher qualifizierten Bildungsabschlüssen aus. Daß die Umschichtung im wesentlichen zwischen Hauptschule und Gesamtschule stattgefunden hat, erklärt sich zusätzlich daraus, daß diese z. T. auch räumlich an die Stelle einer geschlossenen (oder aufgewerteten) Hauptschule (mit hohem Ausländeranteil) getreten sind, nun aber auch qualifizierte Real- und Gymnasialabschlüsse anbieten können.

Von der Umstrukturierung sind auch die beiden anderen weiterführenden Schulen, Realschule und Gymnasium, statistisch gesehen nicht unberührt geblieben. Bezogen auf das ganze Stadtgebiet stieg die Wahrscheinlichkeit, auf ein Gymnasium zu gehen, im Untersuchungszeitraum zwar nur geringfügig von 0,22 auf 0,25. Rechnet man allerdings ein Drittel der zusätzlichen Gymnasialchancen aus der Gesamtschule dazu, erhöht sich die Wahrscheinlichkeit, Abitur zu machen, auf über 0,33. Die Wahrscheinlichkeit, auf eine Realschule zu gehen, sank sogar um 0,03 Punkte, die Chance einen Realschulabschluß zu erreichen, wird aber auch durch das hinzuzurechnende Drittel aus der Gesamtschule wieder erhöht.

Unter diesen Bedingungen hat sich die Verteilung der Schüler auf die Schulformen schon aufgrund der Schulschließungen bzw. Neugründungen grundlegend verändert. Während der Anteil der Hauptschule an der Gesamtzahl der Übergänger von 40,6 auf 21,4 v. H. abnimmt, bleibt der Realschulanteil unverändert, Gesamtschulen und Gymnasien gewinnen entsprechend deutlich hinzu (Abb. 4a+b).

Abb. 4a+b

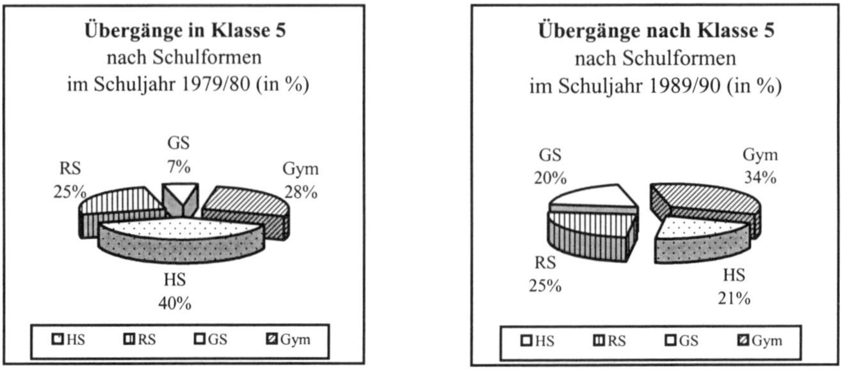

Quelle: Schulentwicklungsplan 1990

Faßt man diese Verteilung der Schüler auf die Schulformen als das Ergebnis eines Aushandlungsprozesses in der Organisation Schule auf, bei dem es in erster Linie um die richtlinienkonforme Auslastung der Räume und des Personals ging, so wird deutlich, daß die statistisch meßbaren Veränderungen im Übergangsverhalten der Kinder zum wenigsten auf ihre Leistungen oder gar veränderte Leistungsfähigkeit zuzurechnen sind. Es spricht wenig dafür, daß die eingetretene Umverteilung ursächlich auf Merkmalsverschiebungen bei den Kindern oder auf die gesteigerte Qualität der Pädagogik zurück geht – auch wenn diese Erklärung in einer Leistungsgesellschaft von allen bevorzugt wird. Vielmehr sind sie das Resultat von ausschließlich im Feld der Politik und der Rechtsprechung erzwungenen Kompromißbildungen, also direkte, aber nicht unbedingt beabsichtigte *Effekte* von Organisationshandeln.

Ein Zeitreihenvergleich des Übergangsverhaltens (Abb. 5) zeigt die kontinuierliche Veränderung der Verteilung der Schüler auf die verschiedenen Schulformen. In dem Maße, wie die demographisch bedingte Chance steigt, einen Platz in einem Gymnasium oder einer der 1983 bzw. 1988 neu gegründeten Gesamtschulen zu erlangen, verliert die Hauptschule Schüler, während die Realschule ihren Anteil annähernd behaupten kann. Aus der Sicht der Organisation geht es darum, für die vorhandenen Plätze die geeigneten Kandidaten zu finden und die notwendigen Abstimmungen zwischen den jeweiligen Bezugsschulen vorzunehmen. Dafür gibt es stadtteilbezogene Koordinationstreffen der beteiligten Schulleiter. Im Fall der Bestandsbedrohung einer weiterführenden Schule hat es gezielte Werbekampagnen (Elterninformation in mehreren Sprachen, Tage der offenen Tür) gegeben, um die Grundschulen zu den entsprechenden Empfehlungen zu veranlassen. Denen kommt dann die Aufgabe zu, ihre Schüler und deren Leistungen im Lichte der gegeben

Übergangsmöglichkeiten zu interpretieren. An dieser Stelle haben sie Gelegenheit, Unterschiede zwischen Schülern verschiedener nationaler Herkunft zu machen.

Abb. 5

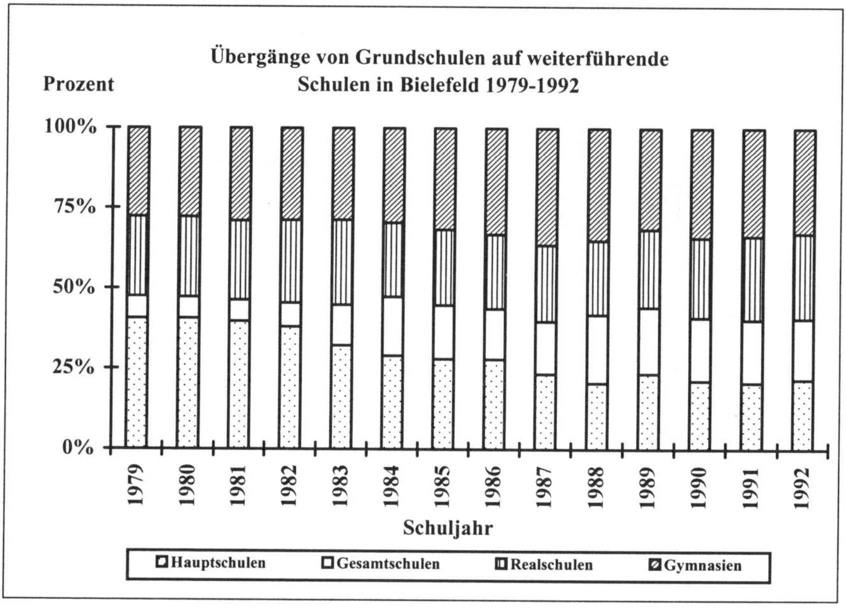

(Quelle: Schulentwicklungsplan 1990)

Vergleich des Übergangsverhaltens von deutschen und ausländischen Schülern

Vergleicht man das Übergangsverhalten von der Grundschule in weiterführende Schulen von deutschen und ausländischen Schülern, so zeigt sich auch bei den ausländischen Schülern ein Trend weg von der Hauptschule hin zur Gesamtschule, wobei ihr relativer Anteil an der Gesamtschule sogar deutlicher ansteigt als der relative Anteil der deutschen Schüler auf diesem Schultyp. Ebenso verbessert sich ihr Anteil an den anderen qualifizierten Schulformen auf Kosten der Hauptschule. Diese für die Bundesrepublik im Untersuchungszeitraum typische Entwicklung ist als „Normalisierung“ des Bildungsverhaltens beschrieben worden (vgl. Klemm 1987).

Abb. 6a+b

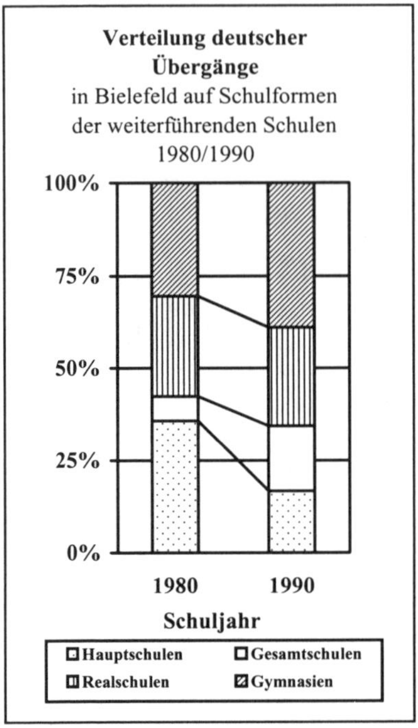

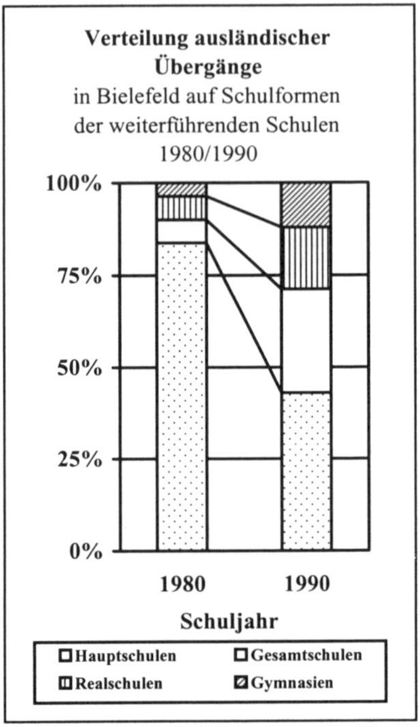

(Quelle: Schulentwicklungsplan 1990)

Wenn man von der Annahme ausgeht, daß die Veränderungen im Übergangsverhalten der Schüler wesentlich auf das Handeln der Organisation Schule zurückzuführen sind, schließen sich mit Blick auf die Problematik der Behandlung von Deutschen und Ausländern in der Schule zwei Fragen an: Wirken sich die Umstrukturierungen des Schulangebotes in gleicher Weise auf die verschiedenen Schülergruppen aus? Welche Schüler rücken auf die begehrten Plätze nach, wenn die Konkurrenz um Schüler zwischen den Schulen zunimmt? Verringert oder vergrößert sich die Differenz zwischen den verschiedenen, national kodierten Gruppen? Können die ausländischen Schüler im gleichen Umfang von dem veränderten Schulangebot profitieren wie ihre deutschen Altersgenossen und ihre Schulerfolgsquote, gemessen in qualifizierten Abschlüssen, erhöhen? Das wäre nach Schulformen bezogen auf das jeweilige Angebot an Plätzen durch Trendvergleiche auszuloten. Differenzen im Verlauf der Trends bei verschiedene Gruppen können als unbeabsichtigte Nebenfolgen des Organisationshandelns aufgefaßt werden, das ganz andere Probleme zu lösen suchte und die Effekte des eigenen Handelns nicht beobachten und kontrollieren muß. Dennoch sind solche Effekte auf die möglichen Ursachen von Ungleichheit zu untersuchen. Dazu gehört auch die Frage der Auswirkungen der lokalen Disparitäten auf die beiden Bevölkerungsgruppen.

Lokale Angebotsdisparitäten

Daß die Struktur des Schulangebotes das Übergangsverhalten in die Sekundarstufe beeinflußt, gilt bezogen auf das Stadtgebiet wie auf einzelne Stadtteile, zwischen denen erhebliche „innerstädtische Disparitäten" (Weishaupt 1996) bestehen können. Wenn man die demographischen Entwicklungen, sowie die Veränderungen der Struktur des Angebotes und seine lokale Verteilung betrachtet, stellt sich mit Blick auf mögliche strukturelle Diskriminierungen die Frage, wie sich die Expansion und die Umstrukturierungen im Schulplatzangebot in den verschiedenen Stadtteilen auswirkten. Hier geht es darum, Schulangebot, Sozialstruktur und nationale Herkunft der Bevölkerung in den einzelnen Quartieren zueinander in Beziehung zu setzen.

Zunächst sind deutliche Abweichungen vom Gesamtangebot festzustellen sowie erhebliche Differenzen in den rechnerischen Übergangschancen zwischen den Stadtbezirken. Zusätzliche Bedeutung erlangen die Werte, wenn man weiß, daß die beiden Stadtteile Brackwede und Sennestadt durch die geographische Barriere Teutoburgerwald auch verkehrstechnisch von der Stadtmitte getrennt sind, wo das Angebot an weiterführenden Schulen am größten ist. Bei einem Schulbesuch in einem anderen Stadtteil wäre die Frage des Schulbusservice oder der Fahrtkosten bzw. Fahrkostenerstattung zu klären[1].

Wir betrachten in Tabelle 2 die drei oben schon erwähnten Stadtteile mit dem höchsten Ausländeranteilen bezogen auf die Übergangswahrscheinlichkeiten.

Bielefeld-Mitte als traditioneller Schulstandort hat ein erhebliches Überangebot an Plätzen in allen Schulformen und versorgt mit seinen weiterführenden Schulen auch die anderen Stadtteile. Es wird aber deutlich, daß Schüler, die in diesem Bezirk eine Grundschule besucht haben, die Wahl der Schulform vor ihrer Haustür und durchgängig höhere Chancen auf einen qualifizierten Abschluß haben. Diese Situation hat sich im Betrachtungszeitraum in einem deutlich verringerten Angebot an Plätzen in der Haupt- und der Realschule niedergeschlagen.

Im Stadtteil *Brackwede* fällt auf, daß das Schulangebot insgesamt – wohl im Interesse des Erhalts der traditionsreicheren Innenstadtschulen – reduziert worden ist und die Chancen, eine der drei herkömmlichen Schulformen im Stadtteil zu besuchen, im Betrachtungszeitraum für alle gesunken sind. Der

1 Zur Bedeutung der Erreichbarkeit von Schulen für die Schulwahl der Eltern vgl. Ditton 1992.

Verlust bezogen auf Realschule und das Gymnasium, das vordem einen höheren Anteil am lokalen Platzangebot hatte als in der nach der Gebietsreform entstandene Gesamtstadt, wird durch die neue Gesamtschule im Stadtteil nur teilweise ausgeglichen.

Tab. 2

Übergangschancen* für Schüler in Bielfeld-*Mitte, Sennestadt und Brackwede* nach Schulformen

	Bi-Mitte				**Bi-Sennestadt**				**Brackwede**			
Schulj.	HS	RS	GY	GS	HS	RS	GY	GS	HS	RS	GY	GS
80/81	0,69	0,74	0,84	0,37	0,60	0,29	-	-	0,61	0,27	0,27	-
89/90	0,27	0,49	0,88	0,44	0,58	0,29	-	-	0,32	0,16	0,16	0,32

*Quotient aus den Platzangebot/Schulform und der Gesamtzahl der Übergänger in Klasse 5 in den Bezirken. Quelle: Schulentwicklungsplan und Übergangsdaten der Grundschulen, eigene Berechnung.

Im Stadtteil *Sennestadt* weicht das Schulangebot am stärksten von der Situation in der Gesamtstadt ab. Hier werden im Bezirk nur erhöhte Chancen bezogen auf die Haupt- und die Realschule geboten, andere Schulformen (mit Ausnahme eines Gymnasiums in kirchlicher Trägerschaft) sind nur außerhalb des Stadtteils zu erreichen, der zudem am weitesten vom Zentrum entfernt liegt.

Betrachtet man die Übergänge aus den Grundschulen in die weiterführenden Schulen, so lassen sich deutliche Unterschiede der Verteilungsprofile zwischen den Schulen und zwischen den Stadtteilen feststellen. Das gilt bezogen auf alle Schüler und ließe sich mit den sozialökologischen Lebensverhältnissen in den Wohnvierteln/Schuleinzugsgebieten erklären.

Solche Unterschiede zeigen sich jedoch auch bezogen auf das Übergangsverhalten der Gruppe der ausländischen Schüler. Wie Abbildung 7 zeigt, ist das Übergangsverhalten der ausländischen Schüler auf eine weiterführende Schulen nicht nur von Grundschule H zu Grundschule Z z. T. deutlich verschieden, sondern die Unterschiede zwischen den Stadtteilen sind ebenfalls bedeutsam. In der Stadtmitte ist die Situation deutlich günstiger als in Brackwede und diese ist noch einmal deutlich günstiger als die Situation in Sennestadt. Um solche Differenzen verstehen zu können, ist eine eingehendere Betrachtung der einzelnen Schulen und ihrer sozialräumlichen Situation geboten.

Im Stadtteil Mitte fällt die Schule L durch einen sehr hohen Hauptschulanteil an den Übergängern auf. Es ist die Schule, die vor der Abschaffung der Vorbereitungsklassen die meisten Klassen diesen Typs betrieben hat und in der Stadt als „Türkenschule“ bekannt war.

Abb. 7

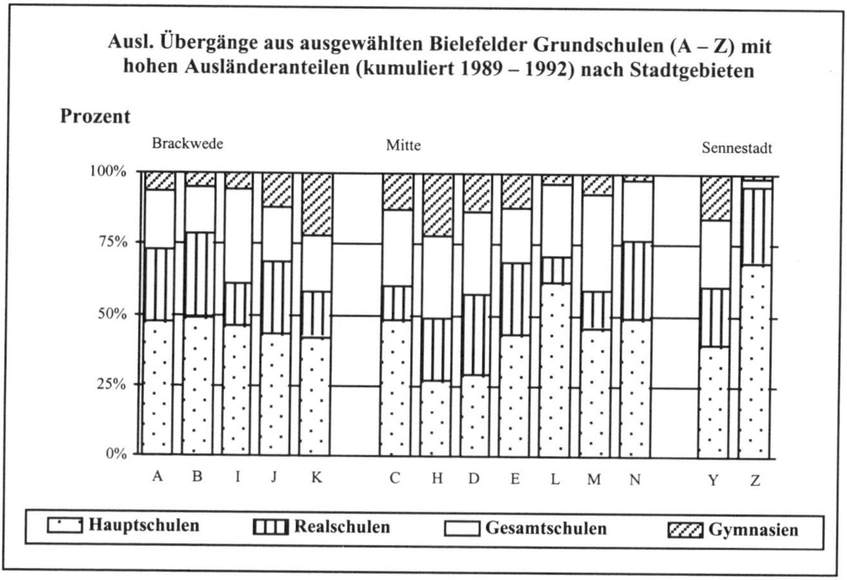

Quelle: Schulamt der Stadt Bielefeld, eigene Berechnungen.

Das Einzugsgebiet der Schule L ist relativ klein, weist aber eine innenstadttypisch hohe Bevölkerungsverdichtung auf. Die soziale Struktur des Schulbezirks weicht in einigen Punkten (Ausländeranteil, Erwerbstätigkeit, Altersdurchschnitt) nach oben von den städtischen Durchschnittswerten, aber auch von den Bezugswerten des Stadtbezirks Mitte ab. Die Bevölkerung ist relativ jung, die Erwerbstätigen weisen einen sehr hohen Anteil ausländischer Arbeitnehmer auf (20 v.H. höher als im Bereich der Innenstadt), außerdem ist ein relativ hoher Anteil von einkommensschwächeren Haushalten zu registrieren.

Eine Besonderheit besteht darin, daß im Schuleinzugsgebiet der Schule L eine katholische Konfessionsschule liegt, die selbst über kein eigenes Einzugsgebiet verfügt, und einen Teil der Schüler aus dem Bereich der Schule L abzieht. Nach den Daten der Volkszählung von 1987 lebten zu diesem Zeitpunkt 212 Kinder im grundschulpflichtigen Alter im Einzugsgebiet der Schule L. Besucht wurde die Schule aber von 268 Kindern. Berücksichtigt man, daß die Schule mit einem starken Umgehungsverhalten der Eltern konfrontiert ist, die ihre Kinder auf die katholische Konfessionsschule anmelden, so zeigt sich, daß die Schule L Kinder aus ihrem Einzugsgebiet an die katholische Konfessionsschule abgibt und dafür Kinder aus anderen Bezirken aufnimmt. Dabei handelt es sich vor allem um türkische und kurdische Kinder, die eine der nach wie vor an der Schule bestehenden Vorbereitungsklasse besuchen. Keines dieser Kinder wohnt im offiziellen Einzugsgebiet der Schule.

Betrachtet man die durchschnittliche Klassengröße der Schule L bei Dreizügigkeit nach den Zahlen der grundschulpflichtigen Kinder im Einzugsgebiet, so ergibt sich, daß die Schule ihre Dreizügigkeit nicht ohne Aufnahme von Schülern aus anderen Schulbezirken aufrecht erhalten könnte. Die Einrichtung von Vorbereitungsklassen kann vor diesem Hintergrund als ein Mittel der Bestandssicherung der Dreizügigkeit betrachtet werden. Die benachbarte katholische Konfessionsschule, die bis zur Gründung der griechischen Ergänzungsschule vor allem auch griechische Kinder unterrichtet hatte, hat sich in den achtziger Jahren im Zuge einer Umorientierung zu einer „Vorbereitungsschule“ für das angesehene Ratsgymnasium in der Stadtmitte profiliert. Hier ist ein deutlicher *creaming-effect* zu beobachten. Die Schule L hingegen unterhält Vorbereitungsklassen für jede Jahrgangsstufe.

In einer ähnlichen Situation ist die Schule M, wohingegen die Schule N eine der Schulen ist, die bei rückläufigem „Schüleraufkommen“ eine direkte Zubringerfunktion für „ihre“ benachbarte Realschule übernommen hat.

Die Situation im Stadtteil Brackwede stellt sich dagegen vergleichsweise homogen dar. Hier verhalten sich die Grundschulen mit hohem Ausländeranteil deshalb vergleichbar, weil sie alle auf die gleiche Schülerpopulation türkischer Schüler angewiesen sind. Differenzen zeigen sich hier lediglich bei der Frage, ob Gesamtschule oder Realschule als weiterführende Schule in Frage kommen.

Wieder ganz anders ist die Situation im Stadtteil Sennestadt, wo die Schulen Y und Z ihre Schüler fast überwiegend auf die am Ort verfügbaren Haupt- und Realschulen verteilen. Die Vermutung, daß die Erreichbarkeit von Schulen bei der Schulwahl der Eltern eine Rolle spielt, scheint sich bei diesem statistischen Bild zu bestätigen.

Zusammenfassend kann man sagen, daß die Chancen, eine qualifizierte Bildungskarriere zu beginnen, in hohem Maße von organisatorischen Gegebenheiten abhängen, die sich stadtteilspezifisch herausgebildet haben. Es hängt nicht zuletzt von der Grundschule ab, auf die ein Kind zugewiesen wird bzw. angewiesen ist, und den organisatorischen Möglichkeiten der schulischen Umgebung, wie seine weitere Karriere verläuft. Entweder ist das Umfeld an weiterführenden Schulen ungünstig, wie in Sennestadt, oder die Schüler werden einer Schule zugewiesen, die von anderen Schülern durch Umgehungsverhalten gemieden wird. Wenn sich solche Differenzen zwischen den Schulen auf verschiedene Bevölkerungsgruppen unterschiedlich auswirken, kann dies von außen als indirekte Diskriminierung beobachtet werden. Gegen solche Effekte kann sich nur wehren, wer über entsprechendes soziales und kulturelles Kapital verfügt und durch eigene Entscheidung gegen administrative Anordnungen Standortnachteile vermeidet.

Statistischen Auffälligkeiten an den Entscheidungsstellen in der Grundschule

Operationalisieren läßt sich die Frage, ob die Gruppen in gleicher Weise von der Umstrukturierung des Schulangebotes profitieren, durch SOLL/IST-Vergleiche an den drei Entscheidungsstellen in der Grundschule: Einschulungsverfahren, Sonderschulaufnahmeverfahren und Übergangsempfehlung nach Klasse 4. Soll/Ist-Vergleiche setzen einen Ausgangswert unter der Annahme konstant, daß sich im Verlauf der darauf folgenden Jahre weder an der Beschaffenheit der jeweils untersuchten Gruppe noch an der Art und Weise, wie sie vom Schulsystem behandelt werden, etwas geändert hat. Der Ausgangswert wird als Durchschnitt der zurückliegenden drei Jahre gebildet. Abweichungen vom Verlauf der Soll-Kurve nach oben oder nach unten sind zu interpretieren.

Einschulung: Ausländische und deutsche Kinder in Schulkindergärten

Bereits bei der Einschulung und der dazu vorgenommenen Feststellung der „Schulfähigkeit" sind in Bielefeld deutliche Unterschiede zwischen deutschen Schulanwärtern und Migrantenkindern festzustellen: während im Untersuchungszeitraum *abnehmend* zwischen ca. 9 und 7 v. H. der schulpflichtigen deutschen Kinder eines Jahrgangs vom Schulbesuch zurückgestellt und in einen Schulkindergarten eingewiesen wurden, waren es bei den ausländischen Kindern im gleichen Zeitraum *ansteigend* zwischen ca. 11 und 14 v. H. eines Jahrgangs, also zuletzt doppelt so viele wie bei den deutschen Altersgenossen. Die Frage ist, warum an dieser Entscheidungsstelle ein gegenläufiger Trend zu beobachten ist. Es werden offensichtlich Unterschiede gemacht.

Ein Ist/Soll-Vergleich des Anteils der ausländischen Kinder im Schulkindergarten, bei dem der Durchschnitt der Anteilswerte der letzten drei Jahre vor 1980 als Indikator für Veränderungen konstant gesetzt wird (Abb. 8), zeigt, daß ihre Zahl – demographisch bereinigt – seit 1982 über dem berechneten Sollwert liegt, der sich ergeben würde, wenn sich an ihren Eigenschaften und am Aufnahme- bzw. Zurückstellungsverhalten der Schulen nichts geändert hätte. Da nicht anzunehmen ist, daß die Gruppe der ausländischen Kinder an einer wachsenden kollektiven Reifeverzögerung leidet, schließt sich die Frage an, *wie* die Unterschiede durch die Einstufungspraxis durch die Schulärzte und die Schulleiter hergestellt werden. Die Frage ist deshalb nicht trivial, weil etwa mangelnde Sprachkenntnisse laut Erlaß kein Grund für eine Zurückstellung sein dürfen[2]. Auch deuten alle Indikatoren wie Aufenthaltsdauer, Kindergartenbesuch etc. der ausländischen Kinder eher auf eine Verbesserung der Ausgangslage als auf eine Verschlechterung hin. Die-

2 vgl. zu den einschlägigen Bestimmungen unten Kap. 7

se wird von den Entscheidern aber entweder unterschiedlich bewertet und interpretiert, oder die Entscheidungen orientieren sich an anderen Problemen der Organisation (z. B. Über- oder Unterauslastung, fehlende Alternativen für Fördermaßnahmen) und werden nachträglich mit Sinn ausgestattet.

Abb. 8

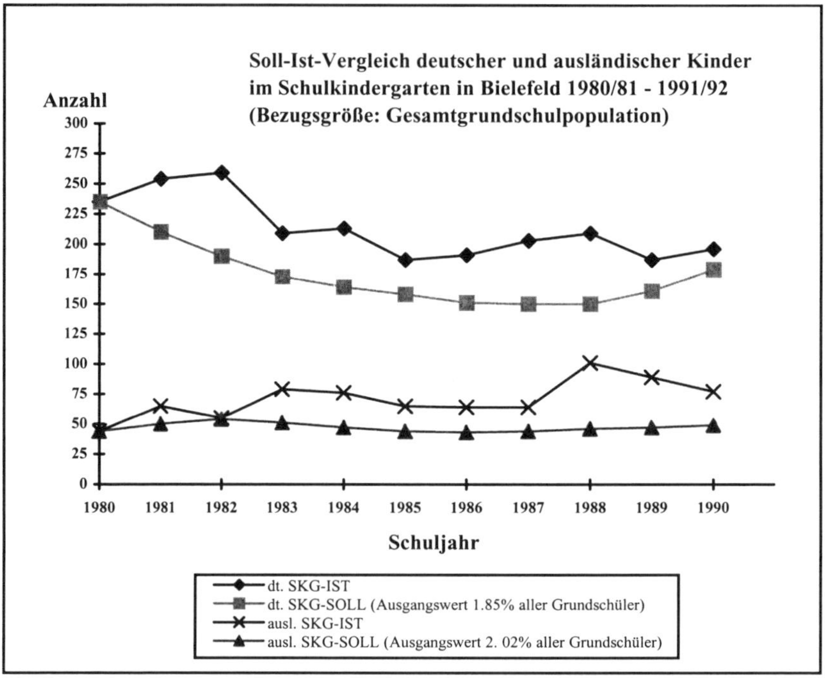

(Quelle: Schulamt der Stadt Bielefeld 1990: Schulentwicklungsplan; eigene Berechnungen)

Eine ähnliche Entwicklung zeigt sich auch bei den deutschen Schülern. Auch sie liegen im Beobachtungszeitraum kontinuierlich über ihrem fiktivem Sollwert, dem sie sich gegen Ende des Untersuchungszeitraums wieder angenähert haben.

Der Betrachtungszeitraum fällt zusammen mit der Hochphase des Ausbaus der Schulkindergärten, was sich daran ablesen läßt, daß die Zahl der Plätze trotz sinkender Schülerzahlen relativ stabil bleibt. Der relative Anteil der ausländischen Kinder erhöht sich von 20,3 auf 32,7 v. H., der relative Anteil der deutschen Kinder ist hingegen rückläufig von knapp 80 auf 67, 3 v. H.

Der Beginn der überproportionalen Steigerung der Zurückstellung von Migrantenkindern koinzidiert mit der 1982 angeordneten Abschaffung der

Vorbereitungsklassen in Langform, in die bis dahin in Bielefeld mehr als 5 v. H., nach der Abschaffung aber nur noch 0,5 – 1,0 v. H. der Migrantenkinder eines Jahrgangs eingewiesen wurden. Es sieht so aus, als hätten die Grundschulen nicht nur die Möglichkeiten der neuen Vorschulerziehung genutzt, sondern eine bisher gegebene Option, Kinder noch nicht in eine Regelklasse aufzunehmen (V-Klasse), zumindest teilweise durch eine andere (SKG) ersetzt. Es wird in den Gesprächen mit den Schulleiterinnen zu untersuchen sein, wie diese Praxis möglich und wie sie begründet wird.

Schulkindergärten sind als Förder- und Unterstützungseinrichtung gemeint. Allerdings haben Untersuchungen von Mader u. a. (1991) ergeben, daß die Zurückstellung bei der Einschulung auch als Beginn einer negativen Schulkarriere interpretiert werden kann. In vielen Fällen ist das Vorhandensein einer Akte ein Anlaß, an späteren Entscheidungsstellen auf die vorangegangene Entscheidung als Begründung zurück zu kommen. Auch hier ist zu untersuchen, ob sich die Zurückstellungspraxis unterschiedlich auf die verschiedenen Gruppen auswirkt.

Ausländische und deutsche Kinder an Sekundarschulen

Veränderungen im Übergangsverhalten ausländischer und deutscher Schüler in die Sekundarstufe I verdeutlicht wiederum eine demographisch bereinigte Berechnung der Anteile der verschiedenen Gruppen in den Schulformen. Bezogen auf den Hauptschulbesuch gleicht sich das Verhalten von deutschen und nicht-deutschen Schülern an. Beiden Gruppen gelingt in vergleichbarer Weise die „Flucht" aus der Hauptschule und ein „Umstieg" in die im Untersuchungszeitraum neu gegründeten Gesamtschulen. Beide Gruppen können ihre Hauptschulquote nahezu halbieren, die ausländischen Kinder sind jedoch in höherem Maße auf die Gesamtschule verwiesen (plus ca. 20 v. H.) (Abb. 9) gegenüber ca. 12 v. H. bei den deutschen Altersgenossen. Ausländischen Kindern gelingt außerdem verstärkt der Übergang auf die Realschule (Abb. 10), während deutsche Schüler ihre Gymnasialquote weiter steigern können (Abb. 11).

Ein Vergleich der realen Entwicklung mit der Hochrechnung der Soll-Zahlen, die auf der Basis der Übergangsquoten der Jahre vor 1980 ermittelt wurden, zeigt, daß deutsche Schüler bezogen auf den Realschulbesuch (Abb. 11) mit einer Quote von 25,7 v. H. im Jahr 1989/90 leicht unter ihrem Soll von 27,2 v. H. liegen, während ausländische Schüler ihren Anteil kontinuierlich von 6,3 auf 18,2 v. H. steigern konnten. Der Abstand zwischen beiden Gruppen hat sich also deutlich verringert, so daß im Bereich der Realschule auch in Bielefeld von einer Tendenz zur Normalisierung gesprochen werden kann.

Abb. 9

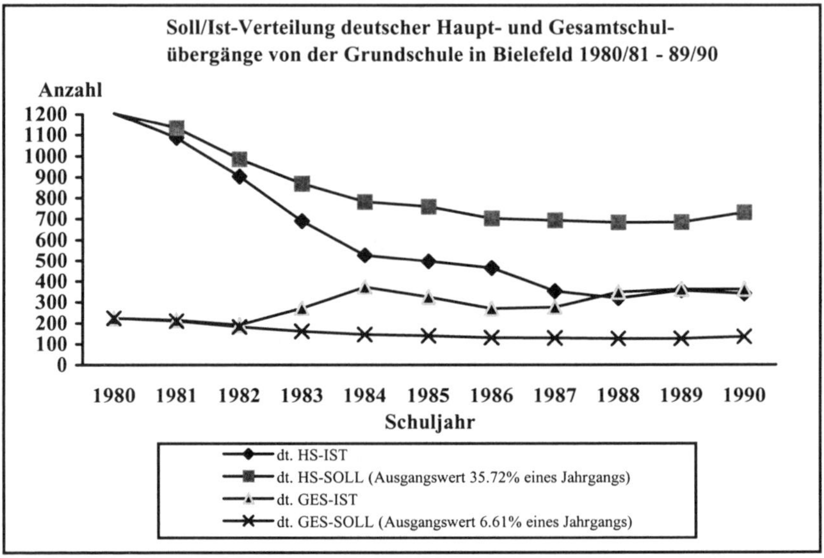

Abb. 10

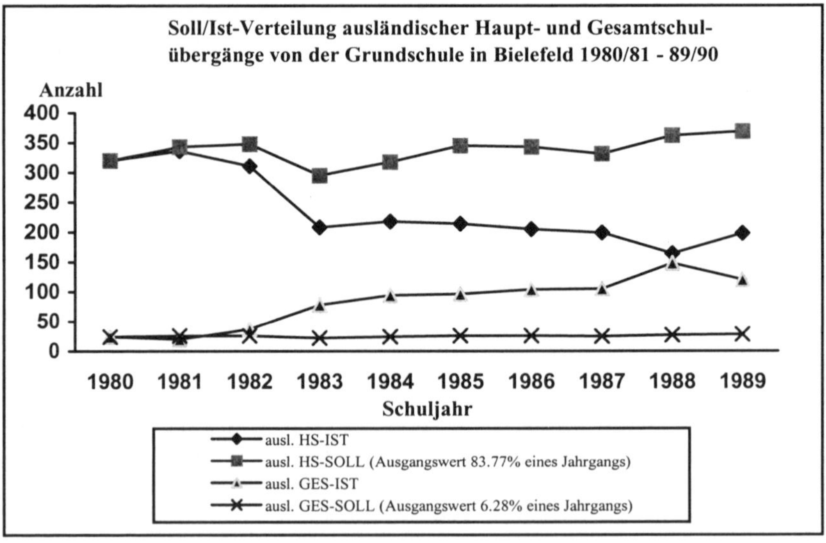

(Quelle: Schulamt der Stadt Bielefeld 1991: Schulentwicklungsplan; eigene Berechnungen)

Abb. 11

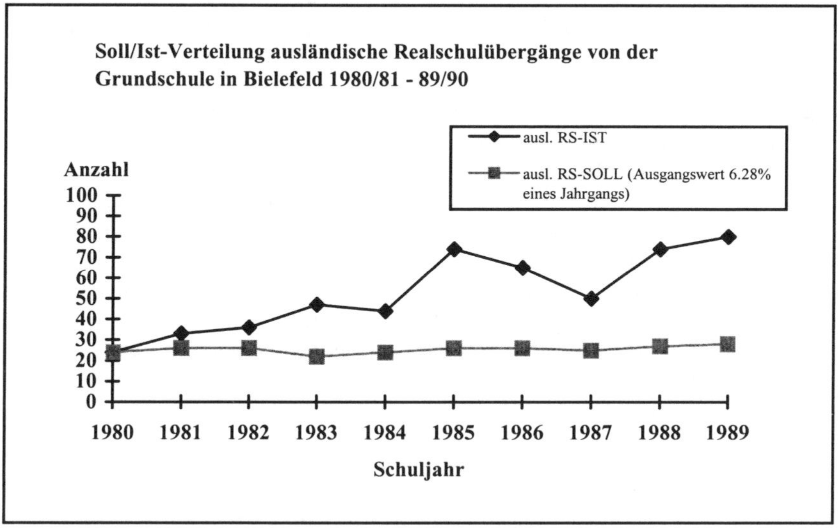

Abb. 12

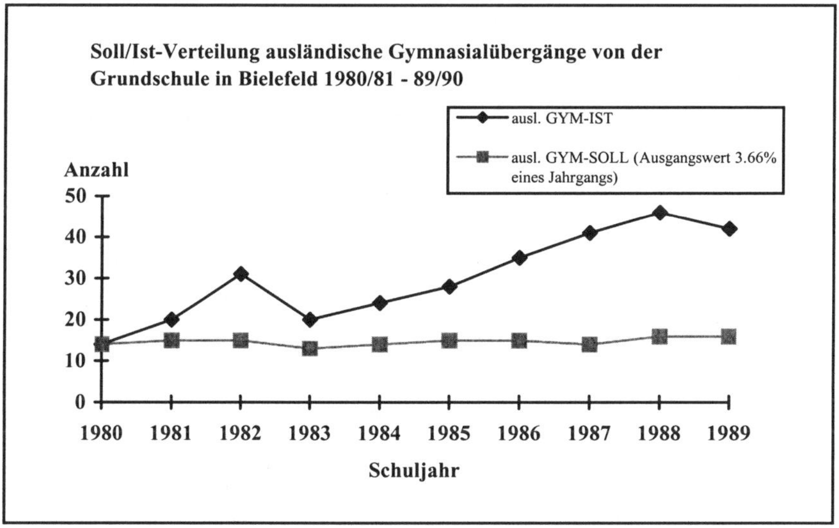

(Quelle: Schulamt der Stadt Bielefeld 1991: Schulentwicklungsplan; eigene Berechnungen)

Ein ähnliches Bild zeigt sich bei den *Gymnasien* (Abb. 12). Auch bei den Übergängen zum Gymnasium verläuft die Entwicklung parallel, beide Gruppen steigern ihren Gymnasialanteil. Hier erzielen die deutschen Schüler noch einmal Gewinne und steigern ihre Quote bei den Übergängern in die 5. Klasse von 30,5 auf 36,7 v. H. eines Jahrgangs um 6 Prozentpunkte. 1987 erreichten sie einen Spitzenwert von 41,7 v. H. Sie halten damit den Abstand zu den ausländischen Kindern, die ihren Anteil – ausgehend von niedrigem Niveau – ebenfalls von 3,7 auf 9,5 v. H. um ca. 6 Prozentpunkte erhöhen können.

Für alle drei Schulformen gilt, daß eine (leichte) Verringerung des Abstandes zwischen beiden Gruppen in Richtung auf eine Angleichung des Bildungsverhaltens festzustellen ist. Wenn man davon ausgeht, daß die Verbesserungen der Relationen zwischen den Gruppen nicht auf einen „kollektiven Begabungsschub" der Migrantenkinder oder ein plötzliches Anwachsen der Bildungsaspiration ihrer Eltern zurückzuführen sind, bleibt die Frage nach den Ursachen der Veränderungen, aber auch der Differenzen der Entwicklungstrends zwischen den Bevölkerungsgruppen.

Ausländische und deutsche Kinder an Sonderschulen für Lernbehinderte

Im Falle der Verbesserung der Situation der Migrantenkinder (Normalisierung) könnte man versucht sein, die Ursachen der Veränderungen in der Praxis der Förderung in den Schulen und ihrer Integrationsanstrengungen zu vermuten. Es könnte sein, daß die Bemühungen im Bereich der Lehrerfortbildung, der Curriculum-Revision im Zeichen „Interkultureller Erziehung" endlich Wirkung zeigen. Schulbehörden und Lehrerinnen neigen zu dieser Deutung. Sie folgen einer verständlichen Argumentation, wenn sie die Ursachen für Erfolg im eigenen Zuständigkeitsbereich zu suchen, ein verstärktes Scheitern am und im deutschen Schulsystem aber auf externe Faktoren, die von ihnen nicht kontrolliert werden können, zurechnen. Das gilt besonders mit Blick auf die Situation in Sonderschulen für Lernbehinderte.

In Bielefeld ist im Untersuchungszeitraum der Anteil ausländischer Schüler, die eine Sonderschule für Lernbehinderte besuchen, deutlich von 2,4 v. H. auf 4,1 v. H. angestiegen (Die Zahlen für die türkischen Schüler lauten 2,0 auf 5,2 v. H.). Der Anteil deutscher Kinder, bei denen eine Sonderschulbedürftigkeit „diagnostiziert" wird, ist im gleichen Zeitraum umgekehrt proportional von 3,2 v. H. auf 1,6 v. H. gesunken (Abb. 13). Auch hier liegt die Vermutung nahe, daß diese gegenläufigen Entwicklungen mit dem Entscheidungsverhalten der Organisationen in Anpassung an veränderte Umweltbedingungen (Demographie) zusammenhängen.

Bemerkenswert an dieser Entwicklung ist, daß bis 1982 sowohl die Quote für alle Ausländer als auch die Quote der türkischen Schüler unter der SOLB-Quote der deutschen Schüler liegt. Bis zu diesem Zeitpunkt war die Sonderschule für Lernbehinderte nicht als Lösung des Ausländerproblems entdeckt (vgl. Schmidtke 1977). Dies ändert sich sprunghaft im Jahre 1982, der Trend kehrt sich ab 1985 kurzzeitig wieder um, aber ab 1987 entwickeln sich die Trends der deutschen und nicht-deutschen Schüler – im Gegensatz zu den Trends im Sekundarbereich – weit auseinander. Der Abstand vergrößert sich dramatisch – eine Tendenz, die sich Anfang der neunziger Jahre weiter fortsetzt. Auch in diesem Punkt bildet Bielefeld keine Ausnahme (vgl. Kornmann/Schnattinger 1989). Für diesen Verlauf sind die Ursachen in der Organisation der Schulen zu suchen.

Abb.13

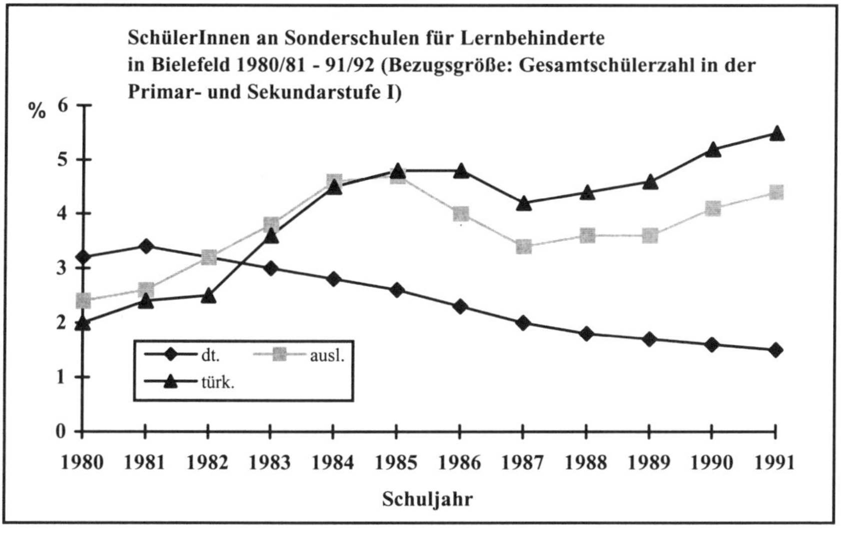

(Quelle: Schulamt der Stadt Bielefeld 1991: Schulentwicklungsplan; eigene Berechnungen)

Die Gegenläufigkeit der Entwicklung wird noch deutlicher, wenn man den Anteil der ausländischen Schüler in Sonderschulen für Lernbehinderte an der Sonderschule betrachtet. Er steigt seit 1980, als er mit 8,1 v. H. noch unter ihrem Anteil von 8,3 v. H. an der Gesamtschülerzahl lag, auf 40,0 v. H. im Jahre 1990 bei einem Anteil von nunmehr 14,0 v. H. an der Gesamtschülerzahl (Abb. 14).

Wie schon bei der Zurückstellung in den Schulkindergarten (SKG) stellt auch hier das Jahr 1982 einen Wendepunkt dar. Lag die Quote der ausländischen Sonderschüler bis dahin unter ihrem Anteil an der Gesamtzahl der Schüler, so liegt sie seither ansteigend darüber. Hier stellt sich erneut die Frage nach einem kollektiven Schub an Lernbehinderung auf der einen, einer plötzlichen Verflüchtigung von Lernschwächen auf der anderen Seite. Welche Ursachen haben diese Verschiebungen in der Organisation der Schule?

Abb. 14

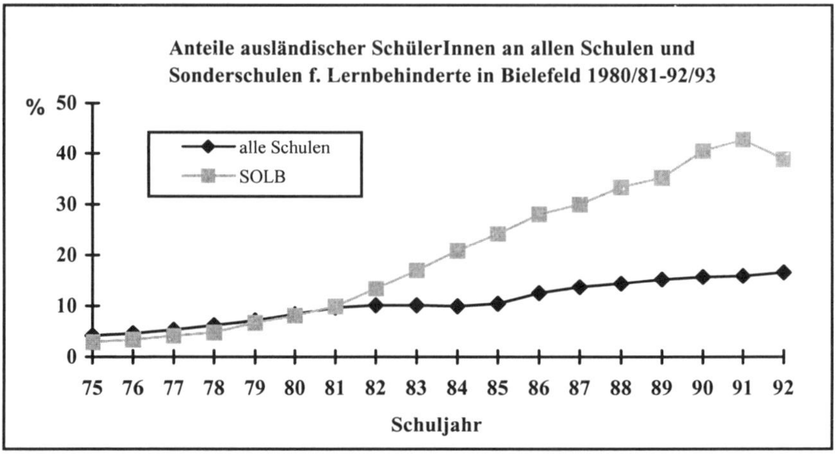

(Quelle: Schulverwaltungsamt Bielefeld 1991: Klassenbesetzungslisten, Schulentwicklungsplan)

Um das Maß dieser Veränderung abschätzen zu können, kann man wiederum die reale Entwicklung des Sonderschulbesuchs ausländischer Kinder in Bielefeld mit der um den demographischen Effekt bereinigten Hochrechnung der Soll-Zahlen, bezogen auf einen Mittelwert aus den Jahren 1975-1980 vergleichen und prüfen, wie die Entwicklung hätte verlaufen müssen, wenn der Anteil der Sonderschüler an allen ausländischen Grundschülern bei einer Quote von 2,4 v. H. gleichgeblieben wäre.

Es zeigt sich, daß den deutschen Schülern über das demographisch erwartbare Maß die „Flucht" aus der Sonderschule für Lernbehinderte gelingt, während Migrantenkinder ihre Quote auf 4,4 v. H. fast verdoppeln. In Bielefeld sind im Schuljahr 1990/91 rechnerisch verglichen mit dem *status quo* von 1980 186 ausländische Schüler „zuviel" auf einer Sonderschule für Lernbehinderte. Das entspricht in etwa der Größenordnung von 1,5 Sonderschulen für Lernbehinderte (von insgesamt fünf). Ausländische Kinder wurden und werden den Sonderschulen für Lernbehinderte wiederum nach 1982 verstärkt „angeboten" und von den Sonderschulen verstärkt aufgenommen.

Das veränderte Überweisungsverhalten der Grundschulen koinzidiert mit der bildungspolitisch verordneten Abschaffung von Vorbereitungsklassen in Langform Die Schulen lösen mit dem veränderten Überweisungsverhalten ihre durch den Erlaß neu entstandenen Probleme. Mit der Verpflichtung, Vorbereitungsklassen nicht über einen Zeitraum von zwei Jahren zu führen, standen viele Grundschulen vor der Aufgabe, einen großen Teil der Schüler der zweiten bzw. der dritten Klasse in die Regelklassen übernehmen zu müssen. Das fiel insofern leicht, als der Rückgang der deutschen Schüler die Zweizügigkeit der Schulen gefährden konnte. Aber es bestand auch die Option Sonderschule für Lernbehinderte, wie Abbildung 17 zeigt, wenn die Heterogenität der Regelklassen zu groß zu werden drohte. Gerade das aber versucht eine Schule zu vermeiden.

Abb. 15

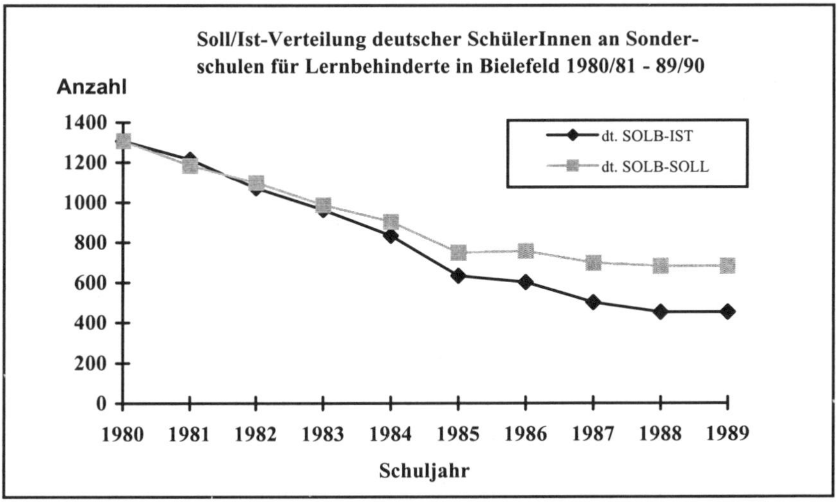

Abb. 16

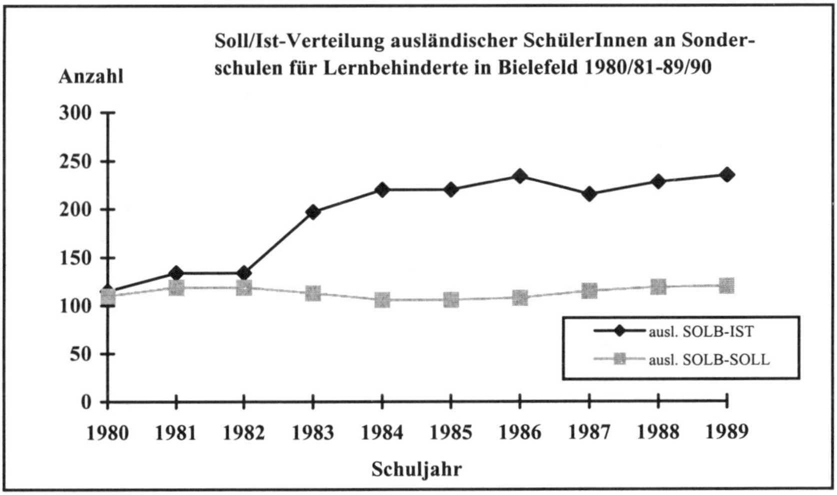

(Quelle: Schulverwaltungsamt der Stadt Bielefeld 1991: Schulentwicklungsplan; eigene Berechnungen)

Abb. 17

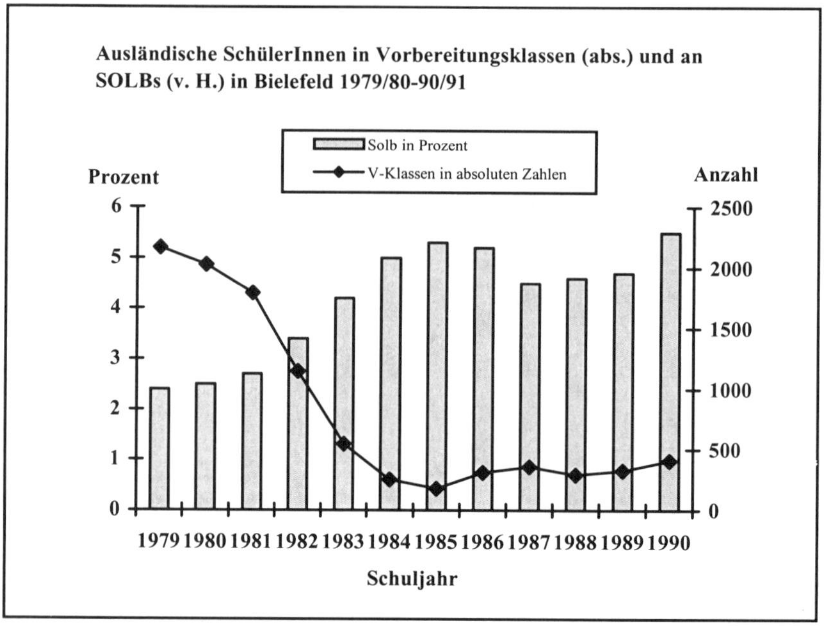

(Quelle: Schulverwaltungsamt der Stadt Bielefeld 1991: Schulentwicklungsplan)

Das Überweisungsverhalten der Grundschulen korrespondiert mit dem Aufnahmeverhalten der Sonderschulen. Diese waren durch den ab Mitte der achtziger Jahre immer deutlicher spürbaren Schülermangel bedroht, der Grundschulen dazu veranlaßte, auch Kinder mit einem besonderen Förderbedarf „zu halten“. Auch deren Aufnahmeverhalten änderte sich entsprechend, wie Abbildung 17 zeigt. Als sich die Abschaffung der Vorbereitungsklassen in Langform ankündigte, also eine interne Segregationsoption für die Grundschulen zu entfallen drohte, stieg die Zahl der Sonderschulüberweisungen sprunghaft an. Auch dieser Zusammenhang wurde von Hansen und Rolff (1984) für vergleichbare Städte bereits 1984 bemerkt: „Innerhalb der Sonderschulen scheint sich in aller jüngster Zeit, also im Beginn des Schuljahres 1983/84, die ethnische Zusammensetzung der Schülerschaft zu ändern. Es wird von einem sprunghaft anwachsendem Anteil von Ausländern unter den Sonderschülern berichtet.“ (Hansen/Rolff 1984, S. 162).

Die veränderte Überweisungspraxis sagt nichts darüber aus, welche Aufnahmepraxis „richtiger“ war oder ist. Geklärt werden muß, wie diese statistischen Befunde, die – unabhängig von individuellen Einstellungen der Organisationsmitglieder – als Effekte des Organisationshandelns anzusehen sind, bezogen auf die verschiednen Bevölkerungsgruppen hergestellt werden. Im Gegensatz zur Segregation in Vorbereitungsklassen, für die das Kriterium „Ausländer bzw. Sprachdefizit“ als Zuweisungskriterium ausreicht, stellt sich die Zuordnung ausländischer Kinder zur Problemgruppe der sonderschulbedürftigen Kinder als ein komplexer Prozeß der (Um-)Definition dar, weil, wie auch im Fall der Zurückstellung in einen Schulkindergarten, Sprachdefizite ausdrücklich kein Grund zur Sonderbeschulung sein dürfen. Die Überweisung ausländischer Kinder auf die Sonderschule für Lernbehinderte setzt die gezielte argumentative Zurichtung der beobachteten Lernprobleme für diese Beschulungsoption voraus, die wir in Kapitel 8 untersuchen.

Ungleiche Entwicklung des Bildungsverhaltens

Die statischen Auffälligkeiten werfen die Frage auf, wie es dazu kommen kann, daß (1) fast doppelt so viele ausländische wie deutsche Kinder eines Altersjahrganges vor ihrem Eintritt in die Grundschule als noch nicht „schulfähig“ gelten und/oder (2) nach ihren Eintritt in die Grundschule als „lernbehindert“ einer Sonderschule zugewiesen werden. In beiden Fällen ist eine Begründung, die auf nationale Herkunft, kulturelle Differenz oder Sprachprobleme verweist, durch die schulrechtlichen Rahmenvorgaben nicht zulässig. Dennoch produziert die Organisation diese Effekte, die sie möglicher Weise selbst gar nicht beobachtet hat. Von außen betrachtet könnte eine Form von direkter oder indirekter Diskriminierung vorliegen.

Wie die Effekte produziert werden, muß auf der Mikroebene der Entscheidungsstelle in der Grundschule bzw. in der aufnehmenden Sonderschule untersucht werden. Ebenso erklärungsbedürftig sind (3) die Veränderungen der Besuchsquoten in den weiterführenden Schulen. Der Austausch zwischen Hauptschule und Gesamtschule ist offenkundig; doch wie kommt es zu den überproportionalen Steigerungsraten für ausländische Schüler auf der Realschule und für die Gruppe der deutschen Schüler auf dem Gymnasium? In der hier verfolgten Logik müssen die Erklärungen auch für diese Differenz im Bildungsverhalten in der von organisatorischen Kalkülen abhängigen Überweisungs- bzw. Empfehlungs- und Aufnahmepraxis der Schulen gesucht werden.

Eine Erklärung der Veränderungen in der Bildungsbeteiligung könnte die dramatisch sinkende Schülerzahlen zu Ausgangspunkt der Überlegungen machen. Der Schülerrückgang stellte in den achtziger Jahren die Gymnasien und Realschulen vor ernsthafte Bestandsprobleme. Dieser Druck und eine durch den Elternwillen erhöhte Nachfrage nach qualifizierten Abschlüssen führten aus Bestandsinteressen zu einer, wenn auch begrenzten Öffnung der Realschulen und Gymnasien auch gegenüber ausländischen Kindern. Wie in kommunizierenden Röhren kam es zu einem Schüleraustausch zwischen den Schulformen (vgl. Baker/Lenhardt 1988).

Hauptschulen hatten das Nachsehen und wurden reihenweise geschlossen. Gewinner waren neben den deutschen Schülern, die ihren Gymnasialanteil weiter erhöhen konnten, auch Migrantenkinder, die auf die freigewordenen Plätze vor allem in der Realschule nachrücken konnten. Die These gewönne an Plausibilität, wenn bei wieder veränderten demographischen Bedingungen, d. h. einer wieder steigenden Zahl deutscher Aspiranten, sich die Übergangszahlen für Migrantenkinder wieder verschlechtern würden. Erste Anzeichen dafür zeigen sich (vgl. auch DIW 1995). Ganz zwingend ist die Erklärung jedoch nicht. Die gegenüber den Vorjahren verbesserte Bildungssituation deutscher und ausländischer Kinder kann auch mit einer naturwüchsig fortschreitenden Bildungsexpansion, bedingt durch die Bindung der Schulwahl an den Elternwillen, und dem Wahlverhalten der Eltern in Verbindung gebracht werden, oder auch mit immer wieder behaupteten verbesserten Lern- und Lehrbedingungen (Lehrerfortbildung, interkulturelles Lernen, erfolgreiche Fördermaßnahmen). Der Einfluß der möglichen Faktoren auf Verbesserungen läßt sich mit dem hier eingeschlagenen Verfahren nicht eindeutig bestimmen.

Der Verweis auf das Überweisungsverhalten der Grundschulen wird hier unabweisbar. Der Rückgang deutscher Sonderschüler wurde bereits 1980 von Hänsel und Klemm vorhergesehen und als Folge von Eigeninteressen der abgebenden Grundschulen erklärt: sinkende Schülerzahlen führten bei den Grundschulen zu einer Tendenz, Schüler zu halten, die unter den besseren Prozeßbedingungen (Grundschulreform) gefördert würden: „... weil kleinere Grundschulen ein steigendes Interesse am Erhalt ihrer Schülerzahlen haben und Überweisungen daher eher zu vermeiden suchen“ (Hänsel/Klemm 1980, S. 108). Der Rückgang der Schülerzahlen führte, wie Hansen und Rolff feststellen, zu einer „schleichenden Integration“ potentieller Sonderschüler in die Grund- und Hauptschulen, „seitdem ein Kampf um Schüler entbrannt ist“ (Hansen/Rolff 1984, S. 161f). Unterstützt wurde diese Tendenz durch die Anfang der 70er Jahre einsetzenden Problematisierung der Aussonderung (lern)behinderter Schüler aus den allgemeinen Schulen, die zunehmend an Bedeutung gewonnen hat.

Diese Entwicklung erfaßt aber bemerkenswerter Weise nicht die ausländischen Kinder. Sie werden im Gegenteil seit Anfang der achtziger Jahre verstärkt auf Sonderschulen überwiesen. Eine Erklärung stellt – wie schon im Fall des Schulkindergartens – auf eine direkte Korrelation zwischen der Zahl der Schüler in Vorbereitungsklassen und der Zahl der ausländischen Schüler auf Sonderschulen für Lernbehinderte ab.

Abb. 18

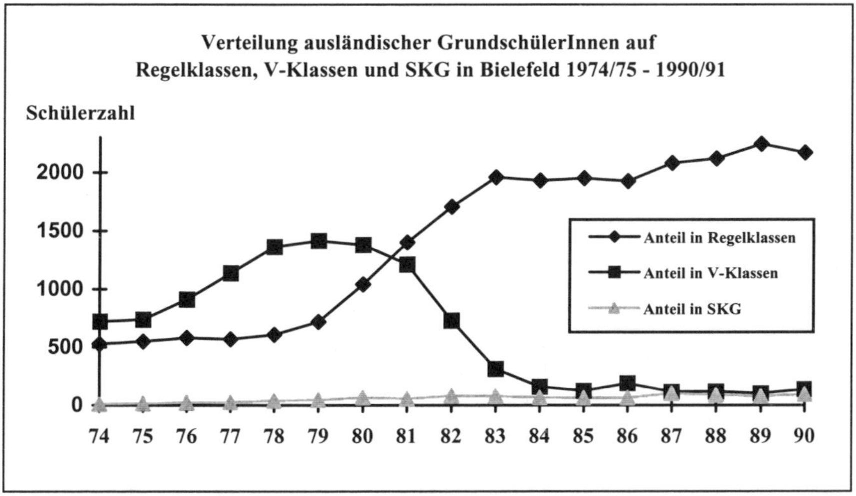

(Quelle: Schulverwaltungsamt der Stadt Bielefeld 1990: Schulentwicklungsplan)

Sonderschulen für Lernbehinderte nehmen verstärkt ausländische Schüler auf, weil sie sonst in ihrem Bestand gefährdet wären, oder – anders betrachtet, weil im Zuge der Anpassung an veränderte demographische Bedingungen disproportional weniger Sonderschulen im Verhältnis zum rückläufigen Schülerangebot geschlossen worden sind. Die Struktur des Schulangebotes hat sich geändert, ihre Effekte auf bestimmte Bevölkerungsgruppen werden entweder nicht beobachtet oder aber billigend in Kauf genommen.

Da es aufgrund der oben angeführten Verbesserungen (Aufenthaltsdauer, Wohnsituation, Fördermaßnahmen etc.) wenig plausibel ist anzunehmen, daß sich ausländische Schüler und deutsche Schüler in den untersuchten 10 Jahren in ihrer „Qualität“ derart geändert hätten, können Abweichungen nach unten als direkte Folge einer Änderung der Entscheidungspraxis innerhalb der Organisation Schule betrachtet werden[3]. Erklärt werden muß, wie es zu der verstärkten Überweisung der ausländischen Schüler auf die Sonderschulen und zu der verstärkten Aufnahme durch die Sonderschulen gekommen ist.

3 Für die Bedeutung des Faktors Organisation sprechen auch die deutlichen Unterschiede in den Bundesländern: Baden-Württemberg: Deutsche 1,5%, Türken 7,3%, Italiener 8,2%; in Rheinland-Pfalz waren es 1,9% Deutsche, aber nur 4,4% Türken und 4,3% Italiener auf Sonderschulen für Lernbehinderte (vgl. fortlaufend Kornmann/Klingele u. a. 1996, 1997).

Kapitel 6

Das Entscheidungsverhalten

Befragung der Entscheider

Wenn man Entscheidungs*prozesse* nicht teilnehmend beobachten, aber auch aus *ex post*-Darstellungen der Entscheider nicht zuverlässig rekonstruieren kann, so läßt sich doch die *Strukturierung* einer Entscheidung in einer gegebenen Situation nachvollziehen. Es geht darum festzustellen, was überhaupt möglich war, welche organisatorischen Optionen für Lösungen eines Problems vorhanden und welche Deutung des Problems durch den institutionellen Wissenshaushalt, das gültige Wertsystem, die „Leitidee" und individuelle Präferenzen vorgegeben waren. Organisations- und Deutungsressourcen bilden zusammen mit programmatischen Selbstbindungen ein eigenes Ordnungssystem, das der „Wirklichkeit" und der darauf folgenden Praxis der Entscheidung seine Struktur aufprägt, ohne sie endgültig zu determinieren.

Nach dieser „Realität" der Organisation Schule können ihre Mitglieder gefragt werden. Die Entscheider sind im Sinne von Cicourel und Kitsuse (1963) diejenigen, die an der Konstruktion der Organisationswirklichkeit, also der Art und Weise, wie die Organisation ihre Probleme beschreibt, und ihrer dauernden Reproduktion teilnehmen, ja mehr noch: sie sind Teil der Wirklichkeit der Organisation, die sie mit konstruiert haben. Man kann also Interviews veranstalten und die Entscheider bitten, anhand der statistisch dokumentierten Selektionsentscheidungen, die den Kern schulischer Organisation ausmachen, nachträglich ihre Entscheidungskalküle darzulegen. Das Interview ist so gesehen eine krisenhafte Situation des *sensemaking*. Zusätzlich stehen mit Gutachten im Kontext des Sonderschulaufnahmeverfahrens Dokumente zur Verfügung, in denen Entscheidungen begründet und gegenüber einer virtuellen oder tatsächlichen Öffentlichkeit legitimiert werden.

In einzelnen Schulen, die aufgrund theoretisch relevanter Merkmale (z. B. Anteil der Migrantenkinder, Übergangsquoten in weiterführende Schulen) ausgewählt wurden, folgte nach der statistischen Betrachtung auch ihres Umfeldes (Sozialstrukturdaten des Stadtteils, schulisches Umfeld) der Versuch, mit Hilfe leitfadengestützter (Experten-)Gespräche den institutionalisierten Deutungshaushalt zu ermitteln, der in der Organisation verfügbar ist, um so Entscheidungs- und Begründungsmuster rekonstruieren zu können. Lehrerinnen und Schulleiterinnen der ausgewählten Schulen wurden in einem ersten Gespräch anhand von Zahlen aus ihrer Schule zu den darin dokumentierten

Entscheidungen (Zahl der Rückstellungen bei der Einschulung, Zahl der Sonderschulaufnahmeverfahren, Klassenwiederholungen, Übergangsquoten), zu Veränderungen/Schwankungen über die Zeit und zu auffälligen Differenzen zu anderen Schulen befragt[1]. Die „Produzenten der Statistik" wurden also gebeten, ihre Statistik als Ergebnis ihres Organisationshandelns zu kommentieren und dabei ihre Konstruktion der Wirklichkeit unter den gegebenen materiellen Bedingungen ihrer Teilorganisation zu explizieren. Gezielt wurde mit den Gesprächen auf die Erhebung des Argumentationshaushaltes, der als institutionell verfügbares Wissen zur Begründung und Legitimation zurückliegender Entscheidungen bzw. geläufiger Handlungsroutinen benutzt wird.

Da die Grundschule den Unterbau des viergliedrigen Schulsystems bildet, wurden in der Hauptsache die „Entscheider" in der Grundschule und in Sonderschulen, also (Klassen-) Lehrerinnen und Rektorinnen, auch Beratungslehrerinnen befragt. Weil diese aber unter qualitativen und quantitativen Erwartungen der weiterführenden Schulen operieren, die ihre Entscheidungen beeinflussen können, wurden auch Schul- bzw. Stufenleiter der weiterführenden Schulen und der Hauptschulen[2] um Kommentare zu den Entscheidungsstellen gebeten.

- Aufnahme in die fünfte Klasse (Erprobungsstufe),
- Versetzung in die siebte Klasse (Verbleib an der Schule) bzw. Schullaufbahnentscheidung (an Haupt- und Gesamtschulen)

An diesen Stellen fallen die (Vor-)Entscheidungen über den Verlauf einer Bildungskarriere und die späteren Schulabschlüsse. Zusätzlich wurden leitende Beamte der Schulaufsicht, die die Ergebnisse der Schulen zu beobachten haben, in die Untersuchung mit einbezogen.

Nach einer vorläufigen Auswertung aller Gespräche wurden in einer zweiten Gesprächsrunde einzelne Punkte vertieft, informierte Nachfragen gestellt und eigene Deutungen abgeklärt. Genauso wurde mit den Schulleitern der weiterführenden Schulen verfahren.

Um eine dichte Beschreibung der schulischen Praktiken und Arrangements zu erhalten, die am Zustandekommen der überproportional hohen Übergangsquoten von (vor allem türkischen) Migrantenkindern auf die Sonderschulen für Lernbehinderte (SOLB) beteiligt sind, wurden die Interviews an den zehn Grundschulen durch zwei Gruppeninterviews ergänzt. Eines dieser Interviews wurde an einer Sonderschule für Lernbehinderte mit dem Rektor, einem Vertreter des schulpsychologischen Dienstes und einer Beratungslehrerin durchgeführt, das andere in der Schulbehörde mit den zuständigen Schulräten. Zusätzlich wurden vierzig Sonderschulgutachten aus den

1 Die Gespräche wurden auf Tonband aufgenommen und transkribiert.

2 Die Hauptschule kann angesichts der Arbeitsmarktmisere im Allgemeinen und der Lehrstellenmisere im Besonderen nicht mehr als „weiterführend" behandelt, sondern muß als „totes Gleis" des Schulsystems bezeichnet werden.

Jahren 1979 bis 1993 in die Untersuchung einbezogen. Die Gutachten waren von den Sonderschullehrerinnen selbst als exemplarisch ausgewählt und von einer SOLB offiziell zur Verfügung gestellt worden. Sie beziehen sich auf 20 deutsche und 20 „ausländische Kinder“, von denen jeweils die eine Hälfte auf die SOLB empfohlen wurden, und bei der anderen zum Verbleib an der Grund- bzw. Hauptschule geraten wurde. In den Gutachten wurden in einem den Interviewanalysen analogen Verfahren die Begründungsmuster untersucht, mit denen Entscheidungen legitimiert werden, um die institutionell geteilten Deutungshaushalte sichtbar zu machen.

Die qualitative Auswertung des Untersuchungsmaterials erfolgte in mehreren Stufen. In einem ersten Analyseschritt wurden die untersuchten Schulen als Einzelfall betrachtet, wobei die jeweiligen konkreten organisatorischen Handlungsbedingungen von zentralem Stellenwert waren. Bezogen auf die jeweilige Schule mit ihren je besonderen Bedingungen und Möglichkeiten wurden für die drei zentralen Selektionsschwellen die dort geläufigen Entscheidungs- und Handlungsmuster rekonstruiert. Auf dieser Basis wurden in einem weiteren Schritt – typisierend und verallgemeinernd – eine Reihe von Mechanismen institutioneller Diskriminierung herausgearbeitet, in denen die Befunde aus allen Interviews aggregiert sind (vgl. Kap.7, 8 und 9).

Argumentationsanalyse

Will man die nicht direkt beobachtbare Entscheidungspraxis einer Organisation rekonstruieren, ist man auf die Ermittlung des institutionellen Deutungshaushaltes verwiesen, der dort in Entscheidungssituationen zur Definition der Situation und zur nachträglichen Sinngebung verfügbar ist. Mit seiner Hilfe stellt die Organisation – weitgehend unabhängig von den Einstellungen, Meinungen oder auch Vorurteilen der Organisationsmitglieder – die Wirklichkeit her, auf die sie dann mit ihren Entscheidungen reagiert. Eine Formulierung Mary Douglas’ (1991) variierend, könnte man sagen, die Institution Schule denkt *in* ihren Mitgliedern oder *durch diese* hindurch.

Der institutionelle Deutungshaushalt selbst ist, wie die neo-institutionalistische Organisationstheorie behauptet, zentraler Teil des Entscheidungsprozesses, bei dem die verschiedenen Elemente einer Entscheidung – Entscheidungsgelegenheiten, Organisationsressourcen, Handlungsoptionen, Rahmenvorgaben, eingeübte Routinen etc. – miteinander kombiniert werden müssen. Den so zustande gekommenen Entscheidungen muß Sinn zugewiesen werden, sie müssen als rational, zweckmäßig und mit den Zielen der Organisation vereinbar präsentiert werden können. Dazu wird auf den institutionellen Wissenshaushalt zugegriffen (vgl. oben Kapitel 2).

Zur Rekonstruktion der *Mechanismen* der Diskriminierung ist über eine Deutungsmusteranalyse (vgl. Lüders/Meuser 1997) hinaus der Modus der situativen Anwendung der Unterscheidungen im Kontext der Organisation und ihrer konkreten Handlungsoptionen zu beschreiben. Zu zeigen ist, wie Entscheidungen als bestimmte, wiederkehrende oder wechselnde Kombination der Elemente, abhängig von ihrer Verfügbarkeit, zustande kommen – also bei anderer Gelegenheit oder unter anderen Rahmenbedingungen auch anders ausfallen und anders begründet werden könnten. Deshalb ist davon auszugehen, daß der Wissenshaushalt nichts fest und starr ist, sondern flüssig und flexibel für alle Gelegenheiten Argumente und Argumentationsmuster bereithält. Zu untersuchen ist, welche Rolle der institutionelle Deutungshaushalt bei der Problemwahrnehmung, der Strukturierung der Entscheidung wie der Begründung spielt.

Die Gespräche wie die Dokumente wurden einer eingehenden Argumentationsanalyse[3] unterzogen. Da die Aussagen als Bekräftigung einer institutionellen Wirklichkeitskonstruktion und Rechtfertigung einer etablierten Praxis aufgefaßt werden, wird unterstellt, daß der Text dem Modus der Argumentation folgt. „Im Modus der Argumentation werden (nach einer begrifflichen Bestimmung durch Jon Elster, d. Verf.) empirische und normative Behauptungen vertreten, die mit dem Anspruch der Gültigkeit (validity) auftreten" (Saretzki 1996, S. 23). Der Kommunikationsmodus der Argumentation steht im Kontrast zu dem auch in Organisationen verbreiteten Modus des Verhandelns, mit dem Forderungen begründet und Kompromisse nötigenfalls mit „Verhandlungsmacht" durchgesetzt werden sollen. Argumentiert wird aufgrund von Selbstbindungen (z. B. in der Profession oder der *scientific community*) oder unter äußerem Zwang (z. B. anläßlich einer Evaluation oder in einem Forschungsinterview), womit die Argumentation eine Art Selbstzensur des zurückliegenden Verhandlungsprozesses wäre, „in which strategic misrepresentation and other forms of jockeying for position are not allowed" (Elster 1989, S. 50).

Im Interview bewirkt schon die Unterstellung einer möglichen alternativen Beobachtungsweise, die allein schon durch die Thematisierung von Selektionsentscheidungen und ihre Konnotation mit „Diskriminierung" entsteht, daß die Befragten genau die Deutungsmuster zur Plausibilisierung und Legitimierung ihrer Entscheidungen anführen, von denen sie sicher wissen, daß sie institutionell approbiert sind und als Kommentierung der eigenen Praxis akzeptiert werden. Sie sagen also nicht die „Wahrheit", sondern sie ordnen ihre Entscheidungen in den Bereich des Gültigen ein. Die Konfrontation mit einer anderen „Realität" wird als Krise (der eigenen Beobachtungs- und Handlungspraxis) erlebt, die durch Wiederherstellung bisheriger Sicherheit überwunden werden soll. Die erwartbare Reaktion der Befragten auf eine auch nur implizite Diskriminierungsunterstellung ist Empörung und die Be-

3 Zur Bedeutung von Argumentationsanalysen in der Erziehungswissenschaft vgl. H. Paschen/L. Wigger (1992), Radtke (1996, Kap. V).

kräftigung der bisher für gültig gehaltenen Konstruktionen als Objektivität. Deren Konstruktionsprinzipien werden sichtbar.

Die Dekonstruktion der in den Interviews und Dokumenten gefundenen Argumentationsmuster kann also nicht mit dem Ziel erfolgen, den konkreten Entscheidungsprozeß zu rekonstruieren, was aus den genannten Gründen nicht geht. Es besteht aber die Möglichkeit, die Strukturierung/Rahmung der Entscheidungen zu erfassen, wie auch die Zuschreibung von Sinn zu rekonstruieren. Aus Akten, in denen zurückliegende Entscheidungen dokumentiert sind, und aus Interviews, in denen sie nachträglich kommentiert werden, läßt sich der institutionalisierte Wissenshaushalt rekonstruieren, in den Entscheidungen sich einfügen lassen müssen; an den retrospektiven Aussagen zur Begründung von Entscheidungen läßt sich ablesen, was in der Organisation als erfolgreich, organisationskonform, korrekt und legitim gilt. Das Gleiche gilt auch für Texte (Akten, Übergangsempfehlungen, Gutachten im Sonderschulaufnahmeverfahren), die im Entscheidungsprozeß selbst geschrieben werden. Die Darstellung abgelaufener Entscheidungen hält sich an institutionell anerkannte Unterscheidungen und Begründungsmuster. Um genau dieses Begründungswissen geht es in der hier vorliegenden Studie.

Technisch formuliert versucht der Sprecher in einer Argumentation, die Zustimmungsbereitschaft der Hörerin von einem Datum (Behauptung über die Realität) auf eine Konklusion zu lenken. Er bedient sich dazu, wenn man einem Konzept Stephen Toulmins (1975) folgt, sogenannter Schlußregeln oder auch „Schlußfahrkarten“, die eine Garantie übernehmen sollen, daß der Schritt von einem Datum zu einer Konklusion zuverlässig gegangen werden kann.

Die Annahme, daß die Gespräche mit den Entscheidern im Modus der Argumentation geführt wurden, erlaubt eine formale Charakterisierung des Textes, der vor jeder inhaltlichen Interpretation zunächst nach Argumenten gegliedert werden kann. Ein Argument besteht aus wenigsten drei Grundelementen: Einem Datum (D), das heißt, einer Beobachtung und Beschreibung eines Ausschnitts der Wirklichkeit; einer Behauptung, d. h. einer Interpretation dieses Datums, die in Form einer Konklusion (K) vorgetragen wird. Die Plausibilisierung kann sich wiederum auf Schlußregeln (SR) stützen, die angeben, warum das Datum für die Schlußfolgerung relevant ist. Schlußregeln entsprechen den in der klassischen Rhetorik als Gemeinplätze bezeichneten Deutungen, die von allen für wahr gehalten werden. Die Grade der Zuverlässigkeit der Schlußfolgerungen werden durch Modaloperatoren (O) und Ausnahmebedingungen (AB) eingeschränkt. Die in Anspruch genommenen Schlußregeln können ihrerseits durch Stützungen (S), die Bezug nehmen auf weitere Tatsachenaussagen (z. B. wissenschaftliche Befunde) oder Regelhaftigkeiten, untermauert werden.

Schlußregeln haben den in der klassischen Rhetorik beschriebenen Charakter von Topoi, das sind Orte, von denen wahre, das meint von allen *für wahr gehaltene* Aussagen/Sätze abgeleitet werden können. Sie bilden den Bereich der „doxa", des selbstverständlich Gültigen, das nicht mehr befragt werden darf[4]. In Organisationen treten sie als die schon zitierten „Sach- und Wertprämissen" hervor, mit denen Problembeschreibungen vorgenommen werden.

Toulmin-Schema zur Analyse alltäglicher Argumentationen

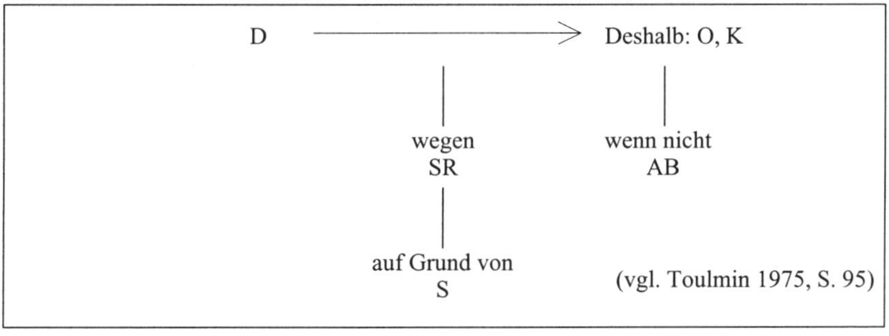

Das Toulmin'sche Schema läßt sich für den Gebrauch im Rahmen dieser Studie zu einer Heuristik vereinfachen, mit der die interessierenden Schlußregeln, die das institutionelle Wissen einer Organisation enthalten und präsentieren, möglichst direkt erschlossen werden können. Handwerklich kommt es darauf an, den Text vollständig dem Schema zuzuordnen. Es kann nur der vorhandene Text ohne zusätzliche Informationen interpretiert werden, wozu aber auch die Lücken des nicht Ausdrücklichen (Implikationen) gehören, die der Adressat einer Argumentation ergänzen muß, um die Schlüssigkeit des Arguments nachvollziehen zu können.

Die Annahme, mit der begonnen wird, ist also Schlüssigkeit und Gültigkeit der Argumentation, die rekonstruiert und nachvollzogen werden soll. Nicht ermittelt wird auf diese Weise, was wirklich geschah. Die Befragten stellen Probleme/Entscheidungen so dar, wie sie wissen, daß sie nach außen dargestellt werden können.

Eine Musteranalyse

Um zu demonstrieren, wie sich das von Toulmin vorgegebene Schema bei der Interpretation von Texten als Heuristik verwenden läßt, sei hier exempla-

4 Was passiert, wenn selbstverständlich Gültiges in Frage gezogen wird, zeigen die Krisenexperimente von Garfinkel 1967

risch eine Textpassage aus einem der Interviews mit einer Grundschulrektorin zum Thema Schulversagen analysiert:

Frage: Was uns interessiert ist, wie kleine Ereignisse sich so sammeln, daß es plötzlich keine kleinen Ereignisse mehr sind, sondern (daß daraus) eine Karriere wird?

Antwort: Also, ich will da 'mal eine Prognose wagen, die ich schon von ganz vielen Kolleginnen gehört habe. Ich glaube tatsächlich, daß das Erziehungsverhalten gerade türkischer Familien bezogen auf ihre Söhne ein ganz spezielles ist. Und ich will da wirklich nur sagen – es ist ein Erklärungsmodell – , daß sie also einfach ihren Söhnen unglaublich viel gestatten, was so Freiheit anbetrifft, und die diese Freiheit auch in der Schule total ummünzen. Also in türkischen Familien, das ist mir so dargestellt worden, ich habe da ja auch nicht so tiefe Einblicke, ist es tatsächlich so, daß der Junge Pascha ist. Und wenn er dann auch noch viele Mädchengeschwister hat, potenziert sich das ganze. Und er verhält sich in der Schule eben oft ganz genauso.

Dann kommt noch das Temperament dazu, das ja häufig bei den Kindern auch in anderer Weise sich darstellt und – also das ganze Umgehen mit der Wirklichkeit. Also „Kann ich nicht!" (...) heißt bei Christian, er schmeißt das Buch auf den Tisch und haut einmal drauf. Das heißt bei Bayram aber, daß er das Buch einem anderen an den Kopf haut und sich natürlich selber dabei belastet. Es macht ihm ja auch nicht unbedingt Spaß dann hinterher derjenige zu sein, der das große Gespräch mit mir führen muß und irgendwie Sanktionen angedroht bekommt. Aber, er muß einfach viel häufiger diese Dinge auch wieder verarbeiten. Und das wirkt sich ja auch hinderlich auf seinen Lernweg aus.

Die Argumentation antwortet auf die Frage, wie (negative) Schulkarrieren zustande kommen, mit einem „Erklärungsmodell", (das als Modaloperator eingeordnet werden kann und offen hält, daß es auch anders sein könnte), für das Gewährsleute („ganz viele Kolleginnen") als Stützung benannt werden. Die Argumentation zielt über mehrere Stationen der Problembeschreibung darauf, die Konklusion („Prognose"): „Und das wirkt sich hinderlich auf seinen Lernweg aus" als exemplarischen Fall vorzustellen, der auch für andere Fälle des Scheiterns von männlichen Migrantenkindern stehen kann.

Das erste Argument läßt sich wie folgt schematisieren: Argumentativ behauptet wird ein kausaler Zusammenhang zwischen der (vermuteten) häuslichen Sozialisation und Erziehung und einem (unerwünschten) Verhalten in der Schule. Die verwendete Schlußregel, mit der die Schlußfolgerung plausibilisiert werden soll, greift eine allgemeine Deutung aus der Schulforschung auf, wonach der Schulerfolg durch die Übereinstimmung/Passung zwischen Schule und Elternhaus bestimmt werde, andernfalls Probleme zu erwarten seien: „Schule und Elternhaus müssen an einem Strick ziehen"[5].

5 Bei Trommsdorff (1993, S. 54) zum Beispiel lautet die entsprechende Formulierung: „..., werden bei inkompatiblen Werten in Familie und Schule Lernerfolge der Kinder in der Schule gehemmt".

Schema 1

Datum

Permissives Erziehungsverhalten der türkischen Eltern/Der Junge wird zuhause wie ein Pascha behandelt/Das potenziert sich noch bei Mädchengeschwistern

Konklusion

Diese Pascha-Verhalten führt zu Problemen/ Schwierigkeiten in der Schule

wegen
Schlußregel

Das Erziehungsverhalten/die Erziehungsziele des Elternhauses und der Schule müssen übereinstimmen

Stützungen
Berichte von Kolleginnen

Im nächsten Argumentationsschritt werden die Schwierigkeiten, die die Schule mit dem Temperament/dem Verhalten des Kindes hat, zu Problemen, die das Kind mit der Schule hat: es wird wegen seines Verhaltens, das andere Kinder angreift und stört, (häufig) sanktioniert und muß die (dauernden) Strafandrohungen (psychisch) verarbeiten. Implizit wird mitgeführt, daß sich solche Vorgänge häufig wiederholen, woraus eine Belastung auch für den Jungen konstruiert wird. Unterlegt ist die Schlußregel, daß Regelverletzungen dieser Art – nach Versuchen der pädagogischen Intervention (Gespräche mit der Rektorin) – nicht hingenommen werden können.

Aus den Schwierigkeiten der Schule sind über Sanktionen im nächsten Argumentationsschritt (psychische) Belastungen des Jungen geworden, die „seinen Lernweg" behindern und eine negative Schulprognose wahrscheinlich machen. Wenn man sich nun erinnert, daß die Konflikte in der Schule als mentalitäts- und kulturbedingt dargestellt werden (Temperament und Erziehungsstil), wenn man weiter berücksichtigt, daß die Unterscheidung nach Geschlecht (Pascha/Mädchengeschwister) gemacht wird, dann zeichnet sich als Grundmuster der Argumentation der verbreitet Topos des „Kulturkonfliktes" zwischen vor allem türkischer/islamischer (Familien-)Kultur und deutscher (Schul-)kultur ab. Diesen Konflikt muß der Junge in sich austragen („Belastung"). Er ist als letzte Ursache (Kausalerklärung) für das Scheitern in der Schule bzw. für niedrigwertige Abschlüsse besonders von türkischen Jungen anzusehen.

Schema 2

Datum

Das andere Temperament/ das ganze Umgehen mit der Wirklichkeit sind verschieden von deutschen Kindern

Konklusion

Daraus resultierendes Verhalten führt zu Schwierigkeiten/ Sanktionen/ Belastungen des Jungen

wegen
Schlußregel

Unangepaßtes/unangemessenes Verhalten muß immer wieder sanktioniert werden

Temperament determiniert Verhalten

Stützungen
Anekdotische Illustration („Buch auf den Kopf")

Schema 3

Datum

Der Junge muß die Sanktionen verarbeiten

deshalb

Konklusion

Prognose: Schulmißerfolg/ negative Karriere

wegen
Schlußregel

(Kulturell bedingte) Konflikte in der Schule verhindern, daß erfolgreich gelernt wird und Leistungen erbracht werden

Die Argumentation verwendet durchgängig in der Schulpädagogik allgemeingültige Schlußregeln, die selbst nicht diskriminieren: sie gelten für deutsche und nicht-deutsche Schüler gleichermaßen. Daß ein „Pascha"- oder in anderen Fällen „Macho"-Verhalten mit südländischem Temperament gepaart geht, trifft allerdings eher auf Migrantenkinder zu.

Die Argumentation macht Bayrams Schwierigkeiten zu einem exemplarischen Fall, an dem ein Passungsproblem zwischen Schule, *türkischer* Familie und Kind demonstriert wird. Angeboten wird eine Erklärung, warum es bei türkischen Jungen beinahe zwangsläufig (Temperament), jedenfalls wahrscheinlicher/häufiger als bei einheimischen Jungen („Christian") zu einer negativen Schulkarriere, gegebenenfalls zu einer Exklusion (Überweisung auf eine Sonderschule) oder bestenfalls zur Zuweisung zur Hauptschule kommt.

Die Rekonstruktion und Schematisierung der Argumentation macht deutlich, wie in der Struktur einer alltagspraktischen Argumentation nicht nur Kausalerklärungen („Erklärungsmodell“) vorgetragen werden. Es kehrt in der alltagspraktischen Argumentation das Grundschema einer (in diesem Fall prospektiven) Entscheidung/Handlung wieder, die begründet, plausibilisiert und legitimiert werden soll. Kombiniert werden Daten (= Problemwahrnehmung/-beschreibung) mit einer Schlußfolgerung (= Problemlösung, in diesem Fall eine Prognose), der sozialer Sinn zugeschrieben werden muß, was durch Plausibilisierung unter Bezug auf in der Organisation geteiltes Wissen erreicht wird. Man kann hinter das vereinfachte Argumentationsschema das Handlungsdreieck von Problemwahrnehmung/-definition – Problemlösung/Handlung – Institutionell geteilten Wissenshaushalt/Begründung legen.

Handlungs- und Begründungsschema

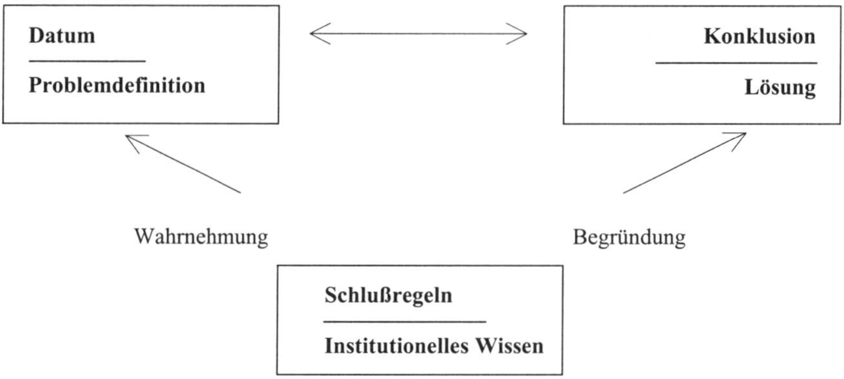

Mit der Feststellung eines Datums, d. h. der Problemdefinition, die in diesem Fall über mehrere Schritte plausibilisiert wird und dem Muster folgt: Das beobachtete und zu bearbeitende Phänomen ist „ein Fall von ...“, wird aus dem Bereich des organisationell Möglichen die dazu passende Lösung gefunden, also die Konklusion („deshalb“) auf eine bestehende Handlungsoption gezogen. Es kann aber auch umgekehrt sein, daß die in der Organisation vorhandene Lösung die Problemwahrnehmung bestimmt, daß also ein Kandidat für eine in der Organisation vorhandene Problemlösung gesucht wird. Bei der Problembeschreibung wie bei der Auswahl der Lösung wird auf Wissen zugegriffen. Dieses institutionelle Wissen strukturiert die Wahrnehmung und Definition des Problems ebenso, wie es die Begründung und Legitimation der Entscheidung für eine Lösung garantiert. Es ist Wissen der Institution, auf das die individuellen Akteure im Prozeß des Organisierens, das heißt, des Kombinierens von Problemen und Lösungen unter den gegebenen Bedingungen zurückgreifen.

Um den institutionellen Deutungshaushalt zu ermitteln, kommt es darauf an, in den Gesprächen Argumente/Argumentationen zu identifizieren und die unterlegten bzw. in Anspruch genommenen Schlußregeln/Prämissen freizulegen. Die Summe der Schlußregeln gibt einen Einblick in das Wissen der Institution Schule, das in ihren Mitgliedern und durch sie spricht. Zugleich geht es darum, die Verwendung des Wissens bezogen auf die in Rede stehenden Entscheidungsstellen zu rekonstruieren, um zu den Mechanismen der Diskriminierung vorzudringen. Gezeigt werden soll, daß die Verwendung oder Nicht-Verwendung eines Arguments von den Handlungsoptionen abhängt, die die Organisation bereithält, und von den Problemen, die die Organisation zu bewältigen hat. Im oben zitierten Fall beispielsweise hängt die Entscheidung darüber, was mit dem Jungen schließlich geschieht, davon ab, welche konkreten Problemlösungsoptionen der Schule zur Verfügung stehen: Förderstunden, sozialpädagogische/schulpsychologische Betreuung, Sitzenbleiben, Sonderschulaufnahmen etc. Je nach der tatsächlichen Entscheidung, der weitere Kalküle über die Opportunitätskosten und Folgen für die Organisation und das Kind vorausgehen, kann sich die Problemkonstruktion verschieben. Wenn sich dies im Vergleich der verschiedenen Schulen zeigen ließe, würde deutlich, daß Problembeschreibungen nicht als Einstellungen oder Vorurteile an die Person des Handelnden gebunden sind, daß sie nicht starr sind, sondern kontextbezogen ganz nach Opportunität variieren können. Wo die einen ein „Problem" sehen, sehen die anderen keines, wenn die Organisation keines hat, oder umgekehrt, wo Lösungen vorhanden sind, werden auch die passenden Probleme gefunden. Erwartbar wären Unterschiede, auch Widersprüche der Argumentation, abhängig von der jeweiligen Aufgabe, vor die sich die Organisation gestellt sieht.

Kapitel 7

Entscheidungsstelle: Einschulung

Auf der Suche nach den Ursachen für das überproportionale Anwachsen der Anteile von Migrantenkindern an den Schulkindergärten nach 1982 (vgl. Kapitel 5) werden in diesem Kapitel schulische Entscheidungsmuster an der Selektionsschwelle „Einschulung“ untersucht. Sichtbar gemacht werden soll der schulische Umgang mit der sprachlichen und kulturellen Heterogenität beim Eintritt in die Schule und die erhöhte Selektivität, die in dieser institutionellen Schwelle für Migrantenkinder angelegt ist.

Zunächst werden die *schulrechtlichen Rahmenbedingungen* aufgezeigt, die das Handeln der Akteure (Schulärztin, Schulleiter, Eltern und u. U. auch Kindergartenerzieherinnen, Personal des Schulamtes, Schulpsychologinnen und Erziehungsberaterinnen) limitieren, sowie die gegebenen organisatorischen Handlungsmöglichkeiten, die die Entscheidungen an den einzelnen Schulen vorstrukturieren. Als eine weitere zentrale institutionelle Dimension schulischer Entscheidungspraktiken ist das berufspraktische Wissen der Lehrerinnen zu betrachten. Es werden in aller Kürze die *grundschulpädagogischen Deutungshaushalte* umrissen, aus denen sich die Akteure bei der interpretatorischen Bewältigung ihrer beruflichen Aufgaben bedienen können. Anschließend werden im empirischen Teil dieses Kapitels eine Anzahl von *Entscheidungs- und Begründungsmustern* an der Übergangsschwelle „Einschulung“ rekonstruiert, die für die Schule und die Lösung ihrer Probleme als brauchbare Argumente dienen, die für Migrantenkinder aber diskriminierende Wirkungen haben.

Institutionelle und organisatorische Rahmenbedingungen

Die Entscheidungen von Schulleiterinnen über die Aufnahme oder Nicht-Aufnahme von schulpflichtigen Kindern sind institutionell vorstrukturiert. Der Ermessensspielraum ist durch die schulrechtlichen Rahmenbedingungen und – damit zusammenhängend – durch die organisatorischen Handlungsmöglichkeiten beschränkt. Die Deutungsbestände, auf die die Lehrer bei der Interpretation der zu bewältigenden Entscheidungsgelegenheiten bzw. des jeweils vorliegenden „Falls“ zurückgreifen, sind von den grundschulpädagogischen Diskussionen zum Schulanfang bestimmt, aber auch, soweit der Umgang mit sprachlicher und kultureller Vielfalt in Rede steht, vom Programm der Interkulturellen Pädagogik und Konzepten zum Zweitspracherwerb.

Schulrechtlicher Entscheidungskontext in Nordrhein-Westfalen[1]

Regulär schulpflichtig sind alle Kinder eines Grundschulbezirks, die bis zum 30. Juni des jeweiligen Jahres das sechste Lebensjahr vollenden. Bei der Anmeldung muß ein Kind jedoch noch nicht sofort in die Schule aufgenommen werden. Der Schulanfang ist als Selektionsverfahren angelegt, in dessen Verlauf erst über die „Schulfähigkeit" eines Kindes (im regulären Unterricht) entschieden wird. Zeitlich kann sich die Entscheidung vom Tag der Schulanmeldung bis zum Ende der ersten Klasse erstrecken. Um die Einschulung kindgerecht und flexibler zu gestalten, wurde sie im Zuge der Grundschulreformen der siebziger Jahre als „Schuleingangsphase" oder „gleitender Schulanfang" konzipiert (vgl. Horn 1982, Portmann 1988, Weigert/Weigert 1991)[2].

Unter anderem auch zum Schutz gegen sozialschichtspezifische Selektivität beginnt das Einschulungsverfahren in NRW mit der schulärztlichen Feststellung der Schulfähigkeit. Als relevant für die Schulfähigkeit gelten nach dem medizinischen Kriterium ausschließlich der körperliche Entwicklungsstand und das gesundheitlich bedingte Leistungsvermögen eines Kindes:

> „Die Beurteilung der psychischen Reife kann in der für die Untersuchung verfügbaren Zeit nur als Ergänzung angesehen werden. Die in besonderen Fällen erforderliche Differentialdiagnostik (Unreife-Debilität) kann nur unter Anwendung eingehender Zusatztests erfolgen, die den bei schulärztlichen Untersuchungen üblichen Rahmen sprengen. Aus den gleichen Gründen ist die differenzierte Prüfung der sozialen, emotionalen und kognitiven Schulreife in der Regel nicht Bestandteil der Einschulungsuntersuchung durch den Schularzt. Untersuchungsbefunde aus vorhergehender ärztlicher Kindergartenbetreuung sind soweit wie möglich heranzuziehen und bei der Beurteilung ergänzend zu berücksichtigen" (Kultusministerium NRW 1979).

---

1 Die folgenden Darstellungen beziehen sich auf die Einschulungsregelungen in NRW nach der Neufassung von 1973 (vgl. Kultusministerium NRW 1979, 1980). Diese Bestimmungen waren zum Zeitpunkt der Datenerhebung für die Hauptuntersuchung der vorliegenden Studie in den Grundschulen gültig (1993-94).

2 In den alten Bundesländern weist das Einschulungsverfahren ausgeprägte länderspezifische Varianzen auf. Unterschiede bestehen bzgl. der medizinischen oder nicht-medizinischen Definition von Schulfähigkeit (z. T. als Schulreife verstanden), des Zeitpunktes der Feststellung der Schulfähigkeit, des Zusammenwirkens von Schularzt, Pädagogen und Schulpsychologinnen, der Entscheidungsgrundlage (schulärztliches Gutachten, Schulreifetests, Beobachtung, Probeunterricht bei der Einschulung bzw. zusätzliche Gutachten des vorher besuchten Kindergartens, schulpsychologisches Gutachten bei der Zurückstellung), der entscheidenden bzw. beantragenden Instanzen bei der Zurückstellung (Schulamt, Schulleiter, Erziehungsberechtigte) und der Art der Zurückstellung (SKG, Regelkindergarten, Verbleib in Schulklasse im Status des SKG oder Vorklasse); vgl. Überblick bei Hansel (1982, S. 28ff). Für einen Überblick über den Schulanfang in der DDR-Pädagogik s. Geiling (1999).

Entscheidungsbefugt im juristischen Sinn ist die aufnehmende Grundschulleiterin, die ein Kind zunächst für 1 Jahr vom Schulunterricht zurückstellen kann. Die Entscheidung soll in Absprache mit den Erziehungsberechtigten getroffen werden. In schwierigen Entscheidungsfällen können weitere Institutionen einbezogen werden (z. B. der Kindergarten und insbesondere in Konfliktfällen auch das Schulamt). Bei mangelnder Schulfähigkeit können Kinder in den Schulkindergarten zurückgestellt oder im Kindergarten belassen werden.

Die Funktionen des Schulkindergartens[3] sind in den Erlassen vage beschrieben. Er ist für Kinder vorgesehen, die

> „die für den Schulbesuch erforderliche körperliche, geistig-seelische oder soziale Reife noch nicht besitzen [...] Schwerpunkte der Arbeit im Schulkindergarten sind: Soziales Lernen, Sprachpflege, Natur- und Sachbegegnung, Umwelterfassung, Grundlagen mathematischer Bildung, Musik und Rhythmik, bildnerisches Gestalten und Bewegungserziehung“ (Kultusministerium NRW 1979).

Im Zweifelsfall können Kinder auch eingeschult und unter eine sechswöchige Beobachtungsfrist gestellt werden. Bei fehlenden Schulkindergartenplätzen besteht weiterhin die Möglichkeit, die erste Klasse als Schulkindergarten anzulegen. D. h. ein Kind, das formal in den Schulkindergarten zurück gestellt wurde, kann in der Regelklasse bleiben und nach erfolgreichem Durchlaufen der ersten Klasse in die zweite Klasse übergehen. Andernfalls hätte es das erste Schuljahr zweimal absolviert. Da das erste und zweite Schuljahr als pädagogische Einheit konzipiert sind, gibt es kein Sitzenbleiben nach der ersten Klasse, lediglich die Möglichkeit einer *freiwilligen Klassenwiederholung*. Die Klassenwiederholung ist ohne Einverständnis der Eltern nicht möglich.

Laut Empfehlung des Deutschen Bildungsrates aus dem Jahr 1975 soll die Entscheidung über die Schulreife nicht nur aufgrund der Persönlichkeitsmerkmale des Kindes getroffen werden. Auch die *organisatorischen Bedingungen des Anfangsunterrichts in der jeweiligen Grundschule* können in die Entscheidung einfließen (vgl. Hansel 1982, S. 23)[4].

Für *Zweitsprachlerner bzw. Migrantenkinder* besteht an der Entscheidungsstelle ‚Einschulung‘ eine spezielle, auf ihre Bedürfnisse abgestimmte Möglichkeit der Einschulung in *Vorbereitungs-, Förder-* oder *Auffangklassen* (im folgenden abgekürzt als V-, F- oder A-Klassen). Nach den heftigen Auseinandersetzungen Anfang der achtziger Jahre[5] hat gemäß dem nordrhein-westfälischen Schulrecht gemeinsamer Unterricht aller Kinder Vorrang vor

---

3 In einigen Bundesländern ist der Begriff der „Vorklassen“ gebräuchlicher; in der Fachliteratur werden beide Begriffe z. T. synonym gebraucht (z. B. Prielipp 1997).

4 Zur Kritik am Schulkindergarten als „organisatorische Notlösung“ vgl. z. B. Mader (1989, S. 35).

5 Zur Einrichtung von Vorbereitungs-, Förder- oder Auffangklassen in Bielefeld im Untersuchungszeitraum vgl. Kapitel 4 der vorliegenden Fallstudie.

jeder getrennten Form der ‚Beschulung'. Um Separierungen zu vermeiden, sollen Fördermaßen als Zusatzangebot zum Regelunterricht gleichermaßen für alle Schülerinnen durchgeführt werden. Als zusätzliches Angebot wird Muttersprachenunterricht und Landeskunde für Kinder aus Migrantenfamilien nur in Ergänzung zum Regelunterricht organisiert. Bei einem hohen Anteil von Schülerinnen mit Sprachschwierigkeiten ist jedoch weiterhin eine äußere Differenzierung in Vorbereitungsklassen möglich, die der schnellstmöglichen Eingliederung in den Regelunterricht dienen soll. Die Einrichtung von Sonderklassen unterliegt einer quantitativen Bindung. Die Verweildauer in V-, A- oder F-Klassen soll zwei Jahre nicht überschreiten. Zum Schutz ausländischer Schülerinnen vor Diskriminierung ist in den nordrhein-westfälischen Erlassen ausdrücklich festgelegt, daß kein Kind allein aufgrund von Deutschdefiziten bzw. zum Spracherwerb in den Schulkindergarten zurückgestellt werden darf (Kultusministerium NRW 1982).

Pädagogische Deutungsangebote[6]

Prengel (1999, S. 59) kennzeichnet die Geschichte des Anfangsunterrichts in der Grundschule als Geschichte der Auseinandersetzung mit der Heterogenität der Schülerinnen. Dabei wurde die Verschiedenheit der Kinder in den Phasen der Grundschulentwicklung durch unterschiedliche pädagogische Konstrukte wahrgenommen, theoretisch erklärt und mit unterschiedlichen Maßnahmen bewältigt. Aus systemtheoretischer Sicht ist für das Schulsystem eine Homogenisierung des Anfangs besonders notwendig, um danach eigene schulische Differenzierungen aufbauen zu können:

> „Im Schulsystem, dem Kernsystem des ausdifferenzierten Erziehungssystems, ist dies auf organisatorischer Ebene besonders evident dadurch, daß man den Unterricht in Schulklassen mit Teilnehmern verschiedenen Alters, verschiedenen Reifegrades und verschiedenen Kenntnisstandes aufgibt und zu homogenisierten Schulklassen übergeht. Das betrifft nicht nur den Schulanfang schlechthin, sondern jeden Anfang innerhalb der Schulkarriere, also auch das Anfangen mit der Livius-Lektüre oder mit der Differentialrechnung" (Luhmann 1990, S. 91).

In historischer Perspektive ist die Gestaltung des Schulanfangs im zwanzigsten Jahrhundert eng mit den verschiedenen Entwicklungsphasen der Grundschule und der Ausdifferenzierung der elementaren Bildung verknüpft (Prengel 1999, S. 60 ff). Mit dem lange umstrittenen ‚Weimarer Grundschulkompromiß' wurde am 28. 4. 1920 die obligatorische vierjährige Grundschule als Einheits- bzw. Gesamtschule beschlossen. Damit waren zum ersten mal Kinder aller gesellschaftlichen Schichten gezwungen, für vier Jahre eine gemeinsam Schule zu besuchen. Eine Ausnahme bildeten als „behin-

6 Einen ausführlichen historischen Überblick zur Thematik des Schulanfangs siehe z. B. bei Mader (1989), Prielipp (1997), Prengel (1999).

dert“ geltende Kinder, die entweder ganz vom Schulbesuch ausgeschlossen oder in das sich ausdifferenzierende Sonderschulwesen eingewiesen wurden. Erste Schulkindergärten waren schon 1906 in Berlin gegründet worden, um die relativ häufigen Zurückstellungen vom Schulbesuch aufzufangen (5-6 v. H., z. T. erheblich höher) sowie den Übergang vom Kindergarten in die Volksschule zu erleichtern (vgl. Prielipp 1997, S. 32).

Nach 1945 setzte sich in den alten Bundesländern erneut die vierjährige Grundschule als einzige integrierte Schule für alle Kinder durch. Für sie galt weiterhin das zentrale Prinzip des Abbaus von Chancenungleichheit und das der individuellen Förderung. Die erziehungswissenschaftliche Diskussion um den Schulanfang war zunächst um das „Schulreife“-Problem zentriert. Das einflußreiche Schulreife-Paradigma von Kern (1951) basierte auf einem Konzept entwicklungspsychologischer Reife, begriffen als sich in Stufen vollziehender passiver, intrinsischer Wachstumsprozeß, der sowohl kognitive, als auch charakterlich-soziale Fähigkeiten umfaßt. Zentral war die Annahme einer Synchronizität der Entwicklung in verschiedenen Bereichen.

„Habe ich soziale Reife festgestellt, dann ist mit Sicherheit auch intellektuelle Reife anzunehmen und umgekehrt“ (Kern 1951, S. 40).

Das diagnostische Merkmal „Gliederungsfähigkeit“ galt in dieser Sichtweise als Hinweis auf den Gesamtentwicklungsstand eines Kindes. „Werkreife, Gegenstandsbestimmung, Bildbarkeit in der Gruppe, Aufmerksamkeit und Konzentration, Formauffassung und Gestaltung, Gliederungsfähigkeit und analytisch-teilinhaltliche Betrachtungsweise [...]“ (zit. n. Hansel 1982, S. 16) wurden als erforderlich für die Teilnahme am Schulanfangsunterricht angesehen. Der vom Entwicklungsstand eines Kindes her gesehen richtige Zeitpunkt der Einschulung wurde als zentrale Bedingung für eine erfolgreiche Schullaufbahn betrachtet. Zur Verbesserung des Einschulungserfolges wurde u. a. das Einschulungsalter heraufgesetzt.

In den sechziger und siebziger Jahren lösten *lernorientierte Entwicklungs- und Begabungskonzepte* die personalistischen Reifekonzeptionen ab. In Anlehnung an die Soziolinguistik (Oevermann 1972) begann man den Begriff der Deprivation, der sich ursprünglich auf nicht vollständige Familien bezog, als vor allem sprachliche Anregungsarmut auf das gesamte Unterschicht-Sozialmilieu zu übertragen. Kompensatorische pädagogische Maßnahmen zielten darauf, Kindern *vor* der Schule die Fähigkeiten zu vermitteln, die sie benötigten, um den Anforderungsstrukturen in der Schule zu entsprechen (z. B. durch Sprachanreicherungsprogramme). Im Gefolge der Kompensatorik-Debatte wurden in der Schulforschung sozialökologische Ansätze populär, die insbesondere das Eltern-Kind-System als Erklärungsfaktor für Schulfähigkeit in den Blick rückten (Bronfenbrenner 1974, 1976). Der Begriff der Schul*reife* wurde jedoch nicht vollends aufgegeben. Als ausschlaggebend betrachtete man auch in diesen Ansätzen den individuell richtigen Zeitpunkt der Einschulung[7].

Als schulpolitische Konsequenz der Kompensatorik-Debatte wurde in NRW seit den siebziger Jahren die Versorgungsquote an Kindergartenplätzen stark gesteigert. Parallel wurden die strukturellen Rahmenbedingungen des Primarstufenunterrichts verbessert (niedrigere Klassenfrequenz, Erhöhung der wöchentlichen Unterrichtsversorgung, Reduzierungen in der Lehrer-Schüler-Relation, verbesserte sachliche Ausstattung, Intensivierung der Elternarbeit, curriculare Neuorientierungen, individualisierender Unterricht, innere Differenzierung, Änderungen der Leistungsbeurteilung, Abschaffung des Sitzenbleibens nach dem ersten Schuljahr; vgl. Roßbach/Tietze 1996, S. 4). Angestrebt wurde auch ein flächendeckender Ausbau der Versorgung mit Schulkindergartenplätzen, was jedoch nur ansatzweise verwirklicht werden konnte. Um den Übergang vom Elementarbereich in die Primarstufe zu erleichtern und damit den Einschulungserfolg zu verbessern, wurde auch die Verstärkung von Kooperationen zwischen Kindergarten und Grundschule empfohlen (z. B. durch Hospitationen, wechselseitige Teilnahme an Elternabenden, gemeinsame Fortbildungen, Feste etc.; vgl. z. B. Horn 1982, Portmann 1988).

Im Fall von *Migrantenkindern* ist die Einschulung nicht nur durch die allgemeinen erziehungswissenschaftlichen Diskurse zum Schulanfang, sondern auch durch die Deutungsbestände der Ausländerpädagogik und der Interkulturellen Pädagogik strukturiert, die als Programm zur „progressiven Bearbeitung" des Problemfeldes „Unterricht für Migrantenkinder" anzusehen sind[8]. In der Kritik an ausgrenzenden Förderstrategien, insbesondere die Vorbereitungsklasse in Langform (vgl. oben Kapitel 4), wurden in NRW in den achtziger Jahren in mehreren Regionalen Arbeitsstellen zur Förderung ausländischer Kinder und Jugendlicher (RAAs) Projekte zur Einschulungshilfe für ausländische Kinder durchgeführt (z. B. Hegele/Schmidt 1987). Damit sollte die Einschulung in Vorbereitungsklassen vermieden und eine Integration in den Regelunterricht vom Schulanfang an ermöglicht werden. Die Einschulungshilfen zielten u. a. auf die Verbesserung des Kontaktes zwischen Schule und Eltern. Diese Ansätze waren stark von den defizitori-

---

7 Hansel (1982) zeigt auf, wie sich die konzeptuellen Wandlungen, die die Begriffe Schulfähigkeit und Schulreife seit den fünfziger Jahren erfahren haben, in der multivariaten Auslegung des Begriffspaares Schulreife/Schulfähigkeit in der Schuleingangsdiagnostik von Lehrerinnen niederschlagen. Die verwendeten Interpretationsmuster lägen zwischen den Polen eher biologischer, endogener Reifungskonzepte auf der einen Seite und lernorientierten Entwicklungsmodellen auf der anderen Seite. Neben den heterogenen wissenschaftlichen Bezugsgrößen einzelner Lehrer, die wiederum mit dem spezifischen Alter, dem Ausbildungsstand und der Schulerfahrung zusammenhängen, beobachtet er einen hohen Zusammenhang der Schulreife-/Schulfähigkeitskonzepte mit dem außerschulischen Erfahrungshorizont der Entscheider (z. B. Geschlecht und Erziehungserfahrung).

8 Für einen Überblick zur Migrationspädagogik im Elementarbereich s. z. B. Diehm 1995.

entierten Grundannahmen der Ausländerpädagogik der siebziger Jahre geprägt, mit denen die kompensatorischen Handlungsansätze reproduziert wurden, mit deren Hilfe man in den sechziger und siebziger Jahren versuchte, die Einschulungsvoraussetzungen der Arbeiterkinder zu verbessern:

„Gerade die Feinmotorik ausländischer Kinder ist häufig noch wenig entwickelt. Sie sind oft schon mit den einfachsten Aufgaben – etwa eine Figur zu kneten oder aus Papier auszuschneiden, Schwungübungen für den Schreiberwerb auszuführen – überfordert. In der Einschulungshilfe sollen sie lernen, einen Stift sicher zu führen und Grundkenntnisse über Mal-, Schneide-, Klebe- und Falttechniken zu erwerben. Im kognitiven Bereich geht es vor allem darum, gewisse Grundfertigkeiten, wie das Sortieren und Klassifizieren von Gegenständen und das Unterscheiden von Formen und Farben zu schulen" (Hegele/Schmidt 1987, S. 23 f).

Entscheidungs- und Begründungsmuster an der Übergangsschwelle „Einschulung"

Im folgenden werden in Bezug auf die Entscheidungsstelle „Einschulung" eine Anzahl von schulischen Handlungs- und Begründungsmustern herausgearbeitet. Der Schwerpunkt der Darstellung liegt auf der sozialen Strukturierung dieser für die Schullaufbahn wichtigen ersten Statuspassage. Zu untersuchen ist, wie die statistisch gemessene besondere Selektivität der Schuleingangsphase für Migrantenkinder organisatorisch hervorgebracht wird.

Separate Vorbereitungs-Klassen zum Spracherwerb

Eine schulrechtlich verankerte Maßnahme *positiver Diskriminierung*[9] ist die Unterrichtung von ausländischen Kindern in separaten Vorbereitungs-, Förder- oder Auffangklassen (V-, F- oder A-Klassen). Diese Klassen lassen sich als institutionelle Vorkehrungen begreifen, die sprachliche Homogenität in den Regelklassen zu erhalten. Vorbereitungsklassen sollen seit Anfang der achtziger Jahre die Ausnahme sein. Als Kriterium für die Zuweisung in eine dieser separaten Sonderklassen sind mangelnden Kenntnisse der Unterrichtssprache Deutsch bestimmt, d. h. eine Zuweisung einzelner Kinder muß mit Sprachdefiziten begründet werden.

In dem folgenden Ausschnitt aus einem Interview mit einem Schulleiter wird die Zuweisung eines Kindes mit Sprachdefiziten in eine Auffangklasse als selbstverständliche Lösung präsentiert. Die Grundschule D ist eine Innenstadt-Schule, die in den vorangegangenen Jahren aufgrund eines hohen Anteils an Spätaussiedlerkindern Förderklassen führte. Die Interviews fanden in der Phase der Schulanmeldungen statt. Zu dieser Zeit plante die Schule, ihre

9 Unter „positiver Diskriminierung" sind affirmative Maßnahmen zu verstehen, die auf die Förderung der Angehörigen ethnischer, kultureller oder sprachlicher Minderheiten gerichtet sind, um gleiche Zugangschancen zu gewähren.

Praxis fortzusetzen und im nächsten Schuljahr zusätzlich wieder eine multinationale Auffangklasse für die 1. Klasse einzurichten[10]:

I: „Was spielt eine Rolle für die Entscheidung, in welche der ersten Klassen ein ausländisches Kind kommt – Förder- oder Regelklasse?"

SL: „Ja, das kann ich an einem Beispiel sagen. Wir hatten jetzt Kinder aus dem Übergangswohnheim hier angemeldet [...] Und dann habe ich erstmal die Ärztin gehört, das war bei diesem X. – die Ärztin sagte immer: ‚Der ist so klein, der kann unterm Teppich herlaufen, mit Hut!' Ja, und dann bin ich, weil ich in dem Haus öfter bin, in die Familie reingegangen und habe versucht, mit dem Kind zu sprechen und siehe da, ich merkte, das kann überhaupt noch gar kein Deutsch sprechen, da ist also gar nichts. Da brauche ich gar nichts testen oder so was, das Kind kann nicht Deutsch sprechen. Der kommt also in die Auffangklasse. Ja. So daß wir im nächsten Schuljahr, nach den Sommerferien wieder eine multinationale Auffangklasse hier haben. Zehn Kinder bisher. Das kann man dann also ziemlich leicht feststellen. Man kann das auch mit genaueren Tests feststellen, die also Sprachstandsmessungen abgeben, wo dann kleine Geschichten erzählt werden können, aber das ist eigentlich unsinnig, das zu testen, wenn man wissen will, ob die meinetwegen am Anfang in die Förderklasse kommen oder in die Regelklasse. Das kann man sehr schnell feststellen, das merkt man also sofort" (Schulleiter der Grundschule D). [11]

In der Eröffnung des Beispiels („Wir hatten jetzt Kinder aus dem Übergangswohnheim hier angemeldet") ist mit dem Begriff „Übergangswohnheim" das betreffende Kind als Flüchtlingskind ausgewiesen. Zugleich sind mit dieser Aussage Vorstellungen des Provisorischen, von Fluktuation, Armut und vielerlei Schwierigkeiten konnotiert. Die Präsentation des Kindes als „Problem" wird verstärkt, indem der Schulleiter die Schulärztin mit ihrer medizinischen Expertise ins Spiel bringt („erstmal die Ärztin gehört"). Die Äußerung der Ärztin („so klein, der kann unterm Teppich herlaufen, mit Hut!") erscheint wie ein erstes Selektionsurteil, der Schüler könnte ein Fall von fehlender Schulfähigkeit (SKG) sein, dem im weiteren Verlauf der Entscheidung zwar keine Bedeutung mehr zukommt, gleichwohl bekräftigt es von vornherein den selegierenden Blick des Schulleiters.

Der Schulleiter schildert einen Hausbesuch in der Familie (wodurch nicht nur Engagement und Sorgfalt signalisiert, sondern auch die Entscheidung zusätzlich abgesichert wird), bei dem er festgestellt habe, daß das Kind kein Deutsch spricht. Damit ist der Fall nun klar: „Der kommt also in die Auffangklasse."

10 Legende zur Darstellung des Interviewmaterials: I: Interviewer/ Interviewerin; SL: interviewter Grundschulleiter/interviewte Grundschulleiterin; [...]: Text gekürzt durch Auslassung eines Satzes oder einer Passage; [ ]: erklärende Bemerkungen der Verfasserin; ... : im Interview abgebrochener Satz oder unvollständig gebliebene Ausführung.

11 Alle in den Zitaten genannten Personen, Schulen, Stadtteile etc. wurden anonymisiert.

Datum		**Konklusion**
Das Kind kann überhaupt noch kein Deutsch, da ist gar nichts da.		Da brauche ich gar nichts testen, oder so was. Der kommt in die Auffangklasse.

wegen
Schlußregeln:

SR 1: Kinder ohne Deutschkenntnisse kommen in die Auffangklasse.

Stützungen:
Das merkt man sofort.

In seiner Argumentation erfolgt an dieser Stelle ein Wechsel der Begründung auf die Organisationsebene („So daß wir im nächsten Schuljahr, nach den Sommerferien wieder eine multinationale Auffangklasse hier haben. Zehn Kinder bisher"). Es müssen Kandidaten für die Auffangklasse gefunden werden. Zur Feststellung des Sprachproblems wird der Eindruck im persönlichen Kontakt als ausreichende Entscheidungsgrundlage präsentiert („das kann man dann also ziemlich leicht feststellen"; „Da brauche ich gar nichts testen"). Der am Anfang des Zitats angelegte argumentative Rekurs auf mangelnde allgemeine Schulfähigkeit des Kindes wird nicht weiter verfolgt. Auf diesem Hintergrund gibt es aus Sicht der Schule zunächst nicht mehr viel über das Kind zu sagen.

Schulkindergarten zum Spracherwerb

Der Schulkindergarten ist in den schulrechtlichen Bestimmungen ausdrücklich nicht zum Erwerb von Deutschkenntnissen vorgesehen. Diese Beschränkung, die Migrantenkinder beim Schuleintritt vor Diskriminierung schützen soll (vgl. 6.1), wird manchmal bewußt umgangen. In Grundschulen ohne eigene Vorbereitungsklassen, zumal in lokalen Lagen, in denen Vorbereitungsklassen an anderen Schulen schwer zu erreichen sind, scheint der Schulkindergarten vermehrt als Ausweich-Option betrachtet zu werden.

Beispielsweise die Grundschule A ist eine Randbezirksschule mit einem hohen Anteil von Migrantenkindern (ca. 45%). Eigene Vorbereitungsklassen sind an der Schule nicht vorhanden. Aufgrund der peripheren Lage im Stadtgebiet ist die Unterbringung von Kindern mit Sprachschwierigkeiten in den Vorbereitungsklassen an anderen Grundschulen erschwert. In dieser Situation wird u. U. auch auf den Schulkindergarten als Notlösung zurückgegriffen:

I: „Uns ist aufgefallen, als wir die Schulkindergärten insgesamt untersucht haben, jetzt für zwei oder drei Jahrgänge, daß da verhältnismäßig viele ausländische Kinder drin sind, bezogen auf die Schülerpopulation."

SL: „[...] Im vorigen Jahr haben wir zum Beispiel ein türkisches Kind in die Vorbereitungsklasse an die Marktschule überwiesen, das hatte reine Sprachdefizite. Die Familie kennen wir, die sind sehr zurückhaltend, sehr isoliert leben die unter türkischen Einwohnern und die Kinder gehen nicht in den Kindergarten, die Kinder spielen nicht mit deutschen Kindern, die Kinder sprechen also nur Türkisch und kommen praktisch absolut ohne deutsche Sprachkenntnisse in die deutsche Schule. Und dieses Mädchen ist dann zur Marktschule [andere Grundschule, d. V.] in die Vorbereitungsklasse gegangen. Aber als wir diese Möglichkeit gar nicht hatten, da sind sie dann zum Teil auch in den Schulkindergarten gekommen" (Grundschule A).

Der hohe Anteil von Migrantenkindern in den Schulkindergärten wird mit mangelnden V-Klassen-Plätzen erklärt. Die interviewte Schulleiterin beschreibt am Beispiel eines Kindes, das ohne Deutschkenntnisse an die Schule gekommen und in eine V-Klasse an einer Nachbarschule geschickt worden sei, das „Problem", das sich für die Schule stellt. Um zu plausibilisieren, warum diese Kinder nicht in die Regelklasse aufgenommen werden können, werden an die fehlenden Deutschkenntnisse eine Reihe von Zuschreibungen in Bezug auf den familiären und ethnisch-kulturellen Hintergrund des Kindes argumentativ angehängt („sehr zurückhaltend, sehr isoliert leben die unter türkischen Einwohnern ... spielen nicht mit deutschen Kindern ... sprechen also nur Türkisch"). Die Schulleiterin hebt darauf ab, daß im familiären Sozialisationsmilieu des Kindes keinerlei Ressourcen zum Spracherwerb vorhanden seien. Auch korrigierende Außenerfahrungen durch den Kindergarten würden fehlen. Am Schluß des Zitats wird – quasi als Ausnahmefall, bei mangelnden Vorbereitungsklassen-Plätzen („als wir diese Möglichkeit gar nicht hatten") – die Zurückstellung in den Schulkindergarten als „Notlösung" präsentiert. Die Begründung basiert auf den Prämissen, daß die Grundschule für die Vermittlung von basalen Deutschkenntnissen nicht zuständig sei (SR 2). Wenn Migrantenkinder Sprachdefizite aufweisen und aus einem türkischsprachigen Sozialisationsmilieu kommen, brauchen sie einen Vorlauf vor der Einschulung (SR 3).

Aussagekräftig hinsichtlich der Handlungslogik der Schule ist auch die Wortwahl: Die Formulierung „absolut ohne deutsche Sprachkenntnisse in die deutsche Schule" betont das Selbstverständnis der Schule als „deutsche" Schule und die Anpassungserwartung an die Migrantenfamilien. Die subjektlos klingende Formulierung „da sind sie dann zum Teil auch in den Schulkindergarten gekommen" unterstreicht die Logik des organisatorischen „Sachzwangs".

Datum

Ein türkisches Kind hat Sprachdefizite. In der Familie wird nur Türkisch gesprochen. Die Familie ist schlecht integriert. Die Kinder gehen nicht in den Kindergarten. Es ist kein Platz in einer Vorbereitungsklasse verfügbar.

Konklusion

Diese Kinder kommen – wo vorhanden – in die V-Klasse oder z. T. auch in den Schulkindergarten.

wegen
Schlußregeln:

SR 2: Die Grundschule ist für die Vermittlung von basalen Deutschkenntnissen nicht zuständig/nicht in der Lage.

SR 3: Wenn Migrantenkinder über keine familiären und außerschulischen Ressourcen zum Spracherwerb verfügen, brauchen sie einen Vorlauf vor der Einschulung.

In den folgenden Abschnitten wird aufgezeigt, wie das Dilemma von fehlenden Vorkehrungen und Ressourcen zur Sprachvermittlung auf der einen Seite und schulischem Integrationsauftrag und Diskriminierungsverbot auf der anderen Seite in der Einschulungsentscheidung dazu führen kann, daß scheinbar universelle grundschulpädagogische Konzepte mit sprachlichen Kriterien und ethnisch-kulturellen Unterscheidungen gefüllt werden. Insbesondere wenn keine Plätze in Vorbereitungsklassen verfügbar sind, werden Migrantenkinder dadurch auch indirekt zu bevorzugten Kandidatinnen und Kandidaten für den Schulkindergarten. Dieser Aspekt der Bedeutungsverschiebung von fehlenden Deutschkenntnissen hin zu denjenigen Merkmalen, mit denen sich die Zurückstellung eines Kindes in den Schulkindergarten legitimerweise begründen läßt, steht im Mittelpunkt der folgenden Argumentationsanalysen. Als zentral erweisen sich die Konzepte der „allgemeinen Schulfähigkeit“, „Kindergartenzeiten“ und „Mitarbeit und Unterstützung der Eltern“.

Feststellung der allgemeinen Schulfähigkeit

Die folgenden beiden Beispiele illustrieren, wie vor dem Hintergrund unscharfer rechtlicher Zurückstellungskriterien mangelnde Deutschkenntnisse in die Feststellung der allgemeinen Schulfähigkeit eines Migrantenkindes einfließen können.

Beispiel 1: Deutschdefizite können bereits in der schulärztlichen Untersuchung als ein erstes „Signal“ wirken, das dazu führt, daß ein Kind einer gründlicheren Beobachtung durch die untersuchende Ärztin und die aufnehmende Schulleiterin unterzogen wird, als es sonst an der Schule gehandhabt wird. Die folgende längere Interviewsequenz illustriert diesen Mechanismus. Die Grundschule E liegt am Rand des Stadtbezirks Bielefeld Mitte. V-Klassen gibt es in der Schule lediglich für das dritte und vierte Schuljahr. Die Schulkindergärten, in der Kinder aus der Grundschule E geschickt werden, sind etwa gleich weit entfernt, wie die Schule mit einer V-Klasse:

I: „Die Migrantenkinder, kommen die wie alle anderen in die Regelklassen?"

SL: „Die kommen in die Regelklassen. Also es sind ja vorher die ärztlichen Untersuchungen und wenn der Ärztin ein Kind auffällt, das Sprachprobleme hat, dann schaue ich mir die Kinder an und empfehle im Gespräch mit den Eltern dann gegebenenfalls den Besuch eines Schulkindergartens."

I: „Aufgrund von sprachlichen Problemen?"

SL: „Von sprachlichen Problemen, von anderen Auffälligkeiten, wenn die Kinder noch sehr verspielt sind, wenn sie noch sehr klein sind, wenn sie den Eindruck machen, daß ihnen ein Jahr besondere Förderung noch helfen könnte."

I: „Und wenn Sie nun so ein Kind haben, was insgesamt einen guten Eindruck macht, aber die Sprache nicht gelernt hat?"

SL: „Das ist eine Frage. Ja, das ist auch so ein bißchen die Frage, wie groß unsere Klassen sind, muß ich Ihnen sagen, was wir an außerschulischen Maßnahmen noch anbieten können, außer dem normalen Unterricht. Wenn die Probleme sehr groß sind, dann versuche ich die Eltern zu überreden: noch ein Jahr in den Schulkindergarten. Wenn wir also nicht die Möglichkeit haben. Also, in diesem Jahr haben wir ein erstes Schuljahr mit dreißig Kindern, da können wir manche Dinge einfach nicht auffangen.[...] Dann sehe ich im Augenblick hier bei uns von der Hilfe keine Möglichkeit [...] Außer wenn beispielsweise Eltern sehr eng mitarbeiten, also dann wäre das etwas, aber so eine nachmittags-schulische Betreuung, da habe ich nur die Hausaufgabenhilfe. [...] Und das ist eigentlich-, also auch dieses Problem, was sie geschildert haben. Mangelnde Sprachkenntnisse gehen sehr oft Hand in Hand mit anderen Schwierigkeiten, die das Kind noch hat."

I: „Also der Fall, daß es nur an Sprachkenntnissen mangelt, der ist untypisch?"

SL: „Eigentlich nein. Also, etwas untypisch. Also, wenn das Kind die Sprache etwas kann und wir merken, es ist lernbegierig, dann würde ich schon sagen, daß wir sagen: ‚Wir schulen es ein.' Aber oft fehlen dann also auch noch die anderen Dinge, die ein Schulkind braucht: Konzentration, daß es mitarbeiten möchte – ja, daß es ein ‚Schulkind' ist. Es fällt mir schwer das so zu beschreiben" (Schulleiterin der Grundschule E).

In der Argumentation wird ein Zusammenhang zwischen sprachlichen Defiziten und allgemeinen Entwicklungsverzögerungen hergestellt. Einleitend markiert die interviewte Schulleiterin die schulärztliche Untersuchung als wichtige Institution im Entscheidungsprozeß. Die Aufmerksamkeitsrichtung der Ärztin lenkt den Blick der Schulleiterin auf ein Kind mit Sprachdefiziten, bei dem dadurch besonderer Entscheidungsbedarf veranschlagt wird. Um zu begründen, warum Migrantenkinder u. U. nicht gleich im Regelunterricht eingeschult werden können, werden im weiteren Verlauf der Textstelle sprachliche Defizite und andere Entwicklungsverzögerungen assoziativ miteinander verknüpft. Defizite in der Zweitsprache werden mit Merkmalen gleichgesetzt, die völlig legitim zu einer Zurückstellung führen können, wobei eine graduelle assoziative Verschiebung von Bedeutungen vorgenommen wird, von „Sprachproblemen" über „andere Auffälligkeiten", „sehr verspielt", „sehr klein" hin zu „daß ihnen ein Jahr besondere Förderung noch helfen könnte".

In der Konfrontation mit dem hypothetischen Fall eines „schulfähigen Kindes mit Deutschdefiziten" argumentiert die Interviewpartnerin nicht mehr kindbezogen. Dieser „Fall" wird als Frage der schulischen Kapazitäten dargestellt (zu große Klassen, außerschulische Maßnahmen, „außer dem normalen Unterricht"). Der Hinweis auf Fördermöglichkeiten außerhalb des „normalen Unterrichts" unterstreicht die Wahrnehmung von Kindern mit Sprachdefiziten als zusätzliche Aufgabe oder Belastung für die Schule. Bei großen Sprachproblemen versuche sie, die *Eltern* zur Zurückstellung in den Schulkindergarten zu überreden. Viel Elternunterstützung („wenn beispielsweise Eltern sehr eng mitarbeiten") oder gewisse Sprachkenntnisse und eine hohe Begabung des Kindes („lernbegierig") könnten auch für eine Einschulung ins Gewicht fallen.

Datum	**Konklusion**
Der Schulärztin fällt ein Kind mit Sprachproblemen auf.	Ich schaue mir das Kind an und empfehle im Gespräch mit den Eltern gegebenenfalls den Schulkindergarten.

wegen

Schlußregeln:

SR 4: Wenn die Klassen zu groß sind, können Kinder mit Sprachdefiziten nicht mehr gefördert werden.

SR 5. Bei fehlender Schulfähigkeit ist der Schulkindergarten zuständig.

SR 6: Sprachdefizite gehen oft mit allgemeinen Entwicklungsverzögerungen einher.

Stützung:

Erfahrung, Intuition, Mitgliedschaftsbedingung („daß es ein Schulkind ist.")

Die Konstruktion eines Zusammenhangs zwischen mangelnden Sprachkenntnissen und weiteren Mitgliedschaftsbedingungen bei der Einschulung, wird am Ende des Zitats verdichtet: „Mangelnde Sprachkenntnisse gehen sehr oft Hand in Hand mit anderen Schwierigkeiten, die das Kind noch hat", womit mangelnde Konzentration, Motivation und Arbeitshaltung gemeint sind. Gestützt wird diese Feststellung auf praktische Erfahrung im Beruf („ja, daß es ein ‚Schulkind' ist"; „fällt mir schwer, das so zu beschreiben").

Betrachtet man das erste Argumentationsschema, fällt die Verzahnung von Schlußregeln auf, die einerseits Organisationsbezug aufweisen und andererseits auf das Kind bezogen sind. Die argumentative Verknüpfung von Sprachdefiziten und mangelnder Schulfähigkeit basiert auf der alltagssprachlichen Adaptation von Spracherwerbstheorien, die einen komplexen Zusammenhang zwischen Sprachverwendung und kognitivem und psychischem Entwicklungsstand postulieren (z. B. Bernstein 1971, 1972).

Datum

Der Schulärztin fällt ein Kind mit Sprachproblemen auf, die Eltern arbeiten eng mit, die Lernmotivation ist sehr groß.

Konklusion

Das Kind kann eingeschult werden.

wegen

Schlußregeln:

SR 7: Enge Elternmitarbeit kann fehlende Fördermöglichkeiten der Schule kompensieren.

SR 8: Hohe Lernmotivation kann fehlende Fördermöglichkeiten der Schule kompensieren.

Beispiel 2: Eine ähnliche Bedeutungsverschiebung von Sprachproblemen hin zu allgemeineren Entwicklungsverzögerungen und -problemen wie im vorangegangenen Beispiel findet sich auch im folgenden Zitat. Die Schule X liegt am Rand des Innenstadt-Bezirks. Trotz eines relativ hohen Ausländeranteils (ca. 25 %) führt sie keine eigenen V-Klassen. Die Zurückstellung eines türkischen Jungen in die Vorbereitungsklasse an einer Nachbarschule wird als Konfliktfall zwischen Schule und Eltern geschildert. Das Kind soll bereits zum zweiten Mal nicht eingeschult werden. Im Jahr zuvor war es bereits in den Kindergarten zurückgestellt worden.

I: „Wie läuft bei Ihnen die Einschulung ab, wenn Kinder kommen, die noch Sprachprobleme haben? Was machen Sie mit denen?"

SL: „Ich will ein paar Beispiele erzählen. Da kommt ein türkisches Kind. Im letzten Jahr nach der Anmeldung zurückgestellt, in den Kindergarten. Die Eltern sind umgezogen, hier unten, in die sogenannten ‚Papphäuser' [aus einem benachbarten Grundschulbezirk, d. V.].. Damit also in unseren Schuleinzugsbezirk. [...] Dieses Kind ist von der körperlichen Entwicklung her möglicherweise ein Schulkind. Spricht so gut wie kein Wort Deutsch, kann also überhaupt nichts dazu sagen, wo die Probleme sind. Das Kind kann keine Farben erkennen und verweigert sich dann auch. Es ist auch motorisch gestört. Die Schulärztin ist an das Kind nicht rangekommen, das hat dann total verweigert und geweint. [...] Jetzt kommt das Problem. Ich habe 27 und zwei mal 28 Kinder, bei drei ersten Klassen – hier in diesem Stadtteil! Und soll nun dieses Kind in einer Regelklasse fördern."

I: „Das heißt, Vorbereitungsklassen und ähnliches gibt es nicht?"

SL: „Gibt es hier nicht. Das heißt also, ich muß dieses Kind fördern. Wir haben hier also einen sozialen Brennpunkt: Probleme in allen Bereichen, Gewalt in der Schule, Gewalt zu Hause, sexueller Mißbrauch – Dunkelziffer? – kann ich nicht sagen. Aber ich denke bestimmt, daß wir über dem Durchschnitt liegen in der Stadt. Es gibt hier und da mal so Ansatzpunkte, aber es ist natürlich schwierig, an solche Dinge heran zu kommen. Das wissen Sie auch. Hohe Arbeitslosigkeit, sehr viele Alleinerziehende. Prostitution – im Moment etwas weniger, Alkohol in den Familien. Es gibt also wirklich alle Problemgruppen, die hier im Ortsteil zusammenkommen. Wir können dieses Kind nicht so fördern, daß es nicht – und das sollte ja eigentlich oben drüber stehen – die Lust am Lernen verliert. Das packen wir nicht. Mit 28 Kindern bei dieser Problemlage von Kindern und diesen zwar relativ guten Fördermöglichkeiten im Verhältnis zu anderen, aber doch viel zu wenigen, um damit entsprechend arbeiten zu können" (Schulleiter der Grundschule X).

Die Argumentation wird mit der Präsentation des Kindes als besonderen Problemfall eröffnet („Da kommt ein türkisches Kind."; „sogenannte Papphäuser"). Es geht nicht nur um ein Kind nicht-deutscher Herkunft bzw. ein türkisches Kind, das Kind stammt offensichtlich auch aus ärmlichen Verhältnissen mit geringen familiären Ressourcen. Für dieses Kind muß sich der interviewte Schulleiter nun zuständig sehen („also in unseren Schulbezirk"; „möglicherweise schulfähig"). Einschränkend wird jedoch auf die fehlenden Deutschkenntnisse verwiesen, durch die Schuleingangsdiagnostik erschwert sei („kann also überhaupt nichts dazu sagen, wo die Probleme sind"; „Schulärztin ist an das Kind nicht rangekommen"). Im Zitat werden dann an die fehlenden Deutschkenntnisse weitere Schwierigkeiten des Kindes argumentativ angehängt (keine Farben erkennen, Verweigerung, motorische Störung, geweint), die auf gravierende Störungen im kognitiven, motorischen und emotionalen Bereich hindeuten. Es erfolgen jedoch keinerlei Hinweise auf eine Überprüfung der genannten Auffälligkeiten unter Einbezug eine türkischsprachigen Dolmetscherin und Abklärung der muttersprachlichen Fähigkeiten des Kindes. Beispielsweise die Formulierung „kann keine Farben erkennen" suggeriert, daß das Kind Wahrnehmungsdefizite (kognitive Fähigkeiten) aufweist. Ohne Einbezug der muttersprachlichen Fähigkeiten müßte es korrekt heißen: „kann keine Farben *benennen*" – aufgrund fehlender Sprachkenntnisse.

Hervorgehoben werden jedoch die Leistungs- und Belastungsgrenzen der Schule angesichts des Übermaßes an Problemen. Damit sind v. a. die mittlerweile wieder großen Klassen (knapp unter 30 Schüler) und der als sozialer Brennpunkt geschilderte Stadtteil gemeint. Indem der Schulleiter in der Folge nicht mehr über das Kind, sondern nur noch über den Stadtteil redet (Probleme in allen Bereichen, Gewalt in der Schule, Gewalt zu Hause, sexueller Mißbrauch, über dem städtischen Durchschnitt, Arbeitslosigkeit, alleinerziehende Mütter, Alkoholismus, alle Problemgruppen ...) nimmt er eine weitere Bedeutungsverschiebung vor. Das Konstrukt der „Problem überladenen Innenstadt-Schule" scheint im vorgeführten Entscheidungskontext gleichsam als Platzhalter für das Migrantenkind, das der Schule ein Problem bereitet, zu fungieren. Angesichts der festgestellten Diskrepanz zwischen Förderbedarf und begrenzten Fördermöglichkeiten der Schule (SR 9) stellt sich die Frage: Welches Problem ist delegierbar? Um die Überweisung des Jungen an die Nachbarschule legitimieren zu können, rekurriert der Schulleiter auf pädagogische Handlungsmaximen: In großen Klassen sei keine intensive (Sprach-)Förderung zu leisten (SR 10). Ohne intensive (Sprach-)Förderung ginge die Motivation von Schülern mit Deutschdefiziten verloren (SR 11). Der zentrale Auftrag der Grundschule bestehe darin, die Lust der Kinder am Lernen aufrechtzuerhalten (SR 12). Da das unter den gegebenen Bedingungen als unmöglich erachtet wird, wird die Lösung favorisiert, das Kind zum zweiten Mal zurückzustellen, d. h. in eine Vorbereitungsklasse an der Nachbarschule zu überweisen.

Datum	**Konklusion**
Da kommt ein türkisches Kind (körperlich möglicherweise schulreif, Sprachdefizite, kann keine Farben erkennen, motorisch gestört, psychisch blockiert) bei 27, 28 Kindern in jeder 1. Klasse, in sozialer Brennpunktlage.	Das Kind kann im Regelunterricht nicht so gefördert werden, daß es nicht die Lust am Lernen verliert. Es wird in die V-Klasse an der Nachbarschule überwiesen.

wegen
Schlußregeln:

SR 9: Die sozialen Probleme im Schulbezirk begrenzen die Fördermöglichkeiten.
SR 10: In zu großen Klassen ist keine intensive (Sprach-) Förderung möglich.
SR 11: Wenn Kinder mit Deutschdefiziten in der Klasse nicht intensiv (sprachlich) gefördert werden, verlieren sie die Lust am Lernen.
SR 12: Primäres Ziel in der Grundschule ist, die Motivation am Lernen zu erhalten.

Beispiel 3: In einem dritten Beispiel wird die Überweisung eines türkischen Mädchens in den Schulkindergarten plausibilisiert. Interessant ist das Beispiel an dieser Stelle (ungeachtet der Frage, nach den tatsächlichen Fähigkeiten des Mädchens), da zur Begründung der mangelnden Schulfähigkeit auf ethnisch- und geschlechtsspezifische Stereotype zurückgegriffen wird. Der interviewte

Schulleiter betont, daß das Kind keine Sprachschwierigkeiten habe. Die Argumentation hebt auf allgemeine Entwicklungsverzögerungen ab. Die Schule C liegt am Rand des Innenstadt-Bezirks. Im Schuljahr 1991/92 liegt der Anteil ausländischer Schüler bei 26%; die Anzahl der Aussiedlerinnen an der Schule ist etwa doppelt so hoch. Die Schule führt Förderklassen für alle Schuljahre. Über eigene Schulkindergartenplätze verfügt sie nicht.

I: „Wann werden bei Ihnen Kinder zurückgestellt?"

SL: „[...]Und dabei ist jetzt ein türkisches Mädchen, das spricht gut Deutsch. Also von der Sprache her müßte es nicht. Aber so ein zartes, zierliches Mädchen, das große Schwierigkeiten hat, im Bereich Mengenerfassung, beispielsweise. In der Feinmotorik, sowieso. Das ist übrigens sehr häufig, bei türkischen Kindern, daß sie große Schwierigkeiten in der Feinmotorik haben, was dann hinterher beim Schreiben der Zahlen und der Buchstaben doch sehr, sehr stark mit zu bemerken ist. Und dieses Kind wird in den Schulkindergarten kommen, in dem Moment, wo das Fahrproblem gelöst ist" (Schulleiter der Grundschule C).

Das türkische Mädchen wird als Kandidatin für den Schulkindergarten präsentiert. Mit den Hinweisen auf konstitutionelle Merkmale (zartes, zierliches Mädchen) und kognitive und motorische Defiziten (Mengenerfassung, Feinmotorik) hebt der interviewte Schulleiter auf die mangelnde Schulfähigkeit ab. Bei dem Hinweis auf die Feinmotorik rekurriert er auf defizitorientierte Sichtweisen in bezug auf das Sozialisationsmilieu von Migrantenkindern, die auch den Wissensangeboten der Ausländerpädagogik entsprechen (türkische Kinder hätten häufig Schwierigkeiten in der Feinmotorik; diese Beschränkung sei später beim Schreiben der Zahlen und Buchstaben stark mit zu bemerken).

Unterlegt sind sowohl auf das Kind als auch auf die Schulorganisation bezogene Handlungsprämissen: Für Kinder mit mangelnder Schulfähigkeit ist der Schulkindergarten zuständig (SR 6). Türkische Kinder würden aufgrund mangelnder Förderung im Elternhaus vermehrt feinmotorische Defizite aufweisen (SR 14). Bei der Einschulung werden spezielle Fertigkeiten und Fähigkeiten des Kindes vorausgesetzt (SR 15). Versäumter Stoff/ Entwicklungsprozesse des Kindes können später nicht mehr nachgeholt werden. (SR 16). Die Argumentationsanalysen zeigen die enge Verzahnung von kulturbezogenen Attribuierungen in Bezug auf das Kind und Erwägungen in Bezug auf den ungestörten Ablauf des Unterrichts und das Einhalten der Lehrpläne.

Datum	**Konklusion**
Das türkische Mädchen spricht Deutsch, ist aber klein, zart und hat Probleme mit Mengenerfassung und Feinmotorik, was dann hinterher beim Schreiben der Zahlen und Buchstaben stark mitzubemerken ist.	Überweisung in den Schulkindergarten, sobald das Fahrproblem gelöst ist.

wegen
Schlußregeln:

SR 6: Bei fehlender Schulfähigkeit ist der Schulkindergarten zuständig.
SR 14: Türkische Kinder haben oft große Schwierigkeiten in der Feinmotorik aufgrund mangelnder Förderung im Elternhaus.
SR 15: Bei der Einschulung werden spezielle Fähigkeiten und Fertigkeiten des Kindes vorausgesetzt.
SR 16: Der versäumte Stoff aufgrund der Defizite in dieser frühen Phase kann später nicht mehr nachgeholt werden (Lehrplan, Zeit).

Kindergartenzeiten

Wie schon an mehreren Stellen in den bisher zitierten Beispielen angeklungen ist, stellt der Kindergartenbesuch in der Einschulungsentscheidung ein wichtiges Kriterium dar. Der Ausbau der Kindergartenversorgung in den vergangenen Jahrzehnten wird von den interviewten Schulleitern und Lehrern auch unter dem Blickwinkel der Chancengleichheit als große Errungenschaft betrachtet. In den Interviews wird die „Allgemeingültigkeit" dieses Einschulungs-Kriteriums hervorgehoben.

Vor diesem Hintergrund läßt sich jedoch aufzeigen, daß der kompensatorischen vorschulischen Erziehung bei Migrantenkindern spezielle Wichtigkeit beigemessen wird. Hinter dieser Denkfigur stehen oft negative askriptive Zuschreibungen und Stereotypisierungen in Bezug auf die kognitive und motorische Ausstattung der Kinder und ihren Ressourcen in Familie und Nachbarschaft. Solche defizitorientierten Zuschreibungen werden an ein breites Spektrum von Merkmalen gekoppelt, die als Voraussetzung für die Aufnahme in die Grundschule gelten. Die explizierten Deutungsmuster reichen von motorischen Fähigkeiten, dem kognitiven Entwicklungsstand und der Arbeitshaltung der Kinder über ihr Sozialverhalten bis hin zum Wohnort der Eltern. Einige Beispiele illustrieren diese Tendenzen:

Fehlende motorische, kognitive und motivationale Voraussetzungen

Im allgemeinen gilt der Kindergarten als wichtige Einrichtung, in der die Kinder Routinen einüben und Einstellungen erwerben können, die beim Schuleintritt erwartet werden. Vor diesem allgemeinen Hintergrund werden im folgenden Beispiel die hohen Anteile von Migrantenkindern im Schulkindergarten von der interviewten Schulleiterin damit erklärt, daß diese Kinder nicht im Kindergarten gewesen seien – was bei Deutschen in der Regel der Fall sei. Die Grundschule A verfügt über einen Schulkindergarten mit 20 Plätzen, führt jedoch keine V-Klassen.

I: „Wenn ein Kind ohne Kindergartenerfahrung direkt in die erste Klasse kommt – sehen Sie da Unterschiede im Vergleich zu den Kindern, die den Kindergarten durchlaufen haben?"

SL: „Das merkt man schon sehr deutlich, oh ja, das merkt man. Denn die Kinder haben dann in der Regel ja auch noch nie z. B. mit Buntstiften gearbeitet. Sie habe noch nie irgendwelche Dinge angemalt, ausgemalt, bezeichnet, katalogisiert. Sie haben..., die nehmen zum Teil dann den Stift so (demonstriert, wie die Kinder den Stift halten). Ja, solche Sachen passieren dann. [...]"

I: „Uns ist aufgefallen, daß in den Schulkindergärten verhältnismäßig viele ausländische Kinder sind – bezogen auf die Schülerpopulation."

SL: „Bezogen auf die Schülerpopulation, das stimmt. Viele dieser ausländischen Kinder, die im Schulkindergarten sind, haben nie einen Kindergarten besucht. Das ist also für die teilweise dann auch ganz neu, die Arbeit im Kindergarten, das gezielte Spielen und das Spielen mit Material, das ihnen dann auch angeboten wird. Und das kennen manche von diesen Kindern auch gar nicht so. [...] Deutsche Kinder sind in der Regel im Kindergarten gewesen. Nur passiert es auch da, bei Familien, wo es zu Hause also nicht so läuft, wie es laufen sollte, daß Kinder also ganz unregelmäßig gehen. Daß sie mal gehen, zwei Tage und dann mal wieder zwei Tage weg sind. Und daß sie zu spät kommen und so, so daß also vom Kindergarten her uns das auch manchmal schon mitgeteilt wird, daß einfach da also keine Kontinuität gewesen ist und das Kind also keine Arbeitshaltung entwickeln konnte, im Kindergarten. Nicht zuhören, alle diese Dinge, mit anderen spielen, mit Gleichaltrigen spielen, sich ein Spiel einteilen, sich ein Spiel aufteilen, zusammen irgend etwas konstruieren, machen. Das sind alles solche Dinge, die man in der Schule voraussetzt. Und wenn ein Kind, das also nie gehabt hat, bringt es das nicht mit. Das hat es dann unheimlich schwer" (Schulleiterin der Grundschule A).

Der Besuch eines Kindergartens wird wie eine implizite Mitgliedschaftsbedingung als allgemeingültiges Entscheidungskriterium vorgeführt. Unterlegt ist die Schlußregel, daß beim Schuleintritt bei allen Kindern, ungeachtet ihres Herkunftshintergrundes, spezielle Voraussetzungen und Fähigkeiten erwartet werden (SR 15), die sie als Schüler („schulfähig") erweisen. Kindergarten und Schulkindergarten werden als Einrichtungen bestimmt, in denen bei Migrantenkindern vermutete Defizite nachholend kompensiert und die in der Schule vorausgesetzten Routinen und Fähigkeiten eingeübt werden können (SR 17). Deshalb ist eine Zurückstellung geboten.

Die ethnisch-kulturelle „Einfärbung“ der explizierten Begründungen ist nicht zu übersehen. Sie basiert auf der These einer mangelnden kulturellen Passung zwischen dem differenten ethnisch-kulturellen Herkunftshintergrund der Gruppe der Migrantenkinder auf der einen Seite und den in der Schule erwarteten Fähigkeiten auf der anderen Seite („für die teilweise dann auch ganz neu“) (SR 18). Das Gefälle zwischen der – zugespitzt formuliert – „vormodernen“ Lebenswelt der Migrantenkinder und der „modernen“ deutschen Schule wird durch die Wortwahl unterstrichen (*Arbeit* im Kindergarten, *gezieltes* Spielen, Spielen mit *Material*, zusammen etwas *konstruieren*). Die Einrichtungen des Elementarbereichs werden für Migrantenkinder quasi als Resozialisationsagenturen vorgeführt, in denen sie in der „deutschen Kultur“ und damit auf ihre Mitgliedschaftsrolle in der deutschen Schule eingeübt werden können. Unterstrichen wird die defizitorientierte Sichtweise auf die Migrantenkinder und ihre Familien auch durch die implizite Gleichsetzung von ethnisch-kultureller Verschiedenheit mit desolaten Verhältnissen in deutschen Familien, „wo es zu Hause also nicht so läuft, wie es laufen sollte“ (mangelnde Kontinuität, Arbeitshaltung und Pünktlichkeit).

Datum

Viele ausländische Kinder haben nie einen Kindergarten besucht. Die Arbeit im Kindergarten ist für sie teilweise ganz neu (gezieltes Spielen, Spielen mit Material, das ihnen angeboten wird).

Konklusion

Im Schulkindergarten sind überproportional viele ausländische Kinder.

wegen
Schlußregeln:

SR 15: Bei der Einschulung werden spezielle Fertigkeiten und Fähigkeiten des Kindes vorausgesetzt.
SR 17: Im Kindergarten können die in der Grundschule vorausgesetzten Routinen und Einstellungen erworben werden.
SR 18: Ausländische Kinder haben teilweise nur im Kindergarten die Möglichkeit, die Voraussetzungen für die Einschulung zu erwerben.

Soziales Lernen

Kompensatorischer Kindergartenbesuch wird auch mit Annahmen in Bezug auf das Sozialverhalten von Migrantenkindern begründet. Dieser Aspekt klingt bereits im vorangegangen Beispiel an (soziales Lernen, Regelverhalten in Kindergruppen). Das folgende Zitat illustriert ausführlich, wie Stereotypisierungen des Sozialverhaltens und des „Temperaments“, insbesondere bei türkischen Kindern in die Einschulungsentscheidung einfließen können. Dem Kindergarten wird eine wichtige Bedeutung zur Verhaltensanpassung beigemessen. Die Schule liegt in einem Randbezirk mit einem Ausländeranteil von ca. 17 % im Schuljahr 1991/92. In zwei benachbarten Grundschulen sind jeweils Schulkindergarten- und V-Klassen-Plätze verfügbar.

I: „Sie meinen, dann können die [ausländische Kinder, d. V.] im Kindergarten auch noch ein bißchen Deutsch üben?"

SL: „In der Regel klappt es dann ja sehr gut, weil die ja in einer sozialen Spielgemeinschaft sind und mit Kindern umgehen. Und von daher ist es nicht nur das Sprechen, was sich dann da [im Kindergarten, d. V.] auch ausbildet, sondern es ist sicherlich auch das sich Öffnen in der Gruppe. Denn oftmals ist ja auch das bei Migrantenkindern das Problem, daß sie sehr behütet sind. Ich denke dabei an türkische Kinder, die also sehr behütet sind zu Hause, aber keine Sozialkontakte pflegen. Wohl innerhalb der Familie, aber keine Außenkontakte. Und in vielen, vielen Fällen in meiner 25jährigen Berufserfahrung, ist das so. In vielen, vielen Fällen führt oftmals der ja nicht erworbene Umgang mit anderen Kindern zu Verhaltensproblemen. Weil dann auch ja, schon das Antippen allein genügt dann, um die Faust zu ballen. Und ich denke, es kommt dann auch von beiden Seiten eine gewisse Hilflosigkeit der Verständigung dazu. Und dann kommt das Temperament dazu und schon sprechen die Fäuste. Und ich denke, auf die Art und Weise, wenn mehr Gruppenfähigkeit da ist, kann das auch schon gezielter eigentlich geübt werden. Und deswegen erscheint mir der Kindergartenplatz gerade auch für die ausländischen Kinder, für die Migrantenkinder, ungeheuer wichtig. [...] Also wenn es irgendwie möglich ist und ich rechtzeitig davon erfahre, dann schicke ich die türkischen Eltern sehr früh los, damit sie Plätze für ihre Kinder bekommen. Und ich muß sagen, in den letzten Jahren ist es eigentlich nicht da gewesen, daß ein Kind nicht im Kindergarten war. Es sei denn, die Eltern haben es selbst verhindert" (Schulleiterin der Grundschule Z).

Einleitend stellt die Schulleiterin fest, daß der Kindergarten für Migrantenkinder eine gute Möglichkeit zum Deutschlernen sei, da Spracherwerb im Kontext sozialen Lernens stattfinde („soziale Spielegemeinschaft", „mit Kindern umgehen"). Ein wichtiger Gewinn der Kindergarten-Erziehung sei „das sich Öffnen in der Gruppe". Im weiteren Argumentationsverlauf wird dies jedoch weniger unter dem Gesichtspunkt des Spracherwerbs betont. Hervorgehoben wird statt dessen die soziale Anpassungsfunktion des Kindergartens. Der Kindergartenbesuch wird speziell für türkische Kinder als Möglichkeit herausgestellt, „Gruppenfähigkeit" zu entwickeln. Daß diese bei Migrantenkindern häufig vermißt wird, wird mit einer Typisierung des Sozialisationsverhaltens türkischer Familien in Zusammenhang gebracht. Kernstück der Argumentation ist die imaginierte Behauptung der „Überbehütetheit" von Migrantenkindern in ihrer Familie, was mit einem Mangel an Sozialkontakten (Außenkontakte) einher gehe. Wie sein Gegenteil, die Behauptung der Vernachlässigung durch die Eltern, dient das Argument dazu, sozialen Defizite der Kinder im Sozialverhalten zu behaupten. Diese wiederum führten in der Schule zu Spannungszuständen und Verhaltensproblemen („das Antippen allein genügt dann, um die Faust zu ballen"; „und schon sprechen die Fäuste"), zumal noch die Verständigungsschwierigkeiten hinzukämen („gewisse

Hilflosigkeit der Verständigung“) und das „südländischen Temperament“. Die Schulleiterin stützt ihre Begründungen mit ihrer 25jährigen Berufserfahrung.

Auffallend an diesem Beispiel ist die durchgehende Kopplung von sprachlichen Defiziten an Verhaltensprobleme, die wiederum kulturell kodiert sind. Auch in diesem Kontext läßt sich die Sprache als Synonym für die deutsche Kultur begreifen. Die Sozialisation im Kindergarten ermöglicht nicht nur den Spracherwerb, nicht nur die Einübung sozialer Kompetenzen, sondern wird als Eintreten in die deutsche Kultur konzipiert. War diese im vorangegangenen Beispiel an einem Set von praktischen und kognitiven Fähigkeiten festgemacht, geht es hier um die sozialen Verhaltensdispositionen der Kinder.

Datum

Migrantenkinder wachsen oft überbehütet in ihren Familien auf, ohne Außenkontakte/Kontakte mit deutschen Kindern, zusammen mit den Verständigungsschwierigkeiten und dem „südländischen Temperament“ führt das zu Verhaltensproblemen.

Konklusion

Für Migrantenkinder ist der Kindergarten eine wichtige Gelegenheit für Spracherwerb und soziales Lernen.

wegen
Schlußregeln:

SR 19: Kontakt mit deutschen Kindern ist eine wichtige Voraussetzung für Migrantenkinder, um die deutsche Sprache zu lernen.
SR 20: Kontakt mit deutschen Kindern ist eine wichtige Voraussetzung für die soziale Anpassung von Migrantenkindern.
SR 21: Ohne vorhergehende Sozialisation in einer deutschen Einrichtung/Kindergarten sind Migrantenkinder in der Schule nicht gruppenfähig; dann schlägt bei ihnen das „südländische Temperament“ durch und führt zu Spannungen und Aggressionen.
SR 22: Der Kindergarten ist eine wichtige Sozialisationsinstanz für türkische Kinder.

Stützung:
25jährige Praxiserfahrung.

Kulturelle Segregation und Integrationsunwilligkeit der Eltern

Der Erwerb von Deutschkenntnissen im Kindergarten wird insbesondere dann als besonders dringlich betrachtet, wenn davon ausgegangen wird, daß im Elternhaus überwiegend die Herkunftssprache gesprochen wird. Das folgende Zitat illustriert, wie hinter dem Argument, Migrantenkinder müßten vor der Einschulung im Kindergarten gewesen sein, sogar Vorwürfe in Bezug auf den Wohnort und die allgemeinen Einstellungen türkischer Eltern zur Integration stehen können.

I: „Also Sie würden sagen, daß der Kindergarten für die Anpassung in der Schule eine entscheidende Voraussetzung ist, daß das funktioniert?"

SL: „Das ist er also schon. Und für die ausländischen Kinder ist es eben die einzige Möglichkeit, vorher schon Deutsch zu sprechen. Wir haben hier einen ganzen Wohnbezirk, am Esch, das sind die Werkswohnungen der Müller-Werke. Wenn Sie da mal durchfahren oder wenn man mal guckt, wenn ich Ihnen einfach mal die Adressenliste geben würde, da wohnen keine deutschen Familien, das sind alles ausländische Familien. [...] Und wenn die Kinder da miteinander spielen, dann spielen sie eben unter ihresgleichen und reden immer nur Türkisch. Das sind überwiegend türkische Familien. Es wohnen zwei oder drei marokkanische Familien da, aber durch siebzig, achtzig oder hundert türkische Familien fallen die nicht sehr ins Gewicht. [...] Bei den Kindern, ich sage jetzt mal ‚Ghettokinder' – ich bitte Sie, diese Anführungsstriche da auch immer mit zu sehen – ja die haben das sehr schwer. Denn die Kinder bewegen sich in der Regel nicht sehr weit weg von ihrem Zuhause, wenn sie spielen. Die Kinder, die bei uns hier auf dem Schulhof spielen, das dürfen sie ja, auf der großen Schulwiese, die kommen aus der unmittelbaren Schulnachbarschaft. Die kommen also nicht zum Beispiel [undeutliches Wort, d.V.], in der Regel nicht vom Hof. Vielleicht im vierten Schuljahr, wenn sie sich zum Fußball verabreden, dann schon eher. Aber im ersten, zweiten, dritten nicht. Mädchen sowieso nicht."

I: „Schlägt sich das nieder bei den Kindern, in ihrem schulischen Auftreten?"

SL: „Ja. Also die Kinder, die mit anderen ja auch zwangsläufig zusammentreffen, eben weil sie auch zwischen anderen wohnen, sind sprachlich gewandter, sind im Verhalten auch angepaßter, sind dann also auch vielfach im Kindergarten gewesen und so. Das merkt man schon, daß die Wahl des Wohnplatzes mit der Integrationswilligkeit irgendwie zusammenkommt. Wir haben eben auch Kinder, die aus bestimmten Straßen kommen, die sind eben nicht so häufig im Kindergarten gewesen. Und das ist also ein ganz enges Verhältnis zwischen den Fähigkeiten, sich also mit der deutschen Sprache auszudrücken und da auch mitzumachen und das also zu akzeptieren und Wohngebiet der Eltern bzw. Einstellung der Eltern" (Schulleiterin der Grundschule A).

Auch in diesem Zitat wird die besondere Bedeutung des Kindergartens für den Spracherwerb von Migrantenkindern hervorgehoben („einzige Möglichkeit, vorher schon Deutsch zu sprechen"). Unterlegt ist wiederum die Schlußregel, daß die Grundschule für die Vermittlung von Deutschkenntnisse nicht zuständig sei (SR 2). Das Problem der fehlenden Deutschkenntnisse wird an einem überwiegend von türkischen Familien bewohnten Stadtviertel festgemacht („alles ausländische Familien"). Für die Kinder würde das bedeuten, daß sie dort nur mit anderen türkischen Kindern spielen und ausschließlich

Türkisch reden würden („eben unter ihresgleichen"; „Ghettokinder"; „haben es sehr schwer"). Wie im vorangegangenen Beispiel werden die Schlußregel expliziert, daß Kontakt mit deutschen Kindern eine wichtige Voraussetzung für Migrantenkinder ist, um die deutsche Sprache zu lernen (SR 19). Reproduziert wird auch das Stereotyp, daß türkische Kinder überbehütet aufwachsen („bewegen sich nicht sehr weit weg von ihrem Zuhause", „kommen ... nicht vom Hof"), wodurch sie vor sozialen Kontakten und Erfahrungen abgeschirmt werden, v. a. die jüngeren Kinder („im ersten, zweiten, dritten Schuljahr nicht") und Mädchen („Mädchen sowieso nicht").

Datum

Türkische Kinder wachsen in einer rein türkischsprachigen Umgebung auf.

Konklusion

Für diese Kinder ist der Kindergarten die einzige Möglichkeit, vor der Einschulung schon Deutsch zu lernen. Diese Kinder haben es sehr schwer.

wegen
Schlußregeln:

SR 2: Die Grundschule ist für die Vermittlung von basalen Deutschkenntnissen nicht zuständig.
SR 19: Kontakt mit deutschen Kindern ist eine wichtige Voraussetzung für Migrantenkinder, um die deutsche Sprache zu lernen.
SR 23: Wenn Migranten und Migrantinnen unter Deutschen leben, haben sie zwangsläufig mehr Kontakt und dann ist die Anpassung an die deutsche Kultur größer.
SR 25: Soziale Integration der türkischen Familien ist die Voraussetzung für schulische Integration.
SR 26: Wenn Ausländer unter Ausländern leben, wollen sie sich nicht integrieren (Kulturkonflikt).
SR 27: Soziale Integration/Anpassung von Migrantinnen ist die Voraussetzung für Schulerfolg.

Stützung:

Im Wohngebiet X. Wohnen nur Türken

Im zweiten Teil des Zitats wird diese Problemdefinition zum Kulturkonfliktszenario zugespitzt. Zum einen werden die problematischen Kinder aus dem „türkischen" Wohnviertel mit Migrantenkindern kontrastiert, die zwischen Deutschen wohnen. Unterstellt wird, daß sie dadurch mehr Kontakt zu Deutschen hätten („die mit anderen ja auch zwangsläufig zusammentreffen") und angepaßter an die „deutsche Kultur" seien (SR 23). Die Kinder aus „integrationswilligen" Familien werden als Gruppe präsentiert, die den Kriterien der

Schule eher entspricht („sprachlich gewandter", „im Verhalten angepaßter", „vielfach im Kindergarten gewesen") (SR 24).

Zum anderen werden der Wohnort, die deutschen Sprachkenntnisse und die „Integrationswilligkeit" der Migrantenfamilien quasi gleichgesetzt. Auf Basis der Kulturkonflikthypothese lassen sich so die Schulprobleme der Migrantenkinder normativ mit der Integrationsbereitschaft der Eltern verknüpfen. Die Eltern werden damit für die Schulprobleme ihrer Kinder verantwortlich gemacht, wobei „Integration" als einseitige Anpassungsleistung der Migranten an die deutsche Gesellschaft bzw. Schule definiert wird („Bereitschaft, da auch mitzumachen und das also zu akzeptieren").

Mitarbeit der Eltern

Außer Merkmalen des Kindes wird auch die reale oder antizipierte Kooperation der Eltern mit der Grundschule als Kriterium bei der Einschulungsentscheidung angeführt. Neben der Vermittlung von Deutschkenntnissen und der Vorbereitung der Kinder auf die Grundschule (v. a. indem sich die Eltern rechtzeitig um einen Kindergarten-Platz kümmern) stellen auch die Bereiche des Kontaktes und der Kommunikation zwischen Lehrkräften und Eltern ein wichtiges Thema in den Interviews dar, v. a. die Angst vor möglichen Mißverständnissen, Konflikten und Reibungspunkten. Ein Begründungsmuster, das bei der Einschulung insbesondere bei türkischen Eltern virulent wird, bezieht sich auf potentiellen oder realen Einspruch gegenüber den Empfehlungen und Entscheidungen der Schule. Dieses Deutungsmuster, das auch zur Begründung für eine Zurückstellung werden kann, wird anhand von zwei Beispielen illustriert.

Beispiel 1: Im Fall von Migrantenkindern wird die Mitarbeit der Eltern als unerläßliche Bedingung für erfolgreiche pädagogische Arbeit der Schule dargestellt. Die Grundschule B hat einen Ausländeranteil von ca. 30% im Schuljahr 1991/92 und liegt in einem Randbezirk. Sie ist die einzige der untersuchten Grundschulen, die an einem Integrationsversuch behinderter Kinder teilnimmt.

I: „Sie sagen, wenn Sie Ihr Konzept zur Förderung ausländischer Kinder durchziehen, haben Sie Erfolge damit. Welche Erfolge sind da gemeint?"

SL: „Das könnte ich jetzt immer nur am Einzelfall nachweisen. Also, wir haben dann Erfolg oder meinen dann Erfolg zu haben, wenn wir es schaffen, die Kinder auf einen Lernstand zu bringen, der ihnen ermöglicht, in der entsprechenden Klasse mitzuarbeiten. [...]Das allerdings ist wirklich nur dann zu erreichen, wenn auch sozusagen von der anderen Seite, also wenn auch aus dem Bereich Elternhaus usw. die Möglichkeiten geschaffen werden, die dem Kind das Lernen überhaupt ermöglichen. Das muß man natürlich berücksichtigen. Wir können häufig Situationen in der Schule so gestalten, daß das in der Schule klappt und daß es in einem normalen Bereich läuft, allerdings wirklich nur, wenn das Elternhaus auch von sich aus bestimmte Dinge dazugibt. D. h. also, wenn es Förderung akzeptiert als eine sinnhafte Sache, wenn es unterstützend wirkt, wenn es mitwirkt, wenn es in bestimmten Situationen auch bereit ist, in Zusammenarbeit mit dem Lehrer Entscheidungen zu treffen, die zunächst mal belastend wirken können“ (Grundschule B).

Hervorstechend ist zunächst, wie die nach ihrem „Erfolgskonzept“ gefragte Interviewpartnerin „Schulerfolg“ bei Migrantenkindern definiert, nämlich als Fähigkeit der Schule, die Schülerinnen auf einen Lernstand zu bringen, der es ihnen ermöglicht, in den entsprechenden Klassen mitzuarbeiten („daß das in der Schule klappt und daß es in einem normalen Bereich läuft“). Sie schränkt dieses relativ niedrig angesetzte Kriterium mit dem Argument ein, daß die Schule nur Erfolg haben könne, wenn im Elternhaus die „Möglichkeiten geschaffen werden, die dem Kind das Lernen überhaupt ermöglichen“. In der zweiten Hälfte des Zitats präzisiert sie die Erwartungen an die Eltern. Elternmitwirkung wird als Bereitschaft definiert, bei Förderstrategien, die „negative“ Schullaufbahnentscheidungen darstellen, ihre Zustimmung zu geben und mit der Schule zu kooperieren („wenn es in bestimmten Situationen auch bereit ist, in Zusammenarbeit mit dem Lehrer Entscheidungen zu treffen, die zunächst mal belastend wirken können“). Mit der kategorischen Feststellung „allerdings wirklich nur“ wird die Schule bei Mißerfolg aus der Verantwortung entlassen. Dieses Interpretationsmuster basiert auf der Denkfigur einer *fehlenden kulturellen Passung* zwischen der „deutschen“ Schule und den „ausländischen“ Eltern, die einseitig aufgelöst wird: Die Eltern sollen die Schule akzeptieren, wie sie ist, also auch Zurück- und Abstufungen, wobei als Erfolg definiert wird, wenn die Kinder im Unterrichtsgeschehen nicht mehr auffallen. Die Deutungsmuster, Schule und Eltern müßten an einem Strang ziehen (SR 28) und türkische Eltern seien aufgrund kultureller Differenzen nicht in der Lage, in erwarteter Weise mit der Schule zu kooperieren (SR 29), dienen zur Entlastung der Schule, angesichts der ausbleibenden Schulerfolge von Migrantenkindern.

Datum

Kinder können in der Schule nur erfolgreich gefördert werden, wenn die Schule vom Elternhaus entsprechend unterstützt wird.

Konklusion

Migrantenkinder haben durchschnittlich geringere Erfolge in der Schule, als deutsche Kinder.

wegen
Schlußregeln:

SR 28: Schulen und Eltern müssen an einem Strang ziehen.
SR 29: Kulturelle Differenzen schlagen sich in mangelnder/ falscher Unterstützung der Förderbestrebung der Schule durch die Eltern nieder.

Beispiel 2: In der folgenden Passage wird die formale Zurückstellung eines türkischen Jungen dargestellt. Diese Handlungsweise wird damit begründet, daß die Eltern für den potentiellen Fall, daß der Junge im ersten Schuljahr solche Schwierigkeiten haben wird und am Ende eine Wiederholung der ersten Klasse notwendig sein wird, ihr Einverständnis verweigern. Der interviewte Schulleiter stellt die geschilderte Maßnahme mehrdeutig als „Förderstrategie", „Prophylaxe" und als „juristischen Kniff" dar, den er bei türkischen Eltern vermehrt anwende:

I: „Spielt das beim Sonderschulaufnahmeverfahren noch mal eine Rolle, ob ein Kind im Schulkindergarten war?"

SL: „Nein. Im Gegenteil. Mit der Einweisung in den Schulkindergarten ist es so eine Sache. Es war ´mal sehr modern, Kinder in den Schulkindergarten zu schicken, um ihnen noch ein Jahr Zeit zu geben. Der Trend ist ein bißchen rückläufig. Mit Sicherheit ist die Einweisung in den Schulkindergarten unabhängig davon, ob jemand die deutsche Sprache kennt oder nicht. Also, Schulkindergarten, nur um Deutsch zu lernen, halte ich für nicht legitim. Wird auch an unserer Schule nicht so gehandhabt. Sie können Kinder sowieso nur in den Schulkindergarten schicken, wenn die Eltern damit einverstanden sind. Gegen den Elternwillen wird es nur noch ganz, ganz schwer möglich sein, Kinder in den Schulkindergarten zu schicken.

Wir haben aber gerade bei türkischen Eltern, wenn wir am Anfang der ersten Klasse sahen, daß Probleme auftraten, empfohlen, die Kinder in den Schulkindergarten zu schicken und zwar aus einem ganz einfachen Grunde. Es ist ja im Grunde genommen ein ‚juristischer Kniff'. Es gibt kein Sitzenbleiben zwischen dem ersten und zweiten Schuljahr. Türkische Eltern sehen es als persönliche Schande an, wenn ihre Kinder ein Jahr wiederholen. Es gibt nach Absprache mit den Eltern die Möglichkeit, am Ende des ersten Schuljahres ein Kind das erste Schuljahr wiederholen zu lassen. Und diese Einwilligung bekommen Sie von den türkischen Eltern nur ganz, ganz selten. Das heißt, das Kind geht dann in das zweite Schuljahr und kann nicht schreiben und kann nicht lesen. Und dann bleibt es am Ende des zweiten Schuljahres sitzen und wiederholt die zweite Klasse – aber das sind nicht die Grundlagen. Deshalb haben wir manchmal den Trick angewendet und haben gesagt: Da sind Schwierigkeiten – und da es zum Teil sehr große Familien sind, kennt man dann auch die Eltern, wo man genau weiß, da treten mit Sicherheit die Schwierigkeiten auf – und haben dann das Kind in den Schulkindergarten eingewiesen, es aber hier an der Schule belassen. Wir haben keinen Schulkindergarten, da ist es juristisch möglich, daß ein Kind offiziell im Schulkindergarten ist, aber an dieser Schule im ersten Schuljahr verbleibt. Es nimmt am Unterricht des ersten Schuljahres teil, erhält aber am Ende des ersten Schuljahres kein Zeugnis. Weil es offiziell im Schulkindergarten ist. Damit war man dann einverstanden. Und dann haben wir im nächsten Jahr das Kind normal eingeschult und es hat ganz normal das erste Schuljahr durchlaufen. [...] Aber dieses Verfahren halte ich für wesentlich sinnvoller, als hinterher ein Kind mit ins zweite Schuljahr zu nehmen und es fehlen die Grundlagen" (Schulleiter der Grundschule C).

Eine Zurückstellung in den Schulkindergarten aufgrund von Sprachdefiziten wird zwar vehement abgelehnt. Der Schulleiter schildert jedoch einen anderen Zurückstellungsgrund, „gerade bei türkischen Eltern". Die geschilderte Zurückstellung wird nicht mit mangelnder Schulreife begründet, sondern als Prophylaxe dargestellt: Zum einen, wenn sich bei Schulbeginn andeute, daß diese Kinder vielleicht Schwierigkeiten bekommen könnten. Zum anderen werde dieses Verfahren angewandt, wenn man die Eltern kenne und davon ausgehen könne, daß diese am Ende des ersten Schuljahres unter Umständen einer freiwilligen Klassenwiederholung nicht zustimmen würden (‚Schwierigkeiten machen').

Die Schule akzeptiert zwar die Heterogenität bei der Aufnahme der Erstklässlerinnen. Aufgrund der kulturellen Zugehörigkeit des betreffenden Jungen werden jedoch gleich beim Schulbeginn, noch bevor das Kind seine Fähigkeiten entfalten und zeigen konnte, zwei Jahre für die erste Klasse veranschlagt. Die schulrechtliche Möglichkeit, ein Kind formal in den Schulkindergarten zurückzustellen, aufgrund knapper Plätze in solchen Einrichtungen oder einer zu großen räumlichen Entfernung jedoch im Regelunterricht zu belassen, wird genutzt, um – im Interesse des Kindes – *zusätzliche* Förderzeit sicherzustellen und dadurch – im Interesse der Schule – die *regulären* Abläufe der Schule in der Regelklasse möglichst ungestört zu lassen. Die prophylaktische Sicherstellung zusätzlicher Förderzeit wird mit der Denkfigur der fehlenden kulturellen Passung von türkischem Elternhaus und deutscher Schule plausibel gemacht.

Unterlegt sind zum einen eine Reihe ethnisch-kultureller Zuschreibungen: Türkische Eltern sähen es als eine Schande an, wenn ihre Kinder ein Jahr wiederholen müßten (SR 30); türkische Eltern seien in der Regel uneinsichtig in Bezug auf schulische Empfehlungen (SR 31). Zum anderen lassen sich mehrere wichtige organisationsbezogene Kalküle herausarbeiten: Konflikte mit Eltern sind zu vermeiden (SR 32); Zeitgewinn wird als Förderstrategie vorgeführt (SR 33). Berücksichtigt werden auch die aufeinander aufbauenden jahrgangsspezifischen Lehrpläne (SR 34, 35).

Datum		**Konklusion**
Am Anfang der ersten Klasse treten Probleme auf.		Wir haben gerade bei türkischen Eltern empfohlen, die Kinder in den Schulkindergarten zu schicken.

wegen
Schlußregeln:

SR 30: Türkische Eltern sehen Klassenwiederholungen als persönliche Schande an.
SR 31: Türkische Eltern sind uneinsichtig in Bezug auf die Empfehlungen der Schulen.
SR 32: Konflikte mit Eltern sind zu vermeiden.

Stützung:
Man kennt dann auch die Eltern, wo man genau weiß, daß da mit Sicherheit Schwierigkeiten auftreten.

Diese Beispiel macht das Zusammenspiel von institutioneller und organisatorischer Logik anschaulich. Es geht auch in diesem Fall um die Homogenisierung der Regelklassen und um Minimierung der Schwierigkeiten. Dazu werden Entscheidungen zur Schulzeitverlängerung getroffen, die dann mit pädagogischem Sinn versehen werden müssen, um sie darstellbar zu machen. Die enge Verzahnung von kindbezogenen Prämissen auf der einen Seite und organisationsbezogenen Kalkülen auf der anderen, sowie der Stellenwert ethnisierender Zuschreibungen darin, die zur Plausibilisierung benutzt werden, tritt in diesem Beispiel sehr plastisch hervor.

Datum		**Konklusion**
Bei türkischen Eltern wird eine Zurückstellung in den SKG empfohlen.		Dieses Verfahren halte ich für wesentlich sinnvoller, als ein Kind mit ins 2. Schuljahr zu nehmen, und es fehlen die Grundlagen

wegen
Schlußregeln:

SR 33: Zeitgewinn ist eine Förderstrategie.
SR 34: Der Unterrichtsstoff in Klasse 2 baut auf dem der 1. Klasse auf (Lehr- und Stoffplan).
SR 35: Versäumte Grundlagen aus Klasse 1 können nur in der Wiederholung von Klasse 1 angeeignet werden (Lehr- und Stoffplan).

Zusammenfassung: Erwartete Vorleistungen und die Problem-Delegation an andere Einrichtungen

Zum Schluß dieses Kapitels werden die Erkenntnisse aus den Argumentationsanalysen noch einmal unter der Fragestellung des organisationellen Umgangs mit sprachlicher und kultureller Differenz und der darin angelegten spezifischen Selektivität für Migrantenkinder systematisiert. Die ausgewählten Interviewausschnitte machen deutlich, daß das Entscheidungshandeln als eine Kombinationsleistung der Entscheider zu begreifen ist, die auftretende Probleme (Kinder und ihre besonderen Merkmale) mit organisatorischen Ressourcen (Optionen), den rechtlichen Rahmenbedingungen und pädagogischen Überzeugungen zu einer Lösung verknüpfen, die erfolgversprechend, darstellbar und begründbar ist, also mit Sinn ausgestattet werden kann.

Unter den gegebenen Rahmenbedingungen ist die Entscheidung über die Einschulung oder Zurückstellung von Migrantenkindern immer noch wesentlich durch die Institution der separaten V-, A- und F-Klassen zum Spracherwerb bestimmt. Bereits in früheren Untersuchungen wurde darauf hingewiesen, daß diese segregierende Form des Zweitsprachenunterrichts einen formalistischen Umgang mit sprachlicher und kultureller Vielfalt in Kategorien von schulischen Ressourcen und Kapazitäten, Größe und Zusammensetzung der Klassen etc. bedingt (z. B. Czock/Radtke 1984). Vorbereitungsklassen sind die entscheidende Form der Institutionalisierung einer Problemwahrnehmung und der zugehörigen Lösung. Das bloße Vorhandensein dieser Lösung strahlt auf die Problemwahrnehmung aus. Wenn die Möglichkeit besteht, solche Klassen einzurichten, finden sich auch die Kandidaten. Diese in die Schulorganisation „eingeschriebene" Form der Segregation forciert immer noch die Wahrnehmung von Migrantenkindern mit mangelnden Deutschkenntnissen als „Problemfälle", zumal sonstige Vorkehrungen zum Unterricht in Deutsch als Zweitsprache weitgehend fehlen. Die Aufgabe des Spracherwerbs, die den Rahmen des in der Regelklasse Machbaren in den Augen vieler Lehrkräfte weit übersteigt, wird – wenn Vorbereitungsklassen fehlen – vorzugsweise an andere Institutionen delegiert. Die Schulen suchen nach Ersatz für die V-Klassen, wenn sie Kinder nicht aufnehmen wollen, die erwartbar die Mitgliedschaftsrolle „Schüler" nicht erfolgreich ausfüllen können. Dies ist aber nicht immer, sondern nur dann der Fall, wenn ihre Klassen zu voll sind, die soziale Belastung des Stadtteil allgemein sehr hoch ist und andere Unterstützungssysteme fehlen.

Mit anderen Worten: Bei der Einschulung von Migrantenkindern scheint vermehrt auf Strategien ‚sekundärer Differenzierung' (Niederberger 1984) zurückgegriffen zu werden, d. h. sie werden Optionen zugeordnet, die um die Regelklasse oder den Regelunterricht herum gelagert sind (z. B. Kindergarten, Schulkindergarten, Sonderklassen, schulpsychologische Betreuung etc.). Der allgemeine Status der „organisatorischen Notlösung" (Mader 1989, S. 35f), den der Schulkindergarten in den grundschulpolitischen Debatten einnimmt und der sich auch in den relativ unverbindlichen Zurückstellungskriterien widerspiegelt, begünstigen derartige Tendenzen. Dabei gerät teilweise aus dem Blick, daß der Schulkindergarten keine Einrichtung ist, die für Migrantenkinder mit sprachlichen Defiziten vorgesehen ist und daß dort kein gezielter Unterricht in Deutsch als Zweitsprache stattfindet.

Die Wahrnehmung von Migrantenkindern als „Problemfall" für die Schule setzt schon in der (organisatorisch vorgelagerten) ärztlichen Untersuchung ein. Bereits die Schulärztin lenkt die Aufmerksamkeit der aufnehmenden Schulleiter auf Kinder mit sprachlichen Mängeln. Ob dabei eher auf eine geringe Körpergröße abgehoben wird oder direkt auf die Sprachkenntnisse, scheint relativ belanglos zu sein. Entscheidend ist, daß diese Kinder vielfach einer zusätzlichen Beobachtung durch die Schulleiterin unterzogen werden. Die für den Schulkindergarten erforderlichen Entwicklungsverzögerungen scheinen dann schnell gefunden zu sein. Dies ist wiederum besonders dann der Fall, wenn keine V-Klasse verfügbar ist oder aufgrund von persönlichen Präferenzen der jeweiligen Schulleiterin auch nicht unbedingt als die bessere

Lösung betrachtet wird. So können vor dem Hintergrund einer unscharfen Definition von Schulfähigkeit sprachliche Defizite mit anderen Entwicklungsrückständen verknüpft werden („Sprachliche Mängel gehen immer Hand in Hand mit anderen Schwierigkeiten, die das Kind noch hat.“). Auch am kulturellen Hintergrund festgemachte Stereotypisierungen können in die Feststellung mangelnder Schulfähigkeit einfließen („feinmotorische Probleme türkischer Kinder“). Die Problemdefinition wird den Aufnahmekriterien des Schulkindergartens angepaßt, oder sogar so vage formuliert, daß auch noch eine Zurückstellung in den allgemeinen Kindergarten in Frage kommt.

Interessanterweise werden in keinem Interview die muttersprachlichen Fähigkeiten der Kinder thematisiert. Was die Kinder in ihrer Herkunftssprache können, wird im Einschulungsverfahren schon deshalb nicht thematisch, weil die Wahrnehmung dieser Fähigkeiten die sprachlichen Kompetenzen der (meisten) Schulleiter und die Möglichkeiten der Organisation übersteigt. Es gibt in unseren Interviews keine Hinweise, daß z. B. ein türkischsprachiger Lehrer oder eine Dolmetscherin in die Entscheidungsfindung bei der Einschulung einbezogen wurden.

Ein zentrales Einschulungskriterium ist der Kindergartenbesuch. Unter dem Leitgedanken der kompensatorischen Erziehung wird diese Einrichtung von allen interviewten Schulleitern als Fördermaßnahme für Migrantenkinder ausdrücklich begrüßt. Daß die Schule den Kindergartenbesuch voraussetzt, wenn sie die Mitgliedschaftsbedingungen prüft, gilt für alle Kinder gleichermaßen. Bei genauerem Hinsehen zeigt sich jedoch, daß durch diese Strategie der Gleichbehandlung Migrantenkinder in mehrfacher Hinsicht benachteiligt sind. Zum einen ist davon auszugehen, daß bei Migrantenkindern die Zugangsbarrieren zum Kindergarten größer sind, als bei deutschen Kindern. So belegen die Ergebnisse einer statistischen Erhebung des Jugendamtes der Stadt Bielefeld (Jugendamt der Stadt Bielefeld 1995) die Unterrepräsentanz von ausländischen Kindern in den Kindergärten, trotz allgemein steigender Versorgungsquote[12].

Zum anderen zeigt sich, daß fehlende Kindergartenzeiten bei Migrantenkinder fast automatisch zur Zurückstellung in den Schulkindergarten führen. Hinter dem Kindergartenkriterium verbergen sich eine Vielzahl defizitorientierter Sichtweisen auf die Migrantenkinder und ihr Sozialisationsmilieu. Die beklagten Mängel der Kinder reichen von fehlenden, in der Schule aber vorausgesetzten Routinen, Fertigkeiten und Fähigkeiten bis zu mangelnden sozialen Kompetenzen (keine Erfahrung im Umgang mit deutschen Kindern, Aggressionen, kein Regelverhalten in Gruppen etc.). In Bezug auf das Sozialisationsmilieu gehen viele Schulen nicht nur von ungenügender sprachlicher Vorbereitung und mangelnden Anregungen für eine gelingende kindliche

12 Eine Benachteiligung ausländischer Kinder aufgrund der konfessionellen Gebundenheit der Kindergärten, wie sie in Deutschland allgemein festgestellt wird (z. B. Thränhardt 1995, S. 10) ließ sich für die Stadt Bielefeld nicht nachweisen (Jugendamt der Stadt Bielefeld 1995).

Entwicklung aus. Auch eine überwiegend türkischsprachige Nachbarschaft kann als Beleg für Problemlagen angeführt werden, für die sich die Schule nicht mehr zuständig sieht.

Auffallend in den analysierten Begründungsmustern ist die durchgehende Kopplung von Sprachdefiziten an weitere Einschulungsvoraussetzungen, die wiederum ethnisch-kulturell kodiert sind. In diesem immer wieder eingesetzten Verweisungsgefüge, das mit jeweils unterschiedlichen Gewichtungen auftritt, fungiert die Sprache als Synonym für eine als homogen imaginierte „deutsche Kultur“. Der Vorschulerziehung wird in diesem Sinne die Funktion beigemessen, daß Migrantenkinder dort nicht nur ihre Deutschkenntnisse verbessern, sondern auch in die deutsche Kultur eingeübt werden sollen.

Unterlegt sind Ausformungen der aus den Deutungsbeständen der Ausländerpädagogik stammenden defizitorientierten These einer „mangelnden kulturellen Passung“[13] zwischen Migrantenkindern und ihrem Sozialisationsmilieu auf der einen Seite und der „deutschen Schule“ auf der anderen Seite. Diese Denkmuster werden z. T. in drastischen Farben ausgebreitet und zu Kulturkonfliktszenarien gesteigert. Dann werden aus einem überwiegend türkischsprachigen Stadtviertel auch Rückschlüsse auf die „Integrationswilligkeit“ der dort lebenden Familien gezogen. In dieser Logik, in der sich die ab Mitte der neunziger Jahre aufgeheizte Polarisierung im gesellschaftlichen Umgang mit dem Islam in Deutschland widerspiegelt, wird auch die Wahl des Wohnortes von Migrantenfamilien als Ursachenerklärung für den mangelnden Schulerfolg der Kinder herangezogen, was offensichtlich primär entlastende Funktionen für die Schulen und Behörden erfüllt.

Eine Überweisung in den Schulkindergarten hat neben potentiellen positiven Fördereffekten immer auch benachteiligende Wirkungen, wie Stigmatisierung und Verlängerung der Schulzeit. Es ist davon auszugehen, daß mit der Art und Weise, in der in der Einschulungsentscheidung die Schulfähigkeit der Lernanwärterinnen begutachtet, diagnostiziert und in Interpretationsschemata handhabbar gemacht wird, Weichen für den weiteren Bildungsverlauf gestellt werden (vgl. Hansel 1982, S. 25f). In den analysierten Interviews fällt auf, daß die mit der Zurückstellung verbundene negative organisationsinterne Folgewirkung einer Schulzeitverlängerung (Überalterung), die zu einem Selektionskriterium werden können, nicht beobachtet und thematisiert werden.

---

13 Zur Passungsthese, sowie zur Defizit-, Kulturkonflikt- und Kulturdifferenzhypothese in der Migrationspädagogik vgl. z. B. Bender-Szymanski/Hesse 1987; Auernheimer 1988; Czock 1993.

Kapitel 8

Entscheidungsstelle: Überweisung auf die Sonderschule für Lernbehinderte

Im folgenden Kapitel geht es um schulische Handlungsstrukturen, die am Zustandekommen der überproportionalen Anteile von Migrantenkindern in den Sonderschulen für Lernbehinderten (SOLB) ursächlich beteiligt sind. Im Vordergrund steht auf einer eher deskriptiven Ebene einerseits die Frage, inwieweit mangelnde Deutschkenntnisse und Zuschreibungen in bezug auf einen differenten kulturellen Hintergrund von Migrantenkindern und ihren Familien als Begründungsressourcen herangezogen werden, wenn es um die Einleitung eines SAV oder die Entscheidung für eine Überweisung auf eine SOLB geht. Andererseits ist auf einer stärker erklärenden Ebene die Einbettung von Praktiken in die organisatorischen Handlungsstrukturen und Verfahrensweisen der Schule sichtbar zu machen, die für Migrantenkinder diskriminierende Wirkungen entfalten und/oder einen sozialschichten- und geschlechtsspezifischen Bias aufweisen. Ein besonderes Augenmerk liegt auf Kumulationseffekten, die aus der Interaktion segregierender Fördermaßnahmen bei der Einschulung bzw. an früheren Stellen der Schullaufbahn mit der allgemeinen Leistungshomogenisierung in der Grundschule entstehen.

Die Analyse folgt der gleichen Herangehensweise wie bei der Einschulung. Bei den Befunden handelt es sich nicht um das Ergebnis von Prozeßanalysen, die über den Verlauf konkreter Einzelfälle Auskunft geben oder zur Klärung der Frage dienen könnten, ob die Einleitung eines SAV und die getroffene Entscheidung im Einzelfall gerechtfertigt ist. Angestrebt wird vielmehr ein theoretischer Erklärungsansatz für das deutlich höhere Selektionsrisiko, dem Migrantenkinder auf ihrem Weg durch die Grundschule ausgesetzt sind. Zu diesem Zweck werden schulische Entscheidungspraktiken im Zusammenhang mit der Einleitung und Durchführung eines Sonderschulaufnahmeverfahrens im Sinne von Idealtypen rekonstruiert, in denen die Befunde aus einer Vielzahl von Interviews verdichtet sind.

Zunächst werden die *schulrechtlichen Rahmenbedingungen* und die *organisatorischen Handlungsmöglichkeiten* skizziert, die das Handeln der Akteure steuern, sowie die *pädagogischen Wissensbestände*, auf die die beteiligten Lehrer in ihren Probleminterpretationen, Prognosen und Klassifikationen zurückgreifen können. Anschließend werden eine Anzahl von *Entscheidungs- und Begründungsmustern* im Zusammenhang mit der Einleitung und Durchführung eines SAV analysiert, die sich als institutionelle Ursachen des deutlich höheren Selektionsrisiko für Migrantenkinder an dieser Schnittstelle begreifen lassen.

Schulrechtlicher Entscheidungskontext in Nordrhein-Westfalen (NRW)[1]

In NRW trat am 30. 8. 1995 der „Einführungserlaß zum Gesetz zur Weiterentwicklung der sonderpädagogischen Förderung in Schulen" in Kraft (Kultusministerium NRW 1995). Mit dieser neuen Gesetzgebung reagierte das Land auf die 1994 von der Kultusministerkonferenz (KMK) neu heraus gegebenen Empfehlungen zur Sonderpädagogischen Förderung, in denen nicht mehr vorrangig die separaten Sonderschulen als Lernort für Kinder mit sonderpädagogischem Förderbedarf festgeschrieben sind, sondern eher von personenbezogener Förderung die Rede ist und erstmals dem gemeinsamen Lernen in der Allgemeinen Schule Priorität eingeräumt wird. Für die vorliegende Untersuchung sind noch die in den siebziger und achtziger Jahren verabschiedeten Regelungen zum SAV und zur Unterrichtung ausländischer Schülerinnen relevant (Kultusministerium NRW 1973, 1978, 1982). Die Interviews im Zusammenhang mit der Entscheidungsstelle Übergang auf eine Sonderschule für Lernbehinderte wurden im Frühjahr 1994 abgeschlossen.

Nach der alten Gesetzgebung wird die Klientel der unterschiedlichen Formen der Sonderschule in der Allgemeinen Schulordnung (ASchO) des Landes Nordrhein-Westfalen negativ als Gruppe derjenigen Schüler bestimmt, die im allgemeinen Schulsystem nicht teilnehmen bzw. nicht hinreichend gefördert werden können (vgl. Kultusministerium NRW 1978; Margies u. a. 1990, S. 199). In den Erlassen zum SAV werden die unterschiedlichen Behinderungen aufgeführt, die eine Sonderschulbedürftigkeit zur Folge haben können und die entsprechenden Sonderschulformen spezifiziert (KM NRW 1973)[2]. Die im Rahmen dieser Untersuchung nur interessierende Kategorie der *„Lernbehinderung"* ist in zweifacher Weise definiert. Als Kriterium gelten auf der einen Seite die ‚Beeinträchtigung des Lernvermögens des Kindes'; auf der anderen Seite die ‚Ausschöpfung der Fördermöglichkeiten der Regelschule'. Es werden zwei Hauptgruppen von lernbehinderten Schülerinnen unterschieden. Die erste Kategorie von Lernbehinderung basiert auf einer *medizinischen und endogenen* Erklärung von Schulversagen. Diese Kinder werden definiert als

> „Lernbehinderte mit deutlichem Intelligenzrückstand (IQ mindestens eineinhalb bis zwei Standardabweichungen unterhalb des Mittelwertes). Bei ihnen zeigt sich erhebliches Lern-

---

1 Für eine ausführlichere Darlegung und Analyse der rechtlichen Aspekte der Sonderschulüberweisung nach dem alten Verfahren vgl. Kautter/Munz (1975), Füssel (1987).

2 In NRW bestehen Sonderschulen für Blinde, Erziehungshilfe, Gehörlose, Geistigbehinderte, Körperbehinderte, Lernbehinderte, Schwerhörige, Sehbehinderte, Sprachbehinderte und Kranke (KM NRW 1973).

und Leistungsversagen allgemeiner Art, die Intelligenzleistungen sind insgesamt herabgesetzt, das Sozialverhalten ist nicht altersgemäß entwickelt" (KM NRW 1973).

Die Lernbehinderung muß laut Erlaß jedoch nicht immer einen globalen Mangel an Lernfähigkeit darstellen. Sie kann sich auch lediglich auf spezifische Aufgaben beziehen und bessere Lernfähigkeit auf anderen Gebieten sowie ausgleichbare Lerndefizite einschließen. Im Kontrast zu den ‚Lernbehinderten mit deutlichem Intelligenzrückstand' unterliegt der zweiten Kategorie von Lernbehinderten, die ‚Lernbehinderten mit einer *generalisierten Lernstörung'*, eine weiter gefaßte, multifaktorielle Lernbehinderungskonzeption. Als wesentliche Ursachen der Lernbehinderung gelten demzufolge der soziale Hintergrund und die psychische Entwicklung eines Kindes. In dieser Kategorie werden ‚neurologische, konstitutionelle, psychoreaktive und soziokulturelle Ursachen' von Lernschwierigkeiten zusammengefaßt:

„Lernbehinderte mit generalisierter Lernstörung a) Auf Grund von neurologischer Dysfunktion oder konstitutioneller Schwächen: Auffällig bei diesen Schülern ist die strukturelle Uneinheitlichkeit ihres Lern- und Leistungsverhaltens. Das Intelligenzniveau ist oft gar nicht oder nur wenig vermindert. [...] b) Auf psychoreaktiver Grundlage: Neurotisierende Bedingungen im Elternhaus, in der Schule oder in der übrigen Umwelt haben bei diesen Schülern emotionale Störungen, Lernhemmungen sowie Verhaltensauffälligkeiten hervorgerufen und zu einem allgemeinen und andauernden Schulversagen geführt. c) Sozio-kulturell bedingter Art: Ungünstige Milieueinwirkungen und mangelnde Anregung haben bei diesen Schülern besondere Sprach- und Verhaltensmuster, einen sachstrukturellen Entwicklungsrückstand, einen altersunangemessenen kognitiven Verarbeitungsstil sowie motivationelle Hemmnisse entstehen lassen, so daß sie den Anforderungen der allgemeinen Schule nicht genügen können, obwohl die intellektuelle Leistungsfähigkeit nicht immer wesentlich beeinträchtigt sein muß" (KM NRW 1973).

Nach der bis 1995 gültigen Regelung ist das SAV als Selektionsverfahren angelegt, in dessen Verlauf die Frage zu klären ist, ob ein Grundschüler in der Grundschule ‚lernfähig' ist oder ‚nicht lernfähig', (noch) gefördert werden kann oder nicht, d. h. ob das Kriterium der Lernbehinderung als Voraussetzung einer Überweisung auf die SOLB geltend gemacht werden kann. Der offizielle Meldetermin für ein SAV ist der 15. Februar eines jeden Jahres. Dies ist ein formaler Entscheidungsanlaß, der von den Lehrerinnen als Entscheidungsgelegenheit genutzt werden *kann*[3]. Es gibt Grundschulen, die in einzelnen Jahrgängen gar keine Kinder zum SAV melden. Im Vergleich zur Einschulung oder dem Übergang auf die weiterführenden Schulen (vgl. Kapitel 8) handelt es sich bei der Überprüfung eines Kindes auf Sonderschulbedürftigkeit (Einleitung eines SAV) um *Einzelfallentscheidungen*. Die SOLBs werden nicht von sich aus tätig, um Schülerinnen zu rekrutieren (z. B. durch

3 Diese Handlungsoption wird in den Grundschulen jedoch im Zuge der Herstellung homogener Lerngruppen durchaus auch als Handlungsaufforderung aufgefaßt (vgl. z. B. Kautter/Munz 1975, S. 275).

Screening-Untersuchungen zur Aufdeckung eines latenten sonderpädagogischen Förderbedarfs).

An der Durchführung eines SAV sind außer der Grundschule, der SOLB und den Erziehungsberechtigten als weitere Institutionen das Gesundheitsamt und das Schulamt beteiligt. Auf der Grundlage der vorliegenden Gutachten von Grund- und Sonderschule trifft das Schulamt formal die Entscheidung. Die Grund- und Sonderschullehrerinnen sind die zentralen Akteure im Verfahren (vgl. Kleber 1980, Grissemann 1989). Die Mitwirkungsmöglichkeiten der Erziehungsberechtigten sind ausgesprochen eingeschränkt. Ihnen steht lediglich ein Informations- und Anhörungsrecht zu (vgl. Füssel 1987). Gegen den Verwaltungsakt können sie Widerspruch bei der nächst höheren Verwaltungsinstanz, dem Regierungspräsidenten, einlegen. Lehnt dieser das Gesuch der Eltern ab, können sie vor dem Verwaltungsgericht eine Anfechtungsklage erheben.

Der Entscheidung, ein Kind zur Überprüfung durch die SOLB zu melden, gehen in der Regel Beobachtungen in der Grundschule von mehreren Monaten oder Jahren voraus. Die Überprüfung der Sonderschulbedürftigkeit führt entweder zur Überweisung auf die SOLB oder zur Entscheidung, ein Kind an der Grundschule zu belassen. Die Zeitspanne zwischen der Einleitung eines SAV und der Entscheidung über die Überweisung beträgt in der Regel ca. 4 Monate. Konflikthafte Entscheidungsprozesse (z. B. durch Widerspruch der Eltern) können sich auch wesentlich länger hinziehen. Die Entscheidung läßt sich als Aushandlungsprozeß begreifen, an dem verschiedene Parteien beteiligt sind (Grundschule, Eltern, eventuell Schulamt, SOLB). Dabei weist das SAV die Besonderheit auf, daß die Feststellung von Mitgliedschaftsbedingungen zwischen zwei Organisationen ausgehandelt werden muß, die jeweils ihre eigenen Interessen verfolgen. Allgemein erfolgt ein SAV an der Grundschule im Zuge der allgemeinen Leistungshomogenisierung, die v. a. im Hinblick auf die Plazierung der Kinder in einem der weiterführenden Bildungsgänge geschieht. Dabei stellt die SOLB eine Möglichkeit für die Grundschulen dar, sich von Schülern zu entlasten, die den reibungslosen Ablauf des Unterrichts stören. Bei den sinkenden Schülerzahlen in den achtziger Jahren ist jedoch davon auszugehen, daß es an den Grundschulen Tendenzen gibt, Kinder mit Lernproblemen zu behalten, um bestimmte Klassengrößen oder die Zügigkeit der Schule zu erhalten. Demographische Entwicklungen und Elternproteste gegen die Unterrichtung ihrer Kinder im segregierten Sonderschulwesen stellen auch die SOLBs in den achtziger Jahren vor gravierende Bestandserhaltungsprobleme[4]. Förderangebot und Expertise der SOLB lassen sich auf diesem Hintergrund auch als

4 Das drückt sich aus in der Furcht vor Schließung oder Umwandlung. In Bielefeld wurde 1981 von 7 bestehenden SOLBs eine in eine Sprachheilschule umgewandelt, 1986 wurden zwei weitere zusammengelegt (vgl. Kap. 4).

organisatorische „Lösung" begreifen, die sich ihr „Problem" an den Grundschulen sucht, um ihre Auslastung und ihren Fortbestand zu sichern.

In bezug auf *Migrantenkinder* finden sich in den schulrechtlichen Bestimmungen zum SAV aus dem Jahr 1973 (KM NRW 1973) keine speziellen Regelungen. Seit 1976 nennt der Erlaß zum Unterricht für ausländische Schülerinnen (vgl. Schmidtke 1977; KM NRW 1982) spezifische Vorkehrungen, die vor einer unzulässigen Überweisungen auf die SOLB aufgrund mangelnder Deutschkenntnisse schützen sollen. Bei diesen Maßnahmen handelt es sich zum einen um eine deutlich ausgedehnte, mindestens zehnwöchige Beobachtung des Kindes im Unterricht durch die Grundschullehrer sowie einer Reihe spezieller Prüfverfahren in der Einzeluntersuchung durch die Sonderschule:

> „Die Feststellung der sonderschulbedürftigen Lernbehinderung kann bei eingeschränkter sprachlicher Verständigung mit besonderen Schwierigkeiten verbunden sein. Darum sind in der Einzelfalluntersuchung durch die Sonderschule zu prüfen: – der deutsche Wortschatz und die Muttersprache; – gegebenenfalls die Schulkenntnisse; – die Intelligenz mit sprachfreien Tests; – Ausdauer und Konzentration sowie der Entwicklungsstand im bildnerischen Gestalten. Hierzu sollen im Bedarfsfall sprachkundliche Vermittler einbezogen werden. Ist das Untersuchungsergebnis nicht eindeutig, so wird empfohlen, den Schüler in der bisher besuchten Schule zu belassen" (KM NRW 1982).

Wichtig ist der Passus, Kinder im Zweifelsfall an der Grundschule zu belassen. Auf dem Hintergrund dieser Bestimmungen erscheinen SOLB-Überweisungen insbesondere in einem frühen Stadium der Schullaufbahn eines ausländischen Kindes als problematisch, d. h. aus dem Schulkindergarten, dem ersten Schuljahr oder einer Auffang- oder Vorbereitungsklasse.

Pädagogische Deutungsangebote

In den alten deutschen Bundesländern bestimmte bis Ende der sechziger Jahre das *Segregationsprinzip* die (Lern)Behindertenpädagogik (vgl. Füssel 1987, Kobi 1980)[5]. Nach dem zweiten Weltkrieg folgte auf eine Phase der Rekonstituierung des herkömmlichen Bildungssystems, in der auch die Sonderschulen wieder etabliert worden waren, eine Phase der Expansion. Die Modernisierungs- und Machbarkeitseuphorie der Bildungsreformbewegungen hatte auch den Sonderschulbereich erfaßt. Auf einer Kultusministerkonferenz im Jahr 1960 wurden die Weichen für den forcierten Ausbau des Sonderschulwesens und die Ausdifferenzierung der verschiedenen Sonderschulformen gesetzt (Bleidick 1972). Der auch aus wirtschaftlichen Gründen betriebene Ausbau des eigenständigen Sonderschulwesens wurde damit begründet, daß eine ‚nicht bearbeitete', aber zu entdeckende Klientel sonder-

5 Für einen historischen Überblick vgl. z. B. Preuss-Lausitz 1986; Hinz 1993; Opp 1993; Prengel 1993.

schulbedürftiger Kinder vorhanden sei. Mittel, die aktuell für die Sonderschule ausgegeben würden, könnten später in Resozialisierungsmaßnahmen eingespart werden (vgl. Jost 1992, S. 87f). Im Zuge dieser Entwicklung hatten sich die Zahlen der Sonderschüler bis 1973 bereits mehr als verdreifacht (Preuss-Lausitz 1981, S. 43ff).

Die Expansionszeit wurde ab 1970 von einem Zeitabschnitt der Kritik und der Modellversuche überlagert. Die Sonderschulen für Lernbehinderte waren offensichtlich zu Schulen für Kinder aus den unteren sozialen Schichten geworden. Durch die im Zuge der Bildungsreform vehement vorgetragene Kritik der Begabungsideologie (Roth 1969) geriet das eigenständige Sonderschulwesen schon bald in eine tiefgreifende Legitimitätskrise. Nach den Segregationserfahrungen setzte das von Kanter erstellte Gutachten für den Deutschen Bildungsrat (Deutscher Bildungsrat 1973) wieder eine Integrationsdiskussion in Gang (vgl. z. B. Begemann 1970; Topisch 1975; Jantzen 1976; Probst 1976; Preuss-Lausitz 1981), mit der die gerade vollzogene Differenzierung wieder rückgängig gemacht werden sollte. Auf dieses Gutachten bezogen sich viele Schulversuche und Integrationsinitiativen. Zu den Veränderungsvorschlägen zählten u. a. die Einführung von Förderstunden und -kursen und Individualisierung durch Differenzierung in der Regelschule, die Integration sonderpädagogischer Inhalte in die allgemeine Lehrerausbildung, Frühförderung, Schaffung regionaler Beratungszentren und vermehrte Flexibilität in der Unterrichtung behinderter Kinder durch die Möglichkeiten von kooperativen Schulzentren, um zwischen Regelunterricht und Sonderschule fächerweise wählen zu können (vgl. Preuss-Lausitz 1986, S. 114).

Bildungspolitisch wurden die schulorganisatorischen Empfehlungen des Bildungsrats damals zwar nicht aufgegriffen. In den einzelnen Bundesländern wurden in der Folgezeit jedoch mit großen Unterschieden zahlreiche Schulversuche eingeleitet und durchgeführt. Den Beginn dieser Phase markiert die Eröffnung einer ersten Integrationsklasse an einer West-Berliner Grundschule 1976 (vgl. Projektgruppe Integrationsversuch 1988). Treibende Kraft der sich formierenden Integrationsbewegung waren Elterninitiativen, Lehrkräfte und wissenschaftliche Begleitungen von Integrationsschulversuchen (für einen Überblick vgl. Hinz 1993, Prengel 1993). Vor dem Hintergrund der Erfahrungen mit den Modellversuchen wurde die Integrationsdiskussion in den achtziger Jahren auf breiter Ebene weiter geführt. Dabei wurden die Anfang der achtziger Jahre noch hitzigen ideologischen Debatten allmählich von spezifischeren und pragmatischeren Fragestellungen abgelöst. Im Vordergrund stand immer noch die Frage der Auslesegerechtigkeit der Diagnostik (vgl. z. B. Grissemann 1989, S. 9). Jedoch auch die Leistungsstandards der SOLB hinsichtlich ihrer Lerneffektivität, der Integrations- bzw. Rückkehrfunktion und der gewünschten psychotherapeutischen Entlastungsfunktionen wurden in Zweifel gezogen (vgl. z. B. Tent u.a. 1991). Angesichts der geringen Ausbildungschancen der Sonderschulabsolventen und der seltenen Rückführungen auf die Regelschule blieb die Frage offen, ob die möglicherweise begründbaren pädagogischen Vorteile der Sonderschule nicht zu hoch bewertet wurden, gegenüber der frühzeitigen faktischen Festlegung auf geringe Berufs- und soziale Lebenschancen. Beeinflußt von Modellen im Ausland wurden Bestrebungen zum Verzicht auf die Verwendung von Behindertenkategorien („Dekategorisierung") und die Frage der Verschiedenheit der Lernvoraussetzungen, der „Heterogenität" zum zentralen Diskussionsthema (vgl. Benkmann 1994; David 1994). Grundsätzlicher noch machte die Behindertenbewegung auf Diskriminierung, Stigmatisierung und Beschränkung der Rechte auf Selbstbestimmung, Identitätsfindung und Persönlichkeitsentwicklung der Betroffenen durch die Interessenwahrnehmung von Fachleuten aus verschiedenen pädagogischen Berufsfeldern aufmerksam. Die Sonderpädagogik mußte sich selbstkritisch fragen, ob sie mit ihrer Etikettierung und Aussonderung die Behinderung nicht eigentlich erst konstituiert (vgl. Kobi 1990; Brumlik 1992).

Die konzeptuelle Entwicklung des Lernbehinderungsbegriffs stand in den vergangenen Jahrzehnten in engem Bezug mit den Praxisentwicklungen. z. B. Preuss-Lausitz (1981) unterscheidet in der Ende der siebziger Jahre vorerst abgeschlossenen Debatte vier zentrale Entwicklungsetappen: Als Reaktion auf die Expansion der Lernbehindertenschulen und die einsetzende Integrationsdebatte dominierte in einer ersten Phase bis Mitte der siebziger Jahre ein enges *medizinisches* Verständnis von Lernbehinderung als geminderter Intelligenzkapazität. Der Begriff war von Bleidick (1968) aus dem Sozialrecht übernommen worden, um die Sonderpädagogik erziehungswissenschaftlich zu fundieren. Das Kriterium sollte auch begrenzend wirken und zu einer quantitativen Reduzierung der damals expandierenden Sonderschulen führen. „Außerintellektuelles Schulversagen" sollte als Grund für eine Überweisung auf die Lernbehindertenschule explizit ausgeschlossen werden. Man ging von der Schätzung aus, daß 2,5% der Kinder eines Altersjahrgangs in diese Kategorie fallen würden. Mit solchen Schätzungen versuchte man die Beibehaltung einer eigenständigen Sonderschule zu begründen.

Die medizinische Lernbehindertenkonzeption war auf dem Hintergrund des wissenschaftlichen Forschungsstandes und der Bildungsreformdebatten jedoch nicht haltbar. Auch der Ausbau der Geistigbehindertenschulen machte die eigenständige SOLB obsolet, die auf einer Definition von Lernbehinderung als geminderter Intelligenz-Kapazität basierte, bei der außerschulische Problemursachen ausgeschlossen bleiben sollten. Folgerichtig wurde in einer zweiten Etappe zur Definition des Lernbehinderungsbegriffs der Versuch unternommen, Lernbehinderung nicht mehr an bestimmte individuelle Merkmale zu binden, sondern mit *Störungen im Erziehungsprozeß* zu begründen (Begemann 1972; Möckel 1973, 1977; Bach 1976).

Dieser Zugriff wurde in einer dritten Phase in *interaktionistischen Ansätzen* und Labeling-Theorien systematisiert. Lernbehinderungen wurden nun als Resultat von Etikettierungs- und Stigmatisierungsprozesse in sozialen Institutionen erklärt (Cicourel/Kitsuse 1963; Goffman 1967; in der deutschen Schulforschung z. B. Ulich/Mertens 1973). Diese Ansätze konnten sich jedoch nicht durchsetzen. Ende der siebziger Jahre reagierten Bildungspolitik und Erziehungswissenschaften mit massiven Anstrengungen, eine allgemein zustimmungsfähige Konzeption von Lernbehinderung zu entwickeln, die der Kritik Rechnung tragen, aber die Sonderpädagogik als klar abgrenzbare Disziplin erhalten sollte. Der *multifaktorielle Ansatz* wurde bildungspolitisch durchgesetzt und schulrechtlich verankert (Bleidick 1975), womit auch die kritischen Debatten Ende der siebziger Jahre vorerst abgeschlossen waren. Der multifaktorielle Ansatz integrierte (unter Umgehung der gesellschaftskritischen Implikationen der Integrationsansätze) alle vorherigen: Er ging von genetischen, organisch-traumatischen und soziokulturellen Ursachenfaktoren für Lernbehinderungen aus. Damit wurden das medizinische Kriterium, der Etikettierungsansatz, die Erklärung von Lernbehinderung aus dem Schulsystem heraus wie auch als Produkt der Gesellschaft in einem Kompromiß nebeneinandergestellt. Eine konzeptuelle Verknüpfung der betreffenden Handlungsebenen, auf die sich diese Erklärungsansätze beziehen (gesellschaftliches Gesamtsystem, Subsystem Schule, Interaktion der am Erziehungsprozeß professionell beteiligten Akteure und das Subjekt) wurde nicht geleistet (vgl. kritisch dazu: Keupp 1972; Tiersch 1975; Hurrelmann 1974, 1975):

> „Der Begriff Lernbehinderung entleert sich, indem er mit prinzipiell sämtlichen bisherigen Inhalten – bis hin zu Intelligenzschaden – gefüllt bleibt" (Preuss-Lausitz, 1981, S. 39).

Hinsichtlich des unscharfen Begriffs der Lernbehinderung formuliert Haeberlin (1996, S. 73 ff) pointiert, daß eine einem Kind zugeschriebene intellektuelle Behinderung zwar bedeutet, daß das Kind dem Unterricht in einer auf den Durchschnitt ausgerichteten Regelklassen in einer Allgemeinen Schule nicht folgen kann und deshalb in eine Sonderschule zu überweisen sei. Zur Beantwortung der Frage, ob die „intellektuelle Behinderung" eher als individuelle Disposition oder als Folge der Störung des an einem fiktiven Normalschüler orientierten Regelklassenunterrichts zu sehen ist, sind jedoch beide Sichtweisen möglich. Der erste Aspekt hebt auf eine individuelle Behinderung im schulischen Lernen ab und basiert auf der Annahme eines medizinisch nur äußerst selten nachweisbaren physiologischen Defekts. Der zweite Aspekt betont demgegenüber, daß das Funktionieren einer Institution gestört wird, wenn ein Kind, das i. d. R. bis zum Schuleintritt nicht auffällig oder als geschädigt klassifiziert war, als „behindert" aktenkundig wird:

> „Die Schule, wie sie heute organisiert ist, wird durch ein Kind in ihrem Funktionieren gestört, d. h. die Schule als gesellschaftliche Institution wird behindert. Sie behebt die

Störung mit organisatorischen Maßnahmen; es werden für die störenden Kinder spezielle Schulklassen (Sonderklassen) bereitgestellt. Die Schule löst somit Probleme, die durch zu stark vom Durchschnitt abweichende Kinder entstehen, durch organisatorische Maßnahmen der Aussonderung dieser Kinder. [...] Ob ein Mensch behindert ist, kann davon abhängen, welche gesellschaftliche Einrichtung in welcher Form und vor welchem Hintergrund durch ihn gestört wird" (Haeberlin 1996, S. 74 f).

1994 verabschiedete die Ständige Konferenz der Kultusminister der Länder neue „Empfehlungen zur sonderpädagogischen Förderung in der Bundesrepublik Deutschland" (KMK 1994), die als ein gewisser Fortschritt betrachtet werden können. In den neuen Empfehlungen ist nicht mehr vorrangig von institutionenbezogener, sondern eher von personenbezogener, individualisierender sonderpädagogischer Förderung die Rede. Erstmals wird dem gemeinsamen Lernen in der Allgemeinen Schule oberste Priorität eingeräumt. An die Stelle des Begriffs ‚Sonderschulbedürftigkeit' ist der des ‚sonderpädagogischen Förderbedarfs' getreten. Dieser Begriff ist jedoch nicht wesentlich schärfer als der alte. Da jedes Kind aufgrund seiner Einmaligkeit einen besonderen, nämlich individuellen Förderbedarf hat, ist die Frage nach regulärem oder zusätzlichen Förderbedarf müßig. Auch im Begriff des sonderpädagogischen Förderbedarfs reproduziert sich die alte Kategorisierung erneut (Eberwein 1995, 1997).

Mit der Thematik von Migrantenkindern in Sonderschulen beschäftigen sich wissenschaftliche Beiträge seit Mitte der siebziger Jahre. Wird zunächst noch auf die Unterrepräsentanz der „Gastarbeiterkinder" an den Sonderschulen aufmerksam gemacht (Hohmann/Stahr 1975, 1976) und diese u. a. mit der besonderen Tüchtigkeit der eingewanderten Familien begründet (Sander 1975), gerät die Sonderschulproblematik schon bald zusammen mit den im Vergleich mit deutschen Schülerinnen niedrigeren Bildungserfolge der Migrantenkinder in den Blick (Schmidtke 1977). Schmidtke erklärt den geringen Anteil ausländischer Schülerinnen an den Sonderschulen v. a. damit, daß Migrantenkinder, die im Unterricht versagen, größtenteils in die Vorbereitungsklassen abgeschoben würden. Die Sonderschulen, für die ausländischen Schüler ja eine Belastung darstellten, seien gerne bereit, auf den Passus zu verweisen, demzufolge Sprachdefizite kein Überweisungsgrund sein dürften. Schmidtke warnte davor, daß mit der zum 1. 8. 1976 in Kraft tretenden Neuregelung des Unterrichts für Kinder ausländischer Arbeitnehmer, in der die Aufnahme in die Sonderschule ausdrücklich herausgestellt werde (während Hinweise auf die Aufnahme in die Realschule oder das Gymnasium fehlten), in Zukunft eine erheblich größere Zahl von Migrantenkindern auf die Sonderschulen überwiesen werden könnten. Daß diese Einschätzung zutreffend war, wurde schon wenige Jahre später in zahlreichen Forschungsarbeiten bestätigt (z. B. Schmidtke 1980; Reiser 1980).

Auf der Suche nach den Ursachen für die wachsenden Anteile von Migrantenkindern in den Sonderschulen für Lernbehinderte stand die kritische Beschäftigung mit den Verfahren der Überweisung in eine Sonderschule im

Vordergrund (vgl. z. B. Schmidtke 1977; Nuber/Riediger 1985) sowie Versuche zur Verbesserung der diagnostischen Instrumente in bezug auf die Lernleistungen und zur Sprachstandsmessung (vgl. Kornmann 1987, 1991; Luchtenberg 1984). Der defizitorientierten Sichtweise der Ausländerpädagogik folgend wurden auch die soziokulturellen Voraussetzungen von Migrantenkindern als Ursachen von Lernversagen thematisiert. Schmidtke (1980, S. 75ff) plädiert in bester Absicht dafür, das „Mehr“, das Migrantenkinder aufgrund ihrer unterschiedlichen Lernvoraussetzungen leisten müßten, im Falle eines SAV positiv zu berücksichtigen und die Sensibilität der Lehrer für die unterschiedliche Lernvoraussetzungen der Migrantenkinder zu schärfen. Stärker auf die Individuen als auf den institutionellen Definitionsprozeß abhebend problematisiert er jedoch u. a. fehlenden Kontakte zu gleichaltrigen deutschen Kindern, mangelnde Deutschkenntnisse und materielle Armut der Eltern, armselige Wohnungen, mangelndes Angebot an Spielzeug und Spielen, mangelnde feinmotorische Fertigkeiten und Kindergartenzeiten sowie eine breite Palette unterschiedlicher Normen und Wertvorstellungen, Gewohnheiten und Erziehungsziele als Ursache für Lernversagen:

> „Dieses ‚Mehr‘ ergibt sich aus der Notwendigkeit der Ausbildung eines adäquaten Verhaltensrepertoires und der Ausformung zweier Sprachsysteme. Hinzutreten bei Erstkläßlern eine Reihe von Fähigkeiten und Fertigkeiten, die ersten Mengenvorstellungen, Raum- und Zeiterfassungen, eine wenigstens in Ansätzen geschulte Grob- und Feinmotorik, ein adäquater Gebrauch von Arbeitsmaterialien (Bücher, Bleistifte, Pinsel etc.), die Fähigkeit, einer Person über einen Zeitraum zuhören zu können usw. Sie werden von der Schule weitgehend vorausgesetzt, da der größte Teil der deutschen Eltern ihre Kinder durch Spielmaterialien, durch den Besuch des Kindergartens, durch die Gestaltung der Lebenswelt des Kindes zu einer Lernwelt, durch ein eigenes Kinderzimmer, vorbereitet hat, aus dem Wissen heraus, was ihre Kinder in der Schule erwartet“ (Schmidtke 1980, S. 75).

Entscheidungs- und Begründungsmuster im Sonderschulaufnahmeverfahren (SAV)

Im folgenden werden in bezug auf die Entscheidungsstelle „Übergang auf eine Sonderschule für Lernbehinderte“ eine Anzahl von schulischen Handlungs- und Begründungsmustern herausgearbeitet. Wie im vorangegangenen Kapitel liegt der Schwerpunkt der Analysen auf der institutionellen Strukturierung dieser Entscheidungsstelle. Um eine dichte Beschreibung der schulischen Praktiken und Arrangements zu erhalten, die am Zustandekommen der überproportional hohen Übergangsquoten von (vor allem türkischen) Migrantenkindern auf die SOLBs beteiligt sind, wurden die Interviews an den zehn Grundschulen durch zwei Gruppeninterviews ergänzt. Eines dieser Interviews wurde an einer SOLB durchgeführt, das andere in der Schulbehörde. Zusätzlich wurden vierzig Sonderschulgutachten aus den Jahren 1979 bis 1993 in die Untersuchung einbezogen. Die Gutachten waren von einer

SOLB zur Verfügung gestellt und von den Sonderschullehrerinnen als exemplarisch ausgewählt worden. Sie beziehen sich auf 20 deutsche und 20 ausländische Kinder, von denen jeweils die eine Hälfte auf die SOLB empfohlen, und bei der anderen zum Verbleib an der Grund- bzw. Hauptschule geraten wurde. In den Gutachten wurden in einem den Interviewanalysen analogen Verfahren die Begründungsmuster untersucht, mit denen Entscheidungen legitimiert werden, um die institutionell geteilten Deutungshaushalte sichtbar zu machen[6].

Mangelnde Überprüfung der muttersprachlichen Fähigkeiten

Um ein Kind auf die SOLB überweisen zu können sind – laut schulrechtlichem Erlaß – bei Migrantenkindern Defizite in der Unterrichtssprache als Ursache der Lernschwierigkeiten auszuschließen. Im Zweifelsfall sind die Kinder an der Regelschule zu belassen. Demgegenüber sind in den ausgewerteten Sonderschulgutachten kaum Hinweise auf eine systematische Überprüfung des muttersprachlichen Sprachstandes enthalten.

Beispielsweise Yasmin, ein türkisches Mädchen, war nach einem kurzen Aufenthalt in der ersten Grundschulklasse in den Schulkindergarten zurückgestellt worden. Im Schulkindergarten wurde dann ein SAV eingeleitet. Yasmin wurde auf die SOLB überwiesen. Im Bericht der aufnehmenden SOLB werden nur im Vorspann des Gutachtens[7] Yasmins Sprachdefizite thematisiert:

„Yasmin hat noch zwei Geschwister, die die SOLB besuchen. In der Familie wird fast ausschließlich türkisch gesprochen. Yasmins Mutter spricht kein Deutsch, der Vater kann sich verständigen. Yasmin wurde altersgemäß eingeschult, sie besucht z. Zt. den Schulkindergarten. Yasmins sprachliche Kompetenz wird von der Klassenlehrerin als gering angesehen, das Mädchen spricht wenig, für eine aktive Teilnahme am Sachunterricht fehlt Yasmin der ausreichende Sprachschatz. Im mathematischen Bereich zeigt Yasmin ein geringes mathematisches Verständnis“ (Gutachten 4; ‚Zusammenfassung der Vorinformationen'; türkisches Mädchen; Entscheidungsvorschlag: SOLB).

Einleitend wird festgestellt, daß Yasmin zwei Geschwister auf der SOLB hat. Der nächste Satz enthält die Information, daß in Yasmins Familie kaum Deutsch gesprochen wird und sie dort auch keine sprachliche Förderung erhalten wird. Sie sei altersgemäß eingeschult, jedoch dann in den Schulkindergarten zurückgestellt worden. Im Unterricht seien Yasmins Deutschkenntnisse so gering, daß sie im Sachunterricht kaum folgen könne. Auch

6 Benachteiligungen von Migrantenkindern in den Test-Instrumenten der SOLBs zur Leistungsdiagnostik wurden in der vorliegenden Studie nicht behandelt.

7 Die Gutachten bestehen aus einem Vorspann (Anamnese, Zusammenfassung der Vorinformationen, Untersuchungsanlaß), einer Darstellung und Interpretation der Testergebnisse und dem Entscheidungsvorschlag. Die untersuchten Sonderschulgutachten unterscheiden sich im Gesamtumfang (1 bis 5 Seiten) und in der Gewichtung der Einzelteile zum Teil erheblich.

ihre mathematischen Fähigkeiten seien gering. Trotz mehrfacher Hinweise auf Sprachdefizite finden sich in dem Gutachten keine immerhin naheliegenden Zweifel, daß die Sprachprobleme der Grund für die Lernschwierigkeiten und die unterdurchschnittlichen Testwerte sein könnten. Die Tests wurden laut Gutachten zwar im Beisein einer türkischen Lehrerin durchgeführt, die die Arbeitsanweisungen übersetzt hätte. Es werden jedoch keine Belege angeführt für eine systematische Überprüfung des Sprachstandes nach den im Erlaß geforderten Kriterien (vgl. Kultusministerium NRW 1982). Das Gutachten enthält keine expliziten Hinweise auf die geforderte zehnwöchige pädagogische Beobachtung im Unterricht durch die Grundschullehrerinnen, keine Informationen hinsichtlich des Muttersprachniveaus und des Entwicklungsstandes im bildnerischen Gestalten. Spezielle Eindrücke der türkischen Lehrerin werden im Gutachten nicht eigens erwähnt. Dies ist besonders verwunderlich, da das SAV zu einem extrem frühen Zeitpunkt eingeleitet wurde und das Risiko für eine Fehldiagnose als besonders hoch angesehen werden kann.

Solche Tendenzen deuten sich in fast allen der uns zur Verfügung gestellten Gutachten zu. Hinsichtlich ihrer Verallgemeinerbarkeit wären sie an größeren Stichproben an verschiedenen Schulen und mit Hilfe längerfristiger Prozeßanalysen konkreter Entscheidungsverfahren zu überprüfen.

Sonderschulüberweisung aufgrund von Sprachdefiziten

In den vorliegenden Gutachten werden Sonderschulüberweisungen auch explizit mit Sprachdefiziten und kulturellen Differenzen gerechtfertigt:

> „Hasan wurde in Marokko geboren und lebt seit etwa vier Jahren bei seinen Eltern in Deutschland. [...] Zuhause sprechen alle Familienmitglieder marokkanisch. [...] Zunächst müssen bei Hasan als ausländischem Schüler die Ergebnisse der sprachfreien Tests herangezogen werden, die aussagen, daß es sich bei Hasan um ein dem unteren Normbereich zuzuordnenden Kind handelt, was die intellektuelle Entwicklung betrifft. Vermutlich könnte Hasan in seinem Heimatland unter optimalen Bedingungen die Anforderungen des Hauptschulniveaus erfüllen. Da er jedoch hier erschwerten Umweltbedingungen ausgesetzt ist, reicht seine Kapazität nicht aus, um Sprachdefizite zu kompensieren“ (Gutachten 6: Testdurchführung und Interpretation; marokkanischer Junge; Empfehlung: SOLB).

Aus dem Gutachten erfahren wir, daß Hasan in Marokko geboren wurde und erst seit 4 Jahren bei seinen Eltern in Deutschland lebt. Zuhause würden alle die Heimatsprache sprechen. Hasan wird im zitierten Gutachten als „Grenzfall“ präsentiert, dessen Exklusion aus dem Regelschulsystem zu begründen ist. Mit Verweis auf die Ergebnisse sprachfreier Tests wird sein intellektuelles Leistungsniveau im unteren Normbereich verortet. In seinem Heimatland würde er – unter sehr guten Bedingungen – vermutlich die Hauptschule schaffen. Da er im fremden Land jedoch erschwerten Umweltbedingungen ausgesetzt sei, reiche seine Kapazität nicht aus, um die Sprachdefizite zu kompensieren.

In dem zitierten Begründungsmuster werden die an den Testwerten festgemachten intellektuellen Kapazitäten gegen Hasans sprachliche Defizite abgewogen, mit dem Ergebnis einer negativen Leistungsprognose. In einer Defizitperspektive auf den Familienkontext, in dem nur die Herkunftssprache gesprochen werde, ist das Deutungsmuster spezifischer psychischer Belastungen durch Migration und Fremdheit unterlegt (SR 1 und 2).

Datum	**Konklusion**
Hasan liegt intellektuell im unteren Normbereich. Er würde vermutlich in seiner Heimat unter optimalen Bedingungen die Hauptschule schaffen. Unter erschwerten Umweltbedingungen hier reicht seine Kapazität nicht aus, Sprachdefizite zu kompensieren.	Empfehlung: Überweisung auf die SOLB

wegen
Schlußregeln

SR 1: Migrantenkinder sind im fremden Land besonderen psychischen Belastungen ausgesetzt.
SR 2: Psychische Belastungen durch Migration beeinträchtigen das Lernvermögen.
SR 3: Wenn Migrantenkinder nicht zumindest durchschnittliche Intelligenztestwerte aufweisen, haben sie keine Chance, Sprachdefizite und Migrationsbelastungen soweit zu kompensieren, daß sie die Hauptschule schaffen könnten.

Das Abwägen der Belastungsfaktoren und der Deutschdefizite mit den Intelligenztestwerten impliziert die Prämisse, daß die Ergebnisse in den Intelligenztests im mittleren Normbereich liegen müssen, damit ein Kind unter den dargestellten defizitären Randbedingungen im deutschen Regelschulsystem bestehen kann (SR 3).

Sonderschulüberweisung aus *A-, V- und F-Klassen*

Laut Erlaß sollen keine relevanten Schullaufbahnentscheidungen getroffen werden, wenn sich ein Kind noch in der Vorbereitungs-, Auffang- oder Förderklasse befindet. Diese Regelung wird in der Praxis jedoch ebenfalls umgangen. Im folgenden Zitat aus dem Interview mit einer Grundschulleiterin wird die Einleitung eines SAV, auch wenn sich das Kind noch in einer der genannten Sonderklassen zum Spracherwerb befindet, als etablierte Praxis dargestellt:

I: „Noch eine letzte Frage zu den Vorbereitungsklassen: Wie lange bleiben die Kinder so ungefähr da drin?"

SL: „Ganz verschieden. [...] Wir haben auch schon Kinder gehabt, die wir nach sehr langer Beobachtung dann auch zur Sonderschule gemeldet haben. Weil, das ist jetzt also nicht spezifisch, weil sie hergekommen sind, sondern das waren Kinder, die auch so schwach begabt sind, daß sie im Regelunterricht überfordert wären" (Schulleiterin der Grundschule E).

Bestätigt wird, daß Kinder nach sehr langer Beobachtung auch schon aus der Vorbereitungsklasse zum SAV gemeldet werden. Dieser Praxis unterliegt zum einen eine medizinisch-defektologische Auffassung von Lernbehinderung. Schwach-begabte Kinder, die im Regelunterricht überfordert wären, sind demzufolge rechtzeitig zu erkennen und an die hierfür zuständige SOLB zu verweisen (SR 4). Zum anderen rekurriert die interviewte Grundschulleiterin auf die psychosoziale Entlastungsfunktion der SOLB: Als vorrangig erklärt wird die Vermeidung von Frustrationen durch Überforderung im Regelunterricht (SR 5).

Datum		**Konklusion**
Ein Kind in der Vorbereitungsklasse ist so schwach begabt, daß es im Regelunterricht überfordert wäre.		Nach sehr langer Beobachtung melden wir dieses Kind zum SAV.
	wegen	
	Schlußregeln	

SR 4: Für schwach begabte Kinder ist die SOLB zuständig (defektologisches LB-Konzept).
SR 5: Frustration durch Überforderung ist zu vermeiden (psycho-soziale Entlastungsfunktion der SOLB).

Die Praxis, Kinder aus Vorbereitungsklassen auf die SOLB zu überweisen, betrifft zum einen in Deutschland geborene (oder schulpflichtig gewordene) Kinder aus ausländischen Herkunftsfamilien mit Deutsch als Zweitsprache. Zum anderen ist die Gruppe der sogenannten ‚Seiteneinsteiger' von dieser Praxis betroffen. Folgt man den Interviews, wird die SOLB auch als Ausweichoption für Seiteneinsteiger genutzt, wenn abzusehen ist, daß ein zweijähriger Durchlauf durch die Auffangklasse nicht zur Integration in den Regelunterricht reicht und unter den örtlichen Gegebenheiten keine angemessenen Unterrichts- und Förderoptionen zur Verfügung stehen.

Beispielsweise im Fall der Grundschule H finden sich in den Interviews Hinweise auf vermehrte Sonderschulüberweisungen von Seiteneinsteiger zwischen den Schuljahren 1991/92 und 1993/94. Es handelt sich um Kriegsflüchtlingskinder aus dem ehemaligen Jugoslawien. Im Schuljahr 1993/94 wurden z. B. sechs dieser Kinder zum SAV gemeldet. Das folgende Zitat stammt aus dem Gespräch der Interviewerinnen mit dem Schulleiter über eine von ihm erstellte Statistik. Die präsentierte Statistik gibt die Zurückstellungen in den Schulkindergarten und die Überweisungen auf die Lernbehindertenschule an der Grundschule H wider, differenziert nach Nationalitäten.

[...Der Schulleiter legt eine Tabelle vor, mit Zurückstellungszahlen an seiner Schule bei der Einschulung und den SOLB-Übergängen, differenziert nach Nationalität...][8]

„Sie wollten eine Aufstellung haben [über Zurückstellungen in den SKG und Übergänge in die SOLB, d.V.]. Die müßte insofern erläutert werden, weil sich bei den ausländischen Kindern da etwas getan hat. Für 93/94 ist das Sonderschulaufnahmeverfahren am laufen. Ab Schuljahr 91/92 müßten Sie im Grunde genommen alle Jugoslawen und Albaner rausnehmen, weil die in der Regel überhaupt noch nicht zur Schule gegangen waren, und dann ergibt sich ein anderes Bild. [...]Ansonsten kann man nicht unterscheiden zwischen Deutschen und Ausländern, zahlenmäßig. [...] Wenn man einen Querschnitt machen will, muß man die praktisch rausnehmen, weil das Sonderfälle sind" (Grundschule H).

Der Schulleiter kommentiert die hohen Zahlen der ausländischen Kinder, die in den Schulkindergarten zurückgestellt und auf eine SOLB überwiesen wurden. Die bloßen Zahlen seien erläuterungsbedürftig. Um sie erklären zu können, müsse man ab dem Schuljahr 91/92 alle Jugoslawen und Albaner aus der Statistik herausnehmen. Warum? Weil sie nach Erlaßlage nicht Fälle für eine Sonderschule sind, aber dennoch dorthin überwiesen werden. Es sind Schüler, die die Statistik verzerren, weil sie Sonderfälle seien, die in der Regel noch nicht zur Schule gegangen seien. Ohne diese Kinder würden die Statistiken nicht auf Benachteiligungen ausländischer Kinder hinweisen („ansonsten kann man nicht unterscheiden zwischen Deutschen und Ausländern, zahlenmäßig"). Die Flüchtlingskinder werden als ‚Sonderfälle' definiert. Weder passen sie aufgrund mangelnder Schulerfahrung und ihres Alters ins Regelschulsystem noch ist ihnen mit der zweijährigen Vorbereitungsklasse gedient. Da sie damit aus dem „Netz" der organisatorisch verfügbaren Optionen fallen, werden sie als für die Schule statistisch belanglos betrachtet, was die Frage nach den Benachteiligungen ausländischer Schülerinnen betrifft. Sie werden nicht zur Gruppe der ausländischen Schüler gezählt, für deren Integration sich der Schulleiter verantwortlich sieht, ja letztlich gar nicht als *Schüler*, für die die Erlasse gemacht sind und die für die Statistik zählen. Statistik

Unterlegt ist die Schlußregel, daß die Resultate der Schule (Integration, Leistungserfolg) von der ethnisch-kulturellen Zusammensetzung der Schülerschaft abhängen (SR 6). Die Begründung, daß Seiteneinsteiger in bezug auf die Statistiken belanglos seien (SR 7), basiert auf der ausschließlichen Wahr-

8 Da das Zitat einen langen Vorspann hat, in dem es um die Einschulung geht, ist die Interviewfrage in diesem Fall nicht aufgeführt.

nehmung ausländischer Schülerinnen in Organisationskategorien (Zuweisung zu Klassen und Unterrichtsformen). Wo die betroffenen Kinder aus den gegebenen schulischen Handlungsoptionen herausfallen, wird die Exklusion aufgrund der ethnischen Herkunft als quasi „natürlich" betrachtet. Die SOLB wird als „Auffangbecken" für Kinder genutzt, die aus dem organisatorischen Rahmen herausfallen, auch wenn evident ist, daß sie dort ebenso fehl am Platze sind und die Förderung, die sie bräuchten, genauso wenig in der SOLB bekommen, wie an der Regelschule. D. h. die SOLB-Überweisung dient lediglich zur organisatorischen Entlastung der Grundschule bzw. des lokalen Schulsystems, das ansonsten ein politisches Problem hätte.

Datum		**Konklusion**
Ab Schuljahr 1991/92 hat sich bei den ausländischen Kindern etwas getan: es sind vermehrt Seiteneinsteiger ohne vorangegangene Schulerfahrung gekommen.		Die Seiteneinsteiger müssen aus der Statistik der SKG- SOLB-Übergänge herausgenommen werden.

wegen
Schlußregeln

SR 6: Die ethnische Zusammensetzung der Schülerpopulation bestimmt den Schulerfolg.
SR 7: Seiteneinsteiger sind als Sonderfälle hinsichtlich etwaiger Benachteiligungen ausländischer Schülerinnen belanglos.

Generalisierte Lernstörung

Analog zum Rückgriff auf Sprachdefizite bei der Feststellung der Schulfähigkeit (vgl. Kap. 6) fließt der Sprachstand von Migrantenkinder auch in die für eine Sonderschulüberweisung legitimen pädagogischen Entscheidungskriterien ein. Dieses geschieht mit Hilfe einer mehrfach gestuften, kunstvoll lernpsychologischen Argumentation: Negative Leistungsprognosen werden dann mit gravierenden Lernbeeinträchtigungen begründet, die aufgrund von „Motivationsmängeln" zustande kämen und wiederum auf „Sprachdefizite" oder „generalisierte Teilleistungsschwächen in der deutschen Sprache" zurückgeführt werden. Dieses Deutungsmuster wird im folgenden Zitat aus einem Gruppeninterview an der lokalen Schulbehörde mit den zuständigen Schulräten illustriert. Den Gesprächskontext bildet die Diskussion der städtischen Übergangsstatistiken auf die SOLBs, mit für den Sonderschulbereich zuständigen Akteuren:

„Das heißt also, wenn man die Berichte [über die Überweisungen auf die Lernbehindertenschule, d. V.] so durchliest, die Jahresberichte, stellt man schon fest, daß da auch vieles mit Sprache verbunden ist, und schon sucht man nach, wie es mit Mathe und Sachunterricht ist. Wenn man scheitert in irgendwelchen Dingen, ist man natürlich nicht so motiviert, je nachdem, wie hoch die Frustrationstoleranz allgemein ist, wird man auch weniger in anderen Fächern geneigt sein, noch durchstarten zu wollen. Es ist einfach eine schlimme Sache, daß die mangelnden Fähigkeiten in Sprache oft auch so demotivieren und unfähig machen, in anderen Fächern Leistungen zu erreichen. [...] Nun weiß man nicht, wie sich das [Defizite im Deutschen, d. V.] nachher generalisiert. Wenn einer jetzt den Leselehrgang nicht richtig beherrscht und geht in den Klassenstufen höher, dann kann die mangelnde Lesefertigkeit, das mangelnde Leseverständnis sich eben auch in den Sachfächern so negativ auswirken, daß eben in Bio, Geschichte, Erdkunde mit einem Mal aus dem Grunde auch mangelhafte Leistungen erzielt werden und dann nachher, wenn Textaufgaben in Mathematik zu lösen sind, dann auch da“ (Schulräte; Gruppeninterview).

Festgestellt wird, daß es sich bei den Ursachen für die Überweisungen ausländischer Schüler zur SOLB vielfach um Sprachdefizite handelt. Die Frustration durch Sprachdefizite beeinträchtige die betreffenden ausländischen Kinder in ihrer gesamten *Motivation* und mache dadurch unfähig, in anderen Fächern Leistungen zu erbringen. Die fehlenden Leistungen, nicht die Sprachdefizite, werden als legitimes Entscheidungskriterium vorgeführt. Dem Argument unterliegt das Deutungsmuster, daß Sprachdefizite zu Motivationsmängeln führen (SR 8), diese wiederum zu generalisierten Lernstörungen (SR 9). Eine negative Leistungsprognose wird mit Sprachdefiziten begründet. Zurückgegriffen wird auf das Deutungsmuster, daß sich Probleme im Leselehrgang aufgrund von Sprachdefiziten zu Schwierigkeiten in allen Unterrichtsfächern ausweiten. Das Argument rekurriert auf das Deutungsmuster der generalisierten Teilleistungsschwäche in Deutsch als Unterrichtssprache (SR 10).

Datum		**Konklusion**
Mangelnde sprachliche Fähigkeiten demotivieren und machen unfähig, in anderen Fächern Leistungen zu erbringen.	wegen **Schlußregeln**	Ausländische Kinder sind überproportional häufig auf den SOLBs.

SR 8: Sprachdefizite führen zu Motivationsmangel.
SR 9: Sprachdefizite und Motivationsmangel führen zu generalisierten Lernstörungen.

Datum		**Konklusion**
Man weiß nicht, wie sich Sprachdefizite hinterher generalisieren.	wegen **Schlußregeln**	Ausländische Kinder sind überproportional häufig auf den SOLBs.

SR 10: Defizite in Deutsch als Unterrichtssprache generalisieren sich zu allgemeinem Lernversagen.

Wie aus sprachlichen kognitive Defizite werden, um die SOLB-Überweisung legitimieren zu können, soll ergänzend mit Hilfe eines Gutachtens illustriert werden. Das Begründungsproblem besteht darin, daß die IQ-Werte eines Schülers keine eindeutige Sonderschulbedürftigkeit indizieren. Im Vorspann des Gutachtens findet sich zunächst die Information, daß Hasan, der schon erwähnte marokkanische Junge, zum Testzeitpunkt seit vier Jahren in Deutschland lebt. In der Familie werde kein Deutsch gesprochen. Sicherstellend, daß nicht Sprachdefizite die Ursache für die Lernschwierigkeiten sind, heißt es unter der Rubrik ‚Vorinformationen':

„Bezogen auf umgangssprachliche Erfordernisse bereitet ihm die deutsche Sprache keine allzu großen Schwierigkeiten" (Gutachten 6: Zusammenfassung der Vorinformation; marokkanischer Junge; Empfehlung: SOLB).

In den Vorinformationen wird mit der Einschätzung, daß Hasan im Gebrauch von Deutsch als Umgangssprache keine Probleme hat, auch festgestellt, daß die Untersuchung ohne Übersetzer durchgeführt werden kann. Im Gutachten-Abschnitt über die Testergebnisse werden diese als ‚durchschnittlich' bezeichnet. Im zitierten Auszug aus der Empfehlung einer Überweisung auf die SOLB, mit der das Gutachten abgeschlossen wird, dient als vermittelndes Konstrukt zur Begründung des Lernversagens der Begriff des ‚sprachlogischen Aufgabenverständnisses':

„Hasan kann in auffälliger Weise, trotz vorhandener Sprechfähigkeit (i. S. von Kommunikation) sprachlogische Aufgaben und Anweisungen nicht nachvollziehen. Der Ausfall in diesem Bereich ist so erheblich, daß sein Schulversagen von daher verständlich wird. Da Hasan viel Ermutigung und Erfolgserlebnisse benötigt, sind sonderpädagogische Maßnahmen vonnöten, die vor allem auch sein Aufgabenverständnis verbessern sollten. Der Besuch der Schule für Lernbehinderte ist notwendig, weil Hasan aus der bestehenden Überforderungssituation herausgenommen werden muß, um seine normale intellektuelle und psychische Entwicklung zu gewährleisten" (Gutachten 6: Testdurchführung und Interpretation; marokkanischer Junge; Empfehlung: SOLB).

Um eine Überweisung auf die Lernbehindertenschule mit kognitiven Defiziten begründen zu können, wird im Gutachten die Bedeutung der Defizite hinsichtlich der Unterrichtssprache Deutsch relativiert. Die Verständnisprobleme des Jungen in der Schule werden mit Verweis auf die Testergebnisse als *sprachlogisches Defizit* bestimmt (SR 11). Die Überweisung wird mit der psychologischen Entlastung durch den Übergang auf die SOLB (SR 5) begründet.

Datum

Trotz vorhandener Sprachkenntnisse kann Hassan sprachlogische Aufgaben und Arbeitsanweisungen nicht nachvollziehen.

Konklusion

Empfehlung: SOLB

wegen
Schlußregeln

SR 11: Mängel im sprachlogischen Aufgabenverständnis sind ein legitimes Lernbehinderungs-Kriterium.

Psychosoziale Belastungsfaktoren

Bei Migrantenkindern wird zur Begründung von umfassendem Lernversagen vielfach auf negative ethnisch-kulturelle Zuschreibungen zurückgegriffen. Merkmale der Lebensweise von Migrantenfamilien (z. B. muttersprachlicher Familienkontext, die Wohngegend/„Ghetto", übermäßiger Fernsehkonsum – türkisches Fernsehen oder spezifische soziokulturelle Symbole der Migrantinnen wie regelmäßiger Kaffeehaus-Besuch des Vaters, Kopftuch etc.) und Attribute, die Familien aus sozialschwachen Schichten zugeschrieben werden (kinderreiche Familie, beengte Wohnverhältnisse, Berufstätigkeit der Mutter, Kinder sind oft unbeaufsichtigt etc.) gehen in den vorgetragenen Begründungsmustern vielfach fließend ineinander über. Ähnlich wie bei der Einschulungsentscheidung reicht das Spektrum der in den Interviews und Gutachten beschriebenen Lern-, Leistungs- und Integrationshindernisse, die die Förderanstrengungen der Schule zunichte machen, von psychologischen Belastungen durch Migration und Fremdheit, dem Vorwurf der kulturellen Segregation und/oder mangelnde Integration(-swilligkeit) der türkischen Familien bis hin zum Koranschulbesuch und islamischem Fundamentalismus als Ursache von Lernversagen.

Fremdheit und Migration als psychologischer Belastungsfaktor

Die psychologischen Auswirkungen von Fremdheit und Migration werden in den Gutachten als Indikatoren für eine generalisierte Lernstörung angeführt. Der folgende Auszug aus einem Gutachten für einen ausländische Jungen, in dem eine Überweisung auf die SOLB empfohlen wird, illustriert diese Tendenz:

„Mehmet ist ein Junge, der auch in sprachfreien Tests schwache Leistungen erbracht hat, die im Leistungsbereich zwischen Grund- und Sonderschule stehen. Mehmets Situation ist dadurch gekennzeichnet, daß er als türkischer Schüler in der deutschen Schule – trotz recht guter passiver und aktiver Sprachfähigkeit in der deutschen Sprache – zusätzliche Schwierigkeiten beim Lernen hat" (Gutachten 8: Zusammenfassung; türkischer Junge; Empfehlung: SOLB).

Datum

Mehmets Lernleistungen liegen zwischen Grund- und Sonderschule, seine Sprachkenntnisse sind gut. Als türkischer Junge in der deutschen Schule hat er zusätzliche Lernschwierigkeiten.

Konklusion

In Mehmets Fall wird die Überweisung auf die SOLB empfohlen.

wegen

Schlußregeln:

SR 12: Fremdheit/Kulturdifferenz ist ein psychologischer Belastungsfaktor, der Lernschwierigkeiten verursachen kann.

Mehmet wird als Grenzfall präsentiert. Seine Lernleistungen lägen zwischen Grund- und Sonderschule. Die Lernprobleme werden auf zusätzliche Lernschwierigkeiten zurückgeführt, die Mehmet als türkischer Schüler in der deutschen Schule habe. Dabei wird eingeräumt, daß er über gute Sprachkenntnisse verfügt. Diese Begründung bedient sich der Schlußregel, daß kulturelle Differenz und Fremdheit ein psychologischer Belastungsfaktor sei, der an umfänglichem Lernversagen ursächlich beteiligt sein kann (SR 12).

Kulturelle Segregation/mangelnde Integration:

Wie bei der Einschulung spielen auch im SAV Annahmen über die soziale Integriertheit ausländischer Familien eine wichtige Rolle. Ein zentrales Beobachtungskriterium der Schule im Fall von potentiellen ausländischen Sonderschulkandidatinnen ist der Kontakt mit deutschen Kindern. Dieser wird vor allem als Voraussetzung zum Erwerb von Deutschkenntnissen betrachtet (vgl. Kapitel 6). Tendenziell findet sich in Gutachten, in denen die Überweisung empfohlen wird, häufig das Argument, daß das Kind keinen oder kaum Kontakt mit deutschen Kindern habe. Umgekehrt finden sich in Gutachten, in denen ein Verbleib auf der Grund- oder Hauptschule empfohlen wird, vielfach Hinweise darauf, daß das Kind mit deutschen Kindern Kontakt hat. Einige Beispiele aus den Gutachten illustrieren den Stellenwert dieses Kriteriums:

„Außerhalb der Schule hat Rihan keine Kontakte zu deutschen Kindern, sie spielt mit ihrer älteren Schwester oder Freundinnen" (Gutachten 1: Anamnestische Fakten; türkisches Mädchen; Empfehlung: SOLB).

„Der Vater erzählte, Cem habe fast ausnahmslos deutsche Spielkameraden in der Nachbarschaft und spreche seiner Meinung nach besser Deutsch als seine anderen Kinder in dem Alter" (Gutachten 24: Anamnestische Daten; türkischer Junge; Empfehlung: Einschulung in die Grundschule).

Datum		**Konklusion**
Ausländische Kinder haben keinen/wenig Kontakt mit deutschen Kindern.		Dies ist ein potentieller Faktor für eine SOLB-Überweisung
	wegen **Schlußregeln:**	
	SR 13: Soziale Integration außerhalb der Schule ist eine Bedingung für den Lernerfolg ausländischer Schüler.	

Insgesamt werden Lernprobleme ausländischer Schüler vielfach mit der kulturellen Segregation der Migrantenfamilien erklärt. Diese Begründungsmuster basieren auf der Schlußregel: Kontakt von ausländischen Kindern mit deutschen Kindern ist ein wichtiger Faktor für Schulerfolg (SR 13). Ethnisch-kulturelle Segregation wird als Defizit des Elternhauses bestimmt und zur Entlastung der Grundschule angeführt.

Islam und Koranschule als Ursache von Lernversagen

Die vorangegangenen Beispiele zeigten bereits, wie mit Blick auf die häusliche Lebenswelt von Migrantenkindern essentialistische Konzepte kultureller Differenz und die Kulturkonflikthypothese im Schulalltag als Deutungsressourcen herangezogen werden. In dieser Wahrnehmungsweisen werden die von den Massenmedien und z. T. auch in den Sozial- und Erziehungswissenschaften verbreiteten Diskurse über den Islam und islamischen Fundamentalismus in der Schulpraxis sogar als Erklärungsmuster für Lernstörungen herangezogen. So stellte die Schulleiterin der Schule A fest: „Fast alle unsere türkischen Sonderschulfälle, da steckt die Koranschule dahinter." Dieses Begründungsmuster wird im folgenden ausführlich illustriert:

I: „Haben alle türkischen Kinder mit religiösen Bindungen Schulprobleme?"

SL: „Ja, es ist also so. Jetzt gerade in einer 2. Klasse, da ist es wieder sehr deutlich, daß Kinder die bis vor kurzem, also im ersten Schuljahr, sehr motiviert und fröhlich waren, keine Schulaufgaben mehr gemacht haben, unkonzentriert waren. Auf Nachfrage stellt sich heraus: sie gehen zur Moschee. Und sie haben soviel Angst vor dem Hodscha, der auch schlägt und furchtbar schimpft, daß sie die Hausaufgaben machen, die sie für die Moschee brauchen und daß sie die anderen, die sie dann für die deutsche Schule machen müßten, nicht machen. [...] der Hodscha prügelt, wenn sie die Aufgaben nicht haben oder wenn sie nicht aufgepaßt haben. Das erzählen die dann auch. Also, was die Kinder sagen: der schlägt, wohin er trifft, ob's Kopf, Schulter, Rücken ist, ist egal. Und davor haben sie Angst. Aber der deutsche Lehrer schimpft höchstens, wenn die Hausaufgaben nicht da sind. Das ist dann noch eher zu ertragen. [...] Und auch das Arabische, das von rechts nach links Arabisch Schreiben, wo sie ohnehin in zwei Sprachen leben. Und dann von links nach rechts – Deutsch und Türkisch, und das andere geht genau in die andere Richtung. Das löst bei den Kindern eine totale Verwirrung aus, Leistungsabfall und Verhaltensstörung" (Schulleiterin der Grundschule A).

Die interviewte Schulleiterin bejaht die Frage, ob alle türkischen Kinder mit religiösen Bindungen Schulprobleme hätten. Als Beispiel führt sie eine Beobachtung an Kindern im jetzigen zweiten Schuljahr an. Bis vor kurzem seien sie noch motiviert und fröhlich gewesen. Als sie durch fehlende Hausaufgaben und Unkonzentriertheit aufgefallen seien, habe sich auf Nachfrage herausgestellt, daß sie die Koranschule besuchen. Die Schulleiterin thematisiert mehrere Ursachen für die Lernstörungen. In einem ersten Argumentationsschritt führt sie die Lernprobleme auf die gewalttätigen Erziehungspraktiken des Hodschas zurück. Zum einen hebt sie die *psychischen Belastungen* der Kinder hervor. Diese Begründung basiert auf der Schlußregel, daß außerschulische Probleme allgemein – insbesondere jedoch im Kontext verschiedener kultureller Wertesysteme – psychosoziale Belastungen darstellen, die sich negativ auf das schulische Leistungsvermögen auswirken (SR 14). Zum anderen begründet die Schulleiterin die Lernprobleme der Kinder damit, daß sie aufgrund der Koranschule die *Hausaufgaben vernachlässigen*. In der Gegenüberstellung vom prügelnden Hodscha in der Koranschule („schlägt wohin er trifft") und dem deutschen Lehrer, der schlimmstenfalls einmal schimpft, wird eine Konkurrenzsituation um die Zeitressourcen der Kinder beschrieben, in der die Koranschule aufgrund schärferer Sanktionsmittel einen Vorteil hat (SR 15).

Datum		**Konklusion**
Kinder gehen zur Koranschule. Dort sind sie den Erziehungspraktiken des Hodschas ausgesetzt.		Die Kinder haben massive Probleme (können sich nicht konzentrieren, machen keine Hausaufgaben).

wegen
Schlußregeln:

SR 14: Leben zwischen zwei antagonistischen kulturellen Wertesystemen führt zu Orientierungsproblemen und psychischen Belastungen.

SR 15: Aufgrund der schärferen Repressionen in der Koranschule scheitern die Kinder in der liberaleren deutschen Schule.

Datum		**Konklusion**
Kinder lernen in der Koranschule als 3. Sprache Arabisch		Der Koranschulbesuch führt zu Verwirrung, Leistungsabfall und Verhaltensstörung.

wegen
Schlußregeln:

SR 16: Parallele Spracherwerbsprozesse stören sich gegenseitig und beeinträchtigen das Kind in seinem gesamten Lernvermögen.

In einem zweiten Argumentationsschritt wird die Überforderung der Kinder durch den Koranschulbesuch auf Nachfrage weiter konkretisiert: es sei die *arabische Sprache*, die in der Koranschule gelehrt wird, die „totale Verwirrung, Leistungsabfall und Verhaltensstörung" auslöse. Der argumentative Schluß, daß türkische Kinder, die sowieso schon in zwei Sprachen leben und in der Koranschule zusätzlich Arabisch lernen müßten, deshalb psychisch verwirrt seien und in ihren Schulleistungen abfielen und Verhaltensprobleme aufwiesen, referiert auf Theorien zum Zweitsprachenerwerb, die postulieren, daß sich parallel laufende Spracherwerbskonzepte gegenseitig stören (SR 16).

Die Kulturkonfliktthese bestimmt auch die Erklärungen für Lernversagen bei den verantwortlichen Akteuren in der Schulverwaltung:

I: „Ja gut. Das [vorher vom Interviewten angesprochene Aggressionen aufgrund von sozialer Marginalität und Kulturkonflikten, d. V.] kann ich mir bei fünfzehn-, sechzehn-, siebzehnjährigen Jugendlichen vorstellen, aber wie habe ich mir das bei sechs-, sieben-, achtjährigen Grundschulkindern vorzustellen, denn um die geht es ja."

VA: „Ja, richtig, richtig. Wenn diese Kinder in der Moschee sind und dort immer wieder indoktriniert werden, sie müssen etwas tun, was sie nicht verstehen. Sie werden getrimmt, dann müssen sie sich am nächsten Tag anders verhalten und sind nicht offen, nicht frei. Sie sind zwanghaft, wie in einer Chitinschicht. An die kommt nichts ran. Was sie machen, ist dann Aggression im verbalen und auch im motorischen Bereich. Das ist wie, wie wenn sie einen Roboter dahin setzen. Sie kommen nicht dran. Das sind im Grunde ganz verkorkste Menschen nachher" (Schulräte; Gruppendiskussion).

Diese Interviewpassagen zeigen die Entsprechungen auf zwischen den öffentlichen Diskussionen über Kulturkonflikte und Islamismus[9] und den Deutungsrepertoires, die zur Interpretation von Schulproblemen in Behörden und Schulen zu Rate gezogen werden. Auffallend ist, daß diese Diskurse in der Praxis eher zur Entlastung von Problemdruck genutzt werden. Sie tauchen nicht – was ja nahe liegen würde – als handlungsleitendes Wissen auf, z. B. zur Begründung unterstützender Maßnahmen für die Kinder oder zur Intensivierung der Arbeit mit den Eltern etc., sondern zur Begründung der vorangegangenen Selektionspraxis.

Mitarbeit der Eltern

Ein entscheidungsrelevantes Kriterium im SAV ist die Art und das Ausmaß der elterlichen Zusammenarbeit mit der Schule. Das folgende Zitat stammt aus einer längeren Interviewsequenz, in der eine Grundschulleiterin den Ablauf eines SAV schildert. Das Zitat illustriert, wie bei der Entscheidung über die Sonderschulbedürftigkeit eines Kindes die Fördermöglichkeiten der abgebenden Grundschule und die im Elternhaus gegebene Unterstützung gegeneinander abgewogen werden:

I: „Aber wir sind jetzt vom Sonderschulaufnahmeverfahren abgekommen. Sie haben also ein Kind mit Lernschwierigkeiten-"

SL: „[...] Meistens ist das Kind noch im Bereich der durchschnittlichen Intelligenz und was allerdings dann so ins Gewicht fällt, das sind eben die Defizite von zu Hause. Mangel an Anregung, Mangel an Zuwendung, Mangel an gleichmäßiger Betreuung. Da haben wir eben viel häufiger jetzt diese Kinder, die dann aus diesen Gründen nicht mitkommen. [...] Nun kommen doch einige Kinder zur Sonderschule, weil ja unsere Förderangebote eben nicht die Defizite auffangen konnten und weil sich dann doch auch die Einstellung von zu Hause nicht geändert hat. Denn wenn ein Kind mit einem relativ normalen IQ auf die Sonderschule kommt, dann sind es eben massive andere Störungen, die dazu führen" (Schulleiterin der Grundschule A).

Die interviewte Schulleiterin hebt hervor, daß Kinder, die zur SOLB gingen, oft noch im Bereich der durchschnittlichen Intelligenz lägen. Ausschlaggebend für die Entscheidung könnten dann Defizite im häuslichen Lernumfeld

---

9 Derartige institutionalisierte Deutungselemente sind offenbar inspiriert von öffentlichen Kampagnen zum Aufbau des gesamten Islam als soziales Feindbild (verstärkt in der Folge des Golf-Krieges 1991, vgl. z. B. Scholl-Latour 1991).

des Kindes werden (Mangel an Anregung, Zuwendung und Betreuung). Das sei ein zunehmendes Problem. Wenn die schulischen Fördermöglichkeiten diese Defizite nicht auffangen könnten und sich auch das Verhalten der Eltern nicht änderte, gingen solche Kinder auch auf die SOLB.

Datum		**Konklusion**
Wir haben jetzt viel häufiger Kinder mit durchschnittlichem IQ, die aufgrund defizitärer Elternhäuser Lernprobleme haben		Diese Kinder kommen z. T. auf die SOLB.

wegen
Schlußregeln:

SR 17: Es gibt immer mehr soziale Probleme, die sich in kindlichen Störungen manifestieren.
SR 18: Elternunterstützung ist eine notwendige Voraussetzung für Schulerfolg.
SR 19: Für Kinder, bei denen die häuslichen Defizite in der Grundschule nicht kompensiert werden können, ist die SOLB zuständig.

Die Argumentation der Grundschulleiterin rekurriert zum einen auf Deutungsmuster, welche die Zunahme kindlicher Störungen („eben viel häufiger jetzt", „massive andere Störungen") als Zeiterscheinung behaupten[10] (SR 17). Zum anderen sind organisationsbezogene Schlußregeln unterlegt in bezug auf das reibungslose Funktionieren des Schulbetriebes: Elternunterstützung ist eine notwendige Voraussetzung für Schulerfolg (SR 18). Für Kinder, bei denen die häuslichen Defizite in der Grundschule nicht kompensiert werden können, ist die SOLB zuständig (SR 19).

Bei den konkreten Erwartungen an die Unterstützung und Kooperation der Eltern handelt es sich v. a. um kontinuierlichen Kontakt und Kommunikation mit der Grundschule, Unterstützung und Anleitung bei der Betreuung der Hausaufgaben oder Bereitschaft zur Wahrnehmung von Beratungsangeboten oder psychotherapeutischer Unterstützung außerhalb der Schule. Einige

10 Zur Dauerdiskussion über die Ursachen der unübersehbar wachsenden Zahl kindlicher Störungen in der Schule vgl. z. B. Bühler-Niederberger 1991. Diese würden in den Massenmedien und wissenschaftlichen Diskussionen stets in Zeiterscheinungen oder angeblichen Zeiterscheinungen gesucht. Dabei werde ein ganzer Bogen zeitgenössischer Übel argumentativ aufgespannt, von Konsum, Hektik, Streß, Fernsehen, Umweltzerstörung bis zur Destabilisierung der Familien, Drogenkonsum usw. Die Autorin betrachtet diese Diskurse als Merkmal einer Pathologisierung bzw. Klientifizierung im Umgang mit kindlichen Problemen (ebd., 1ff).

Streiflichter aus den Gutachten illustrieren die schulischen Erwartungen an die Eltern. Diese ließen sich z. T. auch aus positiven Faktoren rückschließen, die in Gutachten angeführt werden, in denen für einen Verbleib auf der Regelschule entschieden wird.

„Eltern und Schwestern wurde die Notwendigkeit einer konsequenten, gut strukturierten Unterstützung des Kindes bei Hausaufgaben etc. deutlich gemacht. Dies erscheint mir unabdingbar für die erfolgreiche Bewältigung des 1. Schuljahres in der Grundschule" (Gutachten 24: Interpretation der Ergebnisse; türkischer Junge; Empfehlung: Einschulung in die Grundschule).

„Die Eltern wurden jeweils einzeln und anschließend gemeinsam über Hans' Leistungsfähigkeit und seine besonderen Schwierigkeiten informiert. Sie befürworten die Wiederholung der 1. Klasse und wollen gleichzeitig die Förderung durch die psychologische Beratungsstelle der AWO fortsetzen. [...]" (Gutachten 34: Abschließende Stellungnahme; deutscher Junger; Empfehlung: Verbleib auf der Grundschule).

„Sollten erneut schulische Schwierigkeiten auftreten, halte ich eine weiterführende psychologische Betreuung (z. B. durch Herrn Müller [Psychologe, bei dem der Junge autogenes Training gemacht hatte, d. V.]) für sinnvoll, da nur durch bestimmte Persönlichkeitsmerkmale (Konzentrationsschwäche, mangelndes Selbstwertgefühl usw.) eine erfolgreiche Mitarbeit in der Grundschule in Frage gestellt werden könnte" (Gutachten 36: Entscheidungsvorschlag; deutscher Junge; Empfehlung: Verbleib an der Grundschule).

„Unterrichtsbegleitende Maßnahmen wurden ebenfalls besprochen. Dabei geht es nicht in erster Linie um häusliche Nachhilfe, sondern vor allem um das Schaffen besserer Lernvoraussetzungen; die Eltern müssen ihren Beitrag leisten, ihrem Kind das Lernen in einer angstfreien Atmosphäre ohne Druck und unangemessene Drohungen zu ermöglichen. Die Besuche in der Erziehungsberatungsstelle sollten vorläufig fortgesetzt werden" (Gutachten 23: Ergebnisse der Elterngespräche und Empfehlungen; türkisches Mädchen; Empfehlung: Verbleib auf Grundschule).

Die Zitate verdeutlichen, daß die Meinung der Schule, die Eltern seien fähig und bereit zu ausgiebiger Kommunikation mit der Grundschule, ein wichtiger *Schutzfaktor* gegen eine Überweisung auf die SOLB darstellt. Als weiterer Schutzfaktor erweist sich die Bereitschaft, Angebote psychologischer Betreuung in außerschulischen Institutionen wahrzunehmen, die auf den Schulunterricht bezogen sind (Erziehungsberatungsstelle, Kinderpsychologe). Diese können jedoch bei ausländischen Familien nicht im gleichen Maße vorausgesetzt werden, wie bei deutschen – auch wenn ausländische Familien in einzelnen Fällen außerschulische Beratungsangebote wahrnehmen.

Vorstellungen der Schule über die Bereitschaft der Eltern, sich auf die Empfehlungen der Schule einzulassen, erhalten v. a. bei türkischen Eltern besondere Relevanz, wenn ihr legitimer Widerspruch gegen eine mögliche Sonderschulüberweisung ihres Kindes von vorne herein als Kulturkonflikt interpretiert und damit nicht ernst genommen und entwertet wird. Allgemein gilt bei einem SAV, daß der Elterneinfluß juristisch zwar relativ gering ist, die Eltern mit ihrem Widerspruch gegen eine SOLB-Überweisung jedoch bis vor das Verwaltungsgericht gehen können. Von dieser Möglichkeit wird in der Praxis auch Gebrauch gemacht. Die Interviews zeigen allgemein, daß Elternwiderspruch bzw. die ernstzunehmende Androhung von Widerspruch den Verlauf eines SAV entscheidend beeinflussen kann.

Das folgende Zitat aus dem Gruppeninterview mit den für den Sonderschulbereich zuständigen Akteuren an der Schulbehörde illustriert diese Tendenz. Der Interviewpartner vertritt die Position, im Fall einer eventuell anstehenden SOLB-Überweisung seien ausländische Eltern prinzipiell dagegen:

„Da eben bei den ausländischen Kindern Widerspruch eingelegt wird bzw. immer ein Nichteinverständnis signalisiert wird, kommen die Eltern auch hierher" (Schulrat; Gruppeninterview)

Im Rückgriff auf die Kulturkonflikthypothese wird der Widerspruch türkischer Eltern als irrationales Bedrohungsgefühl und Feindseligkeit gegenüber der „deutschen Schule" delegitimiert:

I: „Sie haben jetzt schon mehrmals gesagt, daß eine Sonderschulüberweisung bei ausländischen Kindern nie ohne Widerspruch abgeht. Wie erklären Sie das? Wie kommt das? Sie haben gesagt, die Deutschen, da ist der Widerspruch seltener als bei ausländischen Eltern. Wie kommt das?"

Schulrat: „Ja, praktisch überhaupt nicht. Das liegt daran, daß viele türkische Familien, so wie ich die Familie erlebe, zunächst einmal meinen, sie selbst als Türken sind randständig, man will ihnen was. Und wenn die Schule Forderungen an die Kinder stellt, ist es auch etwas, gegen das man sich zunächst einmal wehren oder sich schützend vor die Kinder stellen muß. Und dann muß einfach über die Kontakte hier und in Gesprächen versucht werden, etwas zu eröffnen. Aber manche Eltern sind so in Abwehrhaltung und abgrundtiefem Haß gegenüber dem deutschen Schulsystem, das man sich so nicht vorstellen kann."

I: „Ich kann mir das gar nicht vorstellen. Wie muß ich mir das vorstellen?"

Schulrat: „Na, wie oft wird man auch handgreiflich bei solchen Gesprächen. Das ist so. Aber das ist ja nicht nur Erfahrung hier am Tisch alleine, das ist ja auch eine Erfahrung in den Schulen. Wenn ich zum Beispiel an die Moschee in N. [Stadtteil in Bielefeld, d. V.] denke, da haben wir ganz große Schwierigkeiten, die Menschen hier in unserer Gesellschaft zu orientieren. Ich halte das für ein ganz großes Problem. Aber was die Widersprüche angeht, ist es ja auch das gute Recht. Im Gegenteil, ich würde bei keinem sagen, der sagt: ‚Ach, mein Kind gehört jetzt zur Lernbehindertenschule, genau richtig, prima!' sagen, der würde sich verantwortlich verhalten. Zunächst einmal muß man die Frage stellen, ob da nicht alles Mögliche ausgeschöpft werden kann. Und genau darum geht es bei diesen Gesprächen. [...] Ich kenne türkische Familien recht gut. Habe auch eine Reihe von Elternbesuchen mitgemacht, denn wenn man irgendwelche Entscheidungen treffen soll, muß man auch wissen, was für einen Hintergrund das Ganze hat. Aber darum muß ich gestehen, leide ich auch ein bißchen darunter, daß man da immer alle möglichen Dinge versucht, aber letztendlich scheitert. Aber wenn man so sieht, wie anders Familien wohnen, als wir gewohnt sind zu wohnen, denn kann man auch verstehen, daß diese Familien große Schwierigkeiten in unserer Welt haben. Und von daher auch die Erwartung des Lehrers, der in normaler, sag ich mal so, Welt lebt, gegenüber solchen Familien. Ist natürlich auch schwierig. Und wenn diese Familien auch noch aggressiv gegen so einen Lehrer werden, dann ziehen die Lehrer sich auch zunehmend zurück" (Schulräte; Gruppeninterview).

Der Interviewpartner stellt einleitend fest, daß bei deutschen Eltern Widerspruch „praktisch überhaupt nicht" vorkomme. Er erklärt die häufigen Widersprüche türkischer Eltern als eine Reaktion auf vermeintliche soziale Marginalisierung und Diskriminierung („meinen, sie selbst als Türken sind randständig, man will ihnen was"). Im weiteren Verlauf des Zitats wird der Konflikt zwischen Schule bzw. Schulbehörde und Eltern auf die Ebene (legitimer) schulischer Leistungsforderungen an die Kinder verlagert („wenn die Schule Forderungen an die Kinder stellt, ist es auch etwas, gegen das man sich zunächst einmal wehren oder sich schützend vor die Kinder stellen muß"). Die Schulbehörde wird als vermittelnde professionelle Instanz eingeführt („über die Kontakte hier und in Gesprächen versuchen etwas zu eröffnen"). Dieser erste Argumentationsschritt impliziert das Bild sich feindlich gegenüberstehender sozio-kultureller Gruppen (SR 20 und 21).

Datum		**Konklusion**
Türken meinen, sie als Gruppe seien randständig, man will ihnen was.		Türkische Eltern legen im SAV immer Widerspruch ein.

wegen
Schlußregeln:

SR 20: Gefühle der Ausgrenzung und Diskriminierung führen zu Abwehr, Feindseligkeit und abgrundtiefem Haß gegenüber der deutschen Gesellschaft.
SR 21: In der Weigerung türkischer Eltern, ihr Kind auf eine SOLB zu schicken, drückt sich ein tieferliegender sozio-kultureller Konflikt aus.

Die Formulierungen „abgrundtiefer Haß", „das man sich so nicht vorstellen kann" sind bereits mit Elementen des Irrationalen und Bedrohlichen konnotiert, der für den in den Massenmedien geführten Diskurs um den Islam charakteristisch ist.

Im weiteren Verlauf des Zitats wird das Bild des Kulturkonfliktes verschärft. Im Rückgriff auf den Topos der Aggressionen von islamischen Fundamentalisten wird ein Bedrohungs- und Überlastungsszenario konstruiert. Der vorgeführte Konflikt wird einseitig aufgelöst und in assimilationistischer Perspektive als Problem an die Migrantinnen delegiert. In der assoziativen Verknüpfung von „Handgreiflichkeiten" und „Moschee" wird die Moschee zum kulturell-politischen Symbol für (anti-deutsche) Aggression und Gewaltbereitschaft („ganz große Schwierigkeiten, die Menschen hier in unserer Gesellschaft zu orientieren."; „daß diese Familien große Schwierigkeiten in unserer Welt haben"), um am Ende den resignativen Rückzug der Lehrerinnen zu begründen.

Datum		**Konklusion**
Türkische Familien leben in einer völlig anderen Welt.		Türkinnen Haben Orientierungsprobleme in unserer Gesellschaft, sind feindselig und aggressiv

wegen
Schlußregeln:

SR 22: Leben zwischen zwei Kulturen führt zu Orientierungsproblemen, Feinseligkeit und Aggressionen

Stützung:
Handgreiflichkeiten als Erfahrung in der Schulbehörde und in den Schulen.

Datum		**Konklusion**
Türkische Familien leben in einer völlig anderen Welt, sind aggressiv und werden handgreiflich..		Bemühungen der Schulbehörde und an den Schulen scheitern. Die Lehrerinnen ziehen sich zwangsläufig zurück.

wegen
Schlußregeln:

SR 23: Wenn die kulturellen Gegensätze, Spannungen und Konflikte groß sind, kann die Schule nichts mehr machen.

Gestützt wird diese Sichtweise zum einen durch einen paternalistischen, defizitären Blick auf die türkischen Familien, wie er in den Deutungshaushalten der Ausländerpädagogik angelegt ist (SR 22). Zum anderen wird auf die These der fehlenden kulturellen Passung zwischen der deutschen Schule und den ausländischen Eltern zurückgegriffen (SR 23).

Überalterung an der Grundschule

Cicourel und Kitsuse zeigen in ihren Labeling-Untersuchungen, daß die klassifizierenden Entscheidungen in der Schule, wie die Zuordnung von Kindern zu Fördermaßnahmen, zukünftige Entwicklungsmöglichkeiten sowohl eröffnen als auch verschließen können. Vor diesem Hintergrund lassen sich die Auswirkungen von diskriminierenden Praktiken an frühen Stellen der Schullaufbahn mit später gelagerten Selektionsmechanismen in den Blick nehmen. Im Fall von Migrantenkindern kann ein solcher Interaktionseffekt mit negativen Wirkungen aus vorangegangenen Förderstrategien (positiver Diskriminierung) resultieren. Insbesondere „Sprachdefizite" und/oder „fehlender oder lückenhafter Kindergartenbesuch" machen Migrantenkinder zu bevorzugten Kandidaten für ausgrenzende und schulzeitverlängernde Förderstrategien (Schulkindergarten, V-Klasse oder ‚freiwillige' Klassenwiederholung als Fördermaßnahme). Diese Maßnahmen sind nicht zuletzt durch eine institutionelle Präferenz für alters-, aber auch leistungshomogene (Regel-)Klassen motiviert (vgl. Kap. 6). Von dem Zeitpunkt an, an dem in der Grundschule die Einleitung eines SAV erwogen wird, fällt die Tatsache vorangegangener Förderung als Argument für die Sonderschulbedürftigkeit ins Gewicht. Bei anhaltenden Lernschwierigkeiten werden die zu früheren Zeitpunkten getroffenen Förderentscheidungen als Indikatoren für ‚umfängliche und andauernde Lernschwäche' herangezogen und erfahren eine Art *diagnostische Reinterpretation*. Fördermaßnahmen im Interesse des Kindes können nun im Namen weiterer Förderung gleichsam gegen das Kind verwandt werden. Dieser Effekt wird durch den Passus in der Lernbehinderungsdefinition verstärkt, der besagt, daß die Fördermöglichkeiten der Grundschule ausgeschöpft sein müssen, wenn ein Kind auf die SOLB überwiesen wird. Die Bestimmung zielt auf den Schutz vor verfrühten Überweisungen ab. Im organisatorischen Handeln werden Entscheidungen jedoch immer aufgrund und im Lichte von vorangegangenen Entscheidungen getroffen, in die bereits eine Problemdefinition eingegangen war. Die bereits durchlaufenen Förderstrategien schaffen Handlungsdruck, zur Objektivierung der Probleme auf das SAV zurückzugreifen.

I: „Und bei der Sonderschulüberweisung interessiert uns vor allen Dingen der Ablauf. Also wann ziehen Sie überhaupt ein Sonderschulaufnahmeverfahren in Erwägung? Was passiert also vorher? Wie geht das dann vor sich?"

SL: „[...] wenn das [Lernschwierigkeiten, d. V.] ganz massiv ist, daß das Kind also fast noch gar nicht richtig was gelernt hat. [...] Daß man sich meinetwegen bereits am Ende des 1. Schuljahres schon mal den Rat der Sonderschule holt, ob das Kind sonderschulbedürftig ist. Das ist besonders dann der Fall, wenn das Kind schon ein Jahr zu alt ist, also zum Beispiel im Schulkindergarten gewesen ist. Wenn man dann noch hier lange rumzappelt und sagt: ‚Jetzt noch ein erstes Schuljahr...' und dann schon wahrscheinlich so wittert, daß das dann immer noch nicht klappt, dann verliert das Kind noch ein Jahr und noch ein Jahr und ist nachher 9 Jahre alt und sitzt noch im 1. Schuljahr" (Schulleiter der Grundschule D).

In dem (von der Schule selbst hergestellten) Problem der „Überalterung" offenbart sich die altershomogene Jahrgangsklasse bzw. die Altersbegrenzung in der Grundschule als dominantes Strukturprinzip. Um mit dem Argument der Überalterung eine Überweisung auf die Lernbehindertenschule rechtfertigen zu können, sind weitere pädagogische kindbezogene Begründungen erforderlich. In diesem Zusammenhang wird zum einen auf die Bedeutung einer möglichst stabilen *peer*-Gruppe für die Entwicklung des Kindes verwiesen. Zum anderen resultieren die Bedenken gegen „überalterte" Grundschülerinnen aus der Ansicht, daß sich Kinder mit mehreren Jahren Altersunterschied und unterschiedlichem körperlichen und psychosexuellen

Entwicklungsstand nicht zusammen wohlfühlen würden. Im Fall von Migrantenkindern gehen im zuletzt genannten Begründungsmuster geschlechts- und ethnisch-spezifische Stereotypisierungen fließend ineinander über. Die folgenden Zitate illustrieren beide Deutungsmuster:

I: „Wir sind jetzt irgendwie vom Sonderschulaufnahmeverfahren abgekommen. Sie leiten dieses SAV ein, wenn Sie eine Lernstörung feststellen?"

SL: „[...]Und dann kommt vielleicht eben doch irgendwann der Tag, wo man ihnen [den Eltern, d. V.] sagen muß: Wir müssen einfach auch Klarheit gewinnen, wir können das Kind nicht immer wiederholen lassen, das ist ja auch nicht sinnvoll. Das Kind wird immer wieder rausgerissen aus seiner Beziehungsgruppe, aus seiner Altersgruppe, es würde ja bei uns auf der Grundschule viel zu alt werden, wenn man immer nur nach Leistung sagen würde: Du bist noch nicht so weit, wiederhole!" (Schulleiterin der Grundschule A).

Datum

Ein Kind hat verschiedene Fördermaßnahmen ohne Erfolg durchlaufen (u. a. mehrere Klassenwiederholungen).

Konklusion

Irgendwann kommt der Tag, an dem man Klarheit zu gewinnen hat.

wegen
Schlußregeln:

SR 24: Ein Kind braucht in der Schule eine stabile Bezugsgruppe.
SR 25: Kinder können an der Grundschule nicht zu alt werden.

Einleitend hebt die interviewte Grundschulleiterin auf den durchlaufenen Förderprozeß ab (kommt doch irgendwann der Tag; Wiederholungen). Das SAV wird als Methode zur Objektivierung der Probleme angeführt (Klarheit gewinnen). Diese Entscheidung wird zum einen pädagogisch damit begründet, daß Kinder eine stabile Bezugsgruppe brauchen (SR 24). Zum anderen wird der Druck, ein SAV einzuleiten, mit dem organisationsbezogenen Argument der Überalterung in der Grundschule legitimiert (SR 25).

Im folgenden Zitat geht es um den Fall eines türkischen Zwillingspaares, zwei Jungen, deren Sonderschulüberweisung im Interview mit Überalterung begründet wird:

I: „Ist Überalterung da [bei der Entscheidung zur Einleitung eines SAV, d.V.] ein Problem?"

SL: „Bei den letzten beiden Kindern, die wir zur Sonderschule gemeldet haben. Die Schüler waren in einem zweiten Schuljahr und waren fast zehn Jahre alt. [...] Da war die Schwierigkeit – das hat aber nicht dazu geführt, daß sie zur Sonderschule kamen – weil das sehr große kompakte Jungs waren. Und die fühlten sich zum Teil bei den Kleinen im zweiten Schuljahr nicht mehr wohl. Die waren so groß wie ich. Und ich habe da Sportunterricht gegeben, ich weiß nicht, ob Sie sich das vorstellen können, aber da waren so Kleine dabei, bis die einen Ball bekommen hatten oder gelaufen sind, da waren die Großen ... Die Großen waren schon fast in der Vorpubertät. Die hatten also auch schon so ein Verhalten drauf, den Mädchen gegenüber. Wie gesagt, das hat nicht dazu geführt [zum SAV, d. V.]. Aber das sind manchmal auch die Probleme der Überalterung" (Schulleiterin der Grundschule E).

Die interviewte Schulleiterin beschreibt das Zwillingspaar als Kinder, die als Zehnjährige in der zweiten Klasse allein durch ihre äußerliche Erscheinung störend gewirkt hätten („kompakte Jungs"). Besonders im Sportunterricht wäre der Kontrast zu den Kleinen zu groß gewesen. Als Jungen in der „Vorpubertät" hätten sie auch schon die Mädchen angemacht. Es wird hervorgehoben, daß diese Umstände nicht zum SAV geführt hätten, sondern die anhaltenden Lernschwierigkeiten der beiden Jungen. Aber das seien die Probleme mit Überalterung.

Datum		**Konklusion**
10jährige Jungen im 2. Schuljahr sind groß, kompakt, machen die Mädchen an. Kinder mit solchen Alters- und Reifungsunterschieden fühlen sich zusammen nicht wohl.		Überweisung auf eine Sonderschule

wegen
Schlußregeln:

SR 26: Kinder brauchen Lerngruppen von etwa gleichem Alter und körperlichem Entwicklungsstand um sich miteinander wohl zu fühlen.
SR 27: Wenn Jungen in der Vorpubertät im zweiten Schuljahr sind, stellt sich die Frage, ob das den Mädchen gegenüber zu verantworten ist.

Die Argumentation der Schulleiterin rekurriert auf das pädagogische Begründungsmuster, daß Kinder Lerngruppen von gleichem Alter und körperlichem Entwicklungsstand brauchen (SR 26). Die beiden Jungen scheinen jedoch auch als bedrohlich betrachtet zu werden. Zum einen was die Autorität der Schulleiterin angeht, vor allem im Sportunterricht („so groß wie ich"). Zum anderen in bezug auf die Mädchen in der Klasse. Der Hinweis auf die „Anmache" gegenüber den Mädchen impliziert die Frage, ob die Schulleiterin diese Zusammensetzung noch verantworten kann (SR 27).

In vergleichbarer Weise wird das Problem der Überalterung im Fall eines türkischen Mädchens im Sonderschulgutachten wie folgt dargestellt:

„In der Hospitationssituation bestätigten sich alle bisherigen Beschreibungen der unmöglichen Klassensituation für Emine. Sie wirkt wie eine ‚Oma' im Zusammensein mit den Kindern der 2. Klasse. Ist somit natürlich vollkommen isoliert, kann auch nicht dem Unterricht folgen" (Gutachten 2: Ergebnisse der Unterrichtshospitation; türkisches Mädchen; Empfehlung: SOLB).[11]

Zusammenfassung: Kumulative Wirkungen segregierender Beschulungsformen

Auch beim SAV ist das erhöhte Selektionsrisiko von Migrantenkindern in die allgemeine Selektivität der Grundschule eingebettet. Mit der Existenz der Sonderschule, sowie der Expertise und dem Beratungsangebot der testenden SOLB-Lehrerinnen stehen der Organisation Optionen zur Verfügung, die zur Entlastung von Problemdruck in den Grundschulen genutzt werden (z. B. Hinweise auf sonderpädagogische Überprüfung eines Kindes zu diagnostischen Zwecken für die Lehrkräfte an der Grundschule, die nicht von der Absicht motiviert seien, das Kind auf eine Sonderschule zu geben). Im Fall von Migrantenkindern zeigt sich diese Tendenz deutlich im zeitgleichen Ansteigen der Überweisungszahlen auf die SOLBs mit der Abschaffung der Vorbereitungsklasse in Langform im Jahr 1982. Der unscharfe Lernbehinderungsbegriff, der weitgehender Interpretation offensteht, begünstigt derartige Tendenzen. Ebenso ist davon auszugehen, daß demographische Effekte, d.h. die zurückgegangenen Zahlen deutscher Schülerinnen in den achtziger Jahren und vermehrte Elternproteste gegen die SOLB im Kontext der Integrationsbewegungen, Bestandserhaltungsinteressen an den SOLBs verstärken. Insofern muß das Aufnahmeverhalten der SOLBs z. T. auch kritisch als Rekrutierungsverhalten betrachtet werden.

Der Stellenwert, der sprachlichen Defiziten im Zusammenhang mit einem SAV zugewiesen wird, deutet im ausgewerteten Material darauf hin, daß schulrechtliche Regelungen, die Migrantenkinder vor Überweisungen aus diesem nicht akzeptablen Grund schützen sollen, in der Praxis vielfach umgangen werden. So scheint die obligatorische Überprüfung des muttersprachlichen Sprachstandes von Migrantenkindern als Korrektur der Diagnose „Lernbehinderung" nur in Ausnahmefällen systematisch umgesetzt zu werden. Dies gilt einerseits für die Grundschulen, die ein Kind zur Überprüfung durch die SOLB melden. Andererseits finden sich auch in den analysierten SOLB-Gutachten kaum Hinweise auf das Leistungsniveau in der Muttersprache. Empfehlungen einer Überweisung zur SOLB werden unter Umgehung der rechtlichen Normen auch explizit mit Sprachdefiziten im

11 Das Gewicht des Faktors ‚Alter' in einem SAV zeigt sich auch in den äußeren Umständen dieses Falls: Zunächst bestanden Zweifel in bezug auf das Alter des Kindes. Die Eltern hatten erklärt, der Paßeintrag sei falsch. Da man den Eltern nicht glaubte, wurde das Alter des Kindes auf Anordnung der Schulbehörde mit Hilfe einer medizinischen Untersuchung (Handwurzelröntgen!) bestimmt, welche die Aussage der Eltern bestätigte.

Deutschen begründet. Ebenfalls unter Umgehung rechtlicher Bestimmungen werden SOLB-Überweisungen auch bereits aus A-, V- und F-Klassen der Grundschule eingeleitet, noch bevor überhaupt festgestellt werden konnte, ob die Fördermöglichkeiten der Regelklasse einer Grundschule erschöpft sind.

Zum anderen werden auch im SAV sprachliche Defizite und negative ethnisch-kulturelle Zuschreibungen indirekt entscheidungswirksam, indem sie über vorgeblich „neutrale" pädagogische Kriterien für eine negative Leistungsprognose herangezogen werden. Mit ethnisierenden Deutungen gefüllt werden u. a. die Konstrukte „Motivationsmängel" und „generalisierte Teilleistungsschwächen" als diagnostische Kriterien sowie das Konzept der soziokulturellen Deprivation als ursächliche Variable für die Lernschwierigkeiten. Dabei gleichen die Argumentationshaushalte, mit denen das Schulversagen von Migrantenkindern in Interviews und Gutachten begründet wird, denen bei der Zurückstellung in den Schulkindergarten: „fehlende/falsche Elternunterstützung" (z. B. werden außerschulische Beratungsangebote oder therapeutische Unterstützung nicht wahrgenommen; der muttersprachlicher Familienkontext wirke hemmend etc.), „psychologische Belastungen" durch die Migration und Fremdheit, Selbstsegregation, „Koranschulbesuch" und „islamischer Fundamentalismus" werden als Lern-, Leistungs- und Integrationshindernisse beschrieben, welche die Förderanstrengungen der Schule zunichte machten. Dann wird von der Schule, die Integrationshilfen geben soll, der Spieß umgedreht und der Topos der „Integrationsunwilligkeit" benutzt, der auch im öffentlich-politischen Diskurs periodisch eine Rolle spielt. Während der Einspruch gegen ein SAV bei sozialstarken Eltern unter Kosten-Nutzen-Kalkülen der Grundschulen schon im Vorfeld häufig für den Verbleib eines Kindes an der Grundschule ins Gewicht fallen dürften, reagieren Lehrerinnen und Behörden auf den legitimen (und z. T. zu recht politisierten) Widerspruch von Migranten, v. a. türkischer muslimischer Eltern mit paternalistischen und abwertenden Strategien.

Benachteiligungen durch schulzeitverlängernde Förderstrategien erweisen sich als wesentlich beteiligt an den überproportionalen Anteilen der Migrantenkinder an den SOLBs. Abgesehen von den Zweifeln an der Lerneffektivität von Vorbereitungsklassen und den psychosozialen Folgen der Ausgrenzung interagieren die benachteiligenden Wirkungen (Stigmatisierung als ‚Problemfall', Überalterung) mit der weiteren Leistungshomogenisierung an den Grundschulen, d. h. Aussonderung von potentiellen SOLB-Schülerinnen. Ausgrenzende und schulzeitverlängernde Fördermaßnahmen stellen damit einen erheblichen *Risikofaktor* in der Schullaufbahn eines Kindes dar. Sie können – wiewohl sie von der selben Organisation und in wohlmeinender Absicht veranlaßt worden sein mögen – kurz darauf unter den dann gegebenen Bedingungen als Indikator für Lernschwäche und als Argument für eine Erschöpfung grundschulischer Fördermöglichkeiten, gegen das Kind gewendet und zum Anlaß für weitere Ausgrenzungsmaßnahmen benutzt werden.

Kapitel 9

Entscheidungsstelle: Übergang in die Sekundarstufe

Der Übergang von der Primar- in die Sekundarstufe ist die zentrale Selektionsschwelle im deutschen Schulsystem geblieben, an der eine Festlegung der Schulkarriere mit weitgehend irreversiblem Charakter erfolgt (vgl. z. B. Ditton 1995). Mit der Frage, inwiefern in den schulischen Strukturen und Praktiken an der Nahtstelle zwischen Primar- und Sekundarstufe zusätzliche Barrieren für Migrantenkinder eingebaut sind, beschäftigt sich dieses Kapitel. Ausgehend von den Effekten der Übergangsverteilungen auf die unterschiedlichen Sekundarschulformen (vgl. oben Kap. 4) werden in der gleichen Untersuchungslogik wie in den beiden vorangegangenen Kapiteln Mechanismen in der Organisation Schule beleuchtet, die zu den beobachteten Effekten ungleicher Übergänge beitragen.

Eine solche Fragestellung muß berücksichtigen, daß sich die institutionellen Zugangsbarrieren für Migrantenkinder zu höher qualifizierenden Bildungsgängen nicht allein aus dem Handeln der Grundschulen erklären lassen. Zwar liegt in Nordrhein-Westfalen wie in den meisten Bundesländern die Hauptlast der Übergangsauslese bei den Grundschulen. Die Sekundarschulen in NRW waren zum Untersuchungszeitpunkt verpflichtet, die von den Eltern gemeldeten Kinder aufzunehmen. Die Grundschulen allerdings können mit ihrer Eignungsempfehlung ein Veto einlegen. In einem systemischen Verständnis sind jedoch die Schulstrukturen der Sekundarstufe in die Analyse einzubeziehen, als deren organisatorischer Unterbau die Grundschulen operieren (Hänsel/Klemm 1980). Die Selektions- und Allokationsentscheidungen der abgebenden Grundschulen sind wesentlich durch die Seite der „Abnehmermärkte“ (Hasenfeld 1972) bestimmt. Aufzuzeigen ist demzufolge, inwiefern unter den konkreten schulpolitischen Bedingungen der viergliedrigen Sekundarstufe sprachliche und ethnisch-kulturelle Zuschreibungen in der Leistungsbewertung und der Beratungs- und Empfehlungspraxis der Grundschulen eine Rolle spielen. Dazu werden in den folgenden Analysen auf seiten der *abgebenden Grundschulen* sowohl Strategien der mündlichen Elternberatung als auch die schriftliche Eignungsempfehlung berücksichtigt; auf seiten der unterschiedlichen *aufnehmenden Sekundarschulformen* die Aufnahme in die fünfte Klasse und die Versetzungsentscheidung am Ende der Erprobungsstufe (Übergang in die siebte Klasse).

Das Kapitel ist ähnlich aufgebaut wie die beiden voran gehenden. Einleitend werden die *institutionell-organisatorischen Rahmenbedingungen* aufgezeigt, die das schulische Entscheidungshandeln beim Übergang in die Sekundarstufe limitieren. Nach den schulrechtlichen Vorschriften erfolgt eine organisationsbezogene Beschreibung der Entscheidungsstelle, sowie eine Skizze der pädagogischen Wissensbestände, die das Handeln der Entscheiderinnen informieren und legitimieren können. Anschließend wird das erhöhte Selektionsrisiko an dieser Übergangsstelle für Migrantenkinder anhand einer Anzahl von *Entscheidungs- und Begründungsmustern* aufgezeigt.

Institutionelle und organisatorische Rahmenbedingungen

Schulrechtlicher Kontext in Nordrhein-Westfalen (NRW)[1]

Die Übergangsregelung in NRW wurde im Zuge der Grundschulreformen in den siebziger Jahren neu gefaßt[2]. Sie stellt eine Kompromiß-Lösung dar zwischen freier Elternentscheidung und letztinstanzlicher Entscheidungsbefugnis der Grundschule. In der Allgemeinen Schulordnung aus dem Jahr 1978 hieß es:

> „Der weitere Bildungsgang des Kindes wird durch den Willen der Erziehungsberechtigten und die Anlagen, Neigungen und Fähigkeiten des Kindes bestimmt. Die Erziehungsberechtigten sind frühzeitig über die Möglichkeiten der verschiedenen Bildungsgänge für ihre Kinder zu informieren. Dabei sollen ihnen die weiterführenden Schulen mit ihren jeweiligen Anforderungen vorgestellt werden“ (Kultusministerium NRW 1978).

Formal wird die Entscheidung über den weiteren Bildungsgang eines Kindes nach dem ersten Halbjahreszeugnis im 4. Grundschuljahr getroffen. Im Mittelpunkt steht die Frage nach der Eignung eines Kindes für eine der Sekundarschulformen. Die beim Abgang aus der Grundschule getroffene Entscheidung wird an den Sekundarschulen im Rahmen der zweijährigen Orientierungsstufe (5. und 6. Klasse) noch einmal überprüft. Damit umfaßt der Übergang zeitlich die Spanne zwischen dem ersten Informationsabend für die

---

1 Ein Überblick über die unterschiedlichen Übergangsregelungen in den alten deutschen Bundesländern bis 1989 findet sich bei Portmann (1989, S. 42f). Sie verweist auf das Nord-Süd-Gefälle hinsichtlich der Elternrechte und Einigungsmodalitäten im Streitfall zwischen Grundschule und Eltern, wobei drei Formen zu unterscheiden sind: (a) die völlige Freigabe der Wahl der Sekundarschulform an die Eltern; (b) die schulformunabhängige Orientierungsstufe als Alternative zum freien Elternentscheid (Selektionsentscheidungen bleiben weiterhin unvermeidlich, die Übergangsentscheidung wird zum zweijährigen Prozeß der „Schullaufbahnlenkung“; vgl. auch Jürgens 1989); (c) Mischformen zwischen Elternwillen und Entscheidungsbefugnis der Grundschule in den Ländern ohne Orientierungsstufe und ohne freien Elternentscheid (die Hauptlast der Entscheidung bleibt bei der Grundschule, da die Gymnasien und Realschulen i. d. R. keine Aufnahmeselektion betreiben; vgl. auch Hansen/Rösner/Weishaupt 1986).

2 Sie wurden 2001 zugunsten eines größeren Mitentscheidungsrechtes der aufnehmenden Sekundarschulen geändert.

Eltern in der 4. Grundschulklasse und der Versetzungsentscheidung von der 6. in die 7. Klasse an den weiterführenden Schulen.

Die Eltern melden ihr Kind an der von ihnen gewählten Schulform bzw. Schule an. Bei der Anmeldung ist das Halbjahreszeugnis vorzulegen. Die aufnehmende Schule unterrichtet ihrerseits die Grundschule von der Anmeldung. Handelt es sich um ein Gymnasium oder um eine Realschule, ist die Grundschule nun verpflichtet, in einem *Gutachten* festzustellen, ob das Kind für die gewählte Schule geeignet ist. Bei Haupt- und Gesamtschulen entfällt das Gutachten. Das Gutachten soll allgemeine Angaben über die Entwicklung des Kindes in der Grundschule enthalten. Es

> „schließt mit dem zusammenfassenden Urteil, ob der Schüler aufgrund der Lernentwicklung und des Leistungsstandes für den Übergang in die Realschule oder das Gymnasium – geeignet, – vielleicht geeignet, – nicht geeignet ist. Als geeignet werden die Schüler beurteilt, die die Versetzungskonferenz für den Übergang zur Realschule oder zum Gymnasium empfiehlt. Als vielleicht geeignet werden die Schüler beurteilt, bei denen die Versetzungskonferenz vom Übergang zu einer Realschule oder einem Gymnasium nicht ausdrücklich abraten kann. Als nicht geeignet werden die Schüler beurteilt, bei denen die Versetzungskonferenz vom Übergang abrät" (Kultusministerium NRW 1979).

Das Gutachten wird der aufnehmenden Schule zugeleitet. Die als ‚geeignet' oder ‚vielleicht geeignet' beurteilten Schülerinnen werden dann ohne spezielles Aufnahmeverfahren in eine weiterführende Schule aufgenommen. Können Grundschule und Eltern sich nicht einigen, kann die Grundschule einen sogenannten *„Probeunterricht"* beantragen. Der besteht aus einer zweitägigen Prüfung der Kinder an der aufnehmenden Sekundarschule (i. d. R. ein Aufsatz, ein Diktat und eine Mathematikarbeit). Durch das ‚harte' Kriterium des Probeunterrichts liegt die Entscheidungsbefugnis (‚Legitimation durch Verfahren') letztlich bei der Grundschule.

Formales Kriterium für die *Aufnahme an Realschule und Gymnasium* ist die Eignungsempfehlung der Grundschule. Der Schulträger (die Stadt) hat sicherzustellen, daß alle Schülerinnen, die die Grundschule für ‚geeignet' oder ‚vielleicht geeignet' hält, auch einen Platz an der gewünschten Schulform erhalten. Liegt die Zahl der angemeldeten Schüler über der an einer Schule zu Verfügung stehenden Plätzen, werden auf einer Koordinierungskonferenz aller Schulen der jeweiligen Schulform die Schüler auf freie Plätze an anderen Schulen verteilt.

Anders stellt sich die *Aufnahme in eine Gesamtschule* dar. Prinzipiell kann die Gesamtschule von allen Schüler besucht werden, die die Klasse 4 der Grundschule erfolgreich durchlaufen haben. Aufgrund einer unzureichenden Versorgung mit Gesamtschulplätzen kann die Bezirksregierung jedoch ein vorgezogenes Anmeldeverfahren vorsehen (Kultusministerium NRW 1992), in dessen Verlauf die Gesamtschulen eine Auswahl aus der Gesamtzahl der angemeldeten Schülerinnen treffen können. Die Gesamtschulen müssen dabei gewährleisten, daß die nicht aufgenommenen Schülerinnen noch innerhalb der allgemeinen Anmeldefrist an den anderen Schulformen angemeldet werden können.

Hinsichtlich der *Selektionsentscheidung am Ende der Erprobungsstufe* unterscheiden sich die Regelungen für Hauptschulen, Realschulen und Gymnasien. An den *Realschulen und Gymnasien* hat die Versetzung von der sechsten in die siebte Klasse den Charakter einer endgültigen Entscheidung darüber, ob ein Schüler an der gewählten Schule aufgenommen ist. Die Entscheidung wird im wesentlichen von der Versetzungskonferenz getroffen. Die Eltern haben keine direkten Einflußmöglichkeiten, wenn die Realschule oder das Gymnasium Schülerinnen auf die Hauptschule verweisen. Ein Widerspruchsrecht der Eltern ist lediglich im Fall eines Wechsels vom Gymnasium auf die Realschule vorgesehen. Beim Wechsel von der Realschule zum Gymnasium, den die Realschulen leistungsstarken Schüler nahelegen können, entscheiden die Eltern über einen Übergang. Eine Aufnahmeprüfung durch das Gymnasium findet nicht statt.

Die Regelungen für die *Hauptschulen* weisen formale Ähnlichkeit mit der Übergangsentscheidung aus der Grundschule auf: Die Hauptschulen sind per Erlaß dazu angehalten, Eltern geeigneter Schüler über die Möglichkeit eines Schulformwechsels zu unterrichten. Für den Übergang aus der Hauptschule gilt, daß alle Schüler der 6. Klasse, denen in einem Gutachten ein Eignungsvermerk (geeignet/vielleicht geeignet) erteilt wird, ohne Aufnahmeprüfung auf eine höher bewertete Schulform wechseln können. Im Konfliktfall mit den Eltern entscheidet ein Probeunterricht über den Schulformwechsel.

Für ausländische Schüler gibt es in NRW keine speziellen Regelungen im Übergangsverfahren. Lediglich für jene Kinder, die im vierten Schuljahr eine *Vorbereitungs- oder Auffangklasse* zum Erwerb von Deutschkenntnissen besuchen, gilt die als Schutz gedachte Vorkehrung, daß aus diesen Sonderklassen heraus kein Übergang in den Sekundarbereich möglich ist:

> „Schüler, die später in das deutsche Bildungssystem eintraten („Seiteneinsteiger"), wegen ihres Alters und mangelnder Deutschkenntnisse einer Vorbereitungsklasse der Jahrgangsstufe 4 zugewiesen wurden und innerhalb des laufenden Schuljahres nicht so hinreichend gefördert werden konnten, daß sie am Unterricht in der Regelklasse 5 einer weiterführenden Schule teilnehmen können, werden nicht versetzt und wiederholen die Vorbereitungsklasse der Jahrgangstufe 4 oder gehen in die Regelklasse 4 über. Bei Besuch der Regelklasse 4 erhalten sie zusätzlichen Förderunterricht oder nehmen an anderen Fördermaßnahmen der Klasse teil" (Kultusministerium NRW 1982).

Organisatorische Handlungsoptionen

Die Plazierung von Grundschulabgängerinnen in einen der drei traditionellen Bildungsgänge des gegliederten Sekundarschulwesens (Hauptschule, Realschule, Gymnasium) stellt eine *Klassifikationsentscheidung* dar, die in den abgebenden Grundschulen jährlich zu treffen ist. Lediglich bei den Gesamtschulübergängerinnen ist die Grundschule der Selektionsentscheidung enthoben. Die Übergangsentscheidung läßt sich als Endprodukt einer Kette von zahlreichen Einzelentscheidungen begreifen (z. B. Zurückstellungen, Zuordnungen zu Fördermaßnahmen und Lerngruppen, Versetzungsentscheidungen etc.). Die Resultate der kontinuierlichen Beobachtung und Bewertung des Kindes werden den Eltern an Elternsprechtagen oder bei informellen Anlässen mündlich sowie über die Zeugnisse mitgeteilt. Da die Auseinandersetzung um die Wahl der weiterführenden Schule in der gesamten Grundschulzeit eines Kindes zwischen Lehrern und Eltern[3] geführt wird, stellt die Übergangsentscheidung einen *kontinuierlichen Aushandlungsprozeß* der Schullaufbahn dar. Beim Verlassen der Grundschule wird dieser in einer Entscheidung manifest, die die Eltern der Form nach allein treffen und auf die die Schule nur mit einer Empfehlung Einfluß nehmen kann. In den Grundschulen wird vielfach ein Dilemma zwischen eigenständigem Bildungsauftrag und egalitären und integrativen Wertorientierungen auf der einen Seite und dem Selektionsauftrag bzw. den Zubringerfunktionen für das hierarchische Sekundarschulwesen auf der anderen Seite wahrgenommen (Wiederhold 1991).

Obwohl der steuernde Einfluß der Grundschulen auf die Übergangsentscheidung hoch ist (z. B. Glumpler 1989) und ihnen mit der Eignungsempfehlung eine Korrektur der elterlichen Schulwahl sowie mit dem Probeunterricht ein kaum zu überwindendes Veto ermöglicht wird, sind die den Schulen an die Hand gegebenen Entscheidungskriterien sehr unscharf. Da die Kategorien der Eignungsempfehlung („geeignet"/„vielleicht geeignet"/„nicht geeignet") für Gymnasien und Realschulen die gleichen sind und bei den Haupt- und Gesamtschulen entfallen, gibt es im Prinzip keine klaren und verbindlichen Übergangskriterien.

Die Entscheidungspraxis in den Grundschulen ist vorstrukturiert durch die „rituellen Klassifikationen" (Meyer/Rowan 1978)[4], über die sich die Sekundarschulformen unterscheiden. Dies betrifft sowohl die *Schulformen* mit ihren speziellen Anforderungs- und Leistungsprofilen, Unterrichtsdidaktiken, erreichbaren Abschlüssen etc. als auch die für diese vorgesehenen *Kategorien von Schülerinnen* (z. B. ‚praktische Veranlagungen' als traditionelles Merkmal von Hauptschülerinnen vs. ‚Sprachbegabung' und ‚kreatives Denken' als

---

3 Selbstverständlich sind auch die Kinder zentrale Akteure bei der Übergangsentscheidung. z. B. Wiederhold (1991) weist darauf hin, daß die Entscheidung für eine bestimmte Schulform oder Schule i.d.R. im Einvernehmen mit den Wünschen der Kinder getroffen wird. Diese gehören jedoch genauso wenig wie z. B. die Motive der elterlichen Schulwahl zum Untersuchungsgegenstand der vorliegenden Studie, die den Aushandlungsprozeß zwischen Eltern und Schule lediglich aus Sicht der Organisation Schule berücksichtigt.

4 Für die Verständigung über ihre organisatorischen Grenzen und Mitgliedschaftsbedingungen greifen die Schulen auf die rituellen Klassifikationen des Bildungssystems zurück. Die Bestimmung der Schulformen erfolgt über eine enge Kopplung von Lehrer-, Schüler- und Fächertypen (vgl. Meyer/Rowan 1978).

typische Eigenschaften von Gymnasialschülerinnen)[5] und *Lehrerinnen* (z. B. sozialpädagogische Kompetenzen des Hauptschullehrers vs. wissenschaftliches Methodenwissen der Realschul- oder Gymnasiallehrerin).

Entscheidungswirksam werden jedoch nicht nur die rituellen Klassifikationen, die in die Institutionen des viergliedrigen Sekundarschulwesens eingeschrieben sind, sondern auch die konkreten *quantitativen und qualitativen Strukturen des Sekundarschulangebotes* und seiner *geographischen Verteilung über die Stadtteile* (vgl. Weishaupt 1996), sowie die *Schulprofile* einzelner Sekundarschulen (z. B. Realschulen oder Gesamtschulen, die mit den Gymnasien um leistungsstarke Schülerinnen konkurrieren vs. Real- und Gesamtschulen, die sich eher im mittleren und unteren Leistungsbereich verorten oder spezifische Betreuungs- und Förderangebote an einzelnen Schulen).

„Wenn ein türkisches Kind zwischen Drei und Vier steht und will zur Realschule X. wechseln, da würde ich, auch aus der Kenntnis der Schule heraus, den Eltern sagen, wenn das Kind keine Unterstützung zu Hause hat, dann wird es für das Kind sehr, sehr schwer dort sein. Bei der Realschule Y. wird es mit Sicherheit etwas mehr Unterstützung seitens der Schule erfahren. Ich würde es davon nicht abhängig machen, ob ich ein ‚vielleicht geeignet' oder ein ‚geeignet' schreibe. Ich würde dann also immer ‚vielleicht geeignet' schreiben. Aber ich würde die Eltern auf die Gefahr hinweisen. Und das, was wir den Eltern mitteilen, wird ganz kurz schriftlich festgehalten, damit man uns hinterher nicht sagen kann: ‚Das hättet Ihr uns aber sagen können.' Das würde ich auch notieren" (Schulleiter der Grundschule C).

Auch die formelle und informelle *Vernetzung, Kommunikation und Kooperation* zwischen Schulen und Schulformen (z. B. durch wechselseitige Hospitationen oder Einladung der Grundschulleiterinnen zu den Erprobungsstufenkonferenzen oder Fächerkonferenzen an den Gymnasien oder die Institution eines „runden Tisches" zwischen allen Schulleiterinnen in einem Stadtteil) sowie mit Schulberatungsstellen, Schulverwaltung und Schulaufsicht sind als Determinanten der Schulwahlentscheidung zu berücksichtigen. Dieser Austausch dient der Wissensvermittlung über das Platzangebot und Profile der Sekundarschulen, verkürzt Entscheidungswege und bedeutet auch eine wechselseitige Kontrolle der Schulleiter. Dies betrifft vor allem die Leistungsprofile der Gymnasien und Realschulen. Auf dem Prüfstand steht insbesondere die Grundschule in ihrer Zubringerfunktion für das selektive Sekundarschulsystem:

„Also es ist auch die Zusammenarbeit zwischen den Schulen, denke ich, und zwar zwischen allen Schulen hier im Stadtbezirk, eine positive. [...] deswegen, weil es irgendwo doch ein geschlossener Bereich ist. Und wir Schulleiter treffen uns im Jahr bestimmt zweimal und sprechen dann so alle anstehenden, aktuellen Probleme durch. Mal aus der Sicht – mal aus der Sicht, um füreinander eben auch, ja, Verständnis zu haben. Aber auf

---

5 Dieser Klassifikationsprozeß, in dem je nach Schulform spezielle Merkmale der abgehenden Schülerinnen hervorgehoben und definiert, andere übersehen werden etc. tritt z. B. in der Analyse von Übergangsgutachten deutlich hervor (vgl. Gigerenzer 1987).

der anderen Seite eben auch, um vielleicht über einen kurzen Weg die eine oder andere Schülerangelegenheit gut miteinander besprechen zu können und lösen zu können. Und diese Kontakte haben sich gerade für die Übergänge innerhalb der Schulformen, meinetwegen Rückgänge – Gymnasium, Realschule, Hauptschule, oder auch nachher, nach Klasse 10, die Übergänge in die gymnasiale Oberstufe, von der Realschule“ (Schulleiterin der Grundschule Z).

„Wir gehen also regelmäßig zu den Konferenzen vom Gymnasium und von der Realschule, von der Gesamtschule eigentlich weniger. Weil da ja auch keine Gutachten geschrieben werden. Da gehen die Kinder ohne Gutachten hin. Aber gerade Gymnasium, Realschule – das interessiert uns auch. Und dann, wo wir also befürchtet haben..., den Eltern dringend abgeraten haben, da ist es dann auch in einigen Fällen so gewesen, daß das Kind nach zwei, drei Jahren die Schule verlassen hat. Obwohl wir geschrieben haben ‚vielleicht geeignet'“ (Schulleiterin der Grundschule A).

Bei der *Aufnahme in die 5. Klasse* sind die Entscheidungsmöglichkeiten der *Hauptschulen*, *Realschulen* und *Gymnasien* begrenzt. Da die Grundschulen die Zutrittsberechtigungen für die weiterführenden Bildungsgänge verteilen, informieren die weiterführenden Schulen in den Grundschulen über ihr Anforderungsprofil und ihr Angebot (z. B. durch Informationsbroschüren und gezieltes Werben um Schülerinnen, auf den Informationsabenden für Eltern sowie durch regelmäßigen Informationsaustausch zwischen Primar- und Sekundarschulleiterinnen).

Anders ist die Situation an den *Gesamtschulen.* Aufgrund des großen Nachfrageüberhangs sind die städtischen Gesamtschulen im Fall der Stadt Bielefeld gezwungen, eine restriktive Aufnahmeselektion zu betreiben. Um nicht zu einer „besseren Hauptschule“ zu werden, versuchen die Gesamtschulen eine Leistungsstreuung in der fünften Klasse zu erhalten, die die Leistungsbereiche von Hauptschulen, Realschulen und Gymnasien abdeckt. Ziel ist es, schon bei der Einschulung der Schüler dafür Sorge zu tragen, daß der Bestand einer eigenen gymnasialen Oberstufe gewährleistet werden kann.

Bei der *Erprobungsstufe* (die fünfte und sechste Klasse an Hauptschulen, Realschulen und Gymnasien) handelt es sich um eine auf zwei Jahre ausgedehnte Prüfung, ob das aufgrund von Vorselektion der Grundschule und Schulwahl der Eltern zugewiesene Kind die Mitgliedschaftsbedingungen der Organisation erfüllt. Entscheidungen für einen Schulformwechsel haben Ausnahmecharakter. Auch hier sind nachträgliche Korrekturen der Schulwahl stark durch Bestands- und Funktionserhaltungsinteressen der weiterführenden Schulen bestimmt (z. B. Erhalt von Klassengrößen und Zügigkeit und Interesse, leistungsstarke Schülerinnen zu behalten). Für die *Realschulen* besteht bei der Entscheidung, leistungsstarke Schülerinnen auf das Gymnasium zu empfehlen, ein Dilemma. Schülerverschiebung (Abschöpfen von Schüler durch die Gymnasien) werden an den Realschulen als Niveauverlust erlebt, bei dem man die für die Abgrenzung zur Hauptschule wichtigen leistungsstarken Schülerinnen ungern gehen läßt.

„Ich habe so zwei, drei Fälle im Auge, wo der Grundschullehrer das Gymnasium empfohlen hat, aber die Eltern sich nicht getraut haben. Das passiert dann häufig nach der sechsten Klasse, daß die dann noch mal sagen: ‚Wir kommen rüber.' Ja und – das ist aber eine etwas spitze Bemerkung von mir – und die dann auch von der Realschule gelassen werden. Die lassen die ungern weg. Das sind natürlich ihre Spitzenschüler, und die lassen sie ungern weg, was ich nachvollziehen kann" (Lehrer/Gymnasium B).

An den *Hauptschulen* bestehen ebenfalls Tendenzen, die besseren Schülerinnen zu halten. Zum einen da ihre Klientel aufgrund von Grundschulgutachten, Elternwille und dem Abschöpfen leistungsstärkerer Schüler durch die Gesamtschulen schon stark selektiert ist. Zum anderen verfügen die Hauptschulen mit der in Klasse 7 beginnenden Leistungsdifferenzierung über interne Möglichkeiten der Homogenisierung. Die Entscheidungssituation muß auch vor dem Hintergrund gesehen werden, daß die Hauptschulen am Ende von Klasse 9 eine Klasse mit Schülerinnen bilden, die den Fachoberschulabschluß anstreben.

Pädagogische Deutungsangebote

Die schulische Selektion beim Übergang in die weiterführenden Bildungsgänge steht seit den sechziger Jahren paradigmatisch im Zentrum der soziologischen ‚Übergangsforschung' (vgl. Kutscha 1991). Die Forschungsthemen zum Übergang in die Sekundarstufe waren in den vergangenen Jahrzehnten mit wechselnden ideologischen Schwerpunkten insgesamt breit gestreut. Während in den fünfziger Jahren Fragen der Auslese für die weiterführenden Schulen im Vordergrund standen, war die Diskussion im folgenden Jahrzehnt sowohl von der grundsätzlichen Kritik der Begabungsideologie und damit auch der Auslese bestimmt als weiterhin von Bestrebungen zur Effektivierung der Ausleseverfahren (z. B. Ingenkamp 1963; Roth 1969). Die Übergangsforschung der siebziger Jahre war von der schichtspezifischen Sozialisationsforschung und der Debatten um die kompensatorische Erziehung dominiert. Unter dem Motto ‚Fördern statt Auslese' wurden verstärkt Einflüsse der sozialen Lage, Geschlechtsrollen und der schulischen Beurteilungspraxis selbst auf die Schullaufbahn untersucht. Durch die Implementation neuer Gesetze zur Reform des Grundschulwesens erfolgte seit Mitte der siebziger Jahre eine starke Zunahme und Ausdifferenzierung der Forschungsthemen in Bezug auf den Übergang in die Sekundarstufe:

- bildungspolitische und organisatorische Dimensionen der Förder- und Orientierungsstufe
- schulrechtliche, diagnostische und statistisch-deskriptive Aspekte
- isolierte fachdidaktische Fragen
- Selektionsprobleme, Leistungsaspekte, Notengebung
- Beschreibungen sporadischer Kooperationsansätze (Mitzlaff/Wiederhold 1989)

Seit Ende der achtziger Jahre finden sich umfassendere Untersuchungen des Übergangs nach der Grundschule aus Perspektive der Kinder, Eltern und Lehrerinnen, wie z. B. das Forschungsprojekt von Wiederhold u. a. am Beispiel der nordrhein-westfälischen Stadt Hagen (Mitzlaff/Wiederhold 1989; Wiederhold 1991). Speziell in bezug auf Migrantenkinder folgt auch Neumann (1997) einem mehrperspektivischem Ansatz, der sowohl die Seite der Lehrerinnen als auch die der Kinder und ihrer Eltern, sowie institutionelle Aspekte des Schulgeschehens berücksichtigt. Im Vordergrund steht die Frage, welche Rolle die sprachlichen Voraussetzungen im schulischen Selektions- und Allokationsprozeß am Ende der vierten Grundschulklasse spielen. Mit verschiedenen Aspekten der Übergangsproblematik von Migrantenkindern beschäftigt sich auch Glumpler in ihren Arbeiten (z. B. 1989 a, b).

In einem kurzen Resümee lassen sich folgende zentrale Tendenzen bei den Übergängen auf die weiterführenden Schule festhalten[6]:

- Die Anteile von Schülern auf höheren Schulen und von Schulabgängerinnen mit höherwertigen Zertifikaten als dem Hauptschulabschluß haben im Zuge der Bildungsexpansion stetig zugenommen. Ein mittlerer Schulabschluß (mittlere Reife bzw. Fachoberschulreife) ist inzwischen zur faktischen Mindestnorm geworden (Ditton 1995).
- Durch das Angebot an Gesamtschulen und die stetige Umwandlung von Haupt- und Realschulen in Gesamtschulen sind deutliche „Creaming-Effekte“ zuungunsten der Hauptschulen zu beobachten, die inzwischen als im Schwinden begriffene Schulform gilt (z. B. Rösner 1989).
- Die genannten Tendenzen verweisen schon darauf, daß sich die Übergangsauslese in den letzten Jahrzehnten insgesamt merklich abgeschwächt hat. Dabei wird der offenere Zugang zu den weiterführenden Schulen nicht durch eine verschärfte interne Auslese neutralisiert. Auch die Verbleibs- und Erfolgschancen an den höheren Schulen sind gestiegen (z. B. Hansen/Rolff 1990).
- Nicht erreicht wurde die höhere Durchlässigkeit der Bildungsgänge, um frühzeitige Fixierungen auf bestimmte Abschlüsse zu vermeiden, wobei die Durchlässigkeit sich eher als Abstiegs- denn als Aufstiegsmobilität erweist (z. B. Hansen u. a. 1986; Klemm u. a. 1990; Rösner 1997).
- Eine nach wie vor begrenzte Öffnung der Bildungswege ist auch am bundesweit geringen Anteil der Hauptschüler im 10. Schuljahr abzulesen. Nahezu 30% aller 15-jährigen Jugendlichen sind vom Erreichen einer mittleren Qualifikation abgeschnitten (Klemm u. a. 1990).
- Eindeutig verbessert hat sich die Situation der Mädchen und Frauen im allgemeinbildenden System, die weitgehend mit den Männern gleichgezogen haben, wobei zu berücksichtigen ist, daß gleiche Anteile des

6 Ausführlich zu den Entwicklungen in den neuen Bundesländern s. z. B. Weishaupt/Zedler (1994).

Schulbesuchs noch nicht als Chancengleichheit zu interpretieren sind (z. B. sind geschlechtsspezifische Besonderheiten in der Fächer- und Schwerpunktwahl an der Schule, in der beruflichen Bildung, der Wahl von Studienfächern und im Berufszugang zu berücksichtigen (vgl. Glumpler 1995).

- Inzwischen gilt als ebenso unstrittig, daß im Gesamtanstieg des Bildungsniveaus kein Abbau der Ungleichheiten zwischen den Sozialschichten, d. h. kein Chancenausgleich stattgefunden hat (eine Übersicht findet sich z. B. bei Ditton 1992, 1995; Meulemann 1992).
- Als wichtige Determinante von Bildungschancen erweisen sich weiterhin erhebliche regionale Disparitäten, v. a. im Vergleich der alten und neuen Bundesländer, der Länder untereinander, jedoch auch zwischen Regionen innerhalb einzelner Länder, sowie Differenzen in einzelnen Städten und Kommunen (z. B. Effekte von Gemeindegrößen oder der Erreichbarkeit weiterführender Schulen) (z. B. Ditton 1992, 1995; Klemm u. a. 1992; Weishaupt/Zedler 1994; Bertram/Dannenbeck 1990; Weishaupt 1996).

Mit der Beziehung zwischen sozialen und kulturellen Herkunftsfaktoren und den Bildungsorientierungen und -entscheidungen von Migrantinnen beschäftigen sich zahlreiche Forschungsarbeiten seit den siebziger Jahren. Eine eingehende Analyse dieser Diskurse würde den Rahmen dieses Kapitels sprengen. Im Hinblick auf die pädagogischen Deutungsbestände, die im Rahmen der Übergangsentscheidung als Legitimationswissen verfügbar sind, sei an dieser Stelle lediglich die starke theoretische Untermauerung dieser Forschungsrichtung von verschiedenen Varianten der sogenannten „kulturellen Passungsthese" angemerkt. Demzufolge wird die fehlende Korrespondenz oder „Passung" von Familien- und Schulkultur als Ursache für die ungleichen Bildungschancen von Migrantenkindern betrachtet. Dabei wird das Passungsproblem vorwiegend als Folge von Kompetenzdefiziten auf Seiten der Migrantinnen betrachtet, während die Schule des Einwanderungslandes nicht in den Blick genommen wird (kritisch dazu z. B. Bender-Szymanski/Hesse 1987[7]).

In dem kritischen Überblick von Neumann (1997, S. 261 ff) über die Erklärungsstränge in bezug auf die Bildungsaspirationen von Migrantinnen werden verschiedene Spielarten der Passungsthese deutlich. In dieser Sichtweise wird z. B. der geringe Schulerfolg von Kindern aus türkischen Migrantenfamilien mit der mangelnden Hilfestellung für einen beruflichen und sozialen Aufstieg in der Familie erklärt (neben der Vermittlung von Sprachkenntnissen v. a. mangelnde Unterstützung bei den Hausaufgaben, Kontakte zu Lehrpersonen und Informationen über das deutsche Schul- und Berufsbildungssystem). Als Spielarten der kulturellen Passungsthese lassen sich auch

7 Vgl. auch den im Rahmen der vorliegenden Untersuchung entstandenen 1. Zwischenbericht an die DFG (Bastian/Lentz/Radtke/Zoogbaum 1992).

sozialisationstheoretische Ansätze begreifen, die „Kulturdiskrepanzen" zwischen den eingewanderten Familien und den motivationalen, kognitiven, sprachlichen und sozialen Anforderungen der Schule für die ungleichen Bildungserfolge von Migrantenkindern verantwortlich machen. Denkmuster der kompensatorischen Erziehung der Arbeiterkinder aus den sechziger Jahren gehen dabei fließend in „Kulturkonfliktansätze" über, denen zufolge unvereinbare Werte in Schule und Familie auf den Lernerfolg hemmend wirken, was für Kinder in multikulturellen Gesellschaften besondere Sozialisationsprobleme aufwerfe. In ähnlicher Logik verbleiben auch Modernisierungskonzepte verhaftet, wenn sie den mangelnden Schulerfolg von Migrantenkindern und -jugendlichen auf besondere psychische Belastungen im Konflikt mit der Elterngeneration zurückführen oder die mangelnde Adaptation der Migrantenfamilien an die Komplexität der „moderneren" Aufnahmegesellschaft zur Ursache der mangelnden Bildungserfolge der Kinder erklären. Hinsichtlich der Bildungsaspirationen von Migranten weist Neumann (1997, S. 263f) auf die in der erziehungswissenschaftlichen Literatur kolportierte Meinung hin, türkische Migrantenfamilien seien unrealistisch in ihrer Bildungsplanung. Illusionäre Wünsche würden realistische Schullaufbahnplanungen verhindern und die Eltern selbst zum Versagen der Kinder beitragen bzw. zwangsläufig die Karrieren der Kinder als Versagen interpretieren müssen. Hinter dieser ethnozentristischen Sichtweise stehe die undifferenzierte Lesart und unzulässige Verallgemeinerung von Forschungsergebnissen, die ein hohes Anspruchsniveau eingewanderter Eltern in bezug auf die berufliche Zukunft ihrer Kinder und Hoffnungen auf sozialen Aufstieg belegten.

Entscheidungs- und Begründungsmuster an der Übergangsschwelle von der Primar- in die Sekundarstufe

Im folgenden werden in Bezug auf den „Übergang in die Sekundarstufe" eine Anzahl von schulischen Handlungs- und Begründungsmustern herausgearbeitet, die eine besondere Selektivität dieser Statuspassage für Migrantenkinder nachvollziehbar machen. Um die Interdependenzen und Entsprechungen zwischen den Überweisungs-Strategien der Grundschulen auf der einen Seite und den normativen Erwartungen und z. T. sogar aktiven Selektionsstrategien auf seiten der aufnehmenden Sekundarschulen in den Blick zu rücken, wurde eine Darstellungsweise gewählt, in der die Begründungsmuster aus Primar- und Sekundarschulen teilweise unter bestimmten Leitthemen zusammengefaßt werden. Um Wiederholungen der auch schon an den vorangegangenen Entscheidungsstellen vorgetragenen Begründungsmuster nach Möglichkeit zu reduzieren, konzentriert sich dieses Kapitel auf die für die Übergangsschwelle vom Primar- zum Sekundarbereich zentralen Mechanismen.

Überweisung aus A-, F- und V-Klassen auf die Hauptschule

Zum Zeitpunkt der Untersuchung führten in Bielefeld von den Sekundarschulen nur noch einige Hauptschulen Vorbereitungs-Klassen (im folgenden abgekürzt als V-Klassen) zur Sprachförderung. Laut Erlaß zum Unterricht für ausländische Schüler aus dem Jahr 1982 (s. o.) sollen Kinder nicht in die Sekundarstufe versetzt werden, wenn sie im vierten Schuljahr noch in einer separaten Sprach-Förderklasse (A-, F- oder V-Klassen) an der Grundschule sind. Ziel ist der Schutz vor einer unangemessenen Hauptschulüberweisung aufgrund von mangelnden Deutschkenntnissen; aus Sonderklassen zum Spracherwerb sollen keine Entscheidungen über die Schullaufbahn getroffen werden. Statt dessen sieht der Erlaß eine Wiederholung des vierten Schuljahres in der Förderklasse vor oder den Transfer in die Regelklasse. In der Praxis scheint diese Regelung jedoch vielfach umgangen zu werden. Die Existenz von V-Klassen im Sekundarbereich ausschließlich an den Hauptschulen scheint dazu beizutragen, daß am Ende des vierten Schuljahres Kinder mit Sprachdefiziten (in V-Klassen und in Regelklassen) vermehrt in Richtung Hauptschule kanalisiert werden. Zwei Beispiele illustrieren dieses Handlungsmuster:

I: „Und was passiert mit den Kindern, die am Ende des 4. Schuljahres noch in der Vorbereitungsklasse sind?“

SL: „Wenn die Kinder in der Vorbereitungsklasse sind, wird jedes Kind letztendlich einzeln durchgesprochen. Entweder geben wir sie dann weiter zu den Hauptschulen, die auch Vorbereitungsklassen haben, oder wir empfehlen den Eltern, daß sie noch einmal ein Jahr bei uns am vierten Schuljahr im Regelunterricht teilnehmen. Wenn die Kinder früh genug zu uns kommen, dann versuchen wir, die Kinder in der Vorbereitungsklasse zu fördern und geben sie dann ein Jahr tiefer in die Regelklasse, bei uns an der Schule“ (Grundschule E).

Für Schüler, die sich im 4. Schuljahr in der Vorbereitungsklasse befinden, werden zwei Versetzungsmöglichkeiten dargestellt: zum einen die Überweisung auf Hauptschulen mit V-Klassen, zum anderen die Wiederholung der 4. Klasse im Regelunterricht. Als Unterscheidungskriterium gelten Deutschkenntnisse bzw. die *(Förder-)Zeit* in der Organisation („wenn die Kinder früh genug zu uns kommen“) (SR 1). Kinder die in der Förderklasse ausreichende Deutsch-Kenntnisse erlangen, werden in die 4. Regelklasse der Grundschule aufgenommen und dann regulär versetzt. Demgegenüber wird eine reguläre Versetzung bei Seiteneinsteigerinnen ausgeschlossen, die spät an die Grundschule gekommen sind und noch Sprachdefizite aufweisen. Die Hauptschule wird als Auffangbecken für die Gruppe der Kinder vorgeführt, bei denen die Förderung/Förderzeit nicht ausreicht, um den Stand an Deutschkenntnissen zu erreichen, mit dem die Kinder im Regelunterricht nicht mehr stören. Für diese Kinder sieht sich die Grundschule nicht zuständig (SR 2), was dazu führen kann, daß sie (unter Umgehung der Schutzvorkehrungen für ausländische Schülerinnen) an die Hauptschule „weitergereicht“ werden.

Datum

Kinder in der V-Klasse im 4. Schuljahr sind unterschiedlich früh an die Grundschule gekommen.

Konklusion

Wenn sie früh gekommen sind, können sie die 4. Regelklasse wiederholen, wenn sie zu spät gekommen sind, bleibt nur noch der Übergang auf die Hauptschule

wegen
Schlußregeln

SR 1: Genügend (Förder-)Zeit in der Organisation ist eine Voraussetzung für Integration.
SR 2: Für Viertklässlerinnen in der V-Klasse, bei denen ein Transfer in die Regelklasse nicht möglich ist (d. h. mit gravierenden Sprachdefiziten), ist die Grundschule nicht zuständig.

Auch im folgenden Zitat wird Nicht-Zuständigkeit der Grundschule für die Gruppe von Viertklässlerinnen mit Sprachdefiziten in der V-Klasse vorgeführt. Im Zitat erläutert der interviewte Schulleiter die sprunghaft angestiegene Quote von ausländischen Hauptschul-Übergängen in seinen Übergangsstatistiken, die im Interview vorlagen (ca. fünfmal so viele Kinder wie in den Vorjahren) im Schuljahr 92/93:

I: „Was ist da passiert – 92/93?“

SL: „Das einzige, was ich Ihnen erklären kann, ist, denke ich, daß da aus dieser Auffangklasse eine ganze Menge rausgegangen sind. [...] Die bleiben also höchstens zwei Jahre in dieser Auffangklasse. Im Schnitt wird das so sein, daß die Hälfte nach einem Jahr in der Regelklasse ist. Und dann nehmen die am Unterricht der Regelklasse teil und sind dann sozusagen ‚integrierte Ausländer‘. Solange sie in dieser Auffangklasse sind, können sie ja nicht so unterrichtet werden, wie die anderen Kinder. Und wenn die dann so spät kommen, daß sie altersmäßig dann das vierte Schuljahr beenden, oder vielleicht sogar schon das fünfte, und noch bei uns waren, dann bleibt nur noch der Übergang in die Hauptschule. [...] Oder auch in die Regelklasse der Hauptschule. Also, die aus der Auffangklasse kann man ja nicht behandeln wie Kinder in den Regelklassen. Da wird nur in zwei Jahren oder innerhalb von zwei Jahren versucht durch intensive Arbeit in Sprache und Mathematik die einigermaßen auf den Stand zu bringen, daß sie verstehen können, um was es geht“ (Schulleiter der Grundschule H).

Der Schulleiter versucht, die 1992 sprunghaft angestiegene Zahl von ausländischen Hauptschulübergängern damit zu erklären, daß es sich um Kinder aus der Auffangklasse handelt. Zur Rechtfertigung nimmt er eine rein formal-organisatorische Perspektive ein. Er beschreibt zunächst die Funktion der A-

Klasse und stellt heraus, daß der Übergang in die Regelklasse bei etwa der Hälfte der Kinder gelinge. Einmal im Regelunterricht angekommen, seien das dann „integrierte Ausländer“. Mit diesen Kindern könne man beim Übergang in die Sekundarstufe verfahren, wie mit allen anderen auch. Die „integrierten Ausländer“ werden mit denen kontrastiert, die sich im vierten Schuljahr in der A-Klasse aufhalten, noch gravierende Sprachdefizite aufweisen und über der Altersnorm liegen: für sie bleibe nur die Hauptschule. So kann die Schule ihre eigenen Interessen wahren (Alters- und Leistungshomogenisierung) und „ihr Problem“ an eine andere Organisation delegieren.

Um zu begründen, warum diese Kinder nicht in den Genuß eines regulären Übergangs kommen, wird zum einen auf die Schlußregel rekurriert, daß genügend (Förder-)Zeit in der Organisation eine Bedingung für Integration sei (SR 1). Zum anderen erklärt sich die Schule für nicht zuständig bei Kindern mit organisatorischem Sonderstatus, der für ihn durch die A-Klasse gegeben ist (SR 4). Unterlegt ist ein Konzept von Integration als „Durchwandern institutioneller Stufen“ (SR 3).

Datum

Die Hälfte der Kinder in der A-Klasse ist nach einem Jahr im Regelunterricht.

Konklusion

Das sind dann sozusagen integrierte Ausländer.

wegen

Schlußregeln

SR 3: Wenn ausländische Schüler die nötigen institutionellen Stufen durchwandert haben bis sie im Regelunterricht nicht mehr stören, dann sind sie integriert.

Datum

Kinder in der A-Klasse kommen so spät, daß sie altersmäßig dann das 4. Schuljahr beenden oder das 5.

Konklusion

Für diese Kinder bleibt nur der Übergang auf die Hauptschule.

wegen

Schlußregeln

SR 1: Genügend (Förder) Zeit in der Organisation ist eine Voraussetzung für Integration.

SR 4: Für Kinder mit organisatorischem Sonderstatus ist die Grundschule nicht zuständig.

Hauptschule als „Restschule“

„Sogwirkungen“ der Hauptschulen für Migrantenkinder resultieren nicht nur daraus, daß V-Klassen zur Sprachförderung nur an dieser Schulform der Sekundarstufe zu finden sind. Sie werden auch durch die Definition der Hauptschule als „Restschule“ für „besondere Probleme“ begünstigt, die mit dem veränderten Schulwahlverhalten deutscher Eltern und der starken Schließung von Hauptschulen in den achtziger Jahren einher geht (vgl. oben Kapitel 5). In diesem bildungspolitischen Kontext scheinen sprachliche und kulturelle Heterogenität zum impliziten Klassifikationsmerkmal (Meyer/ Rowan 1978) geworden zu sein, mit dem die Hauptschule ihre Position im viergliedrigen Sekundarschulsystem zu bestimmen sucht. Folgt man den Interviews an den beiden in die Untersuchung einbezogenen Hauptschulen, scheint sich diese Schulform z. T. gezielt an veränderte Unterrichtsvoraussetzungen durch sprachliche und kulturelle Heterogenität anzupassen. Das folgende Zitat aus einem Gruppen-Interview an einer Hauptschule illustriert diese Tendenz:

> „Der Epochenunterricht ist gerade sinnig, auch in bezug auf die vielen Migrantenkinder, die hier unterrichtet werden. [...] es können praxisorientierte Arbeiten geleistet werden. Er ist also kein Theoriebuchunterricht. Wir arbeiten mit Arbeitsblättern, wir haben jedesmal die Möglichkeit, auch die Lernorte zu wechseln, das heißt außerhalb des Klassenzimmers zu lernen. Und die Kinder sind also auch sehr begeistert davon, wenn praxisorientiert, das heißt also haptisch, gearbeitet wird, daß Dinge hergestellt, gebaut, untersucht werden. Ebenfalls im fünften Jahrgang ist sehr lernwirksam, die Doppelbesetzung in Deutsch. [...]Ich denke, daß gerade Kinder, die Schwierigkeiten haben, mit der Zweitsprache, für die ist es ja sehr wichtig, die Fachbegriffe kennen zu lernen. [...] denn es ist zwar die dritte Generation von Migrantenkindern, man darf aber nicht vergessen, daß das Problem der Halbsprachigkeit bei einem großen Prozentsatz immer noch vorhanden ist [...] Also viele jonglieren doch auch immer noch permanent zwischen beiden Sprachen hin und her, und darauf müssen wir natürlich hier gezielt eingehen. Wird auch gemacht“ (Lehrer der Hauptschule A; Gruppeninterview).

Die Merkmale des Hauptschulunterrichts wie er an der betreffenden Schule entwickelt und praktiziert wird (Epochenunterricht, praxisorientiertes Arbeiten, Arbeitsblätter, wechselnde Lernorte, Vermittlung von Fachbegriffen, *Teamteaching* etc.) werden als nützliches Angebot für ausländische Schülerinnen dargestellt. Die sprachliche Heterogenität und die spezifischen Lernbedürfnisse von Schülern mit Deutsch als Zweitsprache werden explizit als Aufgabe des Unterrichts definiert („darauf müssen wir natürlich gezielt eingehen“). Die implizite Botschaft dieser Ausführungen lautet, daß die Schule sich in ihrem Unterrichtsangebot an die Lernbedürfnisse ihrer jeweiligen Schülerinnen anpassen muß. Eine assoziative Verknüpfung der traditionellen Klassifikationsmerkmale des Hauptschulunterrichts (praxisorientiert, handwerklich, haptisch, untheoretisch) in der Konnotation mit Migrantenkindern ist nicht zu überhören.

Perfekte Deutschkenntnisse

„Perfekte Deutschkenntnisse" gelten allgemein als hartes Zugangskriterium fürs Gymnasium[8]. Auch wenn Schülerinnen mit Deutsch als Zweitsprache vom ersten Schuljahr an in der Grundschule waren und gute Leistungen aufweisen, wird ihr Scheitern auf dem Gymnasium vielfach aufgrund sprachlicher Schwächen antizipiert. Dies kann in der Übergangssituation zu niedrigeren Leistungserwartungen führen sowie zu Übergangsempfehlungen, die niedriger angesetzt sind als den Noten entsprechen würde.

Im folgenden werden einige Deutungsmuster im Zusammenhang mit dem Kriterium der „perfekten Deutschkenntnisse" als Zugangsbarriere zum Gymnasium herausgearbeitet. Als ausschlaggebende Begründungsmuster erweisen sich zum einen der Begriff des „Sprachgefühls" und „latenter Sprachdefizite", zum anderen die Einschätzung der am Gymnasium obligatorischen zweiten Fremdsprache als Hürde für Migrantinnen, die noch sprachliche Mängel aufweisen.

Latente Sprachdefizite („Sprachgefühl")

Die folgende Interviewsequenz illustriert, wie aufgrund von Deutschdefiziten ein Übergang aufs Gymnasium bei Kindern aus Migrantenfamilien nahezu kategorisch ausgeschlossen werden kann.

I: „Wie ist das Schulwahlverhalten bei den ausländischen Eltern?"

SL: „Bei den ausländischen Eltern, in diesem Falle sind die meisten Eltern türkische Eltern, ist auch der Wunsch da, daß die Kinder zu einer weiterführenden Schule gehen sollen, Realschule, Gymnasium. Wir haben auch schon Kinder dort hingegeben, aber nicht so, wie wir es uns gewünscht haben. Bei den Kindern sind eben einfach noch viele Defizite da, weil sie oft mittags wieder in ihre türkische Umgebung zurückgehen. Und ich habe manchmal das Gefühl, ich weiß auch, daß die türkischen Eltern unser Schulsystem in dem Sinne noch nicht kennengelernt haben. Weil sie selbst nur sehr kurze Zeit die Schule besucht haben. [...]wir haben wenige [türkische, d. V.] Kinder, die auf das Gymnasium gehen, Realschule schon eher bei uns, daß die Kinder nach einer gewissen Zeit dann also auch wieder runtergehen müssen, weil sie einfach im Sprachlichen so große Defizite haben. [...]einfach vom Satzbau her, daß sie über keinen großen Wortschatz verfügen; daß sie manche Dinge auch noch gar nicht verstehen, weil ihnen die Begriffe nicht klar sind. [...] Und wenn ich jetzt die Sprache nicht vollständig beherrsche, kann ich zum Teil die Sachaufgaben auch nicht und ich kann auch im Sachunterricht nicht so mitarbeiten."

I: „Solche Überlegungen, fließen die auch in die Übergangsempfehlungen ein?"

SL: „Die fließen darin ein, jaja. Wir reden eigentlich schon, wenn wir zwischendurch mal bei den Eltern merken, wo es hingehen soll, fragen wir mal ganz vorsichtig nach: ‚Was denken Sie denn?', und ich bin jetzt also in zwei vierten Schuljahren Fachlehrer und wir sprechen mit den Lehrern zwischendurch immer wieder ab, wie jeder einzelne von uns das

8 Vgl. die ausführliche Analyse bei Neumann 19997, S. 298ff, die sich mit unseren Befunden deckt.

Kind sieht und wir versuchen da, die Eltern sehr genau zu beraten. Also die ersten zwei Jahre ist es kein Problem, aber dann kommen die Probleme“ (Schulleiterin der Grundschule E).

Die Argumentation läßt sich in zwei Schritte gliedern: Einleitend wird der Wunsch türkischer Eltern, ihr Kind auf ein Gymnasium zu schicken, als unrealistisch dargestellt. Zum einen aufgrund von Erfahrungen mit türkischen Kindern, die auf dem Gymnasium Schwierigkeiten gehabt hätten („nicht so wie wir es uns gewünscht haben“). Als Problem werden sprachliche Schwierigkeiten bestimmt („einfach vom Satzbau her, daß sie über keinen großen Wortschatz verfügen; daß sie manche Dinge auch gar nicht so verstehen, weil ihnen die Begriffe nicht klar sind“), die sich negativ auf alle Fächer auswirken würden („Sachaufgaben“, Mitarbeit im Sachunterricht). Die Ursache für die Sprachdefizite wird darin gesehen, daß die Kinder „oft mittags wieder in ihre türkische Umgebung zurückgehen“. Zum anderen werden unrealistische Bildungswünsche der türkischen Eltern mit deren fehlender Schulkenntnisse und Bildung erklärt („unser Schulsystem noch nicht kennengelernt“; „selbst nur sehr kurze Zeit die Schule besucht“). Die von der Schulleiterin vorgebrachte Erklärung rekurriert auf die in der ausländerpädagogischen Forschung verbreitete Annahme einer *fehlenden kulturellen Passung* zwischen der deutschen Schule und türkischen Familien als Ursache für schulische Probleme. In der Logik der Passungsthese werden zum einen die fremde Sprache, Kultur und der Bildungsstand türkischer Eltern als Defizite der Kinder konstruiert, zum anderen wird eine defizitäre und paternalistische Sicht auf die Eltern eingenommen (SR 4).

Im zweiten Argumentationsschritt wird das Scheitern türkischer Kinder auf dem Gymnasium aufgrund der Sprachdefizite als quasi gesetzmäßig herausgestellt. Die Schwierigkeiten würden oft nicht in den ersten beiden Jahren auftreten, sondern nach der Erprobungsstufe. Unterlegt ist die Denkfigur von *latenten Sprachdefiziten*, die erst bei höheren Anforderungen in späteren Jahren als Lernproblem virulent werden (SR 6). Dieses Deutungsmuster basiert auf Spracherwerbstheorien, die den Zusammenhang von sprachlicher und kognitiver Entwicklung postulieren (SR 7). Die Verlegung der sprachlichen Schwierigkeiten von Migrantenkindern und –jugendlichen in die Latenz hat wichtige Implikationen hinsichtlich schulischer Entscheidungspraktiken. Zum einen werden in dieser Sichtweise sprachliche Mängel mit „Begabungsdefiziten“ quasi gleichgesetzt. Was in die Latenz verlegt ist, entzieht sich zum anderen der Überprüfung und immunisiert sich gegen widersprüchliche Fakten (z. B. gute Noten, partiell gute sprachliche Leistungen oder eine genaue Überprüfung der Rücklaufquote[9]).

---

9 Für diese Rückläuferquote fand sich für die Stadt Bielefeld keine statistische Bestätigung. Auch in der empirischen Schulforschung wird auf die verschwindend geringe horizontale Durchlässigkeit in der Sekundarstufe hingewiesen, diese sei zudem eher eine „nach unten“ als umgekehrt (vgl. z. B. Rösner 1997).

Datum

Türkische Schüler haben zu viele Defizite, da sie nachmittags in ihre türkische Umgebung zurückkehren. Die Eltern kennen das deutsche Schulsystem zu wenig und weisen selbst Bildungsdefizite auf.

Konklusion

Türkische Schüler scheitern auf dem Gymnasium.

wegen
Schlußregeln

SR 5: Bei fehlender kultureller Passung zwischen Schule und Elternhaus ist kein Erfolg auf dem Gymnasium möglich.

Datum

Türkische Schülerinnen haben Sprachdefizite, die erst nach der Erprobung auf dem Gymnasium virulent werden.

Konklusion

Türkische Schülerinnen scheitern auf dem Gymnasium.

wegen
Schlußregeln

SR 6: Wenn Kinder latente Sprachprobleme haben, werden diese bei erhöhtem Anforderungsniveau auf dem Gymnasium als Problem virulent.
SR 7: Sprachentwicklung geht mit kognitiver Entwicklung einher.

Das Problem sprachlicher Mängel kann auch psychologisch gewendet werden. Betont werden dann „Sprachgefühl“ und der kreativer und freier sprachlicher Ausdruck im Deutschen:

„Ja, also ich denke schon, daß bei den Ausländerkindern in der Regel die Sprache das Handicap ist. Ich habe in den letzten Jahren im vierten Schuljahr in Sprache selbst unterrichtet und mußte einfach feststellen, daß wir weniger Rechtschreibprobleme hatten. Auch, aber da weniger. Aber doch häufiger in den Grammatikbereichen im Deutschen. Das ist für die Kinder ganz schwer zu lernen. Ich denke, so für die Übergänge zum Gymnasium ist auch dies ‚sich-in-Sprache-kreativ-und-beweglich-ausdrücken-zu-können' ein wichtiges Kriterium. Und da in den grammatischen Bereichen und auch beim Erzählen oftmals noch Ängste da sind, sind zu wenig Ausländerkinder da wirklich echt frei“ (Schulleiterin der Grundschule Z).

Die Schulleiterin plausibilisiert, warum ausländische Kinder aufgrund von Sprachdefiziten am Gymnasium scheitern. Die Probleme würden nicht im Bereich der Rechtschreibung liegen, sondern in der Grammatik („das ist für die Kinder ganz schwer zu lernen“) und im sprachlichen Ausdruck („dieses sich-in-der-Sprache-kreativ-und-beweglich-ausdrücken-können“). Ausländische Kinder seien in dieser Hinsicht aufgrund von Ängsten und Blockierungen in den grammatischen Bereichen und beim Erzählen nicht wirklich frei. Unterlegt ist die Schlußregel, daß ohne ein sicheres Sprachgefühl im Deutschen kein Erfolg auf dem Gymnasium zu erreichen sei (SR 8). Als Stützung dient der Hinweis auf eigene Unterrichtserfahrung in einem vierten Schuljahr. Dann klingt eine Gleichsetzung von „deutscher Sprache“ mit „deutscher Kultur“ an.

Datum

Türkische Schülerinnen haben Sprachdefizite – weniger mit der Rechtschreibung, aber in der Grammatik und im sprachlichen Ausdruck

Konklusion

Türkische Schülerinnen scheitern auf dem Gymnasium.

wegen

Schlußregeln

SR 8: Sicheres Sprachgefühl und -ausdruck im Deutschen ist ein wichtiges Kriterium für den Übergang auf ein Gymnasium.

Stützung

Eigene Erfahrung im Unterricht mit ausländischen Viertklässlerinnen.

Die zweite Fremdsprache

Als große Hürde für Migrantenkinder auf dem Gymnasium wird die *obligatorische zweite Fremdsprache* betrachtet.

I: „Wie entscheiden Sie, wenn Kinder in Mathe gut sind, und Probleme mit der Sprache haben?“

SL: „Mathematischer Bereich und Sachunterricht und so weiter gut, und im sprachlichen Bereich ist ein Ausfall da. Da denkt man auch an Fremdsprachenunterricht im Gymnasium und in der Realschule. Und in solchen Fällen wird man dann sagen: ‚Zwei Fremdsprachen kommen im Gymnasium als Pflicht auf ein solches Kind zu, das sprachliche Defizite hat. In der Realschule ist nur eine Fremdsprache Pflicht.’ Dann werden wir das in solchen Fällen den Eltern auch als Überlegung geben: Das Kind hat jetzt im Deutschen schon Probleme, sprachlich, einfach das Sprachgefühl, und was damit zusammenhängt. Dann würde man also, wenn im anderen Bereich gute Leistungen sind, auch dann trotzdem nicht sagen Gymnasium, denn die scheitern“ (Schulleiterin der Grundschule A).

Präsentiert wird der hypothetische Fall eines Kindes, das in Mathematik und Sachunterricht gute Leistungen aufweist, jedoch Mängel im Deutschen. Um zu begründen, warum für ein solches Kind das Gymnasium nicht in Frage kommt, wird die obligatorische „zweite Fremdsprache" am Gymnasium angeführt. An der „zweiten Fremdsprache" werden auch Gymnasium und Realschule voneinander unterschieden[10]. Wenn ein ausländisches Kind im Deutschen schon Probleme habe, so die Begründung der Schulleiterin, dann sei das Scheitern an der zweiten Fremdsprache vorprogrammiert. Aus diesem Grund würde man trotz sonstiger guter Leistungen nicht das Gymnasium empfehlen. Zurückgegriffen wird ebenfalls auf den Topos latenter sprachlich-kognitiver Defizite („einfach das Sprachgefühl und was damit zusammenhängt"), die bei steigendem Anforderungsniveau zum Problem werden (SR 6).

Datum		**Konklusion**
Ein ausländisches Kind hat gute Noten in Mathematik und im Sachunterricht, jedoch schon jetzt Probleme im Deutschen (Sprachgefühl und was damit zusammenhängt).		Bei diesem Kind würde man nicht das Gymnasium empfehlen; es würde auf dem Gymnasium scheitern.

wegen
Schlußregeln

SR 6: Wenn Kinder latente Sprachprobleme haben werden diese bei erhöhtem Anforderungsniveau auf dem Gymnasium als Problem virulent.

Mit derartigen Einschätzungen entsprechen die Empfehlungen in den Grundschulen auch weitgehend den normativen Erwartungen an den Gymnasien:

„daß im Grunde genommen die zweite Fremdsprache in der Sieben dazu kommt, also nach der Erprobungsstufe. Und die ist für viele dann wirklich der Stein des Anstoßes" (Gruppeninterview; Gymnasium B).

Das vorangegangene wie das folgende Zitat stammen aus einem Gruppeninterview an einem der beiden untersuchten Gymnasien. Gefragt war nach den Schulkarrieren von Migranten an dieser Schule. Einer der am Gespräch teilnehmenden Lehrer äußert sich zum Stellenwert von Sprachproblemen wie folgt:

10 An den Realschulen kann die zweite Fremdsprache nach einem Jahr wieder abgewählt werden.

„Man kann grob zwei Klassen einteilen: einmal sind die Schüler so hervorragend, daß sie ohne Probleme hier durchlaufen bis zum Abitur. Und das ist eigentlich, na ja ein Drittel, oder wie schätzen Sie das ein [fragt Kollegen, d. V.] von denen, die hier anfangen? Ein Drittel hat gar keine Probleme. Das sind richtig Gute und zum Teil auch viel besser als die deutschen Schüler. Ich denke an den Cihan und die Schwester, solche Schüler, die laufen also durch, überhaupt keine Probleme. Und dann natürlich der Rest, der na ja, so mit einigen Mühen dann auch durchgeht, und dann natürlich ein Drittel, die eigentlich nicht geeignet sind, weil sie ja mit den zusätzlichen Schwierigkeiten, die sie als Ausländer haben, nicht fertig werden. Die liegen hauptsächlich im Deutschunterricht, in der deutschen Sprache. Viele sprechen zu Hause nicht deutsch und haben von daher schon sozusagen einen geborenen Nachteil. Und wir haben auch keinen Deutschförderunterricht für Ausländer, wie andere Schulen das gelegentlich haben, aus Lehrermangel nicht. Und dann können wir denen natürlich auch nicht helfen“ (Gymnasium A, Gruppeninterview).

In Bezug auf die Schullaufbahnen von Migrantinnen wird von den Direktoren eine Drittelung vorgenommen: Ein Drittel der an die Schule kommenden Migrantinnen wird als sehr erfolgreich charakterisiert („richtig Gute“, „zum Teil auch viel besser als die deutschen Schüler“, „die laufen also durch, überhaupt keine Probleme“), etwa ein Drittel kämen mit Mühe durch, ein weiters Drittel sei eigentlich nicht geeignet.

Datum	**Konklusion**
Ausländische Kinder haben auf dem Gymnasium Sprachdefizite. Viele sprechen zu Hause nicht Deutsch und haben von daher schon einen geborenen Nachteil.	Die gehören eigentlich nicht hierher, denen kann die Schule auch nicht helfen.

wegen
Schlußregeln

SR 9: Für die Vermittlung von Deutschkenntnissen ist die Schule nicht zuständig.

Stützung
Kein Deutschförderunterricht/Lehrermangel

Die Schulprobleme werden mit Sprachproblemen begründet („mit zusätzlichen Schwierigkeiten, die sie als Ausländer haben, nicht fertig werden“), sowie mit mangelnder Unterstützung im Elternhaus („sprechen zu Hause nicht Deutsch“; „geborener Nachteil“; „dann können wir denen natürlich auch nicht helfen“). Unterlegt ist die Prämisse, daß das Gymnasium für die Vermittlung von Deutschkenntnissen nicht zuständig ist (SR 9). Diese Sichtweise wird durch den Hinweis auf die beschränkten organisatorischen Bedingungen gestützt (kein Deutschförderunterricht/ Lehrermangel).

An den *Realschulen* ist die zweite Fremdsprache nicht obligatorisch. Bei den beiden untersuchten Realschulen entspricht ihr Stellenwert jedoch der Selbstprofilierung der Schule. Die in einem Randbezirk gelegene Realschule, die mit einer Gesamtschule und einem Gymnasium um Schülerinnen konkurrieren muß, lokalisierte sich eher im Leistungsbereich des Gymnasiums. In der folgenden Aussage eines Realschulleiters wird die Bedeutung der zweiten Fremdsprache für die Entscheidung über den Verbleib einer türkischen Schülerin an seiner Schule (bzw. die Versetzung in die 7. Klasse) vehement hervorgehoben:

„Ich habe jetzt zum Beispiel in der 6 so ein kleines türkisches Mädchen, in Englisch, die hat, weil sie im Deutschen schon so Schwierigkeiten hat, in Englisch, in dieser dritten Sprache, unheimliche Schwierigkeiten. Sie soll jetzt in die 7 kommen und soll die vierte Sprache lernen. Das schafft die nicht. Also die ist falsch hier. [...] Die siebte Klasse beginnt mit Französisch. Und das müssen sie ein Jahr nehmen. Erst dann können sie es abwählen. Und stellen Sie sich mal psychologisch vor, was das heißt, ein Jahr lang Mißerfolge einzusacken, ja. Und die Spitze dieser Franzosen dann, dieser Kinder, die legen ja richtig los. Die sind ja fast gymnasialreif, und dann die, die gar nichts schaffen. Wir haben ja Kinder in der Sieben, die also, wie gesagt, viersprachig in diesem Jahr sich bewegen. Und das schaffen sie nur, wenn sie eine große Sprachbegabung haben, wenn ihnen das Spaß macht und wenn sie auch das intelligente, das Rüstzeug dazu haben, sonst ist das eine Leidenszeit. Das sehe ich bei dem Mädchen aber nicht so“ (Schulleiter der Realschule B).

Der Rektor plausibilisiert die Entscheidung, ein türkisches Mädchen in der sechsten Klasse von der Realschule zu verweisen. Das Kind habe mit den Fächern Deutsch und Englisch schon Schwierigkeiten, daher würde es am Französischunterricht mit Sicherheit scheitern („vierte Sprache“).

Datum

Ein ausländisches Mädchen auf der Realschule mit massiven Sprachdefiziten hätte ein Jahr lang Mißerfolgserlebnisse in einer Klasse, in der die „Spitze“ richtig loslegt (fast gymnasialreif).

Konklusion

Das Kind gehört nicht auf die Realschule. Das schaffen nur ausländische Kinder mit großer Sprachbegabung und Intelligenz.

wegen

Schlußregeln

SR 10: Schülerinnen sind vor Mißerfolg und Enttäuschungen zu bewahren.

SR 11: Wenn das Leistungsspektrum in einer Klasse zu groß ist, kann kein qualitativ hochwertiger Unterricht mehr abgehalten werden (Gymnasium als Bezugsgröße).

Zur Begründung der Negativ-Entscheidung wird zum einen psychologisch argumentiert: es sei untragbar das Kind ein Jahr lang (bevor Französisch am Ende der 7. Klasse abgewählt werden kann) Mißerfolg erleben zu lassen. Unterlegt ist die Schlußregel, daß die Schule Kinder vor Mißerfolg bewahren müsse (SR 10). Zum anderen wird die Entscheidung organisatorisch begründet: die Leistungsdiskrepanzen in der Klasse würden zu groß, wenn das Mädchen bliebe („die legen ja richtig los"; „fast gymnasialreif" vs. „die, die gar nichts schaffen"). Unterlegt ist die Schlußregel, daß bei leistungsmäßig zu heterogenen Klassen kein hochwertiger Unterricht mehr abgehalten werden kann. Als Bezugspunkt für die Leistungshomogenisierung wird das Gymnasium präsentiert (SR 11). Demzufolge müssen ausländische Schülerinnen „große Sprachbegabung" und Spaß an Fremdsprachen („Viersprachigkeit") aufweisen sowie die nötige allgemeine Begabung („Rüstzeug"), um an seiner Schule richtig zu sein.

Die Aussage des Schulleiters einer Realschule, die um Konkurrenzfähigkeit mit den Gymnasien bemüht ist, soll mit einem Zitat kontrastiert werden, das aus einem Gruppeninterview an der zweiten untersuchten Realschule stammt. Dieses Schule liegt im Innenstadt-Bezirk und gehörte zu denen, die Zeitweise von der Schließung bedroht waren und sich um Schüler bemühen mußten.. Von ihrem Profil her verortet sie sich eher im Hauptschulbereich. Der „zweiten Fremdsprache" wird in dem Interview ein sichtlich anderer Stellenwert beigemessen als im vorangegangenen Beispiel. Ausgangspunkt für das folgende Zitat aus einem Gruppeninterview mit Lehrkräften dieser Innenstadt-Schule ist die Frage, wie sich die Schule auf die ausländischen Schüler eingestellt habe. Im Zitat wird geschildert, wie bei der Entscheidung über die Versetzung in die siebte Klasse am Ende der Erprobungsstufe Sprachdefizite einem Kind eher zugute gehalten werden:

> „Gerade jetzt in diesen Tagen kommt das wieder ins Gespräch bei den Zeugniskonferenzen. Wir überlegen uns nicht nur dann, wenn wir jetzt im Laufe des Schuljahres Zensuren geben, was für ein Kind ist das? Wie sieht das zu Hause aus? Wird zu Hause nur Türkisch gesprochen? Wird auch Deutsch gesprochen? Also darauf gehen wir schon ein. Und zum Schuljahresende erst recht, wenn es um die Versetzung geht. So halten wir eher einen türkischem Kind, das also mit solchen Sprachschwächen kommt, diese Schwäche zugute und versuchen dann noch mal, die Orientierungsstufe um ein Jahr zu verlängern. Dann kann schon gegen Ende der Fünf passieren, es kann aber auch gegen Ende der Sechs passieren. Das sind so zwei Mechanismen, die mir so gerade einfallen, wie wir versuchen, diesen Kindern gerecht zu werden" (Realschule A, Gruppeninterview).

In dieser Aussage wird die Berücksichtigung des sozialen Hintergrundes des Kindes (Merkmale des Kindes, Situation im Elternhaus, ob eher die Familiensprache oder Deutsch gesprochen wird) bei zu treffenden Leistungsbewertungen, insbesondere Versetzungsentscheidungen thematisiert. Einem türkischen Kind mit sprachlichen Defiziten würden diese eher zugute gehalten und als Schutzfaktor verwendet (Orientierungsstufe um ein Jahr verlängert). Durch diesen Mechanismus wird die Selektivität am Ende der Erprobungsstufe abgeschwächt. Er wird jedoch u. U. auch schon nach der fünften Klasse eingesetzt, um noch ein Jahr zusätzliche Förderzeit für das Kind zu gewinnen.

Herunterstufen und pauschale Gesamtschulempfehlung

Die vorangegangenen Abschnitte machen deutlich, daß geringe Leistungserwartungen und negative Erfolgsprognosen im Zusammenhang mit realen oder eher antizipierten sprachlichen Defiziten zu einem vermehrten Herunterstufen von Migrantenkindern in den Empfehlungen der Grundschulen führen. Zur Begründung gilt die Maxime „im Zweifelsfall von unten aufbauen", später könne noch ein Wechsel auf eine höhere Schulform erfolgen:

„Und was ich auch wichtig finde ist, daß in unserer Zeit die Übergänge und die Einstiege in verschiedene Schulformen relativ fließend sind. Man kann also, wenn man am Anfang vielleicht noch Schwierigkeiten hat und sich nicht genau entscheiden konnte, wo man hingehen konnte, man kann später immer noch aufbauen auf das, was man an vorhergehenden Schulen hatte. Nur der Abstieg von einer Schule, wenn man zu spät von einem Gymnasium weggeht oder zu spät von der Realschule weggeht, da zeigt eben die Erfahrung, daß die Schüler dann in der anderen Schule große Schwierigkeiten haben, weil der Lernstoff ja auch anders ist" (Schulleiterin der Grundschule E).

Begründet wird, warum bei Migrantenkindern, bei denen Unsicherheit über ihr Leistungsvermögen besteht, die niedrigere Schulform vorzuziehen sei: zum einen aufgrund der horizontalen Durchlässigkeit der Sekundarschulformen (relativ fließende Einstiege in verschiedene Schulformen); zum anderen werden die Risiken beim Wechsel von einer höheren Schulform auf eine niedrigere als höher eingeschätzt als die einer ungünstigen Selektionsentscheidung. Vorgeführt wird die ‚pädagogische Sorge', die Kinder vor negativen Erfahrungen bewahren will – und sie deshalb vor höheren Schulen fernhält (SR 10).

Datum		**Konklusion**
In unserer Zeit sind die Übergänge und Einstiege in verschiedene Schulformen relativ fließend.	wegen **Schlußregeln**	Ausländische Kinder mit sprachlichen Mängeln sind im Zweifelsfall auf die niedrigere Schulform zu überweisen.

SR 10: Schüler und Schülerinnen sind vor Mißerfolg und Enttäuschungen zu bewahren.

In der gleichen Logik wie das Herunterstufen von Migrantenkindern mit unsicherem Leistungsstand liegt die Strategie in Grundschulen, die Übergangsempfehlung zu umgehen, indem bei Migrantenkindern prinzipiell die Gesamtschule empfohlen wird. Eine der interviewten Grundschulleiterinnen formuliert ihre Position wohlwissend „politisch nicht korrekt“ wie folgt:

„Die Gesamtschule ist also die Schule – auch wenn es Politiker von manchen Parteien nicht haben wollen – ist die Schule, wo die [Migranten-]Schüler hinkommen sollen, auch von der Betreuung her, zum Teil. Und wir haben jedes Jahr Ablehnungen von der Gesamtschule, die nicht alle Kinder aufnehmen können. So daß Eltern auch auf die andere Gesamtschulen ausweichen und den längeren Anfahrtsweg in Anspruch nehmen. Sie gehen dann in die Gesamtschule N., wenn sie in der Gesamtschule hier nicht aufgenommen werden“ (Schulleiterin; Grundschule E).

Aus der Sicht der Grundschule erscheint es wünschenswert, daß ausländische Kinder zur Gesamtschule gehen sollten, zumindest „zum Teil“. Als inhaltlicher Grund wird die bessere Betreuung an dieser Schulform genannt. Problematisiert werden die hohen Ablehnungsquoten der Gesamtschulen, die Schwierigkeit, Kinder tatsächlich auf der nächst gelegenen Gesamtschule unterzubringen. Das Ausweichen auf eine andere Gesamtschule wird als Lösung genannt. Diese Lösung erscheint jedoch fragwürdig angesichts der knappen Gesamtschulplätze in der Stadt (ca. 200 Ablehnungen pro Jahr) und der am Ende dieses Kapitels noch ausführlicher dargestellten Eingangsselektion an allen drei Gesamtschulen.

„Häusliche Lernbedingungen“ und „Mitarbeit der Eltern“

Bei den in den Grundschulen ausgesprochenen Übergangsempfehlungen dienen die Lernbedingungen im Elternhaus als wichtiges Kriterium. Die interviewten Grundschulleiterinnen heben z. T. nachdrücklich hervor, daß dieses Kriterium auf deutsche Schüler und Migrantenkinder gleichermaßen angewandt werde. Den Interviews zufolge scheint der antizipierten Unterstützung im Elternhaus jedoch bei Kindern mit sprachlichen Mängeln vermehrtes Gewicht beigemessen zu werden. Ein Grund dafür ist die größere prognostische Unsicherheit, die die Grundschullehrer in solchen Fällen wahrnehmen. Ferner zeigt sich, daß hinter Annahmen in bezug auf ein dysfunktionales Sozialisationsmilieu im Fall von Migrantenkindern häufig negative ethnisch-kulturelle Zuschreibungen stehen. Analog zu den bereits untersuchten Übergangsschwellen „Einschulung“ und „Übergang auf eine Sonderschule für Lernbehinderte“ weist der sozialschichtenspezifische Bias in den institutionellen Arrangements auch beim Übertritt in die Sekundarstufe bei Migrantenkindern noch einmal eine spezifische ethnisch-kulturelle Einfärbung auf. Auf ähnliche Deutungshaushalte wird auch an den Gymnasien und Realschulen in Bezug auf die Versetzungsentscheidung am Ende der sechsten Klasse zurückgegriffen, die über den Verbleib an der Schule entscheidet. Sie sind um die Themen Förderung der Deutschkenntnisse und einer angemessenen Arbeitshaltung und -motivation im Elternhaus sowie den Topos der kulturellen Segregation und mangelnden Integrationsbereitschaft der Migrantinnen zentriert, die als wesentliche Bildungsbarrieren betrachtet werden. Diese Tendenzen sollen im folgenden an zwei längeren Passagen aus den Interviews mit zwei Grundschulleiterinnen noch einmal ausführlicher illustriert werden.

Beispiel 1: Im Zusammenhang mit der Übergangsentscheidung finden sich in den Interviews mehrfach Kontrastierungen unterschiedlicher Gruppen von Migrantinnen. Die Unterscheidungen werden entweder auf die soziale Schicht bezogenen (z.B. Akademiker-Familie mit Migrationshintergrund) oder an der spezifischen Herkunftskultur (z. B. Unterscheidung von türkischen und sogenannten Spät-Aussiedler-Kindern an der Lern- und Leistungsmotivation) festgemacht. Im folgenden Zitat wird dieser Blick der Schulen auf die fremden Kinder noch einmal in zugespitzter Form illustriert. Begründet wird die hohe Zahl türkischer Hauptschulübergänge an einer Grundschule mit einem hohen Anteil türkischer Kinder:

„Das sind aber-, im Grunde sind das eben wirklich-, wir haben keine Italiener und wir haben im Grunde auch keine Jugoslawen, wir haben praktisch Türken und ein paar Marokkaner. Es handelt sich, kann man hier bei uns sagen, um türkische Übergänge. Wenn wir mal einen Italiener hatten, der war anders integriert, durch die Religion, durch die Sprache, durch das Spielen mit anderen Kindern, da war keine Ghettobildung zu erkennen, auch weil die nicht in Massen aufgetreten sind, wie die Türken bei uns. Also für uns heißt das [die Hauptschulübergänge, d. V.] eigentlich türkische Übergänge. Oder auch diese Marokkaner, die wir bis jetzt hatten, die sind alle zur Realschule oder zum Gymnasium gegangen, weil die stärker vereinzelt sind, da ist auch ein stärkeres Bildungsbewußtsein da. Und die kapseln sich nicht ab, auch sprachlich nicht. [...] Also, ich denke, man muß viel stärker differenzieren zwischen Ausländern, zwischen islamistischem Umfeld und Hintergrund, und zwischen südeuropäisch-katholischer Population. Das ist völlig was anderes. Und deshalb ist das ausländische eigentlich [...] wenn hier [Übergangsstatistik, d. V.] also, wie gesagt Italiener und Jugoslawen mit drin sind, die haben vielleicht an einer Schule einen ganz anderen Prozentrang als bei uns. Dann kann man das gar nicht vergleichen“ (Schulleiterin der Grundschule A).

Basales Muster der Argumentation sind problemerzeugende kulturelle Differenzen. Die Argumentation wird eröffnet, indem ein Zusammenhang hergestellt wird, zwischen der ethnischen Herkunft der Schülerinnen und den Schulresultaten bzw. Übergangsverteilungen („eigentlich türkische Übergänge“; „Dann kann man das gar nicht vergleichen.“). Unterlegt sind die Schlußregel, daß die ethnisch-kulturelle Zugehörigkeit der Schüler den Schulerfolg bestimmt – sowohl den individuellen als auch die Resultate der gesamten Schule (SR 12) und daß soziale Integration eine Voraussetzung für Schulerfolg ist (SR 13).

Zur Erklärung des Mißerfolges türkischer Schülerinnen wird die unterschiedliche soziale Integriertheit von türkischen Familien („islamischer Hintergrund“) mit Migrantinnen „südeuropäisch-katholischer“ Herkunft eingebracht. Letztere seien „integriert durch Religion, Sprache, Kontakt mit Deutschen“, „stärker vereinzelt“ und „kapseln sich nicht ab, auch sprachlich nicht“. Die Integration wird auf das zahlenmäßige Auftreten zurückgeführt („ein paar Marokkaner“, „mal ein Italiener“ vs. „Massen ... wie die Türken bei uns“). Unterlegt ist der Topos verschiedener Grade kultureller (und sprachlicher) Fremdheit. Während den „Fremden“, die vereinzelt auftreten, Integration, Bildungsbewußtsein und sogar Schulerfolg bescheinigt wird, wird hinsichtlich der türkischen Hauptschulübergänger durch die Begriffe „Ghettobildung“, „Massen“, „(sprachliche) Abkapselung“ (im Gegensatz zu „Bildungsbewußtsein“), „islamisches Umfeld“ eine Verschiebung des Deutungsmusters der Kulturdifferenz zum Kulturkonflikt vorgenommen. Im argumentativen Rückgriff auf die politische und in den Medien inszenierte Debatte um die Gefahren eines islamischen Fundamentalismus können den türkischen Familien, v. a. festgemacht an der Anderssprachigkeit, Feindseligkeit gegenüber der deutschen Gesellschaft zum Vorwurf gemacht werden (SR 14). Die Verantwortung für den mangelnden Schulerfolg wird so mit dem Argument des mangelnden Integrationswillens komplett an die Eltern zurückverwiesen (SR 15).

Datum		**Konklusion**
Unsere Hauptschulübergänge sind „türkische Übergänge“.	wegen **Schlußregeln**	Man kann die Übergangsquoten ausländischer Schüler nicht vergleichen.

SR 12: Die ethnisch-kulturelle Zugehörigkeit bestimmt den Schulerfolg.

Datum		**Konklusion**
Italiener, Marokkaner, Jugoslawen sind anders durch Sprache, Religion, Kontakt mit Deutschen, die haben bessere Schulerfolge.	wegen **Schlußregeln**	Man muß viel stärker differenzieren zwischen islamistischem Hintergrund und südeuropäisch-katholischer Population.

SR 13: Integration (verstanden als Aufgehen in der deutschen Kultur) ist eine Voraussetzung für Schulerfolg.

Datum	**Konklusion**
Bei Italienern war keine Ghettobildung zu erkennen, auch weil die nicht in Massen aufgetreten sind, wie die Türken bei uns. Auch die Marokkaner sind stärker vereinzelt, haben ein anderes Bildungsbewußtsein und kapseln sich auch (sprachlich) nicht ab.	Italienische, marokkanische oder jugoslawische Schülerinnen haben gute Schulerfolge.

wegen
Schlußregeln

SR 14: Wenn die Türken für sich leben und Türkisch sprechen, haben sie eine aggressive und feindselige Haltung gegenüber der deutschen Gesellschaft.
SR 15: Wenn Ausländer sich aktiv segregieren, sind sie für ihr Scheitern selbst verantwortlich, kann ihnen die deutsche Schule auch nicht helfen.

Beispiel 2: Ohne antizipierte Elternunterstützung wird an den Grundschulen der Übergang in die höheren Bildungsgänge, vor allem zum Gymnasium, nahezu kategorisch ausgeschlossen. In den Interviews lassen sich hinsichtlich der Schwierigkeiten ausländischer Eltern, die Schullaufbahn ihrer Kinder adäquat zu unterstützen, zwei zentrale Deutungsmuster herausarbeiten: zum einen die unangemessene Bildungsaspirationen türkischer Eltern, zum anderen ihr „falsches“ Bildungsengagement. Die folgende längere Passage aus einem Interview mit einer Grundschulleiterin illustriert diese Haltung:

„Wenn man über den Übergang zu weiterführenden Schulen redet, dann redet man nicht nur über die Leistung in der Schule, sondern dann muß man auch berücksichtigen – das ist auch ganz eindeutig in Aufsätzen formuliert, sowohl von Praktikern als auch von Theoretikern. Die sagen, daß man als Bedingungsfaktoren von Leistung oder für Prognosen auch bestimmte Faktoren außerhalb der Schule berücksichtigen muß. Also wenn ein Elternhaus bereit und imstande ist, dieses mit zu tragen – nicht über Nachhilfestunden, das meine ich überhaupt nicht – aber dann sind da eher Erfolge zu vermuten. [...] auch wo man möglicherweise Zweifel hat, als wenn man mit Sicherheit weiß, dieses Kind [Migrantenkind, d. V.] wird völlig auf sich allein gestellt in einer ganz fremden Umwelt total selbständig zurechtkommen können. Und genau das können wir im Alter von 10 Jahren äußerst selten sagen. [...]

Während also der A. [türkischer Junge, d. V.], den ich da mal erwähnt habe, der also nun auf Deubel komm raus auf diese Schule [Gymnasium, d. V.] mußte und jetzt da steht und links und rechts niemanden hat, der irgendwo den Durchblick über beispielsweise Inhalte oder Organisationsformen von Schule hat. Sicherlich sehr bemühte Eltern, ja aber, es geht einfach nicht, und so ganz allein kriegt er's nicht geregelt. Und da denk' ich, muß man eben beides immer berücksichtigen. Wohlgemerkt, nicht im Sinne von Vorurteilen, sondern im Sinne von genau besprechen. Und ich glaube, da kommt auch dieser Realschulwunsch her, daß das für die ausländischen Eltern eine überschaubare Schulform ist, mit einem anzustrebenden Bildungsabschluß, da können sie sich wiederfinden, da können sie sich auch selber in ihrer Schulwirklichkeit wiederfinden, und deshalb klappt das häufig besser als diese andere Schulform. [...] und das andere Problem ist natürlich auch das Engagement für Bildung. Ich glaube, das habe ich letztes Mal auch schon gesagt, das Engagement für Bildung spielt sich in einem sehr außenbestimmten Bereich ab. Das ist also dann so eine Sache wenn, – ich meine jetzt auch nicht alle, aber es passiert schon oft, daß man feststellt, Eltern tauchen also beispielsweise drei Jahre lang nicht in der Schule auf, kommen dann plötzlich an und haben den Wunsch: Realschule. Oder sie tauchen dreieinhalb Jahre nicht auf, reagieren eigentlich auf gar nichts: auf Anschreiben, auf Gesprächsangebote. Es ist immer irgendwie – ich will da keine Schuldzuweisung machen, die haben bestimmt auch ihre Gründe dafür, haben auch Ängste, so in Kontakte mit Organisationen zu treten, aber das genau ist der Punkt, daß dann so eine knallab plötzliche Frage kommt: ‚Du aber Realschule schreiben!' – so, ich zitiere das immer sehr gerne, weil ich da einen sehr netten Vater habe, der das tut“ (Schulleiterin der Grundschule B).

Einleitend skizziert die interviewte Schulleiterin – mit Verweis auf die Fachliteratur – ihre allgemeine Handlungsorientierung: Übergangsempfehlungen hängen nicht nur von den Leistungen ab. Auch Faktoren außerhalb der Schule seien als prognostisches Kriterium zu berücksichtigen („Bedingungsfaktoren von Leistung“). Angemessene Elternunterstützung wird als ein starkes Prognose-Kriterium für Schulerfolg herausgestellt (SR 16). Bei einem aktiv unterstützenden Elternhaus („bereit und imstande dieses mitzutragen“) könne man, auch bei unsicheren Leistungen eher eine günstige Prognose wagen (SR 17). Bei einem Migrantenkind, bei dem diese Unterstützung nicht gesehen wird, wird scheinbar automatisch der zukünftige Lernerfolg wie auch die Sicherheit der Prognose in Frage gestellt („können wir im Alter von 10 Jahren äußerst selten sagen“). Unterlegt ist die Kulturdifferenzthese („völlig auf sich allein gestellt, in einer ganz fremden Umwelt total selbständig zurechtkommen“) (SR 18).

Diese Handlungsorientierung wird im zweiten Teil des Zitats praktisch untermauert. Am exemplarischen Fall eines türkisches Jungen, der auf dem Gymnasium Schwierigkeiten habe und dabei auf keinerlei Unterstützung der Eltern zurückgreifen könne (niemand „der irgendwo den Durchblick über beispielsweise Inhalte oder Organisationsformen von Schule hat“, „es geht einfach nicht“) wird ein genaues Abwägen von Schulleistungen und häuslicher Unterstützung als zentrale Strategie der Schule vorgeführt („nicht im Sinne von Vorurteilen, sondern im Sinne von genau besprechen“). Im Rückgriff auf die kulturelle Passungsthese wird die Realschule als die realistischere Lösung für leistungsstarke Migrantenkinder dargestellt als das Gymnasium. Betont wird die bessere Identifikation der ausländischen Eltern mit der Realschule („Realschulwunsch“, „überschaubare Schulform mit anzustrebendem Bildungsabschluß“, „sich selber in ihrer eigenen Schulwirklichkeit wiederfinden“).

Datum

Ein Elternhaus ist bereit und imstande, zu unterstützen (nicht über Nachhilfe).

Konklusion

Dann sind da eher Erfolge zu vermuten, auch wo man möglicherweise Zweifel hat.

wegen

Schlußregeln

SR 16: Angemessene Elternunterstützung ist eine zentrale Voraussetzung für Schulerfolg.

SR 17: Wenn man das Elternhaus kennt, kann man eine relativ sichere Prognose abgeben.

Datum

Bei einem Migrantenkind weiß man mit Sicherheit, es wird völlig auf sich allein gestellt in einer ganz fremden Umgebung zurechtkommen können.

Konklusion

Dann sind Erfolge schwieriger zu vermuten.

wegen

Schlußregeln

SR 18: Leben in verschiedenen kulturellen Welten ist ein Erschwernis für Schulerfolg.

Datum

Ausländische Eltern melden sich 3 ½ Jahre nicht – dann kommen sie mit dem Wunsch, ihr Kind auf die Realschule zu schicken.

Konklusion

Ausländische Eltern haben z. T. unrealistische Übergangswünsche.

wegen

Schlußregeln

SR 19: Wenn Eltern nicht regelmäßig in der Schule auftauchen, ist das/haben sie ein Problem.

SR 20: Schulerfolg ist nur möglich, wenn Eltern kontinuierlichen Kontakt zur Schule halten.

Im letzten Teil des Zitats wird die Kooperation ausländischen Eltern mit der Schule als Ursache für den Mißerfolg der Kinder problematisiert. Als wesentliche Mißerfolgsursachen werden fehlende kontinuierliche Kooperation und Kontakt mit der Schule angeführt („tauchen dreieinhalb Jahre nicht auf") sowie unangemessene, überzogene Übergangswünsche („spielt sich in einem sehr außenbestimmten Bereich ab"). Relativierend werden auch eventuelle Ängste der Migrantinnen angesprochen, mit Organisationen in Kontakt zu treten. Grundlegend bleibt jedoch die Prämisse, daß mangelnder Kontakt seitens der Eltern das Problem sei (SR 19, 20). Das Zitat im gebrochenen Deutsch („Du aber Realschule schreiben!") unterstreicht den paternalistischen und defizitorientierten Blick auf die Eltern.

Aufnahmeselektion der städtischen Gesamtschulen

Die in die Untersuchung einbezogenen drei städtischen Gesamtschulen müssen aufgrund eines starken Überhangs an Anmeldungen jährlich bis zu 200 Kinder ablehnen. Sie haben im Gegensatz zu allen anderen Schulformen die Wahl zwischen den Bewerberinnen und können die Kriterien nach eigenen Gesichtspunkten festsetzen. In Bezug auf Migrantenkinder ließen sich in den Selektionsstrategien der Gesamtschulen zwei Mechanismen identifizieren, die einer Lösung der eigenen Probleme der Schule dienen sollen, dabei aber diskriminierende Wirkungen für die Migrantenkinder haben:

Zum einen ist von einem Interaktionseffekt auszugehen zwischen der Tendenz in den Grundschulen, bei Migrantenkindern verstärkt den Besuch einer Gesamtschule zu empfehlen, und der Aufnahmeselektion der Gesamtschulen, die eigenen Kalkülen folgt. Um konzeptgetreues Arbeiten zu gewährleisten und einen Realschul- und einen gymnasialen Zweig zu sichern, wird bei den angemeldeten Neuzugängen eine Drittelung nach Leistung vorgenommen. Da der Andrang von Migrantenkindern besonders groß ist, wird dabei allgemein auch eine „Ausländerquote" angewandt, die etwa der Höhe des Ausländeranteils an der Wohnbevölkerung im Stadtbezirk entspricht. Wenn tatsächlich bei Migrantenkindern vermehrt der Übergang auf die Gesamtschule empfohlen wird, ist davon auszugehen, daß die von der Gesamtschule abgelehnten Kinder im zweiten Versuch, sich eine Schule zu suchen, eher auf die Hauptschule wechseln, als auf das Gymnasium oder eine Realschule.

Bei zumindest einer der drei städtischen Gesamtschulen hatten die eigenen Auswahlstrategien und deren öffentliche Kommunikation jedoch zum Zeitpunkt der Interviews schon zu einem drastischen Rückgang der Anmeldungen von Migrantenkindern geführt. Bei dem geschilderten Beispiel handelt es sich um eine Gesamtschule in einem Stadtbezirk mit einem hohen Anteil ausländischer Wohnbevölkerung.

„Es ist schon der Trend so für unsere Schule, daß man sagen muß, wir haben im Verhältnis zu anderen Gesamtschulen relativ wenige ausländische Kinder, die überhaupt angemeldet werden. [...] Und das ist nicht ein Trend oder ein Ergebnis dieses Jahres nur, sondern ein Trend der letzten drei Jahre. Während wir zu Beginn, also in der Gründungsphase der Schule, in den beiden ersten Jahrgängen hatten wir bis zu 40% ausländische Kinder in den Anmeldungen, in den tatsächlichen Annahmen. Da hatten wir von 112 angenommenen Kindern teilweise 30 bis 35 Kinder. Aber diese Entwicklung ist eben rückläufig" (Koordinator für die Aufnahme; Gesamtschule C).

Da der Ausländeranteil im unmittelbaren Einzugsgebiet der Schule überdurchschnittlich hoch ist, sind die niedrigen Anmeldezahlen von Migrantenkindern auf den Ruf der Schule zurückzuführen, daß insbesondere ausländische Jungen im unteren Leistungsbereich so gut wie keine Aufnahmechancen haben. Vor diesem Hintergrund werden beispielsweise an einer Grundschule im gleichen Stadtbezirk die Chancen, ausländische Kinder auf einer Gesamtschule unterzubringen, als gering eingeschätzt:

„Die haben ja dieses ‚Drittel-Drittel-Drittel-System' und – ich sage das immer so flapsig – es ist im Grunde unmöglich, einen türkischen Jungen aus dem unteren Drittel in der Gesamtschule unterzubringen" (Schulleiterin der Grundschule A).

Interessanterweise hatten die Lehrkräfte an dieser Gesamtschule als weitere Selektionsstrategie das Einzugsgebiet ihrer Schule verändert. Ziel dieser Maßnahme war, den Anteil von leistungsstarken deutschen Mittelschicht-Kinder an der Schule zu erhöhen und das Image einer „Ausländerschule" abzulegen. Im Gesprächskontext, aus dem das folgende längere Zitat stammt, erläutert der interviewte Lehrer, der für die Koordination der Neuaufnahmen zuständig war, seine Auswahlstrategien.

L: „Jetzt ist es so, daß man als Gesamtschule Geschwisterkinder nicht nehmen braucht. Bei uns ist es jetzt so, wir nehmen im Prinzip die Geschwisterkinder, aber wenn Kinder dabei sind, die also aus Familien kommen, die also hier kontraproduktiv in der Zusammenarbeit von Vorgängern gewesen sind, da behalten wir uns dann vor, solche Kinder auch nicht zu nehmen. Aber im Prinzip, wir hatten also 43 Geschwisterkind-Anmeldungen, so im jetzt kommenden Jahrgang ‚5', wir haben davon 34 genommen."

I: „Was ist ‚kontraproduktiv' konkret? Wie äußert sich das?"

L: „Ja also, daß zum Beispiel Familien sich dagegen sperren, daß Kinder mit auf Klassenfahrten fahren, weil sie das also ablehnen. Aus allen möglichen Gründen ablehnen, nicht nur aus finanziellen Überlegungen ablehnen. Oder daß die Elternmitarbeit hier bei Problemfällen völlig verweigert wird. Oder eben, sage ich mal, der Elternkontakt grundsätzlich nicht möglich ist. In solchen Fällen sind wir hier Einzelkämpfer und müssen uns also mit den Kindern hier allein beschäftigen. Und wenn wir dann also Nachfolgekinder haben, dann überlegen wir uns das schon sehr deutlich, ob wir das auch auf Dauer weiter wollen. [...] Also, ich denke, die Hauptanforderung ist, sich darüber im Klaren zu sein, daß Eltern auch an einer Gesamtschule weiterhin die vorrangig Erziehungsberechtigten und damit Verantwortlichen sind, auch bei der Betreuung von schulischen Dingen. Weil das also ein Mißverständnis ist von vielen Eltern, die sagen: ‚Mein Kind ist jetzt an einer Ganztagsschule und damit habe ich von Schule also allenfalls noch zu tun, daß ich zweimal im Jahr mir ein Zeugnis ansehe und unterschreibe.[...] Und ich denke, die Eltern sind diejenigen, die in erster Linie dafür Sorge zu tragen haben, daß also Schüler also ein Mindestmaß an Anforderungen hier erfüllen. Und wenn dann der Dialog notwendig wird zwischen Schule und Elternhaus, dann muß man sich dem stellen. [...] Wir haben ja hier die Situation im Stadtteil, daß wir eine relativ für die Gesamtschule gesehen untypische Zusammensetzung in der Schülerschaft insoweit haben, daß fast siebzig Prozent der bei uns angemeldeten Kinder eine Gymnasial- oder Realschuleignung haben. An vielen Gesamtschulen ist ja der Anteil von leistungsschwächeren Kindern bei den Anmeldungen bereits sehr viel höher. Das hängt bei uns mit dem Einzugsgebiet zusammen. Und von der Warte haben wir also auch eine entsprechend untypische Elternschaft, die also im Verhältnis überdurchschnittlich engagiert und mitwirkungsbereit ist" (Koordinator der Aufnahme; Gesamtschule C).

Gestützt auf die veränderte Rechtslage wird die Argumentation mit der Feststellung eröffnet, daß die pauschale Aufnahme von „Geschwisterkindern" untragbar sei. An der Schule werde es so gehandhabt, daß man Geschwister zwar aufnehme, sich aber vorbehalte, diejenigen abzuweisen, mit deren Familien es bereits vorher Probleme gegeben habe („daß Eltern auch an einer Gesamtschule weiterhin die vorrangig Erziehungsberechtigten und damit Verantwortlichen sind, auch bei der Betreuung von schulischen Dingen"). Quantifiziert wird diese Handlungsorientierung mit dem Hinweis auf 9 Ablehnungen beim kommenden fünften Jahrgang. Als problematisch gelten Familien, die die Teilnahme an Klassenfahrten oder die Zusammenarbeit bei Problemen verweigern und sich jeglichem Kontakt mit der Schule entziehen würden. Zumindest mit ersterem dürften v. a. Migrantinnen gemeint sein.

Im weiteren Interviewverlauf wird deutlich, daß an engagierten Eltern an der betreffenden Schule gar kein Mangel besteht. Die Erklärung für die – gemessen an der Sozialstruktur und ethnischen Zusammensetzung im Stadtteil – untypische Klientel der Schule ist schnell gefunden. Während zwei der drei städtischen Gesamtschulen das unmittelbare Wohnumfeld als hauptsächliches Einzugsgebiet darstellen sowie die Innenstadtbezirke, die den höchsten Ausländeranteil in Bielefeld aufweisen, betreibt die Schule mit der Ausdehnung des Einzugsgebiet auf weiter entfernte Stadtbezirke, die eher von Mittelschicht-Familien bewohnt werden, eine aktive Selektionsstrategie.

Zusammenfassung: Die kulturbezogene Interpretation von Leistungen

Abschließend werden die Befunde dieses Kapitels noch einmal unter dem Gesichtspunkt der spezifischen Risiken zusammengefaßt., die in den institutionellen Strukturen und Praktiken an der Übergangsschwelle zwischen Primar- und Sekundarstufe für Migrantenkinder angelegt sind,

Im Bundesland Nordrhein-Westfalen existierte im Untersuchungszeitraum hinsichtlich der Übergangsregelungen in die Sekundarstufe eine Mischform zwischen souveränem Elternwillen und Entscheidungsbefugnis der Grundschule (Übertrittsgutachten für Realschulen und Gymnasien nach Anmeldung der Kinder an den Sekundarschulen). Da die Gymnasien und Realschulen keine Übergangsauslese betreiben, bleibt die Hauptlast der Entscheidung bei den Grundschulen. Diese sind in der besonderen Situation, über die Mitgliedschaft in einer anderen Organisation zu befinden.

Eine Form der strukturellen Benachteiligung von Kindern mit Sprachdefiziten liegt in dem Umstand, daß Vorbereitungsklassen zum Spracherwerb nur an einigen Hauptschulen, nicht aber an Realschulen oder Gymnasien existieren. Wenn Kinder mit Sprachdefiziten sich im 4. Schuljahr noch in einer V-Klasse aufhalten, scheint die Überweisung auf eine Hauptschule z. T. „automatisch“ zu erfolgen. Daß laut Erlaß keine Versetzungsentscheidung im eigentlichen Sinne aus der V-Klasse heraus getroffen werden dürfen, wird zugunsten organisatorischer Entlastung umgangen. Doch auch unabhängig von den V-Klassen scheint sprachliche und kulturelle Heterogenität zu einem impliziten Klassifikationsmerkmal der Hauptschule geworden zu sein.

Als eine wesentliche Barriere für Schülerinnen aus ethnischen Minderheiten erweist sich die in allen Schulformen weitgehend geteilte Einschätzung, daß perfekte Deutschkenntnisse für den Übergang auf ein Gymnasium unabdingbar sind. Migrantenkinder werden in den Elternberatungen und der Übergangsempfehlung der Grundschule in ihrer Leistungsfähigkeit vielfach herunter gestuft. Selbst bei guten Noten kann mit der Begründung, daß ohne perfekte Deutschkenntnisse oder angemessene Elternunterstützung kein Erfolg auf dem Gymnasium möglich sei, die Real- oder Hauptschule empfohlen werden. In der gleichen Tendenz liegt das Bestreben, eine formale Empfehlung zu umgehen und Migrantenkinder verstärkt an Gesamtschulen zu verweisen. Komplementär zu den Empfehlungsmustern an den Grundschulen werden in den weiterführenden Schulen (Realschulen, Gymnasien) im Fall von Migrantenkindern Selektionsentscheidungen am Ende der Erprobungsstufe mit sprachlichen und kulturellen Defiziten begründet.

Ein unterstützendes Elternhaus wird als wesentliche Bedingung betrachtet um einen der höher qualifizierenden Bildungsgänge zu bewältigen. Ähnlich wie bei der Einschulungsentscheidung und beim Sonderschulaufnahmeverfahren (SAV) sind auch im Kontext der Übergangsempfehlung eine Vielzahl von defizitorientierten ethnisch-kulturellen Zuschreibungen in bezug auf die häusliche Unterstützung und das Sozialisationsmilieu von Migrantenkindern an die sprachlichen Fähigkeiten angekoppelt. Als zentraler Topos in den untersuchten Begründungsmustern erweist sich die These einer für den Schulerfolg erforderlichen kulturellen Passung zwischen Schule und Elternhaus die z. T. zu Kulturkonfliktszenarien ausgeweitet wird.

Als eine Form direkter institutioneller Diskriminierung lassen sich Ausländerquoten an den Gesamtschulen begreifen. In ihren Wirkungen dürfte die Tendenz der Grundschulen, Migrantenkinder vermehrt an Gesamtschulen zu empfehlen, mit einem ethnischen Bias in den Auswahl-Strategien der Gesamtschulen mit negativen Wirkungen für die Migrantenkinder kumulieren.

Insgesamt zeigt sich bei der Übergangsentscheidung ein starker Zusammenhang zwischen Prozessen der Fremdethnisierung und den Profilen der einzelnen Schulformen, jedoch auch einzelner Schulhäuser. Beispielsweise die zweite Fremdsprache wird in der einen Realschule als Hürde für Migrantenkinder betrachtet, die sich gegenüber den Gymnasien zu behaupten versucht. In einer anderen Realschule mit einem niedrigeren Leistungsprofil ist dieses Kriterium nur von marginalem Stellenwert, da sie nach einem Jahr wieder abgewählt werden kann. In ähnlicher Weise kann die Mitarbeit der

Eltern an einer Gesamtschule, die mit den Gymnasien um Schülerinnen konkurriert zum Aufnahmehindernis werden. Diese Haltung kann sogar dazu führen, das Schuleinzugsgebiet zu verändern und gezielt in Stadtbezirken mit sozialstärkeren deutschen Familien um Schülerinnen zu werben, um keine „Ausländerschule“ zu werden, sondern mit dem Gymnasium konkurrenzfähig zu sein, während eine andere Gesamtschule sich in ihrem Selbstverständnis stärker auf ihre kompensatorischen Funktionen beruft.

Insgesamt machen die untersuchten Begründungsmuster deutlich, daß Strategien der Ethnisierung in dem Maße keine Rolle mehr spielen, in dem die Schulen sich in ihrem Unterrichtsangebot auf eine sprachlich und kulturell heterogene Schülerschaft einstellen. Dies gilt bislang nur für den unteren Rand des Sekundarschulspektrums, also die Hauptschule. Aber auch an den Gymnasien scheinen ethnisch-kulturelle Kriterien vor dem Hintergrund der individualisierten Leistungsorientierung für die organisatorischen Entscheidungspraktiken ebenfalls relativ bedeutungslos zu sein. Die Schule braucht die Ressource Ethnizität/Kultur für ihre Operationen nicht mehr, weil die Selektion schon vorher stattgefunden hat.

Kapitel 10

Mechanismen institutioneller Diskriminierung

Mitgliedschaft als Normalitätserwartung

In den vorangegangenen Kapiteln 7, 8 und 9 wurden die Entscheidungsprozesse in der Organisation Grundschule rekonstruiert, die sich jeweils mit der Frage befaßten, ob die Mitgliedschaftsbedingungen durch die Kinder/Schüler (noch) erfüllt sind. An den drei untersuchten Entscheidungsstellen geht es um durch Schulpflicht neu hinzukommende Kinder (Einschulung), um bereits aufgenommene Schüler, die die Organisation durch die Art der Wahrnehmung ihrer Rolle dauernd irritieren (Sonderschulaufnahmeverfahren), und schließlich um Absolventen, die zur Verteilung auf weiterführende Schulen anstanden (Übergangsempfehlung). An allen drei Stellen sind die Entscheidungsverfahren hoch formalisiert und verrechtlicht.

Die Mitgliedschaft bildet den institutionellen Kern jeder Organisation. Mit ihr wird die Zugehörigkeit zur Organisation geregelt. Die Mitgliedschaftsrolle ist verbunden mit einem Set von Aufgaben und Handlungs- und Verhaltenserwartungen; vorausgesetzt wird ein Fundus an Fähigkeiten und Kenntnissen, den die Organisation für ihre Operationen in Anspruch nehmen kann. Mit der Unterscheidung von Mitgliedern und Nicht-Mitgliedern sind die kommunikativen Operationen des Systems nach außen und nach innen doppelt gerahmt (vgl. Luhmann 2000, S. 112ff). Aber, die Mitgliedschaftsbedingungen zeichnen sich durch „geringe Spezifikation" aus, sie geben nur einen Rahmen des Erwartbaren vor, der situativ und pragmatisch auszufüllen ist. Sie erlauben so einen relativ sicheren Umgang mit Ungewißheit und Nicht-Planbarkeit, wie sie besonders in *people-processing-organizations* in einer andauernden zeitlichen Abfolge zu verarbeiten sind. Die Mitgliedschaftsrolle ist „eine Gesamtformel für strukturelle Kopplungen" von Organisation und Person, die der Organisation auch noch als Teil ihres „Gedächtnisses" dient: „Sie erinnert vor allem daran, daß die betreffende Person durch Entscheidung Mitglied des Systems ist und daß, solange diese Entscheidung nicht widerrufen ist, jederzeit darauf zurückgegriffen werden kann" (ebd. S. 113).

Der Umgang mit Ungewißheit in solchen Organisationen wird erleichtert durch die Aufspaltung in Leistungs- und Klientenrollen, im Fall der Schule gegeben durch die Funktionsrolle des ‚Lehrers' und die Komplementärrolle des ‚Schülers' (möglicherweise ließe sich auch noch die Komplementärrolle der ‚Eltern' unterscheiden). Die komplementäre Anordnung erlaubt eine leichtere Koordination von Kommunikationen mit Hilfe reziproker Erwartungen und geteilten Wissens über die schulischen und unterrichtlichen Interaktionen. Ob die Mitgliedschaftsbedingungen erfüllt sind und die Mitgliedschaftsrolle ausgefüllt werden kann, entscheidet die Organisation selbst in eigens dafür vorgesehenen Prüfverfahren: Lehramtskandidaten müssen durch ein erstes und ein zweites Staatsexamen, Schüler müssen die verschiedenen Prüfungen bei der Einschulung, Versetzung und beim Übergang in die Sekundarstufe bestehen.

Wenn von Entscheidungen in Organisationen die Rede ist, gilt es immer mitzudenken, daß sie nicht auf einzelne Akteure, ihre Motive und Einstellungen zugerechnet werden können. Auch die Organisation ist nicht als großformatiger Akteur zu denken, sondern als ein Kommunikationssystem, das Informationen intern nach vorgegebenen Regeln verarbeitet. Die Teilnehmer, seien es Lehrer oder Schüler, befinden sich in der Umwelt der Organisation, die unabhängig von ihrem konkreten, aber wechselnden Personal bestehen bleibt. Sie werden zeitweilig durch Mitgliedschaft strukturell verkoppelt.

Entscheidungen kommen im Prozeß des Organisierens unter, wie Cohen/March/Olsen (vgl. Kapitel 2) formulierten, anarchischen Umständen zustande. Sie setzen sich aus einer Vielzahl von (vorangegangenen) Einzelentscheidungen zusammen, sie entstehen in (zufälligen) Konstellationen unter unübersichtlichen internen und externen Bedingungen, sie leiden unter unvollständiger Information und begrenzter Verantwortlichkeit. Wenn sie aber gefallen sind, müssen sie *darstellbar* gemacht werden, was nichts anderes heißt, als in die Logik der Organisation eingeordnet werden, die nur so ihre Rationalität behaupten und von anderen Rationalitäten abgrenzen kann. Die einzelnen Mitglieder einer Organisation nehmen an diesem Prozeß teil, aber sie kontrollieren ihn nicht. Sie sind insofern Teil eines Prozesses, in dem sich die verschiedenen Elemente regelmäßig und regelförmig zu neuen Entscheidungen kombinieren.

Institution und Organisation

Die Frage, die an die in den vorangegangenen Kapiteln freigelegten Argumentationen herangetragen werden kann, ist die nach dem Kräfteverhältnis zwischen der Eigenlogik der Institutionen und der Eigenrationalität der Organisation Schule. So hatten wir das Problem der institutionellen Diskriminierung nach dem Durchgang durch das einschlägige Theorieangebot in *Kapitel 2* reformuliert. Gibt es für den schulischen Umgang mit Migranten soziale Institutionen, etwa „*soziale* Typisierungs- und Klassifikationsschemata, die ein integraler Bestandteil gesellschaftlicher Sprach- und Kommunikationssysteme sind", wie Meyer/Rowan formulierten, die eine Regelhaftigkeit des Denkens und Handelns mit benachteiligender Wirkung für die Migranten hervorbringen? Finden wir in der Schule soziale Verhaltenserwartungen *gegenüber* und institutionelles Wissen *über* Migranten, „die einen auf eine bestimmte Dauer gestellten Handlungsrahmen und damit für das Verhalten der Akteure und die Reaktion der Adressaten auch eine bestimmte Handlungsorientierung ergeben", wie Göhler definiert hatte, die sich nachteilig auf die Migrantenkinder auswirken? Die Frage ist häufig bejaht worden (vgl. Kapitel 1). In der angloamerikanischen Diskussion ist, um zwei theoretisch weit auseinanderliegende Beispiele zu zitieren, von einen ‚internen Kolonialismus' (Hechter 1975) oder von einer *racialisation* (‚Rassisierung') der sozialen Verhältnisse gesprochen worden (vgl. Miles 1990), um das Phänomen der Durchdringung der gesellschaftlichen Einrichtungen zu veranschaulichen. Im deutschen Kontext ist das Phänomen eines alles durchdringenden Rassismus/Sexismus von Kalpaka/Rätzel (1986) und Rommelspacher (1995) bis auf die Interaktionsebene und vor allem von Jäger (1992) bis in die Sprache des Alltags verfolgt worden. Bezogen auf die Schule sehen Gogolin (1994) und Gogolin/Neumann (1997) Evidenz dafür, daß das hegemoniale Prinzip der ‚Monolingualität', der *common sense* der ‚Einsprachigkeit', der nationalstaatlich verfaßte Gesellschaften kennzeichne, in der Institution Schule als Selbstverständnis verankert sei. Sie sprechen von dem „monolingualen Habitus in der Lehrerschaft", der sich seit dem Beginn des 19. Jahrhunderts entwickelt habe, bis heute wirksam sei und in einem allgemeinen *common sense* der Gesellschaft aufgehe, an dem auch noch die Migranten selbst teilnähmen.

Da solche Beschreibungen immer auch als Kritik gemeint sind, führen sie die Vorstellung mit, daß andere institutionalisierte Erwartungen, etwa Gleichheit und Gerechtigkeit, Anerkennung von ethnischer und sprachlicher Differenz und ein normativ gewendeter Multikulturalismus, in korrigierender Absicht die Organisation von außen beeinflussen oder als neues Programm in die Organisation eingebaut werden müßten. Für den hier in Rede stehenden Fall des Umgangs mit Migranten kann das Programm der Interkulturellen Pädagogik als ein solcher Versuch interpretiert werden, eine Umorientierung der Organisation Schule an einer neuen Leitidee zu bewirken.

Ob Institutionen der gesellschaftlichen Umwelt das Operieren der Organisation Schule so durchdringen können, daß davon Entscheidungen in der Organisation strukturiert und im Effekt Migranten entweder diskriminiert und benachteiligt oder aber in ihrer Differenz anerkannt und als Bereicherung geschätzt werden, ist die Frage, die aus der Sicht der neueren Organisationstheorien unterschiedlich beantwortet wird. Während die Neo-Institutionalisten nach innerhalb der Organisationen institutionalisierten ‚Leitideen' suchen, schätzt die system- oder verhaltensorientierte Organisationstheorie die Autonomie und operative Geschlossenheit der Organisationen und damit ihre Resistenz gegen Einflüsse von außen deutlich höher ein. Deshalb wurde die Idee der Strukturgenerierung durch eine Institutionalisierung interaktiv hervorgebrachter Lösungen durch das aus der Evolutionstheorie stammende

Konzept der *Autopoiesis* ersetzt (vgl. Kap 2), die nicht das Ergebnis externsteuernder Eingriffe ist. Aber auch die Alltagserfahrung spricht für Skepsis: Was wir von den positiv anerkannten Grundsätzen der Moral und Ethik, aber auch über die Wirksamkeit pädagogischer Leitideen oder Prinzipien wissen, daß sie nämlich an der Eigenrationalität der Organisationen – man denke wieder an die Wirtschaft, aber auch an die wiederkehrenden Versuche der Schulreform – abprallen (was dann von den Reformern als Reformstau gelesen wird), gilt auch für ihre Negationen. Auch Rassismus oder Fremdenfeindlichkeit werden in der Organisation nur dann wirksam, wenn sie in der Kommunikation der Organisation benutzt werden können, um eben die Kommunikation der Organisation fortsetzen, d. h. eigene Probleme lösen zu können.

Zur Erklärung von institutioneller Diskriminierung ist also das Verhältnis der Organisation Schule zu ihrer institutionellen Umwelt zu bestimmen. Mit der Rekonstruktion des Interpretationshaushaltes der Grundschule galt es den Versuch zu machen, in den Argumentationen, die zur Begründung von Entscheidungen vorgetragen wurden, die Anteile der verschiedenen institutionellen Logiken bzw. organisationellen Rationalitäten und ihre, von Gelegenheiten und Optionen, Wissen und Motiven abhängigen Kombination zu identifizieren.

Unsere Befunde deuten auf einen Vorrang der organisationellen Logik hin, zeigen aber, wie die Organisation Schule institutionelle Erwartungen/Ordnungen aus der Umwelt zum Thema Migration für ihre Ziele in Anspruch nehmen kann. Die Organisation wird nicht passiv durchdrungen von äußeren Ordnungsmustern oder von den einverleibten Haltungen und Gewißheiten ihres Personals, sondern sie eignet sich solche institutionellen Muster im Prozeß des Organisierens an, sei es ethnische Hierarchisierung/ Monolingualismus/Rassismus oder Gerechtigkeit/Mehrsprachigkeit/ ‚Multikulturalismus'. Sie werden aktiv in die eigenen Operationen dann eingearbeitet, wenn sie gebraucht werden – aber auch nur dann.

Argumentationshaushalte

Den Vorgang der Aneignung und Einarbeitung institutionellen Wissens über Migranten konnte man in den vorangegangenen Kapiteln an den verschiedenen Entscheidungsstellen in den Argumentionen studieren.

Bei der *Einschulung* wird in einem institutionell abgesicherten, aber wenig spezifizierten Verfahren, in dem auch nur wenig Informationen über Kandidaten vorliegen, über die Aufnahme entschieden. Das ist möglich, weil mit der Annahme operiert wird, daß ‚Lebensalter' (vermittelt über psychologische Entwicklungstheorien) ein hinreichend genauer Indikator für die zu treffende Entscheidung über die „Schulfähigkeit" sei. Die jährliche Gelegenheit zur Aufnahme schließt die Möglichkeit der Ablehnung ein, bei bestehender Schulpflicht allerdings nur im Sinne einer zeitweiligen Zurückstellung, mit der sich die Schule für *noch* nicht zuständig erklären kann. Die Erklärung der Nicht-Zuständigkeit kann in begrenztem Umfang als Steuerungsinstrument für die quantitative Regulierung der Klassenbesetzung genutzt werden, ist aber aus der Sicht der Organisation in erster Linie eine Möglichkeit, die *qualitative Zusammensetzung* der Klassen (Homogenität) zu beeinflussen. Davon ist seit den achtziger Jahren verstärkt Gebrauch gemacht worden, bis die Praxis der Zurückstellung von den Kultusministern als Schulzeitverlängerung und Kostensteigerung beobachtet und unterbunden wurde (vgl. Burk u. a. 1998). Die Organisation bevorzugt möglichst homogene Lerngruppen (Klassen), die gemeinsam wie ein Schüler unterrichtet werden können. Darauf ist die Gestaltung des Unterrichts in Didaktik und Methodik eingestellt.

Im Fall von Migrantenkindern tritt neben die üblichen Unterschiede im Entwicklungsstand der Kinder ein weiteres, für die Schule äußerst bedeutsames Mitgliedschaftskriterium: Kenntnis der Unterrichtssprache Deutsch, die das Medium für alle organisationsinternen Kommunikationen bildet. Die Beobachtung der Kandidaten auf ihre Deutschkenntnisse nimmt die Schule aus ganz pragmatischen Erwägungen über ihre Arbeitsfähigkeit vor. Fehlende Deutschkenntnisse irritieren nicht nur den Unterrichtsablauf, sondern verunmöglichen auch die regelmäßig vorzunehmende Leistungsbewertung durch die Schule.

‚Schulpflicht', ‚Entwicklungsrückstände' und ‚fehlende Kenntnisse der Unterrichtssprache' sind sich widersprechende Merkmale, die eine Mitgliedschaft zugleich erfordern, aber auch erschweren oder ausschließen können. Für diese Fälle hält die Organisation mehrere Lösungen (*Glacis*-Organisationen) bereit. Die Möglichkeit der Ablehnung/Zurückstellung vom Schulbesuch ist institutionalisiert. Bezogen auf die Kinder, die relativ zu ihrem Alter als ‚reife- oder entwicklungsverzögert' kategorisiert werden, besteht die Einrichtung des Schulkindergartens; für Kinder, von denen angenommen wird, daß sie die Unterrichtssprache nicht hinreichend beherrschen, gibt es Auffang- oder Vorbereitungsklassen. Für beide Einrichtungen sind Mitgliedschaftsbedingungen formalisiert. Die Kriterien sind in beiden Fällen unscharf genug, um flexibel angewendet werden zu können. Wie ‚reif' muß man sein, um die Mitgliedschaft zuerkannt zu bekommen? Wie viel ‚Deutsch' muß man verstehen, damit die Grundschule sich für zuständig erklärt? Aus solchen Ermessensspielräumen, wie sie etwa auch bei der Leistungsbewertung gegeben sind, bezieht die Organisation Schule ihre Flexibilität und Anpassungsfähigkeit an veränderte Gegebenheiten in ihrer Umwelt. Wichtigstes operatives Ziel ist, die eigene Handlungsfähigkeit durch größtmögliche Homogenität der Eigenschaften/Lernvoraussetzungen der Kinder zu erhalten. Entschieden wird *nicht* nach allgemeinen Prinzipien, sei es Gerechtigkeit oder Rassismus. Die Organisation ist nicht xenophob oder xenophil, wie vielleicht einzelne ihrer Mitglieder, sondern sie ermöglicht – je nach

Gegebenheit und Gelegenheit, wenn die Klassen nicht ausgelastet oder aber schon zu voll sind, wenn eine V-Klasse vorhanden ist oder nicht – eine Entscheidung für oder gegen eine Aufnahme. Solche Entscheidungen müssen begründet werden oder zumindest begründbar sein.

Um die Abweisung von Migrantenkindern beim Schulanfang zu begründen, kann die Schule auf einen institutionalisierten Wissenshaushalt/ öffentlichen Diskurs zugreifen, der „Kultur“, auch „Mentalität“, als Unterscheidung benutzt. Dazu werden für schulische Zwecke z. B. Merkmale wie ‚Sprachdefizite' in der Unterrichtssprache mit ‚Entwicklungsverzögerungen' kombiniert, oder es wird die ‚fehlende Unterstützung durch die (ausländischen) Eltern' bemängelt oder deren Kooperation und Integration gelobt, je nach dem, welche Entscheidung gefallen ist. Das institutionelle Wissen wird als ein Element benutzt, das im Prozeß des Organisierens neben anderen Ressourcen verfügbar ist, um die getroffenen Entscheidungen mit Plausibilität und Sinn zu versehen.

In all den Problembeschreibungen/Entscheidungen im Prozeß der *Einschulung* (vgl. Kapitel 7) dominiert die Eigenrationalität der Organisation, die ihre Mitgliedschaftsbedingungen behauptet. Elemente eines in der Gesellschaft (Öffentlichkeit/Medien/Pädagogik) institutionalisierten essentialistischen Diskurses über „Türken“ (Sozialisationsdefizite, fehlende soziale Integration/Integrationsunwilligkeit oder Kulturkonflikt/Zerrissenheit etc.) kommen nur vor, wenn nicht aufgenommen werden soll bzw. nicht aufgenommen worden ist. Dann geht es darum, die Kinder argumentativ zu Fällen für eine nachholende Re-Sozialisierung zu machen und als Kandidaten zu firmieren, für die andere Einrichtungen: der Schulkindergarten oder Vorbereitungsklassen zuständig sind. Das geschieht aber nur, sofern eine derartige Einrichtung vorhanden und erreichbar ist. Im Notfall wird das erste Schuljahr fiktiv als Vorklasse gerechnet, um eine Klassenwiederholung zu ermöglichen. Die Organisation beschreibt ein Problem im Lichte ihrer Optionen, um zu einer Lösung *ihrer* Probleme zu kommen.

Die Argumentationen sind zu lesen als ein Abgleich zwischen den Interessen der Organisation (Aufnahme/Abweisung), den gegebenen Optionen und den möglichen Begründungen/der Darstellbarkeit. Kulturalistische Problembeschreibungen werden dann als Ressource im Prozeß des Organisierens benutzt, wenn sie die Organisation in ihren Absichten bestärken. Kulturalistische oder gar rassistische Motive sind aber nicht selbst der Auslöser für Entscheidungen: Realschulen und Gymnasien nehmen – ungeachtet ‚latenter' Sprachprobleme – beschleunigt Migrantenkinder auf, wenn sie in ihrer Zügigkeit oder ihrem Bestand gefährdet sind. Grundschulen geben ihre Vorbereitungsklassen auf und schulen Migrantenkinder direkt ein, wenn ihre Mehrzügigkeit bedroht ist usw. Ein ideologisches Entscheidungsverhalten, mit dem gegen Organisationsinteressen zugunsten von (kultur-)rassistischen oder sprachhegemonialen Motiven gehandelt würde, ist kaum denkbar.

Die Umdeutung der Probleme im Lichte der Möglichkeiten der Organisation kann sehr weit gehen. Wie sich in den Interviewausschnitten zeigt, können Kinder selbst dann abgewiesen oder zurückgestuft werden, wenn die Sprachkenntnisse ausreichend oder die Noten gut sind. Dann wird das allgemeingültige Argument ‚kultureller/häuslicher Hintergrund' herangezogen, ‚der Schwierigkeiten erwarten läßt'. Die Schule beruft sich dann auf ihre pädagogische Verantwortung, die es geboten erscheinen läßt, daß die Schule die Kinder nicht demotivieren darf. Dies wäre aber der Fall, wenn sie in der Grundschule oder einer weiterführenden Schule nicht genügend gefördert werden könnten. Deshalb sind sie in der Vorschule oder der V-Klasse besser aufgehoben, deshalb können sie keine Empfehlung für ein Gymnasium erwarten.

Die ungeschriebenen Kriterien für eine Einschulung/Mitgliedschaft unterstellen eine Normalbiographie *vor* der Schule, zu der aus der Sicht der Schule mindestens eine dreijährige Kindergartenzeit, ein der Schule gegenüber aufgeschlossenes und unterstützendes Elternhaus und eine gute soziale Integration gehören. Diese Vorstellungen sind als Mitgliedschaftsbedingungen institutionalisiert, auf die es nur Rabatt gibt, wenn die Schule etwas davon hat, z. B., wenn sie in Zeiten des Schülermangels den Erhalt der Mehrzügigkeit anstrebt (s. Kapitel 4).

Eine weitere Form der Institutionalisierung solcher Normalitätserwartungen erfolgt bezogen auf die Sprachkenntnisse. Hier decken sich unsere Befunde mit den Ergebnissen von Gogolin/Neumann (1997). Allerdings hat sich in unserer Sicht die institutionelle Erwartung ‚perfekter Deutschkenntnisse' von den Personen (‚Lehrerschaft') abgelöst und mit der Einrichtung der V-Klassen einen institutionellen Ort in der Organisation gefunden. In deren bloßer Möglichkeit ist das Wissen sedimentiert, daß „Ausländerkinder (für die Schule) ein Problem sind“, für das die Grundschule/Regelklasse eigentlich nicht zuständig ist. Ausreichende Sprachkenntnisse werden als von den Kindern selbstverständlich zu erbringende Vorleistung vorausgesetzt. Sonst kann die Schule nicht so arbeiten, wie sie gewohnt ist zu arbeiten. Sie müßte z. B. didaktisch-methodisch differenzieren. Um ihre Gewohnheiten (Arbeitsweisen, -tempo) beibehalten zu können, hat sie Vorklassen eingerichtet. Wenn die V-Klassen aufgrund außenpolitischer Opportunität abgeschafft wurden (vgl. Kapitel 4), sind damit nicht die Probleme der Schule, sondern die des politischen Systems gelöst. Der Schule wird vielmehr das zusätzliche Problem aufgebürdet, mit ungewohnten Sprachproblemen umgehen zu müssen, für die sie keine Lösung hat[1]. Die Suche nach anderen Möglichkeiten der Problemdelegation, die sich in den dokumentierten Umdeutungs-/ Umge-

---

1 Bis heute ist das Studienangebot der Grundschullehrerinnenausbildung zum sogenannten ‚Anfangsunterricht', in dem es um den Schriftspracherwerb geht, nur in ganz wenigen Ausnahmen auf Mehrsprachigkeit der Schulanfänger eingestellt (vgl. als bemerkenswerte Ausnahmen Röber-Siekmeyer (1983), Pommerin u. a. (1996).

hungsversuchen zeigt, ist aus der Sicht der Schulen nachvollziehbar. Wenn Sprachprobleme, die den Kern der Mitgliedschaftsrolle ‚Schüler' betreffen, kein Abweisungsgrund sind bzw. dafür keine Lösung verfügbar ist, wird das Problem umgedeutet. Es kann dann als Motivations- oder Entwicklungsrückstand erscheinen, also den u. U. vorhandenen Optionen des Schulkindergartens oder der Sonderschule angepaßt werden.

Auch im Fall der Einleitung eines *Sonderschulaufnahmeverfahrens* wird um die Klärung der Mitgliedschaftsbedingungen zwischen den beteiligten Schulen, den Eltern und dem Schulamt gerungen. Auch an dieser Entscheidungsstelle geht es darum, die Problembeschreibung mit der ins Auge gefaßten Lösung so abzustimmen, daß die Kriterien für eine Aufnahme in die Sonderschule für Lernbehinderte gegeben sind. Die Hürden sind an dieser Stelle höher, weil der Erlaßgeber bereits aufmerksam geworden ist und Mißbrauch verhindern will. Deshalb ist das Verfahren streng formalisiert und der argumentative Begründungsaufwand für solche Entscheidungen groß. Die Argumentationsmuster unterscheiden sich jedoch nicht wesentlich von denen, die an der Entscheidungsstelle Einschulung beobachtete worden sind. Nun geht es aber nicht mehr um Sprachdefizite, die als Überweisungskriterium ausdrücklich ausgeschlossen sind, den Unterricht aber am meisten irritieren, sondern darum, aus Sprachmängeln über die besonderen Belastungen, die mit der Migration verbunden seien, Frustrationserlebnisse, Motivationsstörungen und schließlich generalisierte Lernstörungen und andauerndes Lernversagen zu konstruieren. Das sind die Kategorien, die eine Mitgliedschaft in der Grundschule ausschließen und eine neue Mitgliedschaft in der SOLB bis zum Ende der Schulpflicht begründen können.

Es fällt auf, daß an dieser Stelle der Aufwand kulturalisierender und essenzialisierender Deutungen zunimmt. Zur Begründung dieser Entscheidungen, die den Aussonderungsverdacht kaum abschütteln können, werden die geläufigen Topoi des ‚Kulturkonflikts', über ‚Koranschulen' bis hin zum ‚islamischen Fundamentalismus' als Begründung benutzt (vgl. auch die Rede einer Sonderschulrektorin bei Diehm/Radtke 1999, S. 56f). Auch ‚Mehrsprachigkeit' wird als Problem bestimmt und die Diskriminierungserfahrungen der Migranten werden sogar noch einmal gegen sie selbst gewendet. Wenn die Grundschule begründen will, warum sie selbst nicht mehr zuständig ist, weist sie auch auf ‚Überalterung', die sie den kleineren (regulären) Kindern nicht zumuten könne. Wenn aber die Klassen nicht voll sind, gilt auch an dieser Stelle, daß eine ‚Klassenwiederholung eine wirksame Fördermethode' sein kann. Die ‚Migrationssituation', die ‚daraus resultierenden Belastungen' werden als ein Umstand bewertet, der verhindert, daß die Kinder die Mitgliedschaftsbedingungen in der Grundschule erfüllen können. Aber – in Zeiten des Schülermangels kann es auch ganz anders sein.

Noch einmal besonders deutlich wird die der Mitgliedschaftsrolle eingeschriebene Normalitätserwartung an der Entscheidungsstelle *Übergänge in die Sekundarstufe I.* Auch hier wird die besondere pädagogische Verantwortung der Grundschule in den Vordergrund gerückt, wenn betont wird, daß sie die Aufgabe habe, Schülerinnen vor Mißerfolg und Enttäuschungen in den weiterführenden Schulen zu bewahren. Antizipierend werden die besonderen Schwierigkeiten für Migrantenkinder auf den weiterführenden Schulen beschrieben, wo keine Unterstützung zu erwarten sei. Ein neues Element kommt mit der Argumentation hinzu, daß *latente* Sprachprobleme bzw. umgekehrt ein *sicheres* Sprachgefühl ein wichtiges Kriterium für den Übergang auf das Gymnasium darstelle. Wieder eröffnet sich die Schule mit der Konditionierung ‚latent'/‚sicher' eine Möglichkeit, auch das Sprachkriterium nach Maßgabe der Optionen zu behandeln. Wieder wird dazu auf die ‚fehlende soziale Integration' in ein Deutsch sprechendes Umfeld verwiesen, oder aber die angemessene ‚Elternunterstützung' angemahnt, ohne die eine qualifizierte Schulausbildung nicht erfolgreich sein könne.

Die Besonderheit an dieser Entscheidungsstelle besteht darin, daß in der abgebenden Grundschule über die Erfüllung der Mitgliedschaftsbedingungen in den weiterführenden Schulen befunden wird. Das liegt einerseits nahe, weil die Grundschule ihre Schüler kennt, bringt aber andererseits die Gefahr mit sich, daß die organisatorischen und institutionellen Gegebenheiten der aufnehmenden Schulen nur imaginiert oder deren Interessen sogar übergangen werden. Zur Koordination der Interessen sind informelle Abstimmungsverfahren vorgesehen, in denen zwischen den abgebenden und den aufnehmenden Schulen die Aufnahmekriterien abgestimmt, aber auch Übergangskontingente ausgehandelt werden. Die Übergangsempfehlung ist für die abgebende Schule relativ folgenlos, sie will nur nicht – in der Wahrnehmung der weiterführenden Schulen – als Einrichtung erscheinen, die „falsche" Prognosen/Empfehlungen gibt. Auch deshalb vermeidet sie Risiken, die eher bei Migrantenkindern zu sehen sind, die nicht zu dem Gymnasium oder der Realschule passen könnten. Dann gibt sie lieber die Empfehlung ‚Gesamtschule', die einer Nicht- Entscheidung gleichkommt.

An dieser Entscheidungsstelle kann sich das institutionelle Wissen um die Bedeutung der „perfekten Deutschkenntnisse" in den Empfehlungen der Grundschule genau deshalb ungebrochen durchsetzten, weil es nicht oder nur schwach (‚Prognosesicherheit') von Organisationskalkülen der Grundschule überlagert wird. Aber schon die aufnehmenden Schulen handeln nach organisationsinternen Gesichtspunkten bei ihren Entscheidungen, Schüler anzuwerben, zu quotieren, zu behalten oder zurückzustufen. Als eines der Bielefelder Gymnasien geschlossen werden sollte, hat es sich, um seinen Bestand zu sichern, auf Migrantenkinder spezialisiert und damit den Zorn der ebenfalls von Schließung bedrohten Realschulen zugezogen (vgl. Kapitel 4).

Die Mechanik der Diskriminierung

Die Ursache der Diskriminierung von Migrantenkindern ist allein nicht in gesellschaftlich tradierten Deutungen und kulturalisierenden (Stereo-) Typisierungen zu suchen, die – mit anderen Inhalten (‚veränderte Kindheit', ‚Medienkonsum') – im Bedarfsfall auch auf die einheimischen Kinder angewendet werden. Gleichwohl, solche Semantiken werden intern benutzt, wenn es gilt, die Logik der Organisation zu behaupten und ihre Entscheidungen zu begründen. Die entscheidende Ursache der Diskriminierung liegt in der Institutionalisierung der Mitgliedschaftsrolle selbst und ihrer Spezifikation. Es sind nicht die (richtigen oder falschen) Gewohnheiten *des* Personals, auch nicht die Merkmale der Klienten (Schüler und Eltern), welche die Operationen der Organisation strukturieren, sondern die in der Mitgliedschaftsrolle institutionalisierten Erwartungen *an das* Personal wie *an die* Klienten steuern den Prozeß des Organisierens.

In der heutigen Grundschule ist das Selbstverständnis institutionalisiert, daß es nicht ihre Aufgabe sei, aus Kindern Schüler zu machen, wie das noch Parsons (1959) glaubte. Auch die Grundschule erwartet, wie vor dem das Gymnasium, bereits vorbereitete, voll sozialisierte Schüler mit einer erfolgreichen Kindergartenkarriere. Mit der Vielfalt von Vorfeldorganisationen ist die Vorstellung, Kinder aufzunehmen, die nicht ‚schulfähig' sind, unter anderem, weil sie die Unterrichtssprache nicht verstehen, weit aus dem Bereich des Selbstverständlichen gerückt[2]. Aber beide Kriterien, ‚Schul'- und/oder ‚Sprachfähigkeit' sind Unterscheidungen, die die Organisation selbst aus pragmatischen, nicht aus ideologischen Gründen zur Problem- bzw. Komplexitätsreduktion vornimmt, aber nicht vornehmen *muß*; sie könnte auch anders.

Diskriminierung ist an den drei beschriebenen Entscheidungsstellen insofern institutionalisiert, als jeweils um Mitgliedschaftsbedingungen gerungen wird, die Migrantenkinder aufgrund ihrer abweichenden Vorsozialisation in vielen Fällen nicht erfüllen können. Das zeigt sich bei der Einschulung, bei der Einleitung eines Sonderschulaufnahmeverfahrens und bei den Übergängen: es geht der Schule nicht um Nationalität, sondern um Normalität, d. h. um Abweichungen von den Normen, die neben guten Leistungen auch erwartet werden: soziale Integration, Elternmitarbeit, anregungsreiches Milieu und vor allem: keine zusätzlichen Defizite und Bedürfnisse, die Schwierigkeiten bereiten könnten.

Die Diskriminierung von Migrantenkindern besteht (a) darin, daß es weniger wahrscheinlich ist, daß diese Kinder/Schüler die für alle geltenden Mitgliedschaftsbedingungen der Grundschule (und der weiterführenden Schulen) erfüllen können. Sie wird (b) dadurch möglich, weil die meisten in und

2 Darauf weisen die ständig steigenden Zahlen der Kinder hin, die für nicht-schulfähig erklärt werden (vgl. Burk u. a. 1998).

außerhalb der Organisation ihre Sonderbehandlung für plausibel halten oder sogar darauf drängen[3]. Diskriminierung resultiert als Effekt also sowohl aus Formen der Gleichbehandlung von Migrantenkindern unter vermeintlich neutralen Leistungs- und Beurteilungskriterien als auch aus Formen der Ungleichbehandlung, jeweils im Vergleich mit ihren Mitschülern.

Die Option der *Ungleichbehandlung Gleicher* und die Option der *Gleichbehandlung Ungleicher* bezeichnen das Spektrum der Handlungsmöglichkeiten, die in Anlehnung an Feagin/Booher Feagin mit der Unterscheidung von direkter und indirekter *Diskriminierung* erfaßt werden sollen (vgl. Kapitel 2). Im ersten Fall *direkter* Diskriminierung erlauben formelle Erlasse und explizite Regeln eine gezielte Unterscheidung und Ungleichbehandlung – im Kontext der Schule in der Regel als *positive* Diskriminierung in fördernder Absicht, die auf ihre (benachteiligenden) Nebenfolgen zu beobachten ist. Im Fall der *indirekten* Diskriminierung sind es formelle und informelle Handlungsmuster und geschriebene und ungeschriebene Regeln der Gleichbehandlung, die in den Mitgliedschaftsbedingungen institutionalisiert sind. Sie werden in der Organisation Schule bei Selektionen und Promotionen auf alle gleichermaßen angewendet und können auf bestimmte Gruppen diskriminierende Wirkung haben.

Von Mechanismen der institutionellen Diskriminierung von Migrantenkindern in der Schule soll gesprochen werden,

- wenn regelmäßig von der Organisation Schule vorgenommene (Selektions-) Entscheidungen, die in ihrer eigenen Logik und Pragmatik getroffen werden, ungleiche Wirkungen auf die Schüler haben, und
- wenn diese in der Organisation selbst hergestellten Unterschiede durch Merkmale/Eigenschaften, die der benachteiligten Gruppe zugeschrieben werden, mit Sinn ausgestattet werden, und
- wenn es sich dabei um das Kollektivmerkmal der ‚nationalen Herkunft'/‚Kultur' handelt.

Mechanismen der Diskriminierung erzeugen Darstellbarkeit und Plausibilität für getroffene Entscheidungen mit Hilfe von Unterscheidungen, die in der gesellschaftlichen Umwelt der Organisation (‚draußen') für bedeutsam gehalten und deshalb als überzeugend akzeptiert werden. Bezogen auf Migranten ist dies die Semantik, welche sich um die Begriffe ‚Kultur' und ‚Identität' rankt, und die für schulische Zwecke differenziert und adaptiert wird. Mit ihrer Verwendung im schulischen Kontext werden die Unterscheidungen zugleich in ihrer sozialen Bedeutung reproduziert und dem öffentlichen Dis-

---

3 Gogolin (1997) spricht mit Verweis auf C. Geertz vom „common sense als kulturelles System"(S. 314), das regelt, was selbstverständlich ist und keiner Begründung bedarf. In dem Toulmin'schen Argumentationsschema (vgl. Kapitel6), das wir zur Analyse der Entscheidungsbegründungen benutzt haben, entsprechen dem common sense die Schlußregeln, die in der klassischen Rhetorik als „Gemeinplätze" bezeichnet wurden.

kurs bekräftigend zurückgegeben. Die Schule als Organisation ist in diesem doppelten Sinne an der Herstellung ethnischer Differenz und der Hervorbringung einer ethnischen Ordnung beteiligt: indem sie Unterschiede macht und diese mit der geläufigen Semantik über Migranten begründet.

Die Mechanik des Vorgangs ist darin zu sehen, daß interne Unterscheidungen, die der Eigenrationalität und Pragmatik der Schule folgen, auf externe Unterscheidungen gestützt werden, die zur institutionellen Logik gesellschaftlicher Diskurse und tradierter Ordnungen gehören. Die Organisation bedient sich, um Darstellbarkeit und Legitimität ihrer internen Entscheidungen zu gewährleisten, der Topoi/Schlußregeln, von denen sie annehmen kann, daß sie allgemein akzeptiert werden. In der Organisation wiederholt sich damit ein Vorgang, der als *Grundmuster* aller Formen der Diskriminierung mit benachteiligender oder ausgrenzender Wirkung gilt: Erst wird diskriminiert/ benachteiligt/ ausgegrenzt, dann werden die Gründe für die Diskriminierung/ Benachteiligung/ Ausgrenzung bei den Opfern und ihren Eigenschaften gesucht, womit die Motive der Täter und ihre Vorteile/Gewinne ausgeblendet und abgedunkelt werden.

Jan Philip Reemtsma (1991) hat mit Bezug auf Poliakovs umfassende Geschichte des Antisemitismus (1977ff.) in historischer Betrachtung die geläufige Auffassung, daß diskriminierende Handlungen/Praktiken durch Ideologien und durch zu falschem Bewußtsein geronnenen Einstellungen gesteuert würden, umgekehrt: „Rassistisches Argumentieren ist die Folge einer Verfolgungspraxis; rassistische Argumentationen sind (...) Versuche der Verfolgenden und Diskriminierenden, sich ihre eigene Praxis zu erklären“ (S. 269). Am Anfang stehe nicht der Rassismus, sondern eine Verfolgungsgeschichte und eine unter Umständen fortbestehende Diskriminierungspraxis, die rassistische Argumentationen zu ihrer Erklärung notwendig mache. Menschen setzten sich zu ihrer Praxis in ein Verhältnis[4].

Die Mechanik der Diskriminierung ist auch als Ethnisierung sozialer Konflikte/Beziehungen beschrieben worden (vgl. Bukow/Llaryora 1988, Dittrich/Radtke 1990, Bommes 1990). Gemeint ist der Wechsel der Semantik von individualisierenden Deutungen etwa von Schulversagen oder abweichendem Verhalten zu kulturalisierenden Problembeschreibungen. Dabei geht es nicht nur um die Herstellung von Kausalitäten mit Referenz auf ethnische Merkmale, sondern auch um die Behauptung einer Verhaltensdeterminierung durch die jeweilige Herkunftskultur. Individuen erscheinen als Repräsentan-

---

4 Reemtsma plausibilisiert seine These an mehreren historischen Beispielen, von denen nur eines zitiert sei: „Die Geschichte des gegen die ‚Schwarzen' gerichteten ‚Rassismus' zeigt, daß selbst die uns unabweisbar erscheinende Unterschiedlichkeit des äußeren Erscheinungsbildes nicht ‚von sich aus' die prekäre Gestalt des ‚Fremden' hervorbrachte, die modernen ‚Antirassismustheorien' so gern und so erfolglos bemühen. Erst als die Spuren einer im Detail darstellbaren Verfolgungsgeschichte die Kollektive prägen, gewinnt die Figur des ‚Negers' Gestalt“ (S. 280).

ten, ja *Ausübende* ihrer Kultur, deren Handlungen einem inneren Programm zu folgen scheinen (Bude 1995), aus dem sie nicht aussteigen können. Kultur tritt in solchen Problemkonstruktionen als funktionales Äquivalent an die Stelle, an der bis dahin der jetzt exkommunizierte Begriff ‚Rasse' stand. Balibar (1989) hat diesen Sachverhalt mit dem Begriff „Kulturrassismus" belegt.

Dieses Grundmuster der Diskriminierung gilt auch für die Organisation Schule. Auch sie setzt sich im nachhinein in ein Verhältnis zu den Entscheidungen, die im Prozeß des Organisierens zustande gekommen sind. Dazu benutzt sie die kleinen ethnischen Unterschiede bei denjenigen, über die sie entschieden hat, um die u. U. großen benachteiligenden Folgen zu legitimieren, die ihre Entscheidungen bewirkt haben. Die Entscheidungen in der Schule sind Teil der Institutionalisierung einer sozialen Ordnung bezogen auf unterschiedliche Bevölkerungsgruppen und ihrer nachträglichen Legitimation mit Hilfe von Theorien und Konstrukten über Kultur und ihre verhaltensdeterminierende Wirkung. Die Schule ist beteiligt an der sozialen Hervorbringung und Konstruktion ethnischer Differenz, personifiziert in der Gestalt des ‚Ausländers'/des ‚Fremden'/des ‚Migranten', die sich zu einer ethnischen Ordnung verdichtet. Organisationen, nicht nur die Schulen, produzieren durch ihre Distributions- und Selektionsleistungen die bestehende Sozialordnung und die zugehörige Unterordnung/ Diskriminierung permanent selbst, um sie anschließend als objektive, äußerliche, quasi naturgegebene ethnische Ordnung zu erfahren, zu deuten und darzustellen.

Institutionalisiert ist der Mechanismus der Diskriminierung in der Organisation nicht durch seine kulturalisierenden Inhalte, die bei der Begründung von Entscheidungen pragmatisch ausgelegt und sogar verdreht oder ignoriert werden können. Fest eingebaut in die Organisation ist hingegen die deterministische Logik, mit der die zugeschriebenen Eigenschaften/Kollektivmerkmale derjenigen, die benachteiligt worden sind, selbst für die Entscheidung und alle Folgen verantwortlich gemacht werden. Damit wird die tatsächliche Trennung der operativen Ebene, auf der die Interessen der Organisation verhandelt werden, und die Ebene der nachträglichen Begründungen, auf der Plausibilität für die getroffenen Entscheidungen gesucht wird, durch einen nicht deklarierten Wechsel der Referenz aufgehoben. Es wird Kausalität und Folgerichtigkeit suggeriert, wo kontextbezogene Rationalität, Pragmatik und Kontingenz im Handeln der Organisation herrschen.

Mechanismen direkter Diskriminierung

Als Mechanismen *direkter* Diskriminierung lassen sich sowohl *formelle*, als auch *informelle* organisatorische Lösungen bezeichnen, die Migrantenkinder zu Kandidaten für Sonderbehandlungen machen – i. d. R. in *fördernder* Absicht. Bei ersteren handelt es sich um ‚positive Diskriminierung', bei letzteren um das strategische Umgehen schulrechtlicher Regelungen, die gezielt eingeführt wurden, um einer verfrühten und unangemessenen Selektion von Kindern aufgrund von Sprache und kultureller Herkunft entgegenzuwirken. Umgehungen, d. h. (verdeckte) Regelverletzungen und ihre (in Kauf genommene) Folgen müssen als Diskriminierung eingeordnet werden.

Die Mechanismen direkter Diskriminierung sind an die bildungspolitisch gewollte Lösung der separaten Vorbereitungsklassen gebunden:

- Die (zeitweise) Zuweisung von Migrantenkindern in separate Vorbereitungs-, Förder- oder Auffangklassen aufgrund von „Sprachdefiziten“ und/oder „Entwicklungsretardierungen“ kann mit der Aussicht auf forciertem Spracherwerb und dem Ziel einer raschen Integration in den Regelunterricht begründet werden (‚positive Diskriminierung’). Erst, wenn aus dem transitorischen Charakter der V-Klasse für ganze Kohorten eine Dauereinrichtung wird, wie dies in den achtziger Jahren nicht nur in Bielefeld der Fall war, ist von negativer Diskriminierung durch Ausgrenzung zu sprechen, sofern die Nebenwirkung darin besteht, daß auf dieser Schiene gar kein Schulabschluß erworben werden kann. Diese Praxis, die sich naturwüchsig in der Organisation durchgesetzt hatte, mußte durch Erlaß verboten werden. Damit war aber das Problem der Organisation nicht gelöst.
- Grundschulen, die eine Möglichkeit der Delegation von „Problemen“ in V-Klassen nicht (mehr) haben, suchen nach neuen Wegen, die Homogenität ihrer Klassen zu erhöhen oder wieder herzustellen. An solchen Schulen findet sich die Praxis, Migrantenkinder mit dem Verweis auf „Sprachdefizite“ und „kulturelle Differenzen“ auch in den *Schulkindergarten* zurückzustellen, obwohl diese Einrichtung ausdrücklich – und aus gutem Grund – nicht zum Spracherwerb von Migrantenkindern vorgesehen ist (KM NRW 1994). Auch diese Umgehung einer Vorschrift, die zum Schutz der Kinder erlassen wurde, ist als direkt benachteiligende Diskriminierung einzuordnen. Sie führt zumindest zu einer Verlängerung der Schulzeit, aber möglicherweise auch zu einer Akte, die an anderen Entscheidungsstellen negativ bewertet werden kann.

In einem *Sonderschulaufnahmeverfahren* ist sicherzustellen, daß fehlende Deutschkenntnisse nicht die Ursachen für die Lernschwierigkeiten und damit für eine Sonderschuleinweisung sind (KM NRW 1994). Auch diese Vorschrift wird, wenn es organisatorisch möglich gemacht wird, vielfach im Prozeß der Aushandlung der Problemdefinition zwischen den beteiligten Organisationen umgangen:

- Die obligatorische Überprüfung des muttersprachlichen Sprachstandes von Migrantenkindern als Korrektur der Diagnose „Lernbehinderung“

scheint nur in Ausnahmefällen systematisch umgesetzt zu werden[5]. Dies gilt einerseits für die Grundschulen, die ein Kind zur Überprüfung durch die SOLB melden. Andererseits finden sich auch in den analysierten SOLB-Gutachten kaum Hinweise auf das Leistungsniveau in der Muttersprache. Auch dies ist eine Verletzung von Schutzvorschriften.

- Empfehlungen einer Überweisung zur SOLB werden unter Umgehung der rechtlichen Normen auch explizit mit Sprachdefiziten im Deutschen begründet.
- Ebenfalls unter Umgehung rechtlicher Bestimmungen werden SOLB-Überweisungen auch bereits aus A-, V- und F-Klassen der Grundschule eingeleitet, noch bevor überhaupt festgestellt werden könnte, daß die Fördermöglichkeiten der Regelklasse einer Grundschule erschöpft wären.

Solche Umgehungen zum Nachteil der Kinder sind nur möglich im Einvernehmen der verschiedenen beteiligten Instanzen: (abgebende) Grundschule, (aufnehmende) Sonderschule und (platzschaffendes und beaufsichtigendes) Schulamt. Die Entscheidung wird bestimmt von den organisatorischen Möglichkeiten und den Interessen der beteiligten Einrichtungen, aber auch von der Erwartung von Einsprüchen der Eltern. Kandidat für eine Überweisung wird, wer sich nicht wehren kann.

- Als eine weitere Form direkter Diskriminierung läßt sich die Tendenz in Schulen und Schulbehörden betrachten, den Widerspruch vor allem türkischer Eltern gegen eine SOLB-Überweisung ihrer Kinder als „Kulturkonflikt“ oder gar „Hass“ auf die deutsche Gesellschaft zu begreifen und zu entwerten.

Beim *Übergang in die Sekundarstufe* besteht die Aufgabe der Grundschulen darin, eine Annäherung ihrer Übergangsempfehlungen an das tatsächlich verfügbare Platzangebot in den erreichbaren weiterführenden Schulen zu gewährleisten. Dafür gibt es stadtteilbezogene informelle Koordinationstreffen der Schulleiter und Hinweise aus dem Schulamt. Für die getroffenen Verteilungsentscheidungen müssen geeignete (pädagogische) Begründungen gefunden werden. Negativentscheidungen für Migrantenkinder werden auch an dieser Stelle mit den Sprachkenntnissen von Migrantenkindern legitimiert, was vor dem Hintergrund fehlender Sprachförderung an den höheren Sekundarschulformen plausibilisiert wird.

- Als direkte Diskriminierung ist die Praxis einzuordnen, Vorbereitungsklassen für Seiteneinsteiger nur an Hauptschulen einzurichten. Formal dürfen in den V-Klassen (an Grundschulen) keine Weichen für die Schul-

---

5 Benachteiligungen von Migrantenkindern in den Test-Instrumenten der SOLBs zur Leistungsdiagnostik wurden in der vorliegenden Studie nicht behandelt. Sie gehörten auch in die Reihe der Mechanismen direkter Diskriminierung.

laufbahn eines Kindes gestellt werden. Da im Untersuchungszeitraum in der Sekundarstufe nur die Hauptschulen V-Klassen führten und an den höheren Sekundarschulformen so gut wie keine Sprachförderung für Zweitsprachlerner (Seiteneinsteiger) existiert, werden jedoch auch potentiell leistungsfähigere Kinder aufgrund von Sprachproblemen auf die Hauptschulen überwiesen – auch und sogar dann, wenn dort keine V-Klassen vorhanden sind. Dies ist eine Form offener Diskriminierung, die von der lokalen Schulbehörden, die für das Platzangebot zuständig ist, im Einvernehmen mit den Realschulen und Gymnasien solange gedeckt wurde, bis auch diese Schulen aus Schülermangel an Migrantenkindern interessiert waren, um ihren Bestand zu erhalten.

- Migrantenkinder werden in den Elternberatungen und der Übergangsempfehlung der Grundschule vielfach in der Beurteilung heruntergestuft. Selbst bei guten Noten wird dann die Real- oder Hauptschule empfohlen, was damit begründet wird, daß ohne perfekte Deutschkenntnisse kein Erfolg auf dem Gymnasium möglich sei und dem Kind die Erfahrung des Versagens erspart werden solle. Auch bei guten Sprachkenntnissen werden z.T. spätere Schwierigkeiten antizipiert. Die restriktive Entscheidungspraxis wird vielfach mit der Möglichkeit eines späteren Wechsels auf eine höhere Schulform gerechtfertigt, entfällt aber, sobald die weiterführenden Schulen ihr Aufnahmeverhalten ändern.
- Auf der gleichen Linie liegt die Tendenz in den Grundschulen, eine formale Übergangsempfehlung für einen qualifizierten Bildungsgang zu umgehen und Migrantenkinder verstärkt an Gesamtschulen zu verweisen. Damit delegieren sie ihre Aufgabe, eine Empfehlung abgeben zu müssen, zwingen die Eltern aber, ihre Kinder bei einer Gesamtschule oder, weil sie ohne Empfehlung sind, bei einer Hauptschule anzumelden. Sie vermeiden mögliche Konflikte mit den Eltern, die dann die Gesamtschule für den Fall einer Abweisung austragen muß.
- Einen weiteren Mechanismus direkter Diskriminierung beim Übergang in die Sekundarstufe stellt die Anwendung von ‚Ausländerquoten' dar. Dieser Mechanismus wird an mehreren weiterführenden Schulen beobachtet: zum einen im Aufnahmeverhalten der drei Bielefelder Gesamtschulen, dort aber in gegenläufigen Varianten. In einem Fall ist die Quote positiv gemeint und wirkt auch als positive Diskriminierung, d. h. der Zielwert liegt über dem Anteil der Gruppe der ausländischen Kinder an der Schülerschaft. In den anderen Fällen wird von den Gesamtschulen, die als einzige Schulform Schüler abweisen können, quotiert, um nicht zur „Ausländerschule" zu werden, sondern im Konzert der Oberstufen der angesehenen Gymnasien mitspielen zu dürfen. Dies muß direkte Diskriminierung entlang ethnischer Unterscheidungen genannt werden. Bei Realschulen und Gymnasien kann die Quotierung als Regulativ bei der Klas-

senbildung im 5. Jahrgang, d. h. wieder der Erhöhung der Homogenisierung und der Vermeidung von Schwierigkeiten dienen.

Mechanismen indirekter Diskriminierung

Mechanismen indirekter Diskriminierung resultieren aus der *Anwendung gleicher Regeln* auf Migrantenkinder wie auf ihre deutschen Mitschülerinnen. Diese Handlungsstrategien, die vermittelt über die Mitgliedschaftsrolle auf der pragmatischen Erwartung einer möglichst homogenen Klasse beruhen, stellen eine strukturelle Benachteiligung von Zweitsprachlernerinnen dar und lassen die spezifischen Lernvoraussetzungen und Lebensbedingungen von Kindern aus ausländischen Herkunftsfamilien unberücksichtigt. Dabei werden im Fall von Migrantinnen die vermeintlich ‚neutralen' Leistungskriterien vielfach mit askriptiven Merkmalen in Bezug auf den kulturellen und religiösen Hintergrund der Kinder und ihrer Familien gefüllt. Die Nebenfolgen von Entscheidungen können dabei durchaus intendiert sein. Auch in diesen Fällen steht hinter dem Prinzip der Gleichbehandlung die strategische Absicht zur Homogenisierung von Lerngruppen und zur Minimierung von „Problemen".

Bei der *Einschulung* werden Zurückstellungen in den Schulkindergarten zum Erwerb von Deutschkenntnissen z.T. (in Kenntnis der Erlaßlage) ausdrücklich abgelehnt, die Kinder in den gleichen Schulen jedoch mit anderen Begründungen verstärkt zurückgestellt:

- Migrantenkinder mit (vermuteten) „Sprachdefiziten" werden einer gründlicheren Untersuchung auf mangelnden Schulfähigkeit unterzogen als ihre Mitschülerinnen. „(Fehlende) Deutschkenntnisse" werden als Hinweis auf andere Fähigkeits- und Leistungsdefizite betrachtet und damit indirekt zu einem Schul(un)fähigkeitskriterium erhoben. Aus Gründen der Darstellbarkeit der Entscheidung muß das Problem, das an den Kindern wahrgenommen wird, so gedeutet werden, daß es mit den gültigen Vorschriften konform geht. Dann werden aus Sprachproblemen allgemeine Entwicklungsverzögerungen, oder fehlender Kindergartenbesuch wird als mangelnde Schul- bzw. Gruppenfähigkeit gedeutet. Darin liegt eine Umgehung von rechtlichen Rahmenvorgaben, die sich von der oben skizzierten Form der direkten Diskriminierung nur dadurch unterscheidet, daß sie nicht offen bzw. ‚naiv', sondern verdeckt bzw. ‚reflexiv' geschieht. Man weiß um das Verbot, weiß es aber zu umgehen und weiß auch, daß mit Folgen nicht zu rechnen ist, weil alle Beteiligten die Absicht billigen oder eigene Interessen haben.
- Vor allem „fehlende Kindergartenzeiten" scheinen bei Migrantenkindern quasi automatisch dazu zu führen, daß zusätzlicher Förderbedarf *vor* dem Schuleintritt veranschlagt wird und womöglich der Schulkindergarten vorgesehen wird. Die damit verbundene Schulzeitverlängerung wird vor

allem mit kulturellen Passungsproblemen zwischen den ausländischen Kindern und Familien und der deutschen Schule begründet. Über mangelnde Sprachkenntnisse hinaus werden „fehlende praktische Fähigkeiten" und eine „unzureichende Arbeitshaltung" aufgrund von Sozialisationsdefiziten, fehlender Angepaßtheit im Sozialverhalten („Temperament", „Aggressivität"), fehlender/falscher Unterstützung durch die Eltern („muttersprachlicher familiärer Kontext", „Mentalitätsunterschiede", Uneinsichtigkeit in schulische Empfehlungen), „fehlender Integrationswilligkeit" und Selbstsegregation der Eltern („Kulturkonflikt") vermutet. Die in diesen Begründungen unterlegte Normalitätserwartung, daß ‚schulfertige' Kinder in die Schule kommen, entlastet die Grundschule von ihrer Aufgabe, aus Kindern „Schüler", also Mitglieder der Organisation machen zu sollen.

Auch im *Sonderschul-Aufnahme-Verfahren* werden sprachliche Defizite in den Begründungen für zurückliegende Entscheidungen angeführt:

- Dieses geschieht mit Hilfe einer mehrfach gestuften, kunstvollen lernpsychologischen Argumentation: Negative Leistungsprognosen, die eine Entscheidung rechtfertigen, ein Kind von der Grundschule zu nehmen, werden dann mit gravierenden Lernbeeinträchtigungen begründet, die aufgrund von „Motivationsmängeln" zustande kämen, welche wiederum auf „Sprachdefizite" oder „generalisierte Teilleistungsschwächen in der deutschen Sprache" zurückgeführt werden. Auch hier liegt der Tatbestand einer reflexiven Umdeutung von Vorschriften vor.
- In einer Defizitperspektive werden auch Annahmen über den kulturellen Hintergrund von Migrantenkindern in einem SAV als Begründungsmuster herangezogen. Die Argumentationsgänge, mit denen das Schulversagen von Migrantenkindern beschrieben und die Entscheidungen begründet werden, gleichen dem bei der Zurückstellung in den Schulkindergarten: „fehlende/falsche Elternunterstützung" (z. B. würden außerschulische Beratungsangebote oder therapeutische Unterstützung nicht wahrgenommen; der muttersprachlicher Familienkontext wirke hemmend), „psychologische Belastungen" durch die Migration und Fremdheit, Selbstsegregation, „Koranschulbesuch" und „islamischer Fundamentalismus" werden als Lern-, Leistungs- und Integrationshindernisse beschrieben, die alle Förderanstrengungen der Schule zunichte machten. Dann wird von der Schule, die Integrationshilfen geben soll, der Spieß umgedreht und der Topos der „Integrationsunwilligkeit" benutzt, der auch im öffentlich-politischen Diskurs periodisch eine Rolle spielt.

Auf ähnliche Legitimationsmuster wird beim *Übergang in die Sekundarstufe* zurückgegriffen, wenn Selektionsentscheidungen zu begründen sind:

- Besonders in bezug auf eine Gymnasialeignung dienen in den Grundschulen die „häuslichen Lernbedingungen und Unterstützungsmöglichkeiten" als negativ-prognostisches Kriterium, das zwar für alle Kinder gilt, bei Migrantenkindern aber zusätzlich mit askriptiven kulturellen Inhalten gefüllt werden kann: Im argumentativen Rekurs auf den „muttersprachlichen Familienkontext", „Kultur und Religion", fehlende „soziale Integration" und „(Selbst-) Segregation" der Familien sowie mangelnde Schulbildung der Eltern, fehlende oder falsche Bildungsaspirationen und Unkenntnis des deutschen Schulsystems seitens der Eltern wird auch bei leistungsfähigeren Kindern mit guten Noten die Gymnasialeignung oft in Frage gestellt und den Eltern die Real- oder Gesamtschule empfohlen.
- Mit ähnlichen Begründungen werden noch einmal weitere Selektionsentscheidungen am Ende der Erprobungsstufe legitimiert, wenn bei der Versetzung in die 7. Klasse an Realschulen und Gymnasien über den Verbleib an der jeweiligen Schulform entschieden wurde.
- Als eine weitere Form indirekter Diskriminierung, die absichtsvoll eingesetzt wird, stellt sich die Strategie an Gesamtschulen dar, das Schuleinzugsgebiet zu verändern und gezielt in Stadtbezirken mit sozialstärkeren deutschen Familien um Schülerinnen zu werben. Indem die Zahl deutscher Bewerber gezielt erhöht wird, kann die Schule auswählen und nach Gleichheitsgrundsätzen ablehnen. Das strategische Ziel ist das Gleiche, wie bei dem schon erwähnten Quotierungsverfahren: Die Schule will vermeiden, als „Ausländerschule" wahrgenommen zu werden, um mit dem Gymnasium in der Konkurrenz um leistungsstarke Schüler mithalten zu können.

Interaktion von Diskriminierungsmechanismen

Als wesentliche Ursache für die hohen Anteile von Migrantenkindern an Sonder- und Hauptschulen sind *Interaktionseffekten* zwischen diskriminierenden Praktiken an frühen Stellen der Schullaufbahn und an später gelagerten Selektionsschwellen zu betrachten:

Beim *SAV* liegt ein Mechanismus der Diskriminierung aufgrund vorangegangener (positiver) Diskriminierung vor:

- „Sprachdefizite" und „fehlender oder lückenhafter Kindergartenbesuch" machen Migrantenkinder zu bevorzugten Kandidaten für ausgrenzende und schulzeitverlängernde Förderstrategien (Schulkindergarten, V-Klasse oder ‚freiwillige' Klassenwiederholung, s.o.), die nicht zuletzt durch eine institutionelle Präferenz für alters- und leistungshomogene (Regel-)Klassen motiviert sind. Abgesehen von den Zweifeln an der Lerneffektivität von Vorbereitungsklassen und den psychosozialen Folgen der Ausgrenzung interagiert diese Entscheidung mit späteren Entscheidungen in der Grundschule. Wenn es dort um Kandidaten für Maßnahmen der weiteren Leistungshomogenisierung geht, also um Sitzenbleiben oder die Aussonderung von potentiellen SOLB-Schülerinnen, werden vorangegangene Fördermaßnahmen zum ‚Stigma'. Die Kinder waren schon früher ein ‚Problemfall' und werden nun wegen „Überalterung" aus der Grundschule herausgenommen. In anderen Worten: Schulzeitverlängernde Fördermaßnahmen, die bei Migrantenkindern beinahe routinemäßig angeordnet werden, stellen einen erheblichen Risikofaktor in der Schullaufbahn eines Kindes dar. Sie können, wiewohl sie von der selben Organisation und in wohlmeinender Absicht veranlaßt worden sein mögen, kurz darauf als Indikator für Lernschwäche und als Nachweis dafür dienen, daß die Fördermöglichkeiten der Grundschule erschöpft seien. Dann werden sie gegen das Kind gewendet und zum Anlaß für weitere Ausgrenzungsmaßnahmen benutzt. Wenn sich Eltern gegen solche Maßnahmen wehren, weil sie das Risiko sehen, werden sie ‚ausgetrickst' oder ihre Einwände werden übergangen.

Beim Übergang in die Sekundarstufe interagiert

- die Tendenz in den Grundschulen, bei Migrantenkindern verstärkt den Besuch einer Gesamtschule zu empfehlen, mit dem Aufnahmeverhalten der Gesamtschulen, das den genannten eigenen organisationsinternen Kalkülen folgt: Gesamtschulen im Untersuchungsgebiet und -zeitraum konnten aufgrund der hohen Anmeldezahlen jährlich bis zu 200 Kinder ablehnen. Sie haben also, im Gegensatz zu allen anderen Schulformen, die Kinder mit einer Empfehlung aufnehmen müssen, die Wahl zwischen den Bewerbern und können die Kriterien nach ihren eigenen Gesichtspunkten festsetzen. Um konzeptgetreues Arbeiten zu gewährleisten und einen Realschul- und einen gymnasialen Zweig zu sichern, wird eine Drittelung der Bewerberinnen nach Leistung vorgenommen. Da der Andrang von Migrantenkindern auf die Gesamtschulen aufgrund der Empfehlungspraxis der Grundschulen, keine Empfehlung abzugeben, besonders groß ist, wird eine „Ausländerquote" in Höhe des Anteils an der Gesamtpopulation eingeführt. Es ist davon auszugehen, daß die von der Gesamtschule abgelehnten Kinder ohne formale Empfehlung eher auf die Hauptschule wechseln, als auf eine höhere Schulform.
- Die Tendenz an den Grundschulen, Migrantenkinder in bezug auf die Wahl der weiterführenden Schule herunterzustufen und eher an Haupt- oder Realschulen zu empfehlen, interagiert mit der Tendenz dieser, einmal aufgenommene Schüler zu halten, weil sie mit den Gymnasien um leistungsfähige Schüler konkurrieren und um ein attraktives Schulprofil bemüht sein müssen. Besonders die Realschulen geizen bei leistungsfähigen Migrantinnen bei der Versetzungsentscheidung am Ende der Er-

probungsstufe jedoch mit Übergangsempfehlungen auf ein Gymnasium mit Verweis auf die „Dritte Fremdsprache“ (Französisch), weil „Viersprachigkeit“ (Herkunftssprache, Unterrichtssprache und zwei Fremdsprachen) den Migrantenkindern besonders schwerfallen müsse.

Interkulturelle Pädagogik

Allen hier aufgelisteten Mechanismen der indirekten Diskriminierung durch Gleichbehandlung Ungleicher ist gemeinsam, daß ethnisierende Begründungen dann bemüht werden, wenn die Schule eine Entscheidung bereits getroffen hat, die ihrer eigenen Logik der Problemlösung folgt, aber negative Auswirkungen auf die Bildungskarriere eines Kindes hat. Im Kontext der notwendigen Begründungen (*sensemaking*) macht die Organisation Schule vorgefundene ethnische Unterscheidungen und Merkmalszuschreibungen auch in ihrer Zuständigkeit sozial bedeutsam. Erst ‚nach dem Fall‘, wenn ausgrenzende, für die Bildungskarriere negative Entscheidungen gefallen sind, setzt der Prozeß der Sinngebung und Plausibilisierung ein. Dann wird auf gültige Topoi der Problembeschreibung gesetzt, um Rationalität zu behaupten und Zustimmung zu erlangen. Das gilt für alle (Selektions-)Entscheidungen bezogen auf alle Schüler, wobei für unterschiedliche Gruppen aber unterschiedliche Wissenshaushalte bemüht werden. Grob vereinfachend läßt sich sagen: Mißerfolg in der Schule hat bei deutschen Kindern seine Ursache in psychosozialen Belastungen (‚veränderte Kindheit‘, ‚Armut‘, ‚Gewalt‘, ‚unvollständige Familien‘), ausländische Kinder haben dagegen sozio-kulturelle Probleme (‚innere Zerrissenheit‘, ‚Kulturkonflikte‘) (vgl. Çaglar 1990). Die Ent-Individualisierung einer Problembeschreibung und die Referenz auf Kollektivmerkmale kann als Ethnisierung sozialer Probleme aufgefaßt werden.

Im Falle der Migrantenkinder kann die Organisation sich bei der Ethnisierung selektiv aus dem Deutungsangebot der Ausländerpädagogik und neuerdings der Interkulturellen Pädagogik bedienen. Beide Angebote stehen dem *common sense* über die Bedeutung von ‚Kultur‘ und ‚Identität‘ sehr nahe, wie er in öffentlichen Medien verbreitet wird. Dieses Wissen wird der Organisation Schule über mindestens zwei Kanäle zugänglich. Es wurde seit den achtziger Jahren zu einem Baustein der Lehreraus-, vor allem aber der Lehrerfortbildung gemacht. Und es kommt seit den neunziger Jahren als Schulbuchwissen in die Schulen. Schulbücher und die dazu gehörigen Lehrerhandbücher versorgen nicht nur die Schüler, sondern auch die Lehrerinnen mit Deutungsmustern aus dem Diskurs über Ausländer/ Migration/ Fremde/ Kulturkonflikt (vgl. Höhne/Kunz/Radtke 1999). Schulbuchwissen ist ein Prototyp institutionalisierten Wissens, das in einem formalisierten und administrativ kontrollierten Genehmigungsverfahren sozial gültig gemacht wird. Es ist das Wissen, das die Gesellschaft, repräsentiert durch das pädagogische Establishment, für geeignet hält, die Selbstbeschreibung der Gesellschaft und ihrer Probleme zu übernehmen. Das gilt auch und gerade für das Wissen über „Fremde“, bei dem es besonders auf politische Korrektheit ankommt.

Es würde nicht sehr viel Mühe machen, alle diejenigen Topoi, die in den Analysen der Argumentationen der Rektorinnen vorkommen und besonders den Kulturkonflikt, die Orientierungsprobleme, die Belastungssituation der Kinder durch die Migration, das Problem der Mehrsprachigkeit, bis hin zu psycho-sozialen Störungen und pathologischen Entwicklungen thematisieren, in den frühen Schriften zur Ausländerpädagogik und zur Interkulturellen Pädagogik, und davon abgeleitet in den Schulbüchern von der Grundschule bis zur Sekundarstufe wieder zu finden. Das ist schon deshalb so, weil diese Programmatiken, selbst auf *common sense*-Wissen beruhend, zur raschen Lösung von Schwierigkeiten beitragen wollten. Sie waren mit ‚heißer Nadel’ gestrickt und sind erst in den neunziger Jahren in eine forschungsbasierte Reflexivität eingetreten, die zu einer Differenzierung und weitgehenden Revision der ursprünglichen Positionen geführt hat (vgl. Gogolin 2000). Nun aber sind die kulturalisierenden Geister, die man rief, aus den Schulen nicht mehr zurückzurufen, weil sie ihre Brauchbarkeit in der Praxis der Organisation erwiesen haben. Die Autoren der interkulturellen Programmatik mögen sich noch so sehr bemühen, ihre Unterscheidung von (nationalen) ‚Kulturen’ und ‚Identitäten’ gegen essentialistische (Miß-)Verständnisse zu immunisieren, sie können die selektive und intentionswidrige Rezeption nicht kontrollieren. Wissen wird nicht nur vermittelt, sondern kontextbezogen angeeignet (vgl. Kade 1997).

Bei der Analyse der Begründungshaushalte für das Entscheidungshandeln zeigt sich, daß von dem Programmpunkt „Anerkennung kultureller Differenz“ im Kontext der Organisation ein deterministischer Gebrauch gemacht werden kann. Nationale ‚Kultur’ wird zu einem Kollektivmerkmal, von dem angenommen wird, daß es das Verhalten steuert. Kinder werden zu Repräsentanten ihrer ‚Kultur’, auch wenn sie längst noch nicht vollständig sozialisiert sind. Man muß nicht nur mit einem selektiven Umgang mit dem Wissen rechnen, das über das Programm der Interkulturellen Pädagogik eingeführt werden soll. Bei der Implementation dieses Programms, das ganz wesentlich auf moralische Appelle setzt, ist auch mit dem unbeabsichtigten Nebeneffekt einer Kulturalisierung und Ethnisierung der Situation und einer Instrumentalisierung des Wissens für gegenwärtige Zwecke der Organisation zu rechnen.

Vom Programm der Interkulturellen Pädagogik wird nicht zuletzt eine Lösung auch der Gerechtigkeitsproblematik erwartet, die aber zugleich reformuliert wird. Mit der perspektivischen Umstellung von *Defizit* (der Migrantenkinder gemessen an einem Normalschüler) als der Leitunterscheidung der Ausländerpädagogik auf kulturelle *Differenz* (zwischen allen Kindern), wird auf einen entscheidenden Punkt der Diskriminierungsproblematik gezielt: Die in der Mitgliedschaftsrolle institutionalisierten Normalitätserwartungen der Schule an die Schüler sollen relativiert werden. ‚Kultur’ wird in den Plural gesetzt und als gleichwertig konzipiert. Damit wird Anerkennungsgerechtigkeit (‚Anerkennung von Verschiedenheit'/‚Anders-Sein') als (Zwischen-)Ziel vor die Distributionsgerechtigkeit (‚Chancengleichheit') geschoben. Mit dem Wechsel der Perspektive ist in der Pädagogik die Erwartung verbunden, daß die Anerkennung der Differenzen (Sprache, kulturelle und religiöse Traditionen) ein differenzierendes pädagogisches Handeln ermöglichen werde, das die Fähigkeiten und Vorkenntnisse der verschiedenen Kinder angemessener berücksichtigt und zur Entfaltung verhilft. Anerkennung setze Kenntnis/Verständnis voraus. Indem die Lehrerin dem einzelnen Kind in Kenntnis seiner kulturellen Besonderheiten stärker gerecht werde und diese als Fähigkeiten (‚Mehrsprachigkeit') respektiere und wertschätze, werde der Schulerfolg durch die Stärkung des Selbstwertgefühles der Migrantenkinder langfristig wachsen und werden die allfälligen Selektionsentscheidungen schließlich auch zu größerer Verteilungsgerechtigkeit führen.

Die Hoffnung auf die korrigierende Wirkung des Programms der Interkulturellen Pädagogik auf die Selektionspraxis muß nach den hier vorgelegten Befunden sehr eingeschränkt werden. Es führt in die Praxis der Grundschule nicht nur neue normative Zielsetzungen ein, Differenz positiv zu bewerten und zu bearbeiten, die sich in interkulturell angelegten Unterrichtseinheiten (‚wir kochen türkisch') realisieren. Das Programm versieht die ethnischen Differenzen auch organisationsintern mit Bedeutung und versorgt die Schule mit einer offiziell gültig gemachten Semantik zur kulturalisierenden Beschreibung *ihrer* Probleme mit den Migrantenkindern.

Anlaß für die Implementation des Programms, das die ältere, naturwüchsig entstandene Ausländerpädagogik ablösen sollte, war die Beobachtung, daß die Schule, trotz aller reformpädagogischer Anstrengungen der letzten Jahrzehnte, Homogenität der Lernvoraussetzungen der Schüler vor (noch mehr) Heterogenität bevorzugt, und Homogenität immer neu durch Selektion und Aussonderung wiederherzustellen suchte. Das betraf Anfang der achtziger Jahre besonders Migrantenkinder, die zeitweise von Segregation bedroht waren (vgl. Kapitel 4). Das Problem der Grundschule, mit sprachlicher, religiöser oder insgesamt kultureller Differenz umgehen zu müssen, wird jedoch mit dem Programm der Interkulturellen Pädagogik nicht nur nicht gelöst, sondern eher noch verkompliziert. Differenz zwischen den Kindern wird, wie die Interviews zeigen, in der Schule in erster Linie als ein unterrichtstechnisches Problem der Sprachbeherrschung aufgefaßt, weniger als eines der moralischen Anerkennung von kultureller Differenz. Mit dem Programm Interkultureller Pädagogik wird der Schule noch ein weiteres, reformpädagogisch begründetes Ziel gesetzt: die Erziehung zur Toleranz (vgl. Diehm 2000), ohne daß *ihr* Problem, der unterrichtspraktische Umgang mit heterogenen Lernvoraussetzungen, damit gelöst würde. Das Gegenteil ist der Fall. Wenn es nicht so wäre, müßte man das Programm nicht gegen so viele Widerstände durchzusetzen versuchen (vgl. Auernheimer u. a. 1996).

Die Schwierigkeiten, das Programm der Interkulturellen Pädagogik in den Schulen Platz zu schaffen, sind nicht mit moralischen Appellen zu überwinden. Die Reformer übersehen dabei das Schicksal aller Programme, die in eine Organisation von außen eingeführt werden sollen: sie werden nach den eigenen Regeln der Organisation rezipiert. Die Organisation und ihre Mitglieder haben, so zeigen unsere Interviews, das Programm der Interkulturellen Pädagogik und seine argumentativen Grundlagen offenbar sehr genau studiert: Die auf kulturelle Differenz abgestellten einfühlsamen Begründungen der Entscheider in den vorangegangenen Kapiteln, die über die ‚Migrationsbelastungen' und ihre Wirkung auf die psycho-soziale Entwicklung der Kinder spekulieren, vermögen dies zu veranschaulichen. Erwartbar nimmt die Schule selektiv genau die Topoi auf, die sie brauchen kann. Sie tut das genau dann, wenn die kulturalisierenden Deutungen ihre eigenen Operationen unterstützen, oder sie baut das Deutungsangebot so um, daß es als Argument zur Stützung der Entscheidungen zu nutzen ist[6]. Die Organisation kopiert nicht die Intention des Programms in seine eigenen Operationen, wohl aber die mit dem Programm zugelassene Unterscheidung mit ‚Kultur'. Fast nirgends sonst[7] wird so intensiv über „Kultur", „Kulturkonflikt", „kulturelle Identität" etc. nachgesonnen, wie in den Schulen (und ihren Betreuungswissenschaften), wenn es darum geht, negative Selektionsentscheidungen zu begründen und die Ursachen bei den Migrantenkindern und ihren Familien zu suchen.

Interventionschancen

Das Verhalten der Schulen, die im Wohlfahrtsstaat die Bildungsansprüche der Bürger verwalten und das öffentliche Gut ‚Bildung' verteilen, gegenüber Migranten unterscheidet sich nicht von dem anderer Organisationen der sozialen Fürsorge, die über ihre Inklusionsregeln (Mitgliedschaftsbedingungen) Zuständigkeiten begrenzen, d. h. Ansprüche abzuweisen suchen (vgl. Bommes 1999, bes. Kapitel 6). Die Umstellung von Schulpflicht auf Bildungsansprüche hat zu einer naturwüchsigen Expansion des Bildungssystems geführt, die nur durch demographische Faktoren (Geburtenrückgang) gebremst werden kann. Immer mehr Kinder gehen immer länger zur Schule. Dies war gewollt, solange der Satz „Bildungsinvestitionen sind Zukunftsinvestitionen" (vgl. Weiß 1996) galt. Sobald die Nachfrage steigt, muß – sollen die Anrechte

---

6 Die intentionswidrige Verwendung von Wissen in den Schulen ist seit der großen Curriculumrevision der siebziger Jahre bekannt (vgl. v. Engelhardt 1982) und wurde in der Wissensverwendungsforschung in ganz vielen Feldern eingehend untersucht und belegt (vgl. Beck/Bonß 1989, Dewe/Ferchhoff/Radtke 1992)

7 Ein anderer Anlaß sind Gerichtsverfahren, wenn es in umgekehrter Absicht darum geht, Angeklagte mit einem Migrationshintergrund zu entlasten, indem die determinierende Wirkung ihrer (archaischen) Kultur entschuldigend ins Feld geführt wird (vgl. den Prototyp solcher Fälle bei Schiffauer 1983).

befriedigt werden – das Angebot quantitativ und qualitativ angepaßt werden. Mit der Krise des Wohlfahrtsstaates, die im Bildungssektor nicht zuletzt eine Kostenkrise ist (vgl. Block/Klemm 1997), wird gefragt, ob die Investitionen sich rechnen und/oder ob Schülerströme fehlgeleitet sind. Nun werden in dem neuen neo-liberalen Paradigma der Bildungspolitik volks- und betriebswirtschaftliche Kosten-Nutzen-Kalküle angestellt. An die Stelle von Reformen, die auf eine Verbesserung der Chancengleichheit zielten, treten nun Kostenbegrenzungs- und Effektivierungsstrategien, die das unkontrollierte Wachstum (der Kosten) des Bildungssystems zu bremsen suchen (vgl. Carnoy 2000).

In Deutschland nehmen diese Bemühungen zur Umsteuerung von Schülerströmen verschiedene Formen an. Dazu wird u. a. unter Zurückdrängung des in den siebziger Jahren gerade gestärkten Elternwillens das Recht der weiterführenden Schulen wiederhergestellt, Schüler nach eigenen Kriterien aufnehmen oder ablehnen zu können. Das kann administrativ geschehen durch Verschärfung der Aufnahmekriterien und Verknappung der verfügbaren Plätze, aber auch durch Deregulierung, oder wie die neo-liberale Strategie den Vorgang selbst bezeichnet, durch „Autonomisierung der Schulen“, denen aufgegeben wird, einen Teil der benötigten Ressourcen selbst zu ‚erwirtschaften’. Das geht am leichtesten mit „geeigneten“ Schülern. Die Deregulierung geht einher mit der an die einzelnen Schulen gerichteten Aufforderung, „Profilbildung“ zu betreiben. Das Ziel ist, (Quasi-)Bildungsmärkte zu schaffen, auf denen am Ende die Leistungen der Schulen zumindest teilweise über Gebühren zu bezahlen wären (vgl. Weiß/Steinert 1996).

In der Umstellung von ‚Schulpflicht’ auf ‚Bildungsansprüche’ drückt sich nicht nur die sozialstaatliche Reformulierung der Funktion der Schule in der modernen Gesellschaft aus, sie stellt die Schule auch vor neue bildungspolitische und professionsethische Fragen, die auch neue Möglichkeiten der Diskriminierung eröffnen. Das Problem läßt sich auf die Formel bringen: Wer erhält welche Leistungen wie lange? Wer entscheidet über die Quantität und die Qualität des Schulangebotes, wer über die Zuteilung der Leistungen der Schule für das einzelne Kind und wer darüber, wann die Leistungen eingestellt werden? Diese Fragen materialisieren sich in der Schulentwicklungsplanung, wenn über die Standorte von Schulen in Stadtteilen mit sozial benachteiligten Bevölkerungsgruppen, ihre ‚sächliche und personale’ Ausstattung entschieden wird. Davon abhängig sind in der einzelnen Schule die Fragen, wo und für wen beispielsweise Förderstunden oder andere zusätzliche Angebote eingerichtet werden, ob die Lerngruppen klein gehalten und die individuelle Betreuung der Schüler intensiviert werden kann, oder aber, ab wann die Fördermaßnahmen gestrichen und eingestellt und die Klassengrößen erhöht werden müssen. Solche Verteilungsentscheidungen sind regelmäßig zu treffen und eröffnen auch der Schule alle Möglichkeiten der Diskriminierung, wie sie in anderen Organisationen, die begehrte Güter zu vergeben haben, ebenfalls vorgefunden werden.

Die Verteilungsentscheidungen, komponiert aus der Problembeschreibung, der Entscheidungsfindung und -begründung/Darstellung, nachzuvollziehen, war das Ziel der hier dokumentierten Untersuchung. Die genaue Beschreibung der Mechanismen erlaubt es zu rekonstruieren, *wie* die Schule Unterschiede macht und begründet. Auf diesem Weg kann der Anteil, den die Schule als Organisation an der Ungleichverteilung von Bildungsabschlüssen hat, genauer bestimmt werden.

Die Beschreibung der Mechanik der Diskriminierung eröffnet zudem praktische Konsequenzen. Sie ermöglichte den beteiligten Entscheidern, in Distanz zu ihrer eigenen Praxis zu treten und gleichsam einen fremden Blick auf das allzu vertraute Geschehen zu richten. Die Kenntnis solcher Mechanismen kann zugleich davor bewahren, untaugliche Strategien bei der Aufhebung der Ungleichheit zu verfolgen. Man muß sich nicht im moralischen Protest ermüden, sondern kann alternative Interventionsmöglichkeiten sondieren. Dazu dient auch der für Pädagogen fremde Blick auf die Schule und ihre pädagogische Arbeit mit Hilfe der Organisationstheorie.

Cicourel/Kitsuse, aber auch Feagin/Booher Feagin waren noch von relativ starken Entscheidern (*decision makers*) ausgegangen, die in einer Organisation über Definitionsmacht verfügen. Die verhaltensorientierte Organisationstheorie sieht Entscheidungen als das Resultat eines komplexen Organisationsgeschehens, das durch Kombination verschiedener Elemente – *darunter* die Teilnehmer – zustande kommt, ohne daß das Ergebnis auf diese im einzelnen zugerechnet werden könnte. Entscheidungen in der Organisation Schule etwa über Schulkarrieren sind als Abfolge/Entscheidungsketten organisiert. Sie können von dem einzelnen Entscheider nicht verfolgt und auch nicht verantwortet, also auch nicht auf ihre Folgen und Nebenfolgen (‚Effekte') beobachtet werden. Man kann von einer organisierten Unzuständigkeit, aber auch Unwissenheit der Organisationsmitglieder über ihre eigene Praxis ausgehen. Es gibt in Organisationen auch ein Wissen darüber, was man besser nicht wissen will. Schulen benutzen die Statistiken, die ihre Tätigkeit an den drei analysierten Entscheidungsstellen dokumentieren, nicht dazu, um eine Bewertung/Evaluation ihres *‚outputs'* unter dem Gesichtspunkt vorzunehmen, ob das Ergebnis gewollt war, gerecht ist oder erstaunen muß. Sie wissen nicht, was sie tun, und sie wollen auch nicht mehr wissen, als notwendig ist, um die eingeübte Praxis fortsetzen zu können[8]. Auf dieses Phänomen

8 Auch individuellen Handlungspräferenzen, mit denen die Akteure schulische Entscheidungssituationen bewältigen, können ein Faktor im Prozeß des Organisierens sein. Unterschiede im Ausmaß von Diskriminierung an einzelnen Schulen scheinen mit dem professionellen Selbstverständnis von Schulleitern und Lehrerinnen zusammenzuhängen. Unsere Studie erbrachte Hinweise auf ein breites Spektrum individueller Entscheidungsstile, die sich zwischen den Polen „Organisations-" und „Kindbezug" ansiedeln lassen. Eine Hypo-

reagieren die verschiedenen Strategien der Personal- und Organisationsentwicklung und der Evaluation.

Welche Bedeutung hat das Wissen/Nicht-Wissen über die eigenen Operationen in der Organisation Schule? Gogolin/Neumann (1997) haben in ihrer ähnlich angelegten Fallstudie einer Großstadt-Grundschule mit einem anderen Theorieinstrumentarium bezogen auf die Selektivität entlang ethnischer Unterscheidungen ein ähnliches Ergebnis wie wir berichtet. Sie führen die Praxis der Grundschule, die an der Übergangsschwelle zur Sekundarstufe anhaltend Ungleichheit bewirkt, auf das *Selbstverständnis der Schule* zurück. Der von ihnen in Anlehnung an Bourdieu sogenannte „monolinguale Habitus" der Grundschule bezeichnet einen Bereich institutionellen Wissens, der sowohl bei der Problemwahrnehmung wie bei der Begründung von Entscheidungen eine Rolle spielt, den Beteiligten aber wegen seiner Selbstverständlichkeit in der diskriminierenden bzw. Ungleichheit reproduzierenden Funktionen nicht erkennbar ist. Das seit dem 19. Jahrhundert tradierte Wissen über den Zusammenhang von Sprache und Leistung strukturiere die Problemwahrnehmung und die Entscheidungen/Handlungen der Organisationsmitglieder ebenso, wie die organisatorische Vorstrukturiertheit von Handlungen von dem verfügbaren Wissen eingeholt, also begründet werden müsse. Als Träger des Habitus wird nicht der einzelne Lehrer und sein Bewußtsein, aber doch die „Lehrerschaft" und ihr kollektives Wissen ausgemacht. Daran kann die Hoffnung gebunden werden, daß ein Austausch des Wissens, ein *neues* Selbstverständnis der Schule also, die Situation der benachteiligten Zweitsprachler beheben könnte.

Die Beobachtung, daß in der Organisation Entscheidungen in Abhängigkeit von ihren Handlungsoptionen nicht prinzipienfest, sondern kontingent, d. h. *nach Möglichkeit* getroffen werden, wirft allerdings die Frage nach den Geltungsbedingungen des habitualisierten Wissens auf. Wenn es nur gelegentlich gelten kann, verliert es mit dem Prognose- auch an Erklärungswert für das Entscheidungsverhalten der Schule. Wissen ist nur ein Element im Prozeß des Organisierens, das zudem situativ umgedeutet werden kann. Sonst könnte man nicht verstehen, daß Schulen diskriminieren, es aber auch lassen können. Das war auch schon das Problem des Neo-Institutionalismus, der die Logik tradierter Institutionen über die Rationalität der Organisation setzen wollte. Geht man hingegen von der Priorität der Eigenlogik der Organisation aus und versteht deren erstes operatives Ziel als Bestandserhalt durch Anpas-

---

these, die es genauer zu erforschen gilt, könnte lauten, daß eine starke pädagogische Orientierung am Kind, die nicht die organisatorisch vorgegebenen Handlungsbedingungen mit reflektiert, mit kulturalisierenden Entscheidungspraktiken und eher negativen Resultaten einher geht. Eine höhere organisationelle Reflexivität des pädagogischen Handelns, die vor sich selbst die jeweils konkreten Handlungsoptionen und Sachzwänge transparent hält, indem sie die Statistiken als Ergebnis der eigenen Arbeit liest, scheint demgegenüber zu besseren Schulerfolgen für Kinder mit anderen sprachlichen und kulturellen Hintergründen zu führen. Dabei treten ethnisierende Deutungen in den Hintergrund.

sung an die jeweiligen Umweltbedingungen, wird der kontextbezogene Gebrauch institutionellen Wissens nachvollziehbar. Dann ist aber auch nicht mehr das Wissen das Problem, sondern eine exakte Beschreibung der Probleme *der* Organisation und ihrer Strategien der Problemlösung, in denen das institutionelle oder habitualisierte Wissen pragmatisch genutzt wird.

Man kann daraus schließen, daß sich die bisher fast durchgängig verfolgte Strategie erschöpft hat, die Bildungsungleichheit entweder bei den benachteiligten Schülern selbst durch Förderung zu kurieren, oder zur Vermeidung von Diskriminierung beim Bewußtsein ihrer Lehrerinnen durch Aus- und Fortbildung anzusetzen. Sie übersieht die Kräfteverhältnisse in der Rationalität und Eigenlogik der Entscheidungspraxis. Es macht keinen Sinn, diese Strategie der Förderung oder der Aufklärung durch ‚besseres Wissen', durch ein *„more of the same"* weiter zu steigern. Vielmehr muß man nach anderen Interventionspunkten suchen und dazu die Organisationen und ihre Entscheidungspraxis selbst in den Blick nehmen. Die Praxis des Erziehens in Organisationen wird bestimmt von Organisationsstrukturen, materiellen und institutionellen Vorgaben, mit denen das jeweilige Personal umgehen muß. Die getroffenen Entscheidungen müssen im nachhinein begründet werden. Erst wenn sich die Mitgliedschaftsbedingungen der Organisation ändern, wird sich auch sein Denken und Begründen umstellen können.

Die Fallstudie eines großstädtischen Schulsystems und die genaue Analyse der Mechanismen der Diskriminierung in einzelnen Schulen sollte auf Möglichkeiten der Intervention aufmerksam machen. Dazu gehört es *erstens*, die Wahrnehmung der beteiligten Entscheider auf die Ergebnisse und Folgen ihrer Praxis zu lenken. Es kommt darauf an, daß man lernt, die eigene Praxis unter dem Gesichtspunkt zu beobachten, wo versteckte latente Mechanismen der Diskriminierung bisher nicht wahrgenommen werden konnten. Die hier vorgelegte Heuristik zur Beobachtung von Diskriminierungen gibt ein Instrumentarium an die Hand, mit dem man theoretisch weiß, wonach man sucht und was man beobachten soll. Hier wären durchaus auch Möglichkeiten im Rahmen der Selbstevaluation von schulischen Aktivitäten und der professionellen Selbstreflexion zu erproben. Man wüßte dann etwas besser, was man tut.

Die *zweite* Ebene der Interpretation betrifft die rechtlichen Bestimmungen. Man muß die derzeit noch gegebenen Ungleichheiten in Erlassen und Verwaltungsvorschriften genau untersuchen und dazu besonders auch die als *positive Diskriminierung* gemeinten Fördermaßnahmen auf ihre beabsichtigten oder unbeabsichtigten Wirkungen untersuchen. Das setzte voraus, daß Mechanismen der Selbstbeobachtung in der Organisation etabliert werden.

Auf lokaler Ebene kommt *drittens* der Schulentwicklungsplanung in bezug auf die Herstellung von Wahlfreiheit und Chancengleichheit erklärtermaßen große Bedeutung zu. Es wäre bei der Schulentwicklungsplanung mitzubedenken, welche Effekte sich aus einzelnen Entscheidungen über die Positionierung und den Ausbau einer Schule jeweils auf die unterschiedlichen Bevölkerungsgruppen ergeben. Hier könnten feingliedrige Schulstatistiken, die das Übergangsverhalten aus einzelnen Schulen und Stadtteilen dokumentieren, mit Daten aus dem Sozialatlas einer Stadt verknüpft werden, in dem die soziale Situation der Bevölkerung detailliert abzulesen ist, um z. B. lokale Disparitäten von Schulangebot und Nachfrage von vorne herein ausschließen zu können.

Auf kommunaler Ebene ließe sich *viertens* schließlich gerade im Zuge der Autonomisierung und damit verbundenen Evaluationsdebatte auf kommunaler Ebene ein Beobachtungs- bzw. *Monitoring* System installieren, mit dem regelmäßig die Bildungsbeteiligungsdaten bezogen auf einzelne Schulen und Stadtteile miteinander verglichen werden könnten. Es bietet sich an, auch für das Ziel der Chancengleichheit auf kommunaler Ebene Vereinbarungen zu treffen. Im Wege des *bench-marking* könnte dem Schulamt, aber auch einzelnen Schulen, die vom Durchschnitt abweichen, Aufgaben gestellt und auferlegt werden, Strategien zu entwickeln, wie die Ungleichheit bezogen auf die Bildungsbeteiligung abgebaut und die Situation von Migrantenkindern verbessert werden kann.

Alle diese Maßnahmen hätten darauf zu zielen, jenes latente Selbstverständnis, das wir in den Äußerungen der befragten Schulleiterinnen und Lehrerinnen angetroffen haben, daß man für die Probleme der Migranten eigentlich nicht zuständig sei, umzudrehen. Dann ginge es um die Vorstellung, daß gerade die Schule sich der Herausforderung der Migration stellen und ein prominentes Instrument der (Einwanderungs-)Gesellschaft sein kann, Veränderungen in der Zusammensetzung der Bevölkerung aufzugreifen und zu bearbeiten. Zu den Erfolgskriterien der Einzelschule könnte der jeweilige Beitrag einer Schule zur Integration gemessen in einer Angleichung der Bildungsbeteiligung erhoben werden. Auch auf diesem Feld könnten Schulen um Belohnungen konkurrieren.

Literatur

Adorno, T. W./E. Frenkel-Brunswik/E. und D. Levinson (1950): The Authoritarian Personality. New York

a. i. (amnesty international) (1995): Ausländer als Opfer. Polizeiliche Mißhandlungen in der Bundesrepublik Deutschland, London

Alba, R.D./Handl, J./Müller, W. (1994): Ethnische Ungleichheit im deutschen Bildungssystem. In: Kölner Zeitschrift für Soziologie und Sozialpsychologie (KZfSS) 46. Jg., S. 209-237

Albrecht, C./Behrmann, G. C./Bock, M./Homann, H./Tenbruck, F. H. (1999): Die intellektuelle Gründung der Bundesrepublik. Eine Wirkungsgeschichte der Frankfurter Schule. Frankfurt/M.

Allemann-Ghionda, C. (1999): Schule, Bildung und Pluralität. Sechs Fallstudien im europäischen Vergleich. Bern

Allport, G. (1954): The Nature of Prejudice. New York

Alvarez, R. (1979): Institutional Discrimination in Organizations and their Environments. In: R. Alvarez/K. G. Lutterman and Associates: Discrimination in Organizations. San Francisco, S. 2-49

Arendt, H. (1986): Little Rock. Ketzerische Ansichten über die Negerfrage und Equality. München. S. 95-117. (erstmalig erschienen 1957/59)

Auernheimer, G. (1988): Der sogenannte Kulturkonflikt. Orientierungsprobleme ausländischer Jugendlicher. Frankfurt/M.

Auernheimer, G. (1995): Einführung in die interkulturelle Erziehung. Darmstadt

Auernheimer, G./Blumenthal, V. v./Stübig, H./Willmann, B. (1996): Interkulturelle Erziehung im Schulalltag. Fallstudien zum Umgang von Schulen mit der multikulturellen Situation, Münster/New York

Bach, H. (1976): Der Begriff der Behinderung unter dem Aspekt der Multidimensionalität. In: Zeitschrift für Heilpädagogik, 27. Jg., S. 396-404

Baker, D./Lenhardt, G. (1988): Ausländerintegration, Schule und Staat. In: Kölner Zeitschrift für Soziologie und Sozialpsychologie (KZfSS), 40. Jg., S. 40-61

Balibar, E. (1989): Gibt es einen neuen Rassismus? In: Das Argument 175, S. 369-381

Barnard, C. I. (1938): The Functions of the Executive. Cambridge, Mass.

Bastian, J./Lentz, A./Radtke, F.-O./Zoogbaum, C. (1992): Untersuchungen zur Bildungsbeteiligung ausländischer Kinder in Bielefeld. 1. Zwischenbericht. Universität Bielefeld: Zentrum für Lehrerbildung

Beck, U./Bonß, W. (Hg.) (1989): Weder Sozialtechnologie noch Aufklärung? Analysen zur Verwendung sozialwissenschaftlichen Wissens, Frankfurt/M.

Becker, G. S. (1971): The Economics of Discrimination. Chicago

Begemann, E. (1970): Die Erziehung der sozio-kulturell benachteiligten Schüler. Hannover

Begemann, E. (1972): Zum Verständnis der „Lernbehinderten". Diagnostische Probleme einer Sonderschule im Wandel. In: Sonderpädagogik, 2. Jg., S. 97-105

Bender-Szymanski, D./Hesse, H.-G. (1987): Migrantenforschung. Eine kritische Analyse deutschsprachiger empirischer Untersuchungen aus psychologischer Sicht. Köln

Benkmann, R. (1994): Dekategorisierung und Heterogenität – Aktuelle Probleme schulischer Integration von Kindern mit Lernschwierigkeiten in den Vereinigten Staaten und der Bundesrepublik. In: Sonderpädagogik, 24. Jg., S. 4-13
Benokraitis, N./Feagin, J. (1974): Institutional Racism: A Perspective in Search Clarity and Research. In: Willie, Ch. v. (Ed.): Black Brown White Relations, Race Relations in the 1970. New Brunswick
Berger, P. L./Luckmann, Th. (1966): Die gesellschaftliche Konstruktion von Wirklichkeit. Eine Theorie der Wissenssoziologie. Frankfurt/M.
Berger, U./Bernhard-Mehlich, I. (1993): Die verhaltenswissenschaftliche Entscheidungstheorie. In: A. Kieser (Hg.): Organisationstheorien. Stuttgart, S. 127- 159
Bernstein, B. (1971/1972): Class, Codes and Control (2 Bde), London
Bertram, H./Dannenbeck, C. (1990): Pluralisierung von Lebenslagen und Individualisierung von Lebensführungen. Zur Theorie und Empirie regionaler Disparitäten in der Bundesrepublik Deutschland. In: P. A. Berger/S. Hrandil (Hg.): Lebenslagen, Lebensläufe, Lebensstile. Sonderband 7, Soziale Welt. Göttingen
Bielefelder AntiDiskriminierungsBüro (1998): Jahresbericht und Dokumentation 1997. Bielefeld
Blauner, R. (1970): Racial Oppression in America. New York
Bleidick, U. (1968): Über Lernbehinderung. Begriffliche und psychodiagnostische Überlegungen. In: Zeitschrift für Heilpädagogik, 19. Jg., S. 449-464
Bleidick, U. (1972): Pädagogik der Behinderten. Grundzüge einer Theorie der Erziehung behinderter Kinder und Jugendlicher. Berlin
Bleidick, U. (1975): Ursachen der Behinderung unter pädagogischem Aspekt. In: Zeitschrift für Heilpädagogik, 26. Jg., S. 258-280
Block, R./Klemm, K. (1997): Lohnt sich Schule? Reinbek bei Hamburg
Blossfeld, H.-P. (1988): Sensible Phasen im Bildungsverlauf. In: Zeitschrift für Pädagogik (Z.f.Päd.), 34. Jg., S. 45-64
Blossfeld, H.-P. (1990): Changes in Educational Careers in the Federal Republic of Germany. In: Sociology of Education. (Vol. 63), S. 165-177
Blossfeld, H.-P./Shavit, Y. (1993): Dauerhafte Ungleichheiten. Zur Veränderung des Einflusses der sozialen Herkunft auf die Bildungschancen in dreizehn industrialisierten Ländern. In: Zeitschrift für Pädagogik (Z.f.Päd.), 39. Jg., S. 25-52
Blumer, H. (1965): The Future of the Color Line. In: J. C. Kinney/E. T. Thompson (Eds.): The South in Continuity and Change. Duke
Bofinger, J. (1990): Neuere Entwicklungen des Schullaufbahnverhaltens in Bayern: Schulwahl und Schullaufbahnen an Gymnasien, Real- und Wirtschaftsschulen. München
Bommes, M. (1990): „Türkische Väter sind so“. In: Informationsdienst zur Ausländerarbeit (IzA), H. 2
Bommes, M. (1999): Migration und Nationaler Wohlfahrtsstaat. Ein differenzierungstheoretischer Entwurf, Opladen
Bommes, M./Dewe, B./Radtke, F.-O. (1996): Sozialwissenschaften und Lehramt. Der Umgang mit sozialwissenschaftlichen Theorieangeboten in der Lehrerausbildung, Opladen
Bommes, M./Halfmann, J. (1994): Migration und Inklusion. Spannungen zwischen Nationalstaat und Wohlfahrtsstaat. In: Kölner Zeitschrift für Soziologie und Sozialpsychologie (KZfSS), 46. Jg.,, S. 406-424

Bommes, M./Radtke, F.-O. (1993): Institutionalisierte Diskriminierung von Migrantenkindern. In: Zeitschrift für Pädagogik (Z.f.Päd.), 39. Jg., S. 483-497

Böttcher, W. (1991): Soziale Auslese im Bildungswesen. Ausgewählte Daten des Mikrozensus 1989. In: Die Deutsche Schule, 83. Jg., S. 151-161

Bourdieu, P. (1979): Entwurf einer Theorie der Praxis. Frankfurt/M.

Bourdieu, P./Passeron, J.-C. (1979): Die Illusion der Chancengleichheit. Stuttgart

Bronfenbrenner, U. (1974): Wie wirksam ist kompensatorische Erziehung? Stuttgart

Bronfenbrenner, U. (1976): Ökologische Sozialisationsforschung. Stuttgart

Brumlik, M. (1992): Advokatorische Ethik. Zur Legitimation pädagogischer Eingriffe. Bielefeld

Bühler-Niederberger, D. (1991): Legasthenie: Geschichte und Folgen einer Pathologisierung. Opladen

Bude, H. (1995): Kultur als Problem. In: Merkur, 49. Jg., S. 775-782

Bukow, W.-D./Llaryora, R. (1988): Mitbürger aus der Fremde. Soziogenese ethnischer Minoritäten. Opladen

Burk, K./Mangelsdorf, M./Schoeler, U. u. a. (1998): Die neue Schuleingangsstufe. Lernen und Lehren in entwicklungsheterogenen Gruppen. Weinheim/Basel

Caglar, A. (1990): Das Kulturkonzept als Zwangsjacke in Studien zur Arbeitsmigration. In: Zeitschrift f. Türkeistudien, 3. Jg., S. 93-105

Carmichael, S./Hamilton, C. V. (1967): Black Power. New York

Carnoy, M. (1995/2000): Structural Adjustment an changing Face of Education. In: International Labour Review. 134 (1995) 6, S. 653-673 (übersetzt erschienen 2000: Volkswirtschaftliche Strukturanpassungen. In: F.-O. Radtke/M. Weiß: Schulautonomie. Wohlfahrtsstaat und Chancengleichheit. Opladen, S. 66-94

Cashmore, E. (1996): Institutional Racism. In: Ders. (Ed.): Dictionary of Race and Ethnic Relations. London, S. 169-172 (erstmals erschienen 1984)

Cicourel, A. V./Kitsuse, J. I. (1963): The Educational Decision-Makers. An Advanced Study in Sociology. Indianapolis

Cicourel, A. V./Kitsuse, J. I. (1968): The Social Organization of Juvenile Justice. New York/London

Cicourel, A.V./Kitsuse, J. I. (1974): Die soziale Organisation der Schule und abweichende jugendliche Karrieren. In: K. Hurrelmann (Hg.): Soziologie der Erziehung. Weinheim/Basel, S. 362-378

Cohen, M. D./March, J. G./Olsen, J. P. (1990): Ein Papierkorb-Modell für organisatorisches Wahlverhalten. In: J. G. March (Hg.): Entscheidung und Organisation. Wiesbaden, S. 329-372 (Cohen, M. D./March, J. D./Olsen, J. P. (1972): A Garbage Can Model of Organizational Choice. In: Administrative Science Quarterly 17, S. 294-334)

Combe, A./Helsper, W. (1996): Pädagogische Professionalität : Untersuchungen zum Typus pädagogischen Handelns. Frankfurt/M.

Czock, H. (1986): Ethnozentrismus in der Schule. In: A. Kalpaka/N. Räthzel (Hg.): Die Schwierigkeit, nicht rassistisch zu sein. Berlin, S. 92-104

Czock, H. (1993): Der Fall Ausländerpädagogik. Erziehungswissenschaftliche und bildungspolitische Codierungen der Arbeitsmigration. Frankfurt/M.

Czock, H./Radtke, F.-O. (1984): Sprache-Kultur-Identität: Die Obsessionen der Migrationspädagogen. In: G. Stüwe/F. Peters (Hg.): Lebenszusammenhänge von Ausländern und pädagogische Problematik. Bielefeld, S. 37-79

David, D. (1994): Nonkategoriale Sonderpädagogik. In: Sonderpädagogik, 24. Jg., S. 108-115
DeFleur, M. L./Westie, F. R. (1958): Verbal Attitudes and Overt Acts. In: American Sociological Review, (Vol. 23)
Deutscher Bildungsrat (1973): Strukturplan für das Bildungswesen. Unveränderter Nachdruck der 4. Aufl. Stuttgart
Dewe, B./Ferchhoff, W./Radtke, F.-O. (Hg.) (1992): Erziehen als Profession. Opladen
Dewe, B./Ferchhoff, W./Radtke, F.-O. (1992): Das „Professionswissen" von Pädagogen. Ein wissenstheoretischer Rekonstruktionsversuch. In: (Dies. Hrsg.) Erziehen als Profession. Opladen. S. 70-91
Diehm, I. (1995): Erziehung in der Einwanderungsgesellschaft. Konzeptionelle Überlegungen für die Elementarpädagogik. Frankfurt/M.
Diehm, I. (2000): Erziehung und Toleranz. Handlungstheoretische Implikationen Interkultureller Pädagogik. In: Zeitschrift für Pädagogik (Z.f.Päd.), 46. Jg., S. 251-274
Diehm, I./Radtke, F.-O. (1999): Erziehung und Migration. Eine Einführung. Stuttgart
Dietrich, Ingrid (1997): Voll integriert? Zuwanderer-Eltern berichten über Erfahrungen ihrer Kinder mit Schule in Deutschland, Baltmannsweiler.
Dijk, T. v. (1991): Rassismus heute: Der Diskurs der Elite und seine Funktion für die Reproduktion des Rassismus. Duisburg
Ditton, H. (1992): Ungleichheit und Mobilität durch Bildung. Weinheim/München
Ditton, H. (1995): Ungleichheitsforschung. In: H.-G. Rolff (Hg.): Zukunftsfelder von Schulforschung. Weinheim
Dittrich, E. J. (1991): Das Weltbild des Rassismus. Frankfurt/M.
DIW (Deutsches Institut für Wirtschaftsforschung) (1995): Weiterhin Rückstände in der Schul- und Berufsausbildung junger Ausländer. In: Wochenbericht 22/95, S. 385-392
DIW (Deutsches Institut für Wirtschaftsforschung) (1999): Schul- und Berufsabschlüsse von Ausländern: Nur langsame Annäherung an die Abschlüsse von Deutschen. Eine Vorausschätzung bis 2010. In: Wochenbericht 26/99, S. 483-490
Douglas, M. (1991): Wie Institutionen denken. Frankfurt/M.
Eberwein, H. (1995): Zur Kritik des sonderpädagogischen Paradigmas und des Behinderungsbegriffs. Rückwirkung auf das Selbstverständnis von Sonder- und Integrationspädagogik. In: Zeitschrift für Heilpädagogik, 36. Jg., S. 468-476
Eberwein, H. (1997): Lernbehinderung: Faktum oder Konstrukt? In: Zeitschrift für Heilpädagogik, 48. Jg., 1/97, S. 14-22
Edwards, J. (1987): Positive Discrimination, Social Justice, and Social Policy. Moral Scrutiny of a Policy Practice. London/New York
Engelhardt, M. v. (1982): Die pädagogische Arbeit des Lehrers. Paderborn
Elster, J. (1989): The Cement of Society. A Study of Social Order. Cambridge
Feagin, J. R./Booher Feagin, C. (1986): Discrimination American Style – Institutional Racism and Sexism. Malabar (erstmalig erschienen 1978)
Feldhoff, J. (1970): Probleme einer organisationssoziologischen Analyse der Schule. In: Recht der Jugend und des Bildungswesens, 18. Jg., Heft 10, S. 289-296
Fend, H. (1977): Schulklima: Soziale Einflußprozesse in der Schule. (Soziologie der Schule III, 1.), Weinheim
Fend, H. (1981): Theorie der Schule. 2. durchges. Aufl. München

Fend, H. (1996): Sozialgeschichte des Aufwachsens: Bedingungen des Aufwachsens und Jugendgestalten im zwanzigsten Jahrhundert. Frankfurt/M.

Figueroa, P. (1998): Intercultural Education in Britain. In: K. Cushner (Ed): International Perspectives on Intercultural Education. London, S. 122-144

Fleck, L. (1980): Entstehung und Entwicklung einer wissenschaftlichen Tatsache. Frankfurt/M. (erstmals erschienen 1935)

Foucault, M. (1971): Die Ordnung der Dinge. Frankfurt/M.

Foucault, M. (1974): Die Ordnung des Diskurses, München

Franz, F. (1989): Benachteiligung der ausländischen Wohnbevölkerung in der Bundesrepublik Deutschland und dem Land Berlin. Dargestellt am Sozialrecht, Entschädigungs- und Staatshaftungsrecht, Berufs-, Verkehrs- und Vereinsrecht. Rechtsgutachten veranlaßt von der Ausländerbeauftragten des Senats von Berlin. Berlin

Friedeburg, L. v. (1992): Bildungsreform in Deutschland: Geschichte und gesellschaftlicher Widerspruch. Frankfurt/M.

Fürstenau, P. (1967): Neuere Entwicklungen der Bürokratieforschung und das Schulwesen. In: Neue Sammlung, 7. Jg., S. 511-525

Fürstenau, P. (1968): Zur Psychoanalyse der Schule als Institution. In: Das Argument 29, Schule und Erziehung I, 6. Jg., S. 65-78

Füssel, H.-P. (1987): Elternrecht und Sonderschule: Ein Beitrag zum Umfang des Elternrechts in der Schule für Lernbehinderte. Stuttgart

Garfinkel, H. (1955/56): Conditions of Successful Degradation Ceremonies. In: American Journal of Sociology 61, S. 420-424

Garfinkel, H. (1967): Studies in Ethnomethodology. Englewood Cliffs, N. J.

Gehlen, A. (1956): Urmensch und Spätkultur. Wiesbaden

Geiling, U. (1999): Schulfähigkeit und Einschulungspraxis in der DDR – Ein Rückblick im Spannungsfeld von Förderung und Ausgrenzung. In: A. Prengel: Vielfalt durch gute Ordnung im Anfangsunterricht. Opladen, S. 161-219

Geißler, R. (1992): Die Sozialstruktur Deutschlands. Lizenzausgabe für die Bundeszentrale für politische Bildung. Opladen

Gigerenzer, G. (1987): Das Porträt des Schülers im Übertrittsgutachten. In: Zeitschrift für Sozialpsychologie, 18/3, S. 191-208

Gillborn, D./Gipps, C. (1996): Recent Research on the Achievements of Ethnic Minority Pupils. London: OFSTED Reviews of Research

Gillborn, D. (1995): Racism and Antiracism in Real Schools. Buckingham

Glasersfeld, E. v. (1997): Radikaler Konstruktivismus. Frankfurt/M.

Glazer, N. (1975): Affirmative Discrimination. New York

Glumpler, E. (1985): Schullaufbahn und Schulerfolg türkischer Migrantenkinder. Hamburg

Glumpler, E. (1989): Übergangsprobleme von ZweitsprachlernerInnen. In: R. Portmann/K. Wiederhold/H. Mitzlaff (Hg.): Übergänge nach der Grundschule. Frankfurt/M., S. 65-77

Glumpler, E. (1995): Feministische Schulforschung. In: H.-G. Rolff (Hg.): Zukunftsfelder von Schulforschung. Weinheim, S. 133-155

Göhler, G. (1994): Einleitung. In: Ders. (Hg.): Die Eigenart der Institutionen. Zum Profil politischer Institutionentheorie. Baden-Baden, S. 7-15

Goffman, E. (1967): Stigma. Über die Techniken der Bewältigung beschädigter Identität. Frankfurt/M.

Goffman, E. (1994): Das Arrangement der Geschlechter. In: Ders.: Interaktion und Geschlecht, Frankfurt/M. (engl. Original 1977)

Gogolin, I. (1994): Der monolinguale Habitus der multilingualen Schule. Münster

Gogolin, I. (1997): Einführung in die Fallstudie „Großstadt-Grundschule“. Zum theoretischen Rahmen, Fragestellungen und Methode des Forschungsprojekts. In: Dies./U. Neuman: a. a. O.

Gogolin, I. (2000): Minderheiten, Migration und Forschung. Ergebnisse des DFG-Schwerpunktprogramms FABER. In: Dies./B. Nauck (Hg.): Migration, gesellschaftliche Differenzierung und Bildung, Opladen, S. 15-35

Gogolin, I./Neumann, U. (Hg.) (1997): Großstadt-Grundschule. Eine Fallstudie über sprachliche und kulturelle Pluralität als Bedingung der Grundschularbeit. Münster

Gogolin, I./Neumann, U./Reuter, L. (1998): Schulbildung für Minderheiten. Eine Bestandsaufnahme. In: Zeitschrift für Pädagogik (Z.f.Päd.), 44. Jg., S. 663-678

Gomolla, M./Lentz, A./Libuda-Köster, A./Radtke, F.-O. (1994): Mechanismen ethnischer Diskriminierung in der Organisation Schule. 2. Zwischenbericht. Universität Bielefeld: Zentrum für Lehrerbildung

Gordon, M. M. (1964): Assimilation in American Life. New York

Grissemann, H. (1989): Lernbehinderung heute. Psychologisch-anthropologische Grundlagen einer innovativen Lernbehindertenpädagogik. Bern/Stuttgart

Gronn, P. C. (1983): Talk as the Work. The Accomplishment of School Administration. In: Administrative Science Quarterly. (Vol. 28), S. 1-21

Hacker, H. M. (1951): Women as a Minority Group. In: Social Forces 30 (October 1951), S. 66

Haeberlin, U. (1996): Heilpädagogik als wertgeleitete Wissenschaft. Ein propädeutisches Einführungsbuch in Grundfragen einer Pädagogik für Benachteiligte und Ausgegrenzte. Bern/Stuttgart/Wien

Hagemann, H.-P. (1987): Pressemitteilung des CDU-Fraktionsgeschäftsführers vom 3. 11. 1987

Haller, I. (1983): Reproduktion des Subproletariats ausländischer Arbeitskräfte von morgen. In: Widersprüche. Heft 9, (4) S. 59-70

Hänsel, D./Klemm, K. (1980): Wandel in der Grundschule: Innere Reformen. In: H.-G. Rolff/G. Hansen/K. Klemm (Hg.): Jahrbuch für Schulentwicklung. Band 1. Weinheim/Basel, S. 105-118

Hansel, T. (1982): Schulstart – Fehlstart? Beurteilungs- und Selektionspraxis beim Schuleintritt. Düsseldorf

Hansen, R. u. a. (1984): Bildungsbeteiligung und Schulerfolg. Unveröffentlichtes Gutachten im Auftrag des Kultusministeriums/NRW. Dortmund

Hansen, R./Rolff, H.-G. (1984): Sinkende Schülerzahlen, Schulstruktur und Lernbedingungen: Die Sekundarstufe I in den 80er Jahren. In: H.-G. Rolff/R. Hansen/K. Klemm/K.-J. Tillmann (Hg.): Jahrbuch der Schulentwicklung. Bd. 3, S. 144-175

Hansen, R./Rösner, E./Weißbach, B. (1986): Der Übergang in die Sekundarstufe I. In: H.-G. Rolff/K. Klemm/K.-J. Tillmann (Hg.): Jahrbuch der Schulentwicklung. Bd. 4. Weinheim/Basel, S. 70-101

Hansen, R./Rolff, H.-G. (1990): Abgeschwächte Auslese und verschärfter Wettbewerb. Neuere Entwicklungen in den Sekundarschulen. In: H.-G- Rolff/K.-O. Bauer/K. Klemm/K. und H. Pfeiffer (Hg.): Jahrbuch der Schulentwicklung. Bd. 6. Weinheim/Basel, S. 45-79

Hasenfeld, Y. (1972): People Processing Organizations: An Exchange Approach. In: American Sociological Review, (Vol. 37), S. 256-263
Hauriou, M. (1965): Die Theorie der Institution und zwei andere Aufsätze (hrsg. von R. Schnur). Berlin
Hechter, M. (1975): Internal Colonialism, London
Hegele, I./Schmidt, M. (1987): Für einen besseren Schulstart. Einschulungshilfe für Ausländerkinder. In: Pädagogik heute, 6, S. 19-25
Heitmeyer, W. (Hg.) (1997): Was treibt die Gesellschaft auseinander? Was hält Gesellschaften zusammen? (2 Bde.) Frankfurt/M.
Heitmeyer, W./Olk, Th. (1990): Individualisierung von Jugend. Weinheim/München
Hellekamps, S./Musolff, H.-U. (1999): Die gerechte Schule. Eine historisch-systematische Studie. Köln
Helsper, W. (1996): Antinomien des Lehrerhandelns in modernisierten pädagogischen Kulturen. Paradoxe Verwendungsweisen von Autonomie und Selbstverantwortlichkeit. In: A. Combe/W. Helsper (Hg.): Pädagogische Professionalität, a. a. O., S. 521-569
Henriques, J. (1984): Social psychology and the politics of racism. In: J. Henriques/ W. Hollway/C. Urwin/C. Venn and V. Walkerdine: Changing the Subject: Psychology, Social Regulation and Subjectivity. London
Hildenbrand, B. (1991): Fallrekonstruktive Forschung. In: U. Flick u. a. (Hg.): Handbuch qualitative Sozialforschung. München, S. 256-260
Hinz, A. (1993): Heterogenität in der Schule. Hamburg
Höhne, Th./Kunz, Th./Radtke, F.-O. (1999): Bilder von Fremden. Formen der Migrantendarstellung als der „anderen Kultur“ in deutschen Schulbüchern von 1981-1997. Frankfurter Beiträge zur Erziehungswissenschaft, Forschungsberichte 1, Johann Wolfgang Goethe-Universität, Frankfurt/M.
Hohmann, M./Stahr, I. (1975): Ausländische Schüler an allgemeinbildenden Schulen in NRW. Daten und Analysen. In: Berichte und Materialien, 3, hrsg. von der Forschungsstelle Alfa
Hohmann, M./Stahr, I. (1976): Ausländische Schüler an gemeinbildenden Schulen in NRW. Daten und Analysen. In: Berichte und Materialien 3/1975, hrsg. von der Forschungsstelle Alfa. In erweiterter Form in: Pädagogische Rundschau 30 (1976)
Hopf, C./Nevermann, K./Richter, I. (1980): Schulaufsicht und Schule. Eine empirische Analyse der administrativen Bedingungen schulischer Erziehung. Stuttgart, S. 165-176
Horn, H.-A. (1982): Kindergarten und Grundschule arbeiten zusammen. Weinheim
Hornberg, S. (1992): Multikulturelle Schülerschaft in der neuen Bundesrepublik. In: H.-G. Rolff/K.-O. Bauer/K. Klemm/H. Pfeiffer (Hg.): Jahrbuch der Schulentwicklung. Band 7. Weinheim/München
Hurrelmann, K. (Hg.) (1974): Soziologie der Erziehung. Weinheim/Basel
Hurrelmann, K. (1975): Erziehungssystem und Gesellschaft. Reinbeck bei Hamburg
Hurrelmann, K./Wolf, H. (1986): Schulerfolg und Schulversagen im Jugendalter. Weinheim
Ingenkamp, K. (1963): Pädagogisch-psychologische Untersuchungen zum Übergang auf weiterführende Schulen. Weinheim
Jäger, S. (1992): Brandsätze. Rassismus im Alltag, Duisburg

Jantzen, W. (1974): Sozialisation und Behinderung. Studien zu sozialwissenschaftlichen Grundlagen der Behindertenpädagogik. Gießen
Jantzen, W. (1976): Materialistische Erkenntnistheorie, Behindertenpädagogik und Didaktik. In: Demokratische Erziehung, 1, S. 15-27
Jones, J. M. (1972): Prejudice and Racism. Reading, Mass.
Jost, G. (1992): Unterrichtung in der Schule für Lernbehinderte (Sonderschule) oder Integration in das Regelschulwesen. Zwei Konzepte sonderpädagogischer Intervention und ihre Präferierung durch Eltern. St. Ingbert
Jugendamt der Stadt Bielefeld (1995): Daten zur Versorgungsquote von ausländischen Kindern mit Plätzen in Kindertageseinrichtungen
Jung, M./Wengeler, M./Böke, K. (Hg.) (1997): Die Sprache des Migrationsdiskurses. Das Reden über „Ausländer" in Medien, Politik und Alltag. Opladen
Jungbluth, P./van Langen, A. (1991): Ethnic versus Class-Related Disadvantages of Duch Migrant Pupils. Unveröff. MS.
Jürgens, E. (1989): Lehrer empfehlen – Eltern entscheiden! Die Bewährung empfohlener und nichtempfohlener Orientierungsstufenschüler im weiterführenden Schulsystem. In: Die Deutsche Schule, 81. Jg., S. 388-400
Kade, J. (1997): Vermittelbar/nicht-vermittelbar: Vermitteln: Aneignen. Im Prozeß der Systembildung des Pädagogischen. In: D. Lenzen/N. Luhmann (Hrsg.): Bildung und Weiterbildung im Erziehungssystem. Lebenslauf und Humanontogenese als Medium und Form. Frankfurt/M. S. 30-70
Kalpaka, A./Rätzel, N. (Hg.)(1990): Die Schwierigkeit nicht rassistisch zu sein, Berlin
Katz, J. (1978): White Awareness. Handbook for Anti-Racism Training. Norman
Kautter, H./Munz, W. (1975): Verfahren der Aufnahme und Überweisung in die Sonderschule. In: Deutscher Bildungsrat (Hg.): Gutachten und Studien der Bildungskommission. Band 34. Stuttgart, S. 117-234
Kern, A. (1951): Schulreife und Sitzenbleiberelend. Freiburg
Keupp, H. (1972): Psychische Störungen als abweichendes Verhalten. Zur Soziogenese psychischer Störungen. München
Kieserling, A. (1999): Kommunikation unter Anwesenden: Studien über Interaktionssysteme. Frankfurt/M.
Kleber, E. (1980): Grundkonzeption einer Lernbehindertenpädagogik. München/ Basel
Klemm, K. (1987): Die Bildungsbe(nach)teiligung ausländischer Schüler in der BRD. In: Westermanns Pädagogische Beiträge, 39. Jg., S. 18-21
Klemm, K./Böttcher, W./Weegen, M. (1992): Bildungsplanung in den neuen Bundesländern. Weinheim
Klemm, K. u. a. (1990): Bildungsgesamtplan ′90. Ein Rahmen für Reformen. Weinheim
Knorr-Cetina, K. (1989): Spielarten des Konstruktivismus. Einige Notizen und Anmerkungen. In: Soziale Welt 40 (1989), S. 86-96.
Knowles, L. K./Prewitt, K. (1969): Institutional Racism in America. Englewood, Cliffs
Kobi, E. E. (1980): Die Rehabilitation der Lernbehinderten. München/Basel
Kobi, E. E. (1990): Stabilität und Wandel in der Geschichte des Behindertenwesens. In: Heilpädagogische Forschung. Bd. XVI, 3, S. 112-117
Köhler, H. (1992): Bildungsbeteiligung und Sozialstruktur in der Bundesrepublik. Berlin

Konstantinou, Ch. (1989): Entstehung, Leistungsfähigkeit und Perspektiven der griechischen Schulen in Nordrhein-Westfalen am Beispiel Bielefelds. Frankfurt/M.
Kornmann, R. (1987): Die Problematik des Sonderschulaufnahmeverfahrens für ausländische Kinder und Ansätze zur Lösung. In: H. Buchkremer/M. Emmerich (Hg.): Ausländerkinder. Sonder- und sozialpädagogische Fragestellungen. Rissen, S. 148-163
Kornmann, R. (1991): Förderdiagnostik für ausländische Kinder und Jugendliche mit Lernproblemen in der deutschen Schule. Frankfurt/M.: Max-Traeger-Stiftung
Kornmann, R./Klingele, C. (1996): Ausländische Kinder und Jugendliche an Schulen für Lernbehinderte in den alten Bundesländern: noch immer erheblich überrepräsentiert und dies mit steigender Tendenz! In: Zeitschrift für Heilpädagogik, 47. Jg., S. 2-9
Kornmann, R./Klingele, C./Iriogbe-Ganninger, J. (1997): Zur Überrepräsentation ausländischer Kinder und Jugendlicher in Schulen für Lernbehinderte: Der alarmierende Trend hält an! In: Zeitschrift für Heilpädagogik, 48. Jg., 5/97, S. 203-207
Kornmann, R./Schnattinger, Ch. (1989): Sonderschulüberweisungen ausländischer Kinder, Bevölkerungsstruktur und Arbeitsmarktlage. In: Zeitschrift für Sozialisationsforschung und Erziehungssoziologie, 9. Jg., 3/89, S. 195-203
Küchler, M. (1980): Kontext – eine vernachlässigte Dimension empirischer Sozialforschung. In: J. Matthes (Hg.): Lebenswelt und soziale Probleme. Frankfurt/M.
Kultusministerium NRW (1973): Verfahren der Aufnahme in Sonderschulen und beim Übergang von Sonderschulen in allgemeine Schulen (Sonderschul-Aufnahmeverfahren-SAV). BASS 12-11. Nr. 3
Kultusministerium NRW (1978): Allgemeine Schulordnung. BASS 12-01. Nr. 2
Kultusministerium NRW (1979): Verordnung über den Bildungsgang in der Grundschule. BASS 13-11. Nr. 1.1, Nr. 1.2
Kultusministerium NRW (1980): Gesetz über die Schulpflicht im Lande Nordrhein-Westfalen. BASS 1-4
Kultusministerium NRW (1982): Unterricht für ausländische Schüler. BASS 13-63. Nr. 3
Kultusministerium NRW (1992): Aufnahme von Schülerinnen und Schülern in die Eingangsklassen der Gesamtschulen. BASS 12-11. Nr. 9
Kultusministerium NRW (1995): Einführungserlaß zum Gesetz zur Weiterentwicklung der sonderpädagogischen Förderung in Schulen. BASS 14-03 Nr. 1, Nr. 2.1, Nr. 2.2
Kultusministerkonferenz (1994): Empfehlungen zur sonderpädagogischen Förderung in den Ländern der Bundesrepublik Deutschland. Beschluß der Kultusministerkonferenz vom 5./6. 5. 1994. Bonn: Sekretariat der Ständigen Konferenz der Kultusminister der Länder in der Bundesrepublik Deutschland
Kutscha, G. (1991): Übergangsforschung. Zu einem neuen Forschungsbereich. In: K. Beck/A. Kell (Hg.): Bilanz der Bildungsforschung: Stand und Zukunftsperspektiven. Weinheim, S. 113-155
Lamnek, S. (1994): Neue Theorien abweichenden Verhaltens, München
Landtagsdrucksache 10/4. 11. 1987
Lenhardt, G. (1997): Bildung, Bürger, Arbeitskraft. Frankfurt/M.
Lenzen, D. (1998): Stichwort: Gerechtigkeit und Erziehung. In: Zeitschrift für Erziehungswissenschaft (ZfE), 1. Jg., S. 323-339

Luchtenberg, S. (1984): Sprachstandsdiagnoseverfahren für ausländische Kinder und Jugendliche – ein kritischer Vergleich. In: Deutsch lernen, 9. Jg., 1/84, S. 25-41
Lüders, Chr./Meuser, M. (1997) : Deutungsmusteranalyse. In: R. Hitzler/A. Honer (Hg.): Sozialwissenschaftliche Hermeneutik. Opladen, S. 57-79
Luhmann, N. (1987): „Distinctions directrices". Über Codierung von Semantiken und Systemen. In: Ders.: Soziologische Aufklärung 4. Beiträge zur funktionalen Differenzierung der Gesellschaft, Opladen, S. 13-31
Luhmann, N. (1990a): Ich sehe was, was Du nicht siehst. In: Ders.: Soziologische Aufklärung 5. Opladen, S. 228-234
Luhmann, N., 1990: Die Homogenisierung des Anfangs: Zur Ausdifferenzierung des Schulsystems. In: N. Luhmann/K. E. Schorr: Zwischen Anfang und Ende. Fragen an die Pädagogik. Frankfurt/M., S. 73-111
Luhmann, N. (1992): Die Universität als organisierte Institution. In: Die humane Universität Bielefeld 1969-1992. Festschrift für Karl Peter Grotemeyer, hrsg. von A. Dress u. a. Bielefeld, S. 54-61
Luhmann,N. (1993a): „Was ist der Fall?" und „Was steckt dahinter?" – Die zwei Soziologien und die Gesellschaftstheorie. Abschiedsvorlesung an der Universität Bielefeld vom 9. 2. 1993. Bielefelder Universitätsgespräche und Vorträge 3, Universität Bielefeld
Luhmann, N. (1993b): Gesellschaftsstruktur und Semantik, 2 Bde, Frankfurt/M.
Luhmann, N. (1996a): Frauen, Männer und George Spencer Brown. In: Ders.: Protest. Systemtheorie und soziale Bewegungen. Frankfurt/M., S. 107-155
Luhmann, N. (1996b): Protestbewegungen. In: Ders.: Protest. Systemtheorie und soziale Bewegungen. Frankfurt/M., S. 201-215
Luhmann, N. (1997): Die Gesellschaft der Gesellschaft. (2 Bde). Frankfurt/M.
Luhmann, N. (2000): Organisation und Entscheidung. Opladen
Luhmann, N./Schorr, K. E. (Hg.) (1982): Zwischen Technologie und Selbstreferenz. Fragen an die Pädagogik. Frankfurt/M.
Luhmann, N./Schorr, K. E. (Hg.) (1990): Zwischen Anfang und Ende. Fragen an die Pädagogik. Frankfurt/M.
Luhmann, N./Schorr, K. E. (Hg.) (1996): Zwischen System und Umwelt. Fragen an die Pädagogik. Frankfurt/M.
Mader, J. (1989): Schulkindergarten und Zurückstellung. Zur Bedeutung schulischer ökologischer Bedingungen bei der Einschulung. Münster
Mader, J./Rossbach, J.-G./Tietze, W. (1991): Schulentwicklung und Schulentwicklungsforschung im Primarbereich. Untersuchungen zum Regelsystem. In: D. Beck/A. Kell (Hg.): Bilanz der Bildungsforschung. Stand und Zukunftsperspektiven. Weinheim, S. 15-49
March, J. G. (Hg.) (1990): Entscheidung und Organisation. Kritische und konstruktive Beiträge, Entwicklungen und Perspektiven Wiesbaden
March, J. G./Olsen, J. P. (1976): Ambiguity and Choice in Organisations. Bergen
March, J. G./Simon, H. A. (1958): Organizations. New York
Margies, D./Gampe, H./Knapp, R./Rieger, G. (1990): Allgemeine Schulordnung (AschO) für Nordrhein-Westfalen. Kommentar. Neuwied/Frankfurt/M.
Mayer, K.-U. (1991): Lebenslauf und Bildung. Ergebnisse aus dem Forschungsprojekt „Lebensverläufe und gesellschaftlicher Wandel" des Max-Planck-Instituts für Bildungsforschung. In: Unterrichtswissenschaft, 19. Jg., S. 313-332
Mayo, E. (1933): Human Problems of an Industrial Civilization. Boston

McCarthy, C. (1990): Race and Curriculum: Social Inequality and the Theories and Politics of Difference in Contemporary Research an Schooling. Lewer, Falmer
Mentzos S. (1976): Interpersonale und institutionalisierte Abwehr. Frankfurt/M.
Merton, R. K. (1970): Discrimination and the American Creed. In: P. I. Rose: The Study of Society. New York
Meulemann, H. (1992): Expansion ohne Folgen? Bildungschancen und sozialer Wandel in der Bundesrepublik. In: W. Glatzer (Hg.): Entwicklungstendenzen der Sozialstruktur. Frankfurt/M., S. 123-156
Meyer, J. W./Rowan, B. (1977): Institutionalized Organizations: Formal Structure as Myth and Ceremony. In: American Journal of Sociology, (Vol. 83), S. 340-363
Meyer, J. W./Rowan, B. (1978): The Structure of Educational Organizations. In: M. W. Meyer and Associates: Environments and Organizations. San Francisco, S. 78-109
Mikat, P./Schelsky, H. (1966): Grundzüge einer neuen Universität: Zur Planung einer Hochschulgründung in Ostwestfalen. Gütersloh
Miles, R. (1990): Die marxistische Theorie und das Konzept der „Rasse“, in: E. J. Dittrich/F.-O. Radtke (Hg.): Ethnizität. Wissenschaft und Minderheiten. Opladen.
Miles, J. (1991): Rassismus: Einführung in die Geschichte und Theorie eines Begriffs. Hamburg
Millett, K. (1969): Sexual Politics. New York
Mitzlaff, H./Wiederhold, K. A. (1989): Gibt es überhaupt „Übergangsprobleme“? Erste Ergebnisse aus einem Forschungsprojekt. In: R. Portmann/D. A. Wiederhold (Hg.): Übergänge nach der Grundschule. Frankfurt/M., S. 12-41
Möckel, A. (1973): Sonderpädagogik und Allgemeine Pädagogik. In: Zeitschrift für Pädagogik (Z.f.Päd.), 19. Jg., S. 1013-1018
Möckel, A. (1977): Hat die Schule für Lernbehinderte noch eine Chance? In: Zeitschrift für Heilpädagogik, 28. Jg., S. 487-496
Müller, W./Haun, D. (1994): Bildungsungleichheit im sozialen Wandel. In: Kölner Zeitschrift für Soziologie und Sozialpsychologie (KZfSS), 46. Jg., S. 1-42
Myrdal, G. (1962): An American Dilemma: The Negro Problem and Modern Democracy. New York (zuerst erschienen 1944)
Neumann, U. (1997): An der ‚Schwelle'. Die Rolle der Mehrsprachigkeit beim Übergang von der Grundschule in die Sekundarstufe. In: U. Neumann/I. Gogolin, (Hg.): Großstadt-Grundschule. Eine Fallstudie über sprachliche und kulturelle Pluralität als Bedingung der Grundschularbeit. Münster, S. 251-310
Niederberger, J. M. (1984): Organisationssoziologie der Schule. Motivation, Verwaltung, Differenzierung. Stuttgart
Nuber, F./Riediger, B. (1985): Das Verfahren zur Überweisung ausländischer Kinder an Schulen für Lernbehinderte in der Bundesrepublik Deutschland – ein Vergleich. In: Zeitschrift für Heilpädagogik, 36. Jg., S. 790-803
Oevermann, U. (1972): Sprachcodes und Rollenhandeln. In: H. Holzer/K. Steinbacher (Hg.): Sprache und Gesellschaft. Hamburg
Oevermann, U. (1972): Sprache und soziale Herkunft. Ein Beitrag zur Analyse schichtenspezifischer Sozialisationsprozesse und ihrer Bedeutung für den Schulerfolg. Frankfurt/M.
Offe, C. (1989): Fessel und Bremse. Moralische und institutionelle Aspekte „intelligenter Selbstbeschränkung“. In: A. Honneth u. a. (Hg.): Zwischenbetrachtungen.

Im Prozeß der Aufklärung. Jürgen Habermas zum 60. Geburtstag. Frankfurt/M., S. 739-774
Olsen, J. P. (1991): Political Science and Organization Theory. Parallel Agendas but Mutual Disregard. In: R. M. Czada/A. Windhoff-Héritier (Eds): Political Choice: Institutions, Rules, and the Limits of Rationality. Frankfurt/M., S. 87-119
Omi, M./Winant, H. (1994): Racial Formation in the United States. From the 1960s to the 1990s. New York. (2. überarbeitete Ausgabe, zuerst erschienen 1986)
Opp, G. (1993): Mainstreaming in den USA. Heilpädagogische Integration im Vergleich. München
Osterkamp, U. (1996): Rassismus als Selbstentmächtigung. Berlin/Hamburg
Park, R. E. (1950): Race and Culture. New York/London
Parsons, T. (1959): The School Class as a Social System. Some of its Functions in American Society. In: Harvard Educational Review 29(1959), S. 297-318.
Parsons, T. (1965): Full Citizenship for the Negro American? A Sociological Problem. In: T. Parsons/K. B. Clark (Eds.): The Negro American. Boston
Paschen, H./Wigger, L. (1992): Pädagogisches Argumentieren. Weinheim
Peter, H.-U. (1973): Die Schule als soziale Organisation. Weinheim/Basel
Pettmann, J./Chambers, B. (1986): Antiracism: A Handbook for Adult Educators. Canberra
Poliakov, L.(1977ff): Geschichte des Antisemitismus, Worms
Pommerin, G. u. a. (1996): Kreatives Schreiben, Weinheim/Basel
Portmann, R. (1989): Übergang ist Ländersache. In: R. Portmann/K. A. Wiederhold/H. Mitzlaff (Hg.): Übergänge nach der Grundschule. Frankfurt/M., S. 42-47
Portmann, R. (Hg.) (1988): Kinder kommen zur Schule. Frankfurt/M.
Powell, W. W./DiMaggio, P. J. (Eds.) (1991): The New Institutionalism in Organizational Analysis. Chicago
Prengel, A. (1993): Pädagogik der Vielfalt. Opladen
Prengel, A. (1999): Vielfalt durch gute Ordnung im Anfangsunterricht. Opladen
Preuss-Lausitz, U. (1981): Fördern ohne Sonderschule. Konzepte und Erfahrungen zur integrativen Förderung in der Regelschule. Weinheim/Basel
Preuß-Lausitz, U. (1986): Sonderschule – Schule in der Krise? In: H.-G. Rolff/ K. Klemm (Hg.): Jahrbuch der Schulentwicklung, Bd. 6. Weinheim. S. 102-124
Prielipp, G. (1997): Schulkindergarten, Vorklasse in der Gegenwart: Situation, Probleme und Konsequenzen für eine zeitgemäße pädagogische Arbeit. Hamburg
Probst, H. (1976): Lernbehinderte und Normalschüler. Persönlichkeitseigenschaften und sozio-ökonomischer Hintergrund. Bern/Stuttgart/Wien
Projektgruppe Integrationsversuch (Hg.) (1988): Das Fläming-Modell. Gemeinsamer Unterricht für behinderte und nichtbehinderte Kinder an der Grundschule. Weinheim/Basel
Proske, M. (1998): Ethnische Diskriminierung durch die Polizei. Eine kritische Re-Lektüre geläufiger Selbstbeschreibungen. In: Kriminologisches Journal (1998) 3, S. 162-188
Proske, M./Radtke, F.-O. (1999): Islamischer Fundamentalismus und jugendliche Gewaltbereitschaft. Über eine pädagogische Parallelaktion. In: Neue Sammlung, 39. Jg., S. 47-61
Puskeppeleit, J./Thränhardt, D. (1990): Vom betreuten Ausländer zum gleichberechtigten Bürger: Perspektiven der Beratung und Sozialarbeit, der Selbsthilfe und

Artikulation und der Organisation und Integration der eingewanderten Ausländer aus den Anwerbestaaten in der Bundesrepublik Deutschland. Freiburg i. Brsg.

Radtke, F.-O. (1985): Der Konzern der Vermittler – Oder: Wen fördert die Ausländerpädagogik? Ein berufssoziologischer Versuch. In: Informationsdienst zur Ausländerarbeit. Heft 4, S. 20-31

Radtke, F.-O. (1990/92/94): Institutionalisierte Diskriminierung. Untersuchungen zur Herstellung ethnischer Differenz in der Schule. Erstantrag und Fortsetzungsanträge an die deutsche Forschungsgemeinschaft. Unveröffentlichte Manuskripte

Radtke, F.-O. (1992): Multikulturalismus und Erziehung. Ein erziehungswissenschaftlicher Versuch über die Behauptung: „Wir leben in einer Multikulturellen Gesellschaft". In: R. Brähler/P. Dudek (Hg.): Fremde-Heimat. Jahrbuch für interkulturelles Lernen. Frankfurt/M., S. 185-208

Radtke, F.-O. (1995): Demokratische Diskriminierung. Exklusion als Bedürfnis oder nach Bedarf. In: Mittelweg 36, 4. Jg., S. 32-48

Radtke, F.-O. (1996): Wissen und Können. Grundlagen der wissenschaftlichen Lehrerbildung. Opladen

Radtke F.-O./Weiß, M. (2000): Schulautonomie, Wohlfahrtsstaat und Chancengleichheit. Opladen

Reemtsma, J. Ph. (1991): Die Falle des Anti-Rassismus. In: U. Bielefeld (Hg.): Das Eigene und das Fremde. Neuer Rassismus in der Alten Welt? Hamburg, S. 269-282

Rehberg, K.-S. (1994): Institutionen als symbolische Ordnungen. Leitfragen und Grundkategorien zur Theorie und Analyse institutioneller Mechanismen. In: G. Göhler (Hg.): Die Eigenart der Institutionen. Zum Profil politischer Institutionentheorie. Baden-Baden, S. 47-84

Reiser, H. (1980): Ausländerkinder – „schulschwach" und „sonderschulbedürftig"? In: Grundschule, 12. Jg., 2/80, S. 72-79

Rizvi, F. (1993): Critical Introduction: Researching Racism and Education. In: B. Troyna: Racism and Education. Buckingham

Röber-Siekmeyer, Chr. (1983): Sprachlicher Anfangsunterricht mit Ausländerkindern, Bielefeld

Rösner, E. (1989): Abschied von der Hauptschule. Folgen einer verfehlten Schulpolitik. Frankfurt/M.

Rösner, E. (1997): Die sogenannte Durchlässigkeit. In: neue deutsche schule, 6/7, S. 14-18

Rolff, H.-G. (1995): Wandel durch Selbstorganisation. Theoretische Grundlagen und praktische Hinweise für eine bessere Schule. Weinheim/München

Rommelspacher, B. (1995): Dominanzkultur. Texte zu Fremdheit und Macht, Berlin

Roßbach, H.-G./Tietze, W. (1996): Schullaufbahnen in der Primarstufe. Eine empirische Untersuchung zu Integration und Segregation von Grundschülern. Münster

Roth, H. (Hg.) (1969): Begabung und Lernen. Ergebnisse und Folgerungen neuer Forschungen. Stuttgart

Saldern von, M. (1999): Schulleistung in Diskussion. Hohengehren

Sander, A. (1973): Die statistische Erfassung von Behinderten in der Bundesrepublik Deutschland. In: Sonderpädagogik 1. Stuttgart

Sander, A. (1975): Zum Stand der Erfassung sonderschulbedürftiger Behinderter. In: Zeitschrift für Heilpädagogik, 26. Jg., S. 214-221

Saretzki, Th. (1996): Wie unterscheiden sich Argumentieren und Verhandeln? Definitionsprobleme, funktionale Bezüge und strukturelle Differenzen von zwei verschiedenen Kommunikationsmodi. In: V. von Prittwitz (Hg.): Verhandeln und Argumentieren. Dialog, Interessen und Macht der Umweltpolitik. Opladen, S. 19-36

Schiffauer, W. (1983): Die Gewalt der Ehre, Frankfurt/M.

Schmidtke, H.-P. (1977): Ausländerkinder und Sonderschule. In: Zeitschrift für Heilpädagogik, 28. Jg., S. 170-175

Schmidtke, H.-P. (1980): Der Sonderschulüberweisung vorbeugen. In: Ausländerkinder in Schule und Kindergarten, 1. Jg., S. 74-82

Scholl-Latour, P. (1991): Das Schwert des Islam. Frankfurt/M.

Schulamt der Stadt Bielefeld (1979): Schulentwicklungsplan

Schulamt der Stadt Bielefeld (1990): Schulentwicklungsplan, 2. Fortschreibung, 1991 – 1995/96

Schulte, A. (1995): Staatliche und gesellschaftliche Maßnahmen gegen die Diskriminierung von Ausländern in Westeuropa. In: Aus Politik und Zeitgeschichte, B 48/95, S. 10-21

Sen, F. (1991): Der Wunsch, in die Heimat zurückzukehren, schwindet immer mehr. In: Frankfurter Rundschau vom 18. November

Senat von Berlin (1994) Broschüre

Stadt Bielefeld (1987): Beschlußvorlage der Verwaltung für die Ratssitzung am 15. 10. 1987

Steiner-Khamsi, G. (1992): Multikulturelle Bildungspolitik in der Postmoderne. Opladen

Tent, L./Witt, M./Zschoche-Lieberum, Ch./Bürger, W. (1991): Über die pädagogische Wirksamkeit der Schule für Lernbehinderte. In: Zeitschrift für Heilpädagogik, 42. Jg., S. 289-320

Terhart, E. (1986): Organisation und Erziehung. In: Zeitschrift für Pädagogik (Z.f.Päd.), 32. Jg., S. 1-17

Terkessidis, M. (1998): Psychologie des Rassismus. Opladen

Thränhardt, D. (1995): Die Lebenslage der ausländischen Bevölkerung in der Bundesrepublik Deutschland. In: Aus Politik und Zeitgeschichte. Beilage zur Wochenzeitung Das Parlament. B35/95, 25.8., S. 3-12

Tiersch, H. (1975): Abweichendes Verhalten – Definitionen und Stigmatisierungsprozesse. In: Dt. Bildungsrat: Gutachten und Studien der Bildungskommission 51: Bildungsforschung – Probleme, Perspektiven, Prioritäten, Teil 2. Stuttgart

TIMSS (1997): Mathematisch-naturwissenschaftlicher Unterricht im internationalen Vergleich. Deskriptive Befunde, hrsg. von J. Baumert u. a., Opladen

Topisch, W. (1975): Grundschulversagen und Lernbehinderung. Essen

Toulmin, St. (1975): Der Gebrauch von Argumenten, Kronberg

Trommsdorff, G. (1993): Kindheit im Kulturvergleich. In: M. Markefka/B. Nauck (Hg.): Handbuch der Kindheitsforschung. Neuwied, S. 45-65

Troyna, B. (1993): Racism and Education. Buckingham, Philadelphia

Troyna, B./Williams, J. (1986): Racism, Education and the State. Beckenham

Tsiplitaris, A. (1982): Gastarbeiterkinder in der BRD am Beispiel griechischer Kinder. Tübingen

Türk, K. (1989): Neuere Entwicklungen in der Organisationsforschung. Ein Trend-Report. Stuttgart

Ulich, D./Mertens, W. (1973): Urteile über Schüler. Zur Sozialpsychologie der Schule als Institution. Weinheim/Basel
Vollmer, H. (1996): Die Institutionalisierung lernender Organisationen. In: Soziale Welt. 47. Jg., S. 315-343
Walsh, J. P./Ungson, G. R. (1991): Organizational Memory. Academy of Management Review (Vol. 16), S. 57-91
Weick, K. E. (1976): Educational Organizations as Loosly Coupled Systems. In: Administrative Science Quarterly, (Vol. 21), S. 1-19
Weick, K. E. (1995a): Der Prozeß des Organisierens. Frankfurt/M.
Weick, K. E. (1995b): Sensemaking in Organizations. London
Weigert, H./Weigert, E. (1991): Schuleingangsphase. Hilfen für eine kindgerechte Einschulung. Weinheim/Basel
Weinert, F. E./Helmke, A. (Hg.)(1997): Entwicklung im Grundschulalter. Weinheim
Weishaupt, H. (1996): Innerstädtische Disparitäten des Schulbesuchs. Ein Forschungsüberblick. In: Die Deutsche Schule, 88. Jg., S. 56-65
Weishaupt, H./Zedler, P. (1994): Aspekte der aktuellen Schulentwicklung in den neuen Ländern. In: H.-G. Rolff u.a.: Jahrbuch der Schulentwicklung. Bd. 8, S. 396-429
Weiß, M. (1996): Bildung ist Zukunftsinvestition! In: Die Deutsche Schule. 88. Jg., S. 132-134
Weiß, M./Steinert, B. (1996): Germany: Competitive Inequality in Educational Quasi-Markets. In: Oxford Studies in Comparative Education, Vol. 6 (1), S. 77-94
Weiß, M. (unter Mitarb. v. B. Steinert) (2000): Privatisierung des Bildungsbereichs – Internationale Tendenzen. In: F.-O. Radtke/M. Weiß (Hg.): Schulautonomie, Wohlfahrtsstaat und Chancengleichheit. Opladen, S. 35-51
Wellman, D. (1977): Portraits of White Racism. Cambridge
Wiederhold, K. (1991): Der Übergang von der Grundschule zu den weiterführenden Schulen – ein Problembereich für Kinder, Eltern, Lehrer. In: Der Mathematikunterricht, 3, 37. Jg., S. 6-19
Wieviorka, M. (1995): The Arena of Racism. London (zuerst i. frz. Original 1991)
Williams, J. (1985): Redefining Institutional Racism. In: Ethnic and Racial Studies, 8/3, S. 323-348
Williams, R. M. (jr.) (1966): Prejudice and Society. In: J. P. Davies (Ed.): The American Negro Reference Book. Englewood, Cliffs
Wocken, H. (1996): Hilfsschule – Schule für Lernbehinderte – Förderschule. Der Wandel einer Schule im Spiegel der Aufnahmeverfahren. In: Zeitschrift für Heilpädagogik, 47. Jg., S. 266-276
Zedler, P. (1989): Zur Verwendung erziehungswissenschaftlichen Wissens im Bereich der Bildungspolitik und Bildungsverwaltung. Das Beispiel der Schulentwicklungsplanung im Zeichen zurückgehender Schülerzahlen. In: E. König/P. Zedler (Hg.): Rezeption und Verwendung erziehungswissenschaftlichen Wissens in pädagogischen Handlungs- und Entscheidungsfeldern. Weinheim, S. 73-98
Zedler, P. (1990): Schulpolitik und Schulentwicklung im Zeichen der Kontraktion des Bildungssystems. In: H. Drerup/E. Terhart (Hg.): Erkenntnis und Gestaltung. Vom Nutzen erziehungswissenschaftlicher Forschung in praktischen Verwendungskontexten. Weinheim, S. 135-167